Où sont passés tous les manuels scolaires ?

DIRECTIONS DU DÉVELOPPEMENT
Développement humain

Où sont passés tous les manuels scolaires ?

Vers une fourniture durable de supports didactiques et pédagogiques en Afrique subsaharienne

Tony Read

© 2016 Banque internationale pour la reconstruction et le développement/La Banque mondiale
1818 H Street NW, Washington, DC 20433
Téléphone : 202–473–1000 ; Internet : www.worldbank.org

Certains droits réservés

1 2 3 4 18 17 16 15

La publication originale de cet ouvrage est en anglais sous le titre de *Where Have All the Textbooks Gone? Toward Sustainable Provision of Teaching and Learning Materials in Sub-Saharan Africa* en 2015. En cas de contradictions, la langue originale prévaudra.

Cet ouvrage a été établi par les services de la Banque mondiale avec la contribution de collaborateurs extérieurs. Les observations, interprétations et opinions qui y sont exprimées ne reflètent pas nécessairement les vues de la Banque mondiale, de son Conseil des Administrateurs ou des pays que ceux-ci représentent. La Banque mondiale ne garantit pas l'exactitude des données citées dans cet ouvrage. Les frontières, les couleurs, les dénominations et toute autre information figurant sur les cartes du présent ouvrage n'impliquent de la part de la Banque mondiale aucun jugement quant au statut juridique d'un territoire quelconque et ne signifient nullement que l'institution reconnaît ou accepte ces frontières.

Rien de ce qui figure dans le présent ouvrage ne constitue ni ne peut être considéré comme une limitation des privilèges et immunités de la Banque mondiale, ni comme une renonciation à ces privilèges et immunités, qui sont expressément réservés.

Droits et autorisations

L'utilisation de cet ouvrage est soumise aux conditions de la licence Creative Commons Attribution 3.0 IGO (CC BY 3.0 IGO) http://creativecommons.org/licenses/by/3.0/igo/ Conformément aux termes de la licence Creative Commons Attribution (paternité), il est possible de copier, distribuer, transmettre et adapter le contenu de l'ouvrage, notamment à des fins commerciales, sous réserve du respect des conditions suivantes :

Mention de la source — L'ouvrage doit être cité de la manière suivante : Read, Tony. 2016. *Où sont passés tous les manuels scolaires ? Vers une fourniture durable de supports didactiques et pédagogiques en Afrique subsaharienne*. Directions du développement. Washington, DC : Banque mondiale. DOI:10.1596/978-1-4648-0716-9. Licence : Creative Commons Attribution CC BY 3.0 IGO

Traductions — Si une traduction de cet ouvrage est produite, veuillez ajouter à la mention de la source de l'ouvrage le déni de responsabilité suivant : *Cette traduction n'a pas été réalisée par la Banque mondiale et ne doit pas être considérée comme une traduction officielle de cette dernière. La Banque mondiale ne saurait être tenue responsable du contenu de la traduction ni des erreurs qu'elle pourrait contenir.*

Adaptations — Si une adaptation de cet ouvrage est produite, veuillez ajouter à la mention de la source le déni de responsabilité suivant : *Cet ouvrage est une adaptation d'une oeuvre originale de la Banque mondiale. Les idées et opinions exprimées dans cette adaptation n'engagent que l'auteur ou les auteurs de l'adaptation et ne sont pas validées par la Banque mondiale.*

Contenu tiers — La Banque mondiale n'est pas nécessairement propriétaire de chaque composante du contenu de cet ouvrage. Elle ne garantit donc pas que l'utilisation d'une composante ou d'une partie quelconque du contenu de l'ouvrage ne porte pas atteinte aux droits des tierces parties concernées. L'utilisateur du contenu assume seul le risque de réclamations ou de plaintes pour violation desdits droits. Pour réutiliser une composante de cet ouvrage, il vous appartient de juger si une autorisation est requise et de l'obtenir le cas échéant auprès du détenteur des droits d'auteur. Parmi les composantes, on citera, à titre d'exemple, les tableaux, les graphiques et les images.

Pour tous renseignements sur les droits et licences doivent être adressées à World Bank Publications, The World Bank, 1818 H Street, NW Washington, DC, 20433, USA ; télécopie : 202–522–2625 ; courriel : pubrights@worldbank.org.

ISBN (imprimé): 978-1-4648-0716-9
ISBN (digital): 978-1-4648-0729-9
DOI: 10.1596/978-1-4648-0716-9

Photo de couverture : © Tony Read. Reproduite avec l'autorisation de Tony Read. Autorisation nécessaire pour toute autre utilisation.
Conception de la page de couverture : Debra Naylor, Naylor Design, Inc.

Table des matières

Avant-propos xiii
Remerciements xv
Abréviations xvii

	Vue d'ensemble	1
	Conclusions relatives aux coûts unitaires des manuels scolaires	7
	Conclusions relatives aux coûts des systèmes de SDP	11
	Conclusions relatives à la disponibilité des manuels scolaires et des SDP dans les écoles	12
	Conclusions relatives aux possibilités de réduction des coûts des manuels scolaires	13
	Conclusions relatives aux principales causes des coûts élevés du système et de la faible disponibilité	15
	Conclusions relatives à la gestion et à l'utilisation des SDP dans les écoles	16
	Conclusions relatives aux options de réforme des politiques de SDP	17
	Notes	18
	Références	19
PARTIE 1	**La situation actuelle**	**21**
Chapitre 1	Manuels scolaires, supports didactiques et pédagogiques, et acquis de l'apprentissage	23
	Impact des manuels scolaires sur la qualité de l'enseignement	23
	Problèmes dans les projets de manuels scolaires financés par des bailleurs de fonds	25
	Rapport coût-efficacité de la fourniture des manuels scolaires	26
	Évaluation de l'impact de la fourniture des manuels scolaires au Kenya	27

	Efficacité et utilisation des manuels scolaires dans les classes	29
	Facteurs influençant l'efficacité de l'école et les acquis des élèves	31
	Recherches sur le contenu des manuels scolaires	32
	Études récentes	33
	Livres de lecture	36
	Résumé des questions clés	39
	Note	40
	Références	40
Chapitre 2	**Tendances actuelles des politiques nationales de supports didactiques et pédagogiques (SDP) en Afrique subsaharienne**	**43**
	Tendances de la fourniture nationale des supports didactiques et pédagogiques	43
	Transition vers une implication du secteur privé dans la fourniture des manuels scolaires	44
	Croissance de l'édition africaine	47
	Mise en concurrence des manuels et introduction de systèmes d'évaluation	48
	Financement et sélection centralisés ou décentralisés	50
	Croissance des effectifs scolaires	52
	Comparaisons entre les approches anglophones et francophones	53
	Croissance des programmes de cours centrés sur l'apprenant et axés sur les résultats	57
	Résumé des questions clés	58
	Notes	60
	Références	61
Chapitre 3	**Disponibilité, coûts et financement actuels des manuels scolaires (et autres supports didactiques et pédagogiques) en Afrique subsaharienne**	**63**
	Coûts unitaires des manuels scolaires au primaire et au secondaire dans 11 pays d'Afrique subsaharienne	63
	Sources des manuels destinés aux niveaux primaire et secondaire	71
	Sources de financement des manuels destinés aux niveaux primaire et secondaire	71
	Types d'approvisionnement	73
	Disponibilité des manuels scolaires	75
	Résumé des questions clés	79
	Notes	80
	Références	80

PARTIE 2	**Examen des composantes de la chaîne des manuels scolaires**	**81**
Chapitre 4	Littératie, programmes de cours, supports didactiques et pédagogiques, exigences et coûts du système	83
	La crise de la littératie et de la numératie en Afrique subsaharienne	83
	Obstacles à l'amélioration des performances en littératie et numératie en ASS	87
	Conception des programmes de cours, coûts et efficacité du système	90
	Profil minimal des SDP requis et implications de coût associées	98
	Politiques de LdI et leurs implications de coût	101
	Programmes de cours régionaux	104
	Résumé des questions clés	106
	Notes	109
	Références	110
Chapitre 5	Financement des supports didactiques et pédagogiques (SDP)	113
	Problèmes liés au financement des supports didactiques et pédagogiques	113
	Accessibilité financière, soutenabilité et prévisibilité	114
	Sous-financement	115
	Réaffectation des fonds	125
	Détournement des fonds et piratage	127
	Majoration des prix des manuels scolaires	130
	Supervision et redevabilité	130
	Résumé des questions clés	132
	Notes	134
	Références	135
Chapitre 6	Rédaction et publication	137
	Processus de publication des manuels scolaires	137
	Caractéristiques principales de l'édition commerciale	138
	Que peut apprendre l'édition publique de la gestion de l'édition commerciale ?	141
	Une brève revue de l'édition publique en Afrique subsaharienne	143
	Réémergence de l'édition de manuels scolaires par le secteur privé	145
	Capacités locales de rédaction	146
	Incidences en termes de coûts de l'édition locale de manuels scolaires	147

	Résumé des questions clés	147
	Notes	148
	Références	148
Chapitre 7	**Problèmes de fabrication**	**149**
	Capacité locale et régionale d'impression de manuels en Afrique subsaharienne	149
	Spécifications applicables aux manuels	152
	Connaissance de la production par les éditeurs	155
	Tests	156
	Résumé des questions clés	156
	Notes	157
	Références	157
Chapitre 8	**Que devraient coûter les manuels scolaires ?**	**159**
	Composantes du coût	159
	Durée de vie du livre d'un an comparé à une durée de vie de quatre ans - Comparaisons des coûts	161
	Causes des variations des prix des manuels scolaires dans certaines listes de livres approuvés	163
	Coût des manuels scolaires	167
	Coûts et tirages	168
	Résumé des questions clés	169
	Notes	170
	Référence	170
Chapitre 9	**Passation de marchés, soumission des offres, et évaluation**	**171**
	Recours à un fournisseur unique ou sélection de manuels au moyen d'un processus compétitif décentralisé	171
	Évaluer et établir une liste approuvée de manuels et de SDP	173
	Contrôle des soumissions	176
	Résumé des questions clés	177
	Note	177
	Référence	177
Chapitre 10	**Distribution, entreposage et gestion**	**179**
	Conditions essentielles pour une distribution efficace de supports didactiques et pédagogiques	179
	L'argument Coca Cola	180
	Les performances des systèmes de distribution en ASS—Quelques études de cas	182
	Problèmes de planification et de gestion	191

	Résumé des questions clés émergentes	193
	Notes	195
	Références	196
Chapitre 11	Gestion et utilisation des supports didactiques et pédagogiques dans les écoles	199
	Entreposage dans l'école et en classe	199
	Problèmes de gestion des SDP	200
	Modèles d'utilisation des SDP dans les classes	201
	Conservation et réutilisation	207
	Résumé des questions clés émergentes	208
	Notes	210
	Références	210
PARTIE 3	**Alternatives numériques aux manuels scolaires imprimés**	**213**
Chapitre 12	Impact potentiel des technologies de l'information et de la communication (TIC) sur la fourniture de manuels scolaires	215
	Les technologies de l'information et de la communication utilisables dans l'éducation sont-elles en compétition avec les manuels d'enseignement et d'apprentissage imprimés sur papier ?	215
	Alternatives numériques à la fourniture de manuels scolaires	216
	Résumé des questions clés émergentes	228
	Notes	234
	Références	235
PARTIE 4	**Enjeux et options des politiques en matière de supports didactiques et pédagogiques**	**237**
Chapitre 13	Options pour l'élaboration de politiques nationales en matière de supports didactiques et pédagogiques	239
	Producteurs de manuels scolaires : secteur parapublic ou secteur privé	239
	Centralisation ou décentralisation	240
	Alphabétisation et politiques relatives aux langues locales	241
	Monopole ou approvisionnement compétitif	242
	Stratégies de réduction des coûts	244
	Comparaison entre pays	245
	Annexe 13A : Liste de contrôle du diagnostic sur les SDP	260

Annexe 13B : Enjeux critiques de l'amélioration de la fourniture des SDP en Afrique—arbre décisionnel pour les décideurs 265
Note 266

Appendice A Résumé statistique des enquêtes pays 267

Appendice B **Résumé des questions relatives à l'utilisation des technologies de l'information et de la communication en milieu scolaire** 281
Technologies de l'information et de la communication et réussite scolaire 281
Investissement dans les TIC et coûts récurrents, coût total de possession 286
Obstacles à une utilisation efficace des TIC dans l'éducation 289
Un Portable par enfant et le futur impact de l'approvisionnement en ordinateurs portables à coûts réduits sur l'ASS 301
Notes 304
Références 304

Figures
8.1	Courbe des bénéfices en termes de coût dans le cas de tirages élevés	169
B.1	Problèmes majeurs d'utilisation des TIC dans l'enseignement	298
B.2	Modes d'approvisionnement des ordinateurs	299

Tableaux
O.1	Maillons de la chaîne des SDP	4
O.2	Impact potentiel du fractionnement du tirage sur les coûts unitaires des manuels scolaires (quadrichromie)	9
O.3	Implications du transfert du texte des manuels scolaires vers des guides pédagogiques et des livres de lecture	14
2.1	Comparaison des systèmes de fourniture des manuels scolaires en Afrique francophone et anglophone	54
3.1	Coûts des manuels de 1re année	64
3.2	Coûts des manuels de 6e année	65
3.3	Coûts des manuels de 8e année	65
3.4	Coûts des manuels de 11e année	65
3.5	Coûts unitaires médians, maximum et minimum des manuels scolaires	69
3.6	Coûts moyens annuels amortis de fourniture, maximum et minimum	69

3.7	Coûts amortis médians par élève de la fourniture des SDP	70
3.8	Sources de rédaction, publication, fabrication et matières premières pour les 1re, 6e, 8e et 11e années	72
3.9	Types de financement des manuels scolaires	73
3.10	Suffisance, régularité et prévisibilité des budgets de SDP du gouvernement	74
3.11	Type d'approvisionnement des manuels scolaires	75
3.12	RME estimés pour le primaire dans les zones urbaines, rurales et éloignées	76
3.13	Disponibilité des manuels dans le primaire au Rwanda, 2007	76
4.1	Pourcentage des élèves de 4e année ayant atteint les seuils minimum (MML) et désiré de maîtrise (DML)	86
4.2	Estimation du score moyen de performance des élèves dans un échantillon de pays africains	86
4.3	Taux de réussite au PSLE, 2000–2009	93
4.4	Possession des manuels scolaires au Cameroun, 2007	97
4.5	Coûts de la fourniture de base des manuels de 1re primaire, 2008	100
4.6	Coûts d'une approche alternative de la fourniture de SDP en 1re primaire, 2008	101
5.1	Moyenne annuelle des taux de change médians en dollars EU, 2000–2009	123
8.1	Composantes du prix d'un manuel scolaire commercial	160
8.2	Composantes du prix d'un manuel scolaire édité par un État	160
8.3	Comparaison des prix de manuels scolaires pour des spécifications de durées de vie d'un an et de quatre ans	162
8.4	Comparaisons des prix pour des durées de vie d'un an et de quatre ans	163
10.1	Taux de recouvrement annuel des frais de location de manuels au Lesotho	188
13.1	Comparaisons entre pays	246
A.1	Coût des manuels scolaires pour la première année	267
A.2	Coût des manuels scolaires pour la sixième année	267
A.3	Coût des manuels scolaires pour la huitième année	268
A.4	Coût des manuels scolaires pour l'onzième année	268
A.5	Coût des dictionnaires pour la première année	268
A.6	Coût des dictionnaires pour la sixième année	269
A.7	Coût des dictionnaires pour la huitième année	269
A.8	Coût des dictionnaires pour la onzième année	270
A.9	Coût des atlas pour la première année	270
A.10	Coût des atlas pour la sixième année	270
A.11	Coût des atlas pour la huitième année	271
A.12	Coût des atlas pour la onzième année	271
A.13	Coût des livres de lecture (LdL) pour la première année	271
A.14	Coût des livres de lecture (LdL) pour la sixième année	272
A.15	Coût des livres de lecture (LdL) pour la huitième année	272

A.16	Coût des livres de lecture (LdL) pour la onzième année	272
A.17	Résumé des coûts amortis annuels des SDP pour la première année	273
A.18	Résumé des coûts amortis annuels des SDP pour la sixième année	273
A.19	Résumé des coûts amortis annuels des SDP pour la huitième année	273
A.20	Résumé des coûts amortis annuels des SDP pour la onzième année	274
A.21	Résumé des coûts amortis annuels moyens des SDP par élève par niveau	274
A.22	Méthodes de financement pour les manuels	274
A.23	Méthodes de financement pour les atlas	275
A.24	Méthodes de financement pour les dictionnaires	275
A.25	Méthodes de financement pour les livres de lecture	275
A.26	Méthodes de fourniture des manuels	276
A.27	Estimation du ratio manuel/élève au primaire dans les régions urbaines, rurales et éloignées	276
A.28	Méthodes de distribution des SDP	276
A.29	Performance de distribution	277
A.30	Caractéristiques de distribution	277
A.31	Sources de paternité, édition, production et de matières premières pour les 1re, 6e, 8e et 11e années	278
A.32	Adéquation, régularité et prévisibilité des budgets gouvernementaux pour SDP	279

Avant-propos

Cette étude s'inscrit dans le cadre des efforts de la Banque mondiale en vue d'une disponibilité universelle des manuels scolaires en Afrique subsaharienne. Elle examine les coûts et les obstacles au financement de la fourniture universelle de manuels scolaires dans la région et s'appuie sur l'expérience riche et multiforme de l'auteur, au terme de plusieurs décennies de travail dans le secteur de l'éducation en Afrique. Elle couvre un large éventail de questions liées à l'éducation, y compris l'élaboration et la révision des programmes, la fourniture de supports didactiques et pédagogiques (SDP), la littératie et la numératie, la politique de la langue d'instruction, les systèmes de passation des marchés, les défis de la distribution, l'industrie de l'impression, le développement et la conception des matériaux et la gestion et l'utilisation des SDP dans les établissements scolaires. Elle aborde également les problèmes récemment posés par les tentatives d'intégration des technologies de l'information et de la communication et d'autres technologies éducatives au sein des systèmes nationaux d'éducation et rejoint d'autres travaux de plus en plus nombreux qui reconnaissent l'importance incontournable de la gestion du système des SDP pour une fourniture durable et financièrement abordable de SDP à tous les apprenants.

L'étude examine les raisons qui sous-tendent les politiques nationales de SDP et les nombreux projets dans ce domaine financés au fil des années par de multiples bailleurs de fonds dans de nombreux pays africains, et qui expliquent pourquoi des solutions permanentes pour la fourniture adéquate et durable de SDP en vue de réaliser les objectifs de programmes et d'atteindre des résultats d'apprentissage spécifiques sont si insaisissables.

L'étude alimente de façon remarquable une mémoire institutionnelle de bonnes et de mauvaises pratiques, de ce qui fonctionne bien ou moins bien en matière de politiques de manuels scolaires en Afrique et des appuis fournis par les partenaires au développement. Un bon exemple de cet aspect de l'étude est l'accent continu qu'elle met sur la réduction des coûts de fabrication de manuels scolaires en vue d'améliorer la fourniture et la durabilité, avec un peu moins d'attention portée à d'autres dont, par exemple, les conséquences de la distribution et du stockage inefficaces des SDP sur les coûts et la fourniture, les niveaux élevés de pertes de stocks dans les entrepôts, la gestion de district et des établissements, et la sous-utilisation généralisée par les enseignants du stock de SDP disponible. L'étude se fonde sur des données factuelles et contient de nombreuses citations tirées de documents publiés par les États et les partenaires au développement, des rapports internationaux, des documents de politique nationale de SDP, des documents de conception de projet, des rapports de consultants, des rapports sur l'état d'avancement de l'exécution de projet, des rapports d'évaluation et d'achèvement de projet et des études provenant du monde de la recherche. Ces documents de base ont été élaborés à partir de l'expérience dans plus de 40 pays anglophones, francophones, lusophones et arabophones et couvrent tous les aspects de la fourniture des SDP, depuis les programmes nationaux et les politiques relatives à la langue d'instruction (les points de départ) jusqu'à la budgétisation et au financement, au système la gestion, à la création intellectuelle, la préparation et la publication, la fabrication, la distribution et le stockage et enfin la gestion et l'utilisation du matériel dans les établissements.

Au fil des ans, plusieurs thèmes politiques convergents ont fortement influencé les politiques relatives aux SDP et à la planification du système. Il s'agit notamment des tensions entre la publication par l'État et celle par le secteur privé, ainsi que les avantages et inconvénients de ces deux options; la difficulté d'allouer aux SDP des ressources financières avec la cohérence voulue ; les tensions entre les systèmes d'approvisionnement monopolistiques et les systèmes fondés sur la concurrence ; l'échec généralisé de la distribution organisée par l'État; l'évolution des relations entre les industries de l'édition internationales, régionales et nationales; les compromis entre la qualité supérieure et la fabrication internationale à plus bas prix et le désir de soutenir les industries locales de fabrication; les politiques internationales, régionales ou nationales et locales relatives à la langue d'instruction et le débat sur la centralisation ou la décentralisation dans la prise de décision sur la sélection des SDP. L'étude examine ces questions à travers des exemples nationaux, mais en tire des conclusions à caractère général sur la base de résultats démontrés.

L'étude sera particulièrement utile pour les décideurs, les partenaires au développement, et d'autres parties concernées qui tentent de comprendre le large éventail de questions environnant la complexité de la fourniture de manuels scolaires en Afrique subsaharienne.

Peter Nicolas Materu
Directeur au Pôle d'expertise mondiale en éducation
Banque mondiale

Remerciements

Je souhaiterais exprimer ma reconnaissance toute particulière à Birger Fredriksen et Sukhdeep Brar, qui ont revu plusieurs versions du manuscrit tout au long de son évolution et formulé de nombreuses observations et suggestions pertinentes. L'idée originale de cette étude vient de Sukhdeep qui a fourni des financements, mais également a apporté le soutien moral nécessaire à sa réalisation en faisant preuve d'une grande détermination. Brian Jones, ancien Président-Directeur général d'Evans Bros Publishers (Royaume-Uni), a mis à disposition une quantité importante de données sur les coûts pratiques et vérifié la précision du manuscrit du point de vue d'un éditeur commercial impliqué dans l'édition de manuels et de livres de lecture supplémentaire pour l'Afrique. Ses points de vue couvrent tous les aspects internationaux, régionaux et nationaux de la publication de supports didactiques et pédagogiques en s'appuyant sur son implication auprès des sociétés Evans au Kenya, au Nigéria et en Sierra Leone. Les longs débats concernant tous les aspects du problème de la fourniture des SDP dans les pays d'Afrique subsaharienne avec Amanda Buchan, ma collègue et amie depuis plus de 30 ans, ont été très enrichissants. Amanda a également recueilli et fourni des informations à jour sur la situation des SDP au Cameroun, en République démocratique du Congo et au Rwanda. De même, les échanges d'idées très riches souvent jusque tard dans la nuit avec Mike Kiernan, avec qui j'ai des relations de travail de longue date ont enrichi cet ouvrage. Les travaux du professeur Alan Penny qui possède une profonde connaissance de l'éducation en Afrique ont également été pour moi une source importante d'inspiration depuis de nombreuses années. Nicholas Read a fourni l'essentiel de l'expertise et des contributions aux sections sur les alternatives aux SDP imprimés, les progrès rapides et investissements coûteux en technologies de l'information et de la communication pour l'éducation (ICT4E) ainsi qu'aux sections portant sur la gestion du système de SDP et sur les problèmes majeurs causés par le développement et l'utilisation de systèmes de gestion numériques dans les pays d'Afrique subsaharienne. La section sur la préparation de l'impression et la fabrication a fortement bénéficié de l'expertise mise à disposition gracieusement par Tony Ashe qui a également fourni une évaluation à jour des possibilités d'impression à la demande pour la fourniture de manuels scolaires en Afrique subsaharienne. Vincent Bontoux a identifié des chercheurs en matière de SDP et prodigué des conseils sur l'utilisation et les politiques de SDP dans plusieurs des pays francophones couverts par cette étude. Depuis de nombreuses années, j'ai eu la chance de travailler sur les problèmes liés à la fourniture des SDP dans de très nombreux pays d'Afrique subsaharienne. Ces travaux m'ont permis de tirer des enseignements des experts locaux, auteurs, éditeurs, imprimeurs, libraires, distributeurs, groupeurs, fonctionnaires des ministères de l'Éducation et enseignants. Ils m'ont permis également de rencontrer plusieurs enseignants novateurs et engagés qui ont réussi à faire atteindre par leurs élèves des résultats d'apprentissage extraordinaires malgré des conditions souvent très difficiles. Ces différentes rencontres ont donné lieu à de nombreuses amitiés personnelles et professionnelles, précieuses et durables. Malheureusement, tous les noms de la plupart de ces acteurs sont trop nombreux pour être cités. Il est toutefois important que je souligne tout particulièrement le soutien apporté par Iris Uyttersprot du Fonds des Nations Unies pour l'enfance (UNICEF), Sophie Waterkeyn de l'Agence belge de développement (CTB), et Richard Arden du Département pour le développement international (DFID). Grâce à leur soutien, il m'a été possible de travailler sur un grand nombre des questions soulevées dans cet ouvrage. Alice Ibale, George Kalibbala, et Samuel Enyutu en Ouganda, David Muita au Kenya, Abdullah Saiwad en Tanzanie, Charles Sehlabi au Lesotho m'ont aidé à mieux comprendre la problématique de la fourniture de SDP en Afrique. Dans ce domaine, j'exprime une gratitude toute particulière à Madame Murietta Olu-Williams en Sierra Leone à qui je dois d'avoir réalisé l'importance de ces problèmes. C'est pourquoi je garderai pour toujours le souvenir de nos discussions vigoureuses sur tous les aspects du projet de manuels scolaires qu'elle gérait, qui ont souvent eu pour cadre le restaurant Atlantic sur la plage de Lumley à Freetown.

Cette étude a été financée par le *Norwegian Pre- and Post-Primary Education Trust Fund* (NPEF) (Fonds norvégien pour l'enseignement pré- et post-primaire) et le Fonds multidonateurs pour l'éducation et les compétences (MESF–*Multi-Donor Education and Skills Fund*), auxquels j'exprime toute ma reconnaissance.

Abréviations

3G	troisième génération (téléphonie mobile)
4/1	Recto imprimé en 4 couleurs et verso en 1 couleur
4G	quatrième génération (téléphonie mobile)
ACDI	Agence canadienne pour le développement international
ADEA	Association pour le développement de l'éducation en Afrique
AEIA	limentation électrique ininterrompue
AEO	Responsable adjoint de l'éducation
AICL	Apprentissage intégré d'un contenu et d'une langue
AIF	Agence Internationale de la Francophonie
APNET	Réseau africain des éditeurs (*African Publishers Network*)
Apprentissage mobile	Formation à l'aide d'outils numériques portables
ASS	Afrique subsaharienne
BAD	Banque africaine de développement
BASD	Banque asiatique de développement
BCL	Bon de commande local
BCL	Bordereau de confirmation de livraison
BM	Banque mondiale
BOLESWA	Botswana, Lesotho et Swaziland
CAE	Communauté d'Afrique de l'Est
CDSS	Externat communautaire d'enseignement secondaire (*Community Day Secondary School*)
CE	Communauté européenne
CED	Centre d'enseignement à distance (Malawi)
CEDEAO	Communauté économique des États de l'Afrique de l'Ouest

CEQUIL		*Cameroon Equity and Quality for Improved Learning Project* (Projet en faveur de l'équité et de la qualité pour un meilleur apprentissage au Cameroun, financé par la Banque mondiale)
CF		Coopération française
CfSK		*Computers for Schools Kenya*
CGMS		Comité de gestion des manuels scolaires – Guinée
CGS		Comité de gestion scolaire – Kenya
CNDP		Centre national de développement des programmes (Ouganda et Rwanda)
CONFEMEN		Conférence des ministres de l'Éducation des pays ayant le français en partage
CRT		Test critérié
CSS		École secondaire classique (*Conventional secondary school*, le Malawi)
CTB		Agence belge de développement
CTP		Coût total de possession
DANIDA		Agence danoise pour le développement international (*Danish International Development Agency*)
DCMP		Département de curriculum et de production des matériels pédagogiques (Rwanda)
DEO		Bureau de district pour l'éducation (*District Education Office*)
DEO		Responsable de district pour l'éducation (*District education officer*)
DfES		Ministère de l'Éducation, Royaume-Uni (*UK Department for Education and Skills*)
DfID		Département pour le développement international du Royaume-Uni (*Department for International Development*)
DfIDEA		Département pour le développement international du Royaume-Uni – Afrique de l'Est (*Department for International Development East Africa*)
DGIS		Direction générale de la coopération internationale des Pays-Bas (*Directorate-General for International Cooperation of the Netherlands*)
DIMPP		Projet d'approvisionnement décentralisé pour le matériel pédagogique – Ouganda (*Decentralised Instructional Materials Procurement Project – Uganda*)
DML		Seuil désiré de maîtrise
DPOD		Impression numérique à la demande (*Digital print on demand*)

DSA	Auditeur des écoles de district – Kenya (*District schools auditor*)
EAEP	*East African Educational Publishers* (Kenya)
EALB	*East African Literature Bureau*, prédécesseur colonial du Kenya Literature Bureau
EAO	Enseignement assisté par ordinateur
EAPH	*East African Publishing House* (Tanzanie)
EAV	Environnement d'apprentissage virtuel
EC	Enseignant-conseil (Namibie)
EdA	Enseignement de l'anglais
EdF	Enseignement du français
EGMA	*Early Grade Maths Assessment* (évaluation des compétences les plus élémentaires en mathématiques)
EGRA	*Early Grade Reading Assessment* (évaluation des compétences les plus élémentaires en lecture)
EMAC	Comité de validation des matériels pédagogiques (*Educational Materials Approval Committee* – Tanzanie)
EO	Responsable de l'éducation (*Education officer*)
EPT	Éducation pour tous
EPU	Enseignement primaire universel
ERfKE	Réforme de l'enseignement en vue de l'économie de la connaissance – Jordanie (*Education Reform for the Knowledge Economy*)
FCUBE	Enseignement de base universel obligatoire et gratuit – Ghana (*Free Compulsory Universal Basic Education*)
FN	Fracture numérique
FNN	Fracture numérique nationale
FOSS	Logiciel libre gratuit (*Free Open Source Software*)
FPE	Enseignement primaire gratuit – Kenya (*Free primary education*)
KM	Kwacha malawien
LAMP	Programme d'évaluation et de suivi de l'alphabétisation (*Literacy Assessment & Monitoring Programme*, successeur du MLA) – UNESCO
LAN	Réseau local (*Local area network*)
LdI	Langue d'instruction
LOLE	Langue de diffusion limitée (*Language of limited extent*)
LOS	Ligne de visée (*Line of sight*)
LPR	Langue principale de la région
MBS	Fournitures des livres du Malawi (*Malawi Book Supplies*)

MdE	Ministère de l'Éducation
MdF	Ministère des Finances
MESF	*Multi-Donor Education and Skills Fund* (le Fonds multidonateurs pour l'éducation et les compétences)
MIE	Institut de l'éducation du Malawi
MIITEP	Programme intégré de formation continue des enseignants du Malawi (*Malawi Integrated In-Service Teacher Education Programme*)
MINEDUC	Ministère de l'Éducation (Rwanda)
MLA	Suivi permanent des acquis scolaires (*Monitoring learning achievement*)
MML	Seuil minimal de maîtrise
MOES	Ministère de l'Éducation et des Sports – Ouganda (*Ministry of Education and Sports*)
MOESS	Ministère de l'Éducation, des Sciences et des Sports – Ghana (*Ministry of Education, Science, and Sports*)
MOEST	Ministère de l'Éducation, des Sciences et de la Technologie – Malawi (*Ministry of Education, Science, and Technology*)
MOEVT	Ministère de l'Éducation et de la Formation professionnelle – Zanzibar (*Ministry of Education and Vocational Training*)
MSCE	Diplôme de fin d'études secondaires du Malawi (*Malawi Secondary Certificate of Education*)
NAPE	*National Assessment of Progress in Education* (l'évaluation nationale des progrès de l'éducation – Ouganda)
NBER	*National Bureau of Economic Research* (Bureau national de recherche économique des États-Unis)
NCERT	Conseil national pour la recherche et la formation pédagogiques – Inde (*National Council for Educational Research and Technology*)
NCHRD	Centre national pour la mise en valeur des ressources humaines – Jordanie (*National Center for Human Resource Development*)
NEA	Évaluation nationale de l'éducation – Ghana (*National Education Assessment*)
ODE	Outil didactique à l'usage des enseignants
OMD	Objectifs du Millénaire pour le développement
PAO	Publication assistée par ordinateur
PD	Partenaire au développement
PMMP	Profil minimal du matériel pédagogique
PSN	Programmes scolaires nationaux
RDC	République démocratique du Congo

RME	Ratio manuel scolaire/élève
RPE	Responsable principal de l'éducation
SAU	*Schools Audit Unit* (Unité de l'audit scolaire) – Kenya
SD	*Secure Digital* (qualifie des cartes mémoires, etc.)
SDP	Supports didactiques et pédagogiques
SEDP	Plan de développement de l'enseignement secondaire – Tanzanie (*Secondary Education Development Plan*)
SIDA	Agence suédoise pour le développement international (*Swedish International Development Agency*)
SIGE	Système d'information de gestion de l'éducation
SLM	Système de location des manuels scolaires
SMS	Service de messages courts
SPRED	Appui à l'enseignement primaire (*Support for Primary Éducation*, projet financé par la Banque mondiale et le DfID au Kenya)
SSU	Unité des fournitures scolaires – Lesotho (*School Supplies Unit*)
STSC	Comité de sélection des manuels scolaires – Kenya (*School Textbook Selection Committee*)
SUPER	Appui à la réforme de l'enseignement primaire ougandais (*Support for Ugandan Primary Education Reform*, projet financé par l'USAID)
SWAp	Approche sectorielle (*Sector-Wide Approach*)
TAC	*Teachers' Advisory Centre* (centre de conseil pédagogique) – Kenya
TES	*Tanzania Elimu Supplies* (entreprise parapublique de distribution, aujourd'hui défunt)
TIE	Institut de l'éducation de la Tanzanie (*Tanzania Institute of Éducation*, élaboration des programmes de cours et parfois éditeur de manuels scolaires)
TIMSS	Tendances de l'enquête internationale sur les mathématiques et les sciences (*Trends in International Maths and Science Study*)
TNS	Taux net de scolarisation
TRF	Fonds renouvelable pour l'achat de manuels scolaires (*Textbook Revolving Fund*)
TZS	Shilling tanzanien
UNAM	Université de Namibie
UNEB	*Uganda National Examinations Board* (Bureau national des examens de l'Ouganda)
UNESCO	Organisation des Nations Unies pour l'éducation, la science et la culture (*United Nations Educational, Scientific and Cultural Organization*)

UNICEF	Fonds des Nations Unies pour l'enfance (*United Nations Children's Fund*)
USAID	*United States Agency for International Development* (agence américaine pour le développement international)
UV	*Ultraviolet* (vernis ultraviolet, processus de finition pour couvertures de manuels scolaires)
VFM	Rapport coût/avantages optimal (*Value for money*)
WEO	Bureau de woreda pour l'éducation (*Woreda Education Office*, Éthiopie)
ZIS	Inspecteur scolaire de zone (*Zonal inspector of schools*, Kenya)

Vue d'ensemble

Cette étude est fondée sur les multiples expériences de plus de 50 années de travail dans le secteur de l'éducation de nombreux pays d'Afrique subsaharienne (ASS), au départ en tant qu'enseignant dans des établissements secondaires publics, la formation complémentaire et des cours pour adultes au Ghana dans les années 1960, puis en tant qu'éditeur d'ouvrages éducatifs et enfin en tant que chercheur et consultant en développement dans un large éventail de questions d'éducation en Afrique, couvrant l'élaboration et la révision des programmes de cours, la fourniture de supports didactiques et pédagogiques (SDP), la littératie et la numératie, les politiques relatives aux langues d'instruction (LdI), les systèmes de passation des marchés, les défis de la distribution, l'industrie de l'impression, l'élaboration et la conception des supports, la gestion et l'utilisation des SDP dans les écoles, et, plus récemment, le vaste ensemble des questions soulevées par les actuelles tentatives pour intégrer les technologies de l'information et de la communication (TIC) et autres technologies éducatives dans les systèmes nationaux d'éducation et par la reconnaissance croissante du rôle essentiel de l'amélioration de la gestion des systèmes de SDP dans la fourniture abordable et durable de SDP à tous les élèves.

L'étude tente de donner un sens aux raisons sous-tendant bon nombre des politiques nationales de SDP ainsi que les nombreux projets de SDP financés depuis plus de 40 ans par différents bailleurs de fonds dans les pays africains. Le but est ainsi de comprendre pourquoi, dans tant de pays et pendant tant d'années, les ministères de l'Éducation (MdE) et les partenaires au développement (PD) ont eu aussi des difficultés à trouver des solutions permanentes à la fourniture adéquate et durable de SDP appuyant les objectifs des programmes de cours et les rendements de l'apprentissage recherchés.

Au moins une partie du problème réside dans la difficulté à conserver une mémoire institutionnelle efficace au sein des PD, des MdE et des ministères des Finances et à faire en sorte que l'information sur les bonnes et mauvaises pratiques et sur ce qui fonctionne ou pas fois largement et efficacement diffusée. Un bon exemple en est l'accent mis en permanence et de manière presque obsessionnelle sur la réduction des coûts de fabrication des manuels scolaires, en tant que moyen d'élever les niveaux de fourniture et de soutenabilité, tout en occultant les conséquences, nettement plus graves pour les coûts et la fourniture, de l'inefficacité de la distribution et du stockage des SDP, du niveau élevé des pertes de stock dans l'entreposage et la gestion par les districts et les écoles, et du problème généralisé de la non-utilisation par les enseignants des stocks de SDP fournis. Cette étude aborde à fond ces questions en tentant de rassembler dans un seul volume tous les enseignements tirés des multiples politiques et projets de fourniture de SDP des 40 dernières années. Elle adopte une approche fondée sur des données factuelles en utilisant comme sources, et lorsque nécessaire les citant largement, des documents sur les politiques, objectifs et priorités publiés par les États et les partenaires au développement, des rapports internationaux, des documents de politique nationale des SDP, des documents de conception de projet, des rapports de consultants et d'état d'avancement de la mise en œuvre des projets, des rapports d'évaluation et d'achèvement de projets, ainsi que des études issues de la recherche académique. Ces sources de documents proviennent de plus de 40[1] pays anglophones, francophones, lusophones et arabophones d'Afrique subsaharienne et couvrent tous les aspects de la fourniture des SDP, depuis le programme de cours national et les politiques relatives à la langue d'instruction (points de départ) jusqu'à la budgétisation et au financement, à la gestion du système, la rédaction, la préparation de l'impression et la publication, la fabrication, la distribution et le stockage et enfin la gestion et l'utilisation du matériel par les écoles.

Au cours des 40 à 50 dernières années, un certain nombre de thèmes de politiques récurrents ont fortement influencé les politiques de SDP et la planification du système. Il s'agit notamment des avantages et inconvénients et des tensions entre la publication par l'État ou le secteur privé ; de la difficulté d'obtenir des allocations financières continues pour les SDP ; les passations de marchés monopolistiques ou concurrentielles ; l'échec généralisé de la distribution organisée par l'État ; l'évolution des relations entre les industries de l'édition internationales, régionales et nationales ; les compromis entre une fabrication internationale de meilleure qualité et à prix plus bas et le désir de soutenir les industries locales de la fabrication ; les politiques internationales, régionales ou nationales et locales relatives à la langue d'instruction ; et le débat sur la centralisation ou décentralisation de la prise de décision en matière de sélection des SDP. Ces questions sont traitées dans le texte à travers des exemples nationaux, mais des conclusions plus larges sont tirées sur la base de résultats prouvés. Ces grandes questions de politiques reviennent en permanence dans chaque pays, et l'un des problèmes associés est l'évolution constante des politiques de SDP de nombreux pays d'Afrique subsaharienne, à cause de laquelle les écoles et les enseignants ont des difficultés à se familiariser et à s'adapter à un système. Il est parfois déprimant de constater combien de fois des politiques qui ont échoué dans le passé sont réintroduites quelques années plus tard en tant que "nouvelles" politiques par les MdE ou PD, habituellement avec les mêmes résultats.

L'étude est inévitablement influencée par des observations personnelles fondées sur de nombreuses années de travail et de visites d'écoles de zones urbaines, bidonvilles, zones rurales et éloignées (et parfois très reculées), couvrant des milliers d'écoles et bureaux de l'éducation dans de nombreux pays africains couvrant tous les types d'environnements, depuis la haute montagne jusqu'à la forêt dense, la prairie, les marées et le désert.

Le rôle clé des manuels scolaires et autres SDP dans l'amélioration de la qualité de l'apprentissage est presque universellement reconnu. Il est particulièrement important dans les pays à faible revenu, où les manuels scolaires et autres SDP aident à compenser les facteurs négatifs tels que la grande taille des classes, la piètre qualité des salles de classe et installations, le manque de formation des enseignants, le peu d'heures de contact entre les enseignants et les élèves, les hauts niveaux d'analphabétisme des parents, et le manque de matériel de lecture à la maison ou dans les écoles. Malgré des décennies de financement par les États et les partenaires au développement, peu de pays à faible revenu d'Afrique subsaharienne sont parvenus à mettre en place des systèmes durables de fourniture régulière de manuels scolaires et autres SDP essentiels. Les SDP restent par conséquent insuffisamment disponibles et mal utilisés, lorsqu'ils sont disponibles, dans la plupart des pays d'Afrique subsaharienne.

La présente étude examine le contexte de cette situation et cherche à comprendre pourquoi la fourniture suffisante et efficace de SDP reste hors de portée et les mesures à prendre pour assurer à tous les élèves du primaire et du secondaire général une disponibilité durable de SDP de qualité, utilisés de manière adéquate. La réalisation de cet objectif est d'autant plus importante que, dans la plupart des pays d'Afrique subsaharienne, le manque de qualité pédagogique et son effet sur les acquis du jeune enfant en littératie et numératie sont actuellement considérés comme l'une des plus sérieuses contraintes à la réalisation de l'enseignement primaire universel. En outre, la forte croissance de la scolarisation dans l'enseignement primaire en Afrique subsaharienne, au cours des 10 à 15 dernières années, a non seulement accru la pression sur le budget de l'enseignement primaire, mais aussi la demande des élèves et des parents d'un accès au secondaire, où les manuels et autres SDP sont encore plus coûteux que dans le primaire.

Chaque maillon de la chaîne des SDP est étudié afin d'identifier les implications de coût et d'approvisionnement des différentes politiques, ainsi que les maillons les plus susceptibles d'échouer ou d'engendrer des coûts élevés. Des exemples de bonnes et mauvaises pratiques sont fournis. Les tendances à plus long terme des politiques de fourniture des SDP sont également examinées afin d'identifier leur impact sur l'accessibilité financière et l'équité pour les établissements scolaires urbains, ruraux et éloignés. L'étude analyse les stratégies susceptibles de réduire les coûts et d'améliorer l'accessibilité financière.

La principale raison de l'échec dans la résolution du problème de la fourniture des SDP est probablement une mauvaise compréhension, très répandue parmi les MdE et les PD, de la nature et de la complexité des problèmes à résoudre. Pour fonctionner de manière efficace et dans le bon ordre, la fourniture de SDP nécessite un certain nombre d'activités et d'intrants. Ces activités sont souvent désignées sous le terme de "chaîne du livre" ou, plus exactement, de "chaîne des SDP"[2]. Le dysfonctionnement d'un seul maillon de la chaîne entraîne un risque de mauvais fonctionnement de l'ensemble du système. La réforme des SDP doit, par conséquent, toujours être pensée en considérant tout le système plutôt qu'en se concentrant sur un unique facteur. Le tableau O.1 ci-dessous présente les maillons de base de la chaîne des SDP avec des notes explicatives.

Des stratégies différentes peuvent être appliquées à chacun des maillons de la chaîne et peuvent avoir un impact profond sur les prix des SDP ainsi que sur les coûts, l'équité de l'offre, et la soutenabilité du système. Loin d'être toujours

Tableau O.1 Maillons de la chaîne des SDP

Maillons de la chaîne	Notes sur les maillons
Conception du programme et du plan des cours	Ce maillon a un impact significatif sur le coût du système et, par conséquent, sur l'accessibilité financière et la soutenabilité de la fourniture des SDP, parce qu'il détermine le nombre de matières qui nécessitent des manuels et des guides pédagogiques destinés aux enseignants. Un plan de cours surchargé peut également avoir un impact sur le coût unitaire des manuels. Ce maillon doit également préciser les SDP autres (y compris électroniques) nécessaires pour atteindre les objectifs du programme de cours. Idéalement, toute révision de ce programme doit comprendre les implications de coût de chaque proposition. Malheureusement, très peu de programmes de cours nationaux sont soumis à une quelconque analyse des coûts. En raison de l'impact potentiel sur les coûts, les politiques relatives à la langue d'instruction devraient également faire partie du trio des politiques clés programme de cours/LdI/SDP, qui doivent idéalement être conçues simultanément.
Profil minimum des SDP	Il s'agit de la spécification de l'ensemble minimum de SDP requis pour réaliser les objectifs et les résultats d'apprentissage spécifiés dans le programme de chaque année d'étude. Ce maillon a également un impact sur les coûts du système, car il détermine souvent non seulement les manuels et les guides pédagogiques, mais aussi les livres de lecture, les atlas, les dictionnaires, les outils pédagogiques, les livres de référence des enseignants ainsi que le matériel d'apprentissage, de plus en plus souvent numérique.
Hypothèses d'approvisionnement	Elles couvrent les ratios d'approvisionnement (ratio cible manuel scolaire/élèves, nombre de livres de lecture par année, ratios atlas/élèves, etc.) ; elles concernent également la durée de vie des SDP en classe souhaitée, les taux annuels de pertes et dégradations supposés, et les taux de croissance des effectifs. Les hypothèses d'approvisionnement ont donc également un impact significatif sur le coût du système.
Spécifications de production	Elles comprennent le nombre de couleurs, le volume, les formats des pages, le papier du texte, le type de couverture, le style de reliure, le genre de finition, etc. Fondamentalement, elles se décomposent en spécifications de présentation et spécifications de durabilité. Elles ont un impact sur les coûts unitaires des SDP et par conséquent sur les coûts du système, mais une durabilité accrue, et donc une plus longue durée de vie en classe, permet d'amortir les coûts sur des périodes plus longues et, par conséquent, de réduire considérablement les coûts unitaires de production lorsqu'ils sont calculés en tant que coûts annuels amortis.
Décisions clés pour les politiques	Elles incluent les réponses aux questions suivantes : • Qui paie ? (l'État ou les parents) ; • Comment les SDP sont-ils financés ? (fourniture gratuite aux écoles, dotation budgétaire par élève, achat par les parents, frais de location, etc.) ; • Monopole ou concurrence ; • Centralisation or décentralisation ? • Qui sélectionne ? (l'État, le district, ou l'école) ;

suite du tableau page suivante

Tableau O.1 Maillons de la chaîne des SDP *(suite)*

Maillons de la chaîne	Notes sur les maillons
	• Qui publie ? (voir ci-dessous) ; • Qui distribue ? (voir ci-dessous) ; • Qui fabrique ? (voir ci-dessous). Ces décisions ont un impact sur le coût du système et parfois sur les coûts unitaires de production et les coûts amortis annuels.
Prix	Dans quelle mesure les prix sont-ils contrôlés, par exemple, en tant que condition pour l'octroi du statut de liste approuvée ? La politique des prix peut avoir un impact profond sur les coûts tant unitaires que du système. Sans une prévisibilité minimale des prix, les coûts récurrents des SDP sont hors de contrôle.
Rédaction et publication	Qui sont les auteurs et qui publie (le MdE ou des éditeurs du secteur privé) ? Lorsque la rédaction et la publication incombent au MdE, il est souvent difficile, voire impossible, de déterminer avec précision les coûts unitaires de production, parce qu'une grande partie de l'investissement dans la publication (par exemple, les salaires, les loyers, l'équipement, l'entretien, les paiements aux auteurs, le prépresse) est intégrée à des lignes budgétaires non ventilées de l'État.
Passation des marchés	Les dossiers de passation des marchés contiennent les spécifications de base, les politiques de prix, les tirages et les méthodologies et instruments d'évaluation. Une bonne passation des marchés concurrentielle peut avoir un impact considérable sur les coûts, tant unitaires que du système.
Fabrication	Elle comprend le prépresse, les matières premières, l'impression, la reliure et la finition. Elle a un impact sur les coûts unitaires et par conséquent sur les coûts du système, mais représente toujours une composante moins importante du prix total des SDP que ne le supposent généralement les MdE et PD. Il existe souvent une tension politique entre les sources de fabrication locales, régionales et internationales.
Distribution et stockage	Le bilan de la distribution par l'État est assez médiocre dans de nombreux pays d'ASS, avec des taux annuels de pertes et dégradations dues aux mauvaises conditions d'entreposage et de distribution parfois très élevés (jusqu'à 65 % an). Il s'agit d'une composante majeure des coûts du système. Dans l'offre du secteur privé, la partie distribution des coûts unitaires présente des différences considérables selon le lieu de distribution finale choisi (l'école, le district ou le magasin central du MdE). Toutefois, lorsque l'éditeur ou le libraire livre directement dans les écoles, le MdE n'encourt aucun coût supplémentaire, ce qui n'est pas le cas lorsque la livraison se fait au ministère et est ensuite acheminée vers les écoles. La livraison depuis les districts vers les écoles constitue généralement le problème le plus critique de stockage et de distribution.
Gestion et conservation dans les écoles	Elles ont un fort impact sur la durée de vie en classe des SDP et sont par conséquent souvent une composante critique du coût du système. Des taux très élevés de pertes et dégradations dans les écoles sont fréquents dans de nombreux pays d'Afrique subsaharienne, entraînant soit une moindre disponibilité des SDP soit des taux de remplacement accrus et coûteux.
Utilisation des SDP en classe et à la maison	Le coût total de la fourniture des SDP est gaspillé si les SDP sont peu ou pas utilisés quand ils parviennent dans les écoles. Ce problème est courant, et la formation initiale et en cours d'emploi à l'utilisation des SDP est un point crucial, qui augmente les coûts du système.
Supervision et contrôle de la mise en œuvre	L'absence d'une supervision et d'un contrôle de bonne qualité accroît les pertes de stock de SDP dans les écoles ainsi que le coût du système.
Gestion du système de fourniture des SDP	La fourniture des SDP est un mécanisme complexe, qui nécessite une gestion professionnelle soutenue, dans la mesure du possible, par des systèmes de gestion informatisés sophistiqués conçus sur mesure.

Source : Read, 2010.
Remarque : LdI : langue d'instruction ; MdE : ministère de l'Éducation ; SDP : supports didactiques et pédagogiques.

fondées sur des préoccupations éducatives ou sur des pratiques raisonnables de contrôle des coûts, les politiques peuvent souvent être motivées par des considérations politiques ou économiques. Le débat actuel sur l'utilisation des sources nationales, régionales ou internationales d'impression des manuels scolaires est un bon exemple de confrontation entre des préoccupations éducatives et politiques ou économiques. De plus, peu ou pas d'organismes d'élaboration des programmes de cours nationaux tiennent compte des implications de coût des programmes qu'ils conçoivent. Peu de MdE ont une idée claire des allocations budgétaires annuelles nécessaires pour maintenir une fourniture correcte des SDP et veiller à ce que les besoins de base soient satisfaits et les SDP bien utilisés dans toutes les écoles. Même lorsque toutes les bonnes décisions sont prises jusqu'au stade de la fabrication et que les livres produits ont un contenu, une présentation, une fabrication d'une qualité adéquate à des prix abordables, l'ensemble du processus peut être réduit à néant si les SDP ne parviennent pas aux écoles ou y sont mal ou pas utilisés.

Une fois que tous les maillons de la chaîne ont été examinés et réformés, il reste encore la question de la gestion du système. Un grand nombre d'écoles et d'élèves situés dans des régions différentes, avec des installations et des environnements opérationnels souvent différents, combiné à un grand nombre de titres livrés dans des quantités différentes (et parfois des langues différentes) est très difficile à gérer manuellement. Des systèmes de gestion informatisés sophistiqués sont donc nécessaires pour assurer que de bonnes décisions de gestion soient prises sur la base d'une information adéquate, d'une bonne planification et d'allocations financières suffisantes pour maintenir la fourniture des SDP aux niveaux ciblés pour chaque école du pays.

> Entre les années 1960 et le milieu des années 1980, l'approvisionnement monopolistique en manuels scolaires et la publication, l'impression et la distribution par l'État apparaissaient aux yeux de nombreux pays comme la solution le moins chère et la plus rentable pour fournir des manuels scolaires de manière abordable et durable. La domination des dispositifs appartenant à l'État n'a toutefois pas résolu les problèmes fondamentaux de financement [...] des différences entre les niveaux de fourniture urbains et ruraux [subsistent encore] dans tous les pays d'ASS [...], mais aucune preuve n'indique que les systèmes étatiques ont mieux réussi que les systèmes commerciaux à résoudre les problèmes les plus élémentaires de la fourniture des manuels scolaires. (Da Cruz et coll., 1998)

En 1994, au cours d'une table ronde sur les manuels scolaires où les futures options de politiques ont été examinées, le ministre tanzanien de l'Éducation a fait l'observation suivante :

> Il n'existe aucune garantie qu'en soi, un système fondé sur le marché commercial résoudra automatiquement les problèmes d'équité et de disponibilité. On ne peut attendre du secteur privé qu'il résolve, à lui tout seul, tous les problèmes d'approvisionnement en manuels éducatifs. Le financement de l'État et des politiques d'appui clairement formulées et largement diffusées sont également nécessaires. (MOEC, 1994)

Pendant de nombreuses années, les États et les partenaires au développement ont recherché des solutions durables à long terme au problème fondamental de la fourniture de manuels scolaires et autres SDP de bonne qualité et pertinents à des prix abordables, de manière équitable et en temps voulu, à tous les élèves où qu'ils soient localisés. Des exemples des différentes stratégies visant ces objectifs sont fournis plus loin dans le texte, de même qu'un examen des succès et échecs des différentes approches, dans l'espoir d'aider à identifier des solutions plus réalistes et plus efficaces à l'avenir.

Au cours des dix dernières années, la demande de TIC dans les écoles d'Afrique subsaharienne a ajouté une ligne très coûteuse au budget de l'éducation à la fois de l'État et des écoles (ainsi que des parents), et il devient de plus en plus évident que les TIC et les SDP papier ne tarderont pas à entrer en concurrence directe pour un financement. Certains responsables des politiques considèrent les supports électroniques comme de potentiels remplaçants des manuels scolaires et livres de lecture imprimés. Cette étude examine donc également la fourniture de TIC et d'autres technologies et remplaçants électroniques éducatifs des SDP imprimés en tant que rivaux potentiels pour le financement disponible. L'étude se termine par un ensemble d'outils qui devraient faciliter le dialogue sur les politiques fondé sur des faits probants entre les PD, les responsables nationaux des politiques et les professionnels des SDP (imprimeurs, éditeurs tant dans l'impression papier que dans le numérique, libraires, autres distributeurs, etc.) en vue de la conception de systèmes appropriés et abordables.

Les principales conclusions de l'étude sont présentées ci-dessous.

Conclusions relatives aux coûts unitaires des manuels scolaires

a) Les composantes habituelles des coûts unitaires des manuels scolaires sont :
- Prépresse : un coût fixe de préparation de l'impression comprenant la composition, les illustrations, le film/disque électronique, etc. ;
- Fabrication : un coût de fonctionnement variable comprenant les matières premières, l'impression, la reliure et la finition ;
- Redevances ou droits de paternité ;
- Frais généraux des éditeurs comprenant les coûts des salaires, éditoriaux, de marketing, d'administration, d'entreposage, des systèmes, de location, des services publics, de financement et d'emprunt, etc. ;
- Coûts de distribution ; et
- Bénéfices de l'éditeur.

b) Les coûts nationaux des manuels scolaires cités regroupent souvent des combinaisons différentes des éléments ci-dessus et sont par conséquent difficilement comparables. Par exemple :
- *Le coût de fabrication* ne comprend que les matières premières et l'impression (cas du Burundi) ;
- *Le coût de passation des marchés* (c'est-à-dire le coût de la fourniture au MdE, qui procédera lui-même à la distribution aux écoles) ne comprend

pas le coût complet de la distribution aux écoles, mais seulement celui de la livraison au MdE (cas de l'Ouganda) ;
- *Le coût de livraison* (c'est-à-dire le coût de livraison directe aux écoles par l'éditeur) comprend la charge totale de la distribution (cas du Rwanda) ; et
- *Le prix de détail* pour la fourniture aux écoles par une librairie de détail, nécessitant l'octroi d'une forte remise de détail à un fournisseur tiers[3] (cas du Kenya) ;

c) Avant de tenter une comparaison des coûts des manuels scolaires entre les différents pays, il est essentiel que les composantes de chaque "prix" ou "coût" indiqué soient clairement identifiées.

d) De manière empirique, les coûts de fabrication (matières premières comprises) sont généralement considérés comme représentant 15 à 20 % du prix de détail d'un manuel ou du coût total de livraison directe aux écoles.

e) Les matières premières peuvent représenter 30 à 60 % du coût de fabrication (en fonction des tirages, des spécifications de production, et des sources d'approvisionnement), mais pas le même pourcentage du prix de détail ou des coûts totaux d'approvisionnement. Cette différence a été la source d'une grande confusion dans les précédentes tentatives d'identification des causes des coûts perçus de la fourniture des manuels scolaires lorsque les MdE et les PD ont fait des coûts des matières premières et de la fabrication le seul critère de comparaison pour les coûts d'approvisionnement.

f) La plupart des coûts de la fourniture des manuels scolaires doivent être payés de l'une ou l'autre façon. Même lorsque le MdE publie lui-même et ne prend en compte que le coût des matières premières et de la fabrication, les coûts réels de rédaction, d'édition, de financement, de distribution, des frais généraux, etc. existent toujours et doivent apparaître quelque part dans les budgets du MdE. Sinon, ils peuvent tout simplement ne pas être financés du tout, ce qui est souvent le cas des coûts de distribution, et dans ce scénario, les supports ne parviennent pas aux écoles et les coûts d'investissement sont gaspillés.

g) Les frais de distribution compris dans les coûts des manuels scolaires varient considérablement selon le lieu de livraison requis (entrepôt central du MdE, bureaux de district ou écoles) et la complexité et la difficulté des réseaux de distribution nationaux. Ils ne peuvent être établis "en moyenne" et doivent être calculés pour chaque pays.

h) Les coûts de distribution varient également selon le niveau de risque : par exemple, la livraison en gros à un unique entrepôt du MdE situé dans la capitale, accompagnée d'un paiement au moyen d'une lettre de crédit irrévocable comporte peu de risques pour un éditeur ; un approvisionnement concurrentiel à travers le commerce de détail local du livre peut entraîner des surcoûts dus aux risques d'invendus, de paiement tardif ou de non-paiement du libraire.

i) La composante de coûts de financement du prix des manuels scolaires est également affectée par la rapidité de paiement : au Ghana, par exemple, les éditeurs de manuels scolaires ont parfois dû attendre le paiement de l'État pendant deux ans ou plus, et le coût du financement de ce trou de trésorerie doit être pris en compte dans les prix proposés. Lorsque les taux d'intérêt des banques locales sont élevés, ils peuvent représenter un important élément de coût supplémentaire. Le Ghana est loin d'être le seul pays d'Afrique subsaharienne où les paiements peuvent être lents ou très en retard en raison de différends autour des livraisons, et dans certains pays, les éditeurs ont décliné des marchés parce qu'ils ne pouvaient pas se permettre d'assumer les coûts du crédit.

j) Les principaux facteurs déterminant les coûts unitaires des manuels scolaires sont les suivants :

- Les tirages : les coûts unitaires diminuent avec l'augmentation des tirages, jusqu'à atteindre une certaine limite (voir chapitre 8, Coûts et tirages).
- L'impact de LdI multiples sur le fractionnement des tirages : lorsque plusieurs langues d'instruction sont requises dans les systèmes éducatifs nationaux (par exemple, en Érythrée, en Éthiopie, en Namibie, au Soudan du Sud, en Ouganda, et autres), la taille des tirages peut descendre en dessous de la limite d'optimisation des coûts, entraînant ainsi une hausse des coûts unitaires (voir tableau O.2). La situation peut être améliorée en réduisant à une ou deux les couleurs d'impression des manuels en langues locales, pour lesquelles les limites d'optimisation des coûts sont nettement plus faibles.
- L'impact des ratios manuel scolaire/élèves (RME) sur la réduction des tirages : un RME de 1:1 nécessite la livraison d'un nombre de manuels égal à l'effectif total d'une année d'étude. Des RME de 1:2 ou 1:3 réduisent le volume des tirages de 50 % et 66 % respectivement, mais peuvent aussi les amener en dessous des limites d'optimisation des coûts ;
- Le nombre de pages des manuels scolaires : plus les manuels sont gros, plus les coûts des matières premières, de la composition, de la conception et de la mise en page sont élevés.
- Le format des manuels scolaires : les manuels de plus grands formats offrent plus de possibilités de conception et présentation conviviales, mais requièrent plus de papier et donc des coûts supplémentaires. Les livres de grand format peuvent s'abîmer plus facilement, augmentant ainsi les coûts du système par des pertes de stock.

Tableau O.2 Impact potentiel du fractionnement du tirage sur les coûts unitaires des manuels scolaires (quadrichromie)

Langue	Ouzbek	Russe	Karakalpak	Kazakh	Tadjik	Kirghize	Turkmène	Total
Tirages (en milliers)	600	30	25	20	15	2	1	693
Coûts fixes (milliers $EU)	30	30	30	30	30	30	30	210
Coûts de fonctionnement (milliers $EU)	600	30	25	20	15	2	1	693
Coûts totaux (milliers $EU)	630	60	55	50	45	32	31	903
Coûts unitaires en $EU	1,05	2,00	2,20	2,50	3,02	16,45	31,95	1,31

Source : Read, 2003.
Remarque : $EU = dollars EU.

- L'utilisation de la couleur : en quadrichromie, l'impression coûte nettement plus cher qu'en mono- ou bichromie, bien que l'impact sur le coût puisse être réduit en imprimant le recto en quadrichromie et le verso en monochromie (impression 4/1). Cette approche nécessite toutefois de considérables compétences en rédaction, édition et conception, qui peuvent dépasser la capacité technique de nombreux éditeurs locaux novices, en particulier lorsque les délais de production sont serrés.
- L'approvisionnement en matières premières : les grands imprimeurs internationaux de manuels scolaires se procurent souvent leurs stocks de papier et de carton directement à l'usine et réduisent ainsi nettement les coûts des matières premières. Ils proposent généralement aussi un plus large éventail de dimensions des feuilles et de qualités des matières premières, convenant à leurs presses et réduisant le gaspillage au niveau des machines. L'achat auprès des marchands nationaux ou régionaux est susceptible d'être plus cher et la gamme des matières premières et dimensions des feuilles aura également tendance à être plus limitée. Les tailles du papier peuvent ne pas convenir exactement aux dimensions des machines, entraînant ainsi plus de pertes.[4]
- L'impression et la reliure : les imprimeurs internationaux de manuels scolaires travaillent souvent avec un roulement de trois équipes par jour, ce qui leur permet un meilleur amortissement de leurs coûts d'usine. Ils investissent généralement dans des installations modernes à haut rendement et bien entretenues, entraînant des coûts plus faibles et moins de gaspillage sur les machines. Nombre d'imprimeurs nationaux travaillent avec une ou deux équipes par jour, souvent sur de vieilles installations remises en état, entraînant des périodes d'arrêt plus longues et plus de gaspillage.
- Les droits d'importation sur les matières premières et les ateliers d'impression sont courants dans les pays d'Afrique subsaharienne, alors que les livres finis sont généralement exempts de droits de douane aux termes de l'Accord de Florence et des Protocoles de Nairobi sur la libre circulation des livres et de l'information. Cela rend le travail des imprimeurs locaux plus onéreux que celui de leurs homologues étrangers.
- La durabilité et la durée de vie des livres : les spécifications des livres à longue durée de vie requièrent des matières premières et des processus de fabrication plus onéreux, qui accroissent les coûts unitaires. La règle empirique est que les coûts pour une spécification de quatre ans sont d'environ 20 % supérieurs à ceux d'une spécification d'un an (voir le chapitre 8, Durée de vie du livre d'un an comparé à une durée de vie de quatre ans -Comparaison des coûts). Les spécifications pour quatre ans permettent un amortissement efficace des coûts, mais peuvent apparaître plus chères dans les comparaisons directes des coûts.

k) Les coûts unitaires de fabrication des manuels scolaires sont très rarement le principal déterminant dans les systèmes de fourniture de manuels scolaires à coût élevé.

l) Le concept de coûts unitaires annuels amortis est plus utile comme indicateur d'accessibilité financière et de soutenabilité que les simples coûts unitaires.

Conclusions relatives aux coûts des systèmes de SDP

Les coûts des systèmes de SDP sont déterminés par les facteurs suivants :

a) Spécifications du programme de cours comprenant les éléments suivants :
   - Le nombre de manuels scolaires et de guides pédagogiques nécessaires par année d'étude (voir chapitre 4, Littératie, programmes de cours, supports didactiques et pédagogiques nécessaires, et coûts du système). Un grand nombre de manuels scolaires requis par année d'étude augmente significativement les coûts de fourniture des SDP ;
   - Les autres SDP nécessaires spécifiés (par exemple, livres de lecture, aides pédagogiques aux enseignants, dictionnaires, atlas, etc.) ;
   - Les spécifications de contenu, qui déterminent le volume du manuel scolaire et ont par conséquent un impact sur les coûts de production (davantage de matières premières, coûts accrus d'impression et de reliure).

b) Objectifs et hypothèses d'approvisionnement comprenant les éléments suivants :
   - Ratios manuel scolaire/élèves ;
   - Autres SDP ciblés ;
   - Hypothèses de durée de vie du livre ;
   - Taux annuels de pertes et dégradations (gaspillage)

c) Politiques de langues d'instruction, qui déterminent le nombre de versions linguistiques des différents manuels scolaires.

d) Coûts unitaires des SDP, déterminés par les facteurs agissant sur les coûts unitaires des SDP (voir le point j) ci-dessus).

e) Nécessité de fournir des cahiers d'exercices consommables, à remplacer tous les ans pour un coût qui ne peut être amorti et avec des coûts de distribution qui doivent être assumés chaque année.

f) Politiques financières liées à la fourniture gratuite de SDP et aux contributions parentales.

g) Efficacité du contrôle des prix des intrants grâce à l'utilisation du prix comme un des facteurs clés de l'évaluation et de la passation des marchés de manuels scolaires.

h) Nature de la distribution locale.

i) Pertes de stock dans la distribution et l'entreposage.

j) Pertes de stock dans les écoles, dues à un entreposage inadéquat, à une médiocre gestion des stocks, au vol et aux dégradations, etc.

k) Taux de croissance de la scolarisation.

Les coûts du système de SDP sont généralement un indicateur plus significatif d'accessibilité financière et de soutenabilité du système que les simples coûts unitaires des manuels scolaires.

Conclusions relatives à la disponibilité des manuels scolaires et des SDP dans les écoles

Les principaux facteurs agissant sur les niveaux de disponibilité des manuels scolaires et autres SDP dans les salles de classe sont les suivants :

a) L'adéquation, la fiabilité et la prévisibilité du financement du système de SDP.
b) La disponibilité d'une bonne information sur les besoins de SDP dans les écoles comme base pour le calcul des exigences de stock et, par conséquent, de financement. La plupart des pays d'Afrique subsaharienne n'ont pas une idée claire du niveau des SDP dans les écoles à tout moment, et les SDP sont par conséquent souvent fournis en fonction des fonds disponibles, ce qui peut s'avérer insuffisant par rapport aux besoins. Nombre de systèmes d'information de gestion de l'éducation (SIGE) utilisés dans de nombreux pays en développement ou en transition (et pas seulement en Afrique subsaharienne) ne fournissent pas une information exacte ou à jour, et beaucoup ne produisent pas les données de base nécessaires à la formulation des politiques de SDP et ne sont souvent pas adaptés à la planification des SDP.[5]
c) La disponibilité de bons systèmes de gestion des SDP, capables de contrôler la fourniture des SDP, de fournir une information fiable et de projeter avec précision les futurs besoins de financement. Les systèmes informatisés de gestion de bases de données conviennent parfaitement à la fourniture des SDP, mais peu de pays d'ASS ont investi dans ce type de technologie. Le Rwanda et, plus récemment, la Namibie sont des exceptions notables.
d) Des systèmes nationaux efficaces de distribution des SDP, pour que ceux-ci parviennent effectivement aux écoles en quantité requise, en bon état et en temps opportun. De manière générale, la distribution commerciale, payée sur la base de performances de livraison prouvées, réussit mieux que les systèmes du ministère, qui ne sont fréquemment pas pris en charge par les budgets et ne disposent souvent pas d'un personnel formé et motivé, de moyens de transport, d'installations de stockage, de systèmes efficaces, d'une bonne surveillance et supervision, de systèmes d'information de gestion de l'éducation, etc.
e) De bonnes normes de gestion, conservation et utilisation des SDP dans les écoles. Les SDP y souffrent souvent d'un mauvais entreposage, d'un manque de soin et d'une piètre gestion, entraînant des niveaux élevés de pertes et de dégradations. Des pertes de stock annuelles de 50 % ou plus ont été signalées dans les écoles de certains pays.
f) De faibles compétences d'utilisation entraînant souvent une mauvaise utilisation ou même parfois une absence d'utilisation des SDP fournis.
g) Les principales conditions pour parvenir à une utilisation et une conservation adéquates des SDP dans les écoles sont :
   - Un entreposage correct dans l'école et les salles de classe ;
   - Des systèmes de gestion, d'enregistrement et de conservation des SDP, simples, mais efficaces, dans les écoles ;

- Une formation à l'utilisation des SDP ;
- Une formation à la gestion des SDP ; et
- Une inspection et une supervision régulières et bien informées.

Conclusions relatives aux possibilités de réduction des coûts des manuels scolaires

Un certain nombre de stratégies classiques de réduction des coûts des manuels peuvent être envisagées pour rendre les coûts des manuels scolaires (et autres SDP) plus abordables et donc plus soutenables pour l'État ou les parents. Il s'agit de :

a) Réduire les matières des programmes de cours et par conséquent la diversité des manuels scolaires (cela nécessite une révision des programmes de cours, mais épargne généralement le plus de coûts).

b) Réduire le contenu des manuels (révision des exigences de contenu des plans de cours ; nombre de plans de cours sont trop chargés par rapport aux heures habituelles de contact élèves-enseignants, et les manuels peuvent, par conséquent fournir un contenu trop volumineux pour être entièrement abordé dans les temps disponibles).

c) Convertir les manuels en guides pédagogiques reprenant le contenu essentiel (fournis à raison d'un guide par classe au lieu d'un manuel pour un, deux, ou trois élèves) ou en livres de bibliothèque (fournis en petit nombre aux bibliothèques scolaires plutôt qu'en ensembles destinés aux classes). L'efficacité de cette stratégie dépend du financement cohérent des bibliothèques, mais il ressort clairement de la recherche (voir le chapitre 1, Recherche récente) que le rendement de l'apprentissage de la combinaison des bibliothèques scolaires ou de classe avec des manuels reprenant le contenu essentiel est potentiellement bien meilleur et à nettement moindre coût que celui des manuels scolaires trop longs avec une absence de bibliothèque (voir tableau O.3 pour un exemple hypothétique).

d) Prolonger la durée de vie du livre pour permettre un amortissement maximal des coûts (revoir les spécifications de production physique pour veiller à ce qu'elles répondent à des normes minimales de durabilité).

e) Introduire le partage des livres et donc une réduction du RME (par exemple, 1:3 plutôt que 1:1) ;

f) Réduire l'utilisation de la quadrichromie.

g) Réduire le gaspillage dans la fabrication.

h) Réduire le gaspillage dans l'entreposage et la distribution (il peut être très élevé ; des taux de pertes annuels allant jusqu'à 50 % ou plus ont été enregistrés dans certains pays).

i) Réduire le gaspillage dans l'entreposage et l'utilisation au sein des écoles (il peut être très important ; des taux de pertes annuels allant jusqu'à 50 % ont été enregistrés dans certains pays, et des pertes et dégradations annuelles de 20 % ne sont pas inhabituelles).

Tableau O.3 Implications du transfert du texte des manuels scolaires vers des guides pédagogiques et des livres de lecture

Estimons la consommation de papier (et donc le coût) de 15 manuels scolaires de 7ᵉ année contenant chacun une moyenne de 400 pages et tirés chacun à 100 000 exemplaires. Le nombre total de pages requis est de **600 millions**. L'approche hypothétique suivante peut être envisagée :

- 15 manuels scolaires de 7ᵉ année de 300 pages chacun, tirés à 100 000 exemplaires pour l'"élève moyen" = 450 millions de pages.
- 15 livres complémentaires de 100 pages (un par manuel scolaire) destinés aux 15 % d'élèves d'élite et tirés à 15 000 exemplaires (un par élève d'élite) = 22,5 millions de pages.
- 60 livres de bibliothèque de 48 pages, tirés à 20 000 exemplaires (un livre pour cinq élèves) et abordant chacune des matières spécifiées dans le programme de cours, pour offrir aux élèves des possibilités de lecture et de recherche individuelles = 57,6 millions de pages.

L'option hypothétique requiert un nombre total de pages de seulement **530,1 millions** contre 600 millions pour les manuels existants (soit une économie d'environ 12,5 % en papier et impression). Elle offre en plus un éventail nettement plus large de ressources d'apprentissage répondant aux besoins de l'étudiant moyen avec le manuel scolaire de base, à ceux de l'élève d'élite avec les livres complémentaires, et à ceux de tous les élèves avec une nouvelle génération de livres de bibliothèque pouvant être utilisés pour encourager une recherche active, des compétences de gestion de l'information et un apprentissage amélioré pour tous les élèves.

Source : Calculs de l'auteur.

j) Faire appel à des systèmes de prêt ou de location des manuels scolaires et à des systèmes de fonds renouvelables pour permettre des coûts réduits et des contributions parentales abordables.

k) Réduire le format des pages (les grands formats consomment plus de papier et sont souvent moins durables).

l) Offrir aux élèves des prêts de manuels scolaires à court plutôt qu'à long terme, afin de réduire les taux annuels de pertes et dégradations (les prêts à court terme permettent un meilleur contrôle que ceux à long terme, mais nécessitent plus de temps de gestion de la part des enseignants).

m) Offrir des avantages fiscaux pour les matières premières de fabrication des livres (l'importation de livres finis est généralement exempte de droits de douane aux termes de l'Accord de Florence sur la libre circulation des livres et de l'information, alors que l'équipement et le papier d'impression sont souvent assortis de droits, rendant ainsi les imprimeurs locaux plus chers que leurs homologues étrangers).

n) Maintenir un meilleur contrôle sur les coûts des intrants communiqués par les éditeurs et imprimeurs (revoir les mécanismes d'évaluation et d'approbation pour s'assurer que le prix y occupe une place importante et que les prix sont étroitement surveillés en cas d'achat par les parents).

o) Accroître, dans certaines matières, l'utilisation de guides pédagogiques à la place des manuels scolaires.

Très peu de pays ont exploré l'éventail complet (ou même un éventail limité) des possibilités de réduction des coûts dont ils disposent.

Conclusions relatives aux principales causes des coûts élevés du système et de la faible disponibilité

La présente étude conclut que des causes multiples sont à l'origine des mauvaises performances du système de SDP en Afrique subsaharienne. Les plus communes sont les suivantes :

a) L'absence d'informations correctes, précises, à jour, fiables et accessibles sur les écoles, les effectifs par année d'étude, la disponibilité des SDP dans les écoles et les salles de classe, les prix actuels, les niveaux de gaspillage, la durée de vie des livres, etc. Dans de nombreux pays, les informations de base nécessaires pour planifier et gérer efficacement un système de SDP n'existent pas ou ne sont pas facilement disponibles.

b) La mauvaise gestion du système de SDP, en général faute d'un personnel qualifié, de systèmes de gestion simples, mais efficaces, de matériel adéquat, de bons équipements de communication et d'un budget de fonctionnement annuel adéquat. Les systèmes informatisés de gestion de bases de données conviennent parfaitement à la gestion des systèmes de SDP, mais très peu de pays d'Afrique subsaharienne les considèrent comme un investissement réaliste ou prioritaire.

c) Les coûts inabordables du système de SDP, souvent basés sur une conception des programmes de cours, des spécifications de SDP et des hypothèses d'approvisionnement irréalistes. Peu de pays d'Afrique subsaharienne ont défini, et chiffré, un profil minimum des SDP nécessaires à la réalisation des objectifs du programme de cours, pour servir de base aux projections de coûts.

d) La dépendance persistante, en particulier dans le secondaire supérieur, vis-à-vis des manuels importés, accompagnée des frais généraux et attentes de profit du monde développé.

e) L'incapacité à mettre en œuvre des stratégies élémentaires de réduction des coûts (voir plus haut) pour obtenir des coûts unitaires annuels amortis abordables.

f) Le financement insuffisant, irrégulier et imprévisible des besoins de SDP, résultant souvent de l'absence d'une idée claire du coût réaliste associé aux objectifs des politiques de SDP.

g) Le manque de contrôle sur le prix des intrants des SDP, résultant souvent de l'omission du prix en tant que facteur clé de l'évaluation des soumissions des éditeurs en vue de l'octroi du statut de livre approuvé.

h) Les dysfonctionnements des systèmes de distribution des SDP, entraînant des niveaux inacceptables de pertes et dégradations des stocks de manuels scolaires et autres SDP.

i) Les dysfonctionnements de l'entreposage et des systèmes de gestion des SDP au sein des écoles, engendrant des niveaux anormalement élevés de pertes et dégradations des stocks de manuels scolaires et autres SDP.

j) La formation et la supervision insuffisantes de la gestion, conservation et utilisation des SDP dans les écoles.

k) La réticence de nombreux enseignants à réellement utiliser les supports mis à leur disposition dans les classes.

Conclusions relatives à la gestion et à l'utilisation des SDP dans les écoles

La gestion et l'utilisation des SDP au sein des écoles sont gravement inférieures aux normes dans de nombreux pays d'Afrique subsaharienne et sont responsables de pourcentages potentiellement élevés de pertes et dégradations des SDP, qui, à leur tour, en réduisent l'efficacité dans les écoles et augmentent les coûts d'une fourniture efficace.

Les actions suivantes sont proposées pour réduire les niveaux de pertes des SDP fournis aux écoles et veiller à leur bonne utilisation :

- Mettre les installations de stockage des écoles en conformité avec des critères minimaux de sécurité, protection contre les intempéries et propreté (à l'abri de la vermine, des insectes[6] et des champignons).
- Prévoir un espace d'entreposage sécurisé et protégé de l'humidité dans les classes primaires, en particulier des premières années.
- Concevoir pour les écoles, des systèmes simples de gestion des SDP utilisant des registres d'inventaire et registres des sorties de stock, à distribuer gratuitement chaque année aux écoles, à l'instar des registres de présence des élèves fournis dans de nombreux systèmes scolaires.
- Produire et diffuser dans toutes les écoles des directives en matière de pertes et dommages.
- Produire et fournir un manuel de gestion des SDP à tous les établissements, enseignants en formation, responsables de district pour l'éducation (DEO) et à l'inspection.
- Produire un guide simple pour une utilisation efficace de tous les SDP dans les classes.
- Fournir une formation initiale et en cours d'emploi, ainsi qu'un appui régulier permanent, aux enseignants et inspecteurs pour l'utilisation des SDP en classe et des systèmes de gestion des SDP dans les écoles.
- Veiller à ce que l'examen des systèmes de gestion des SDP figure parmi les exigences de toutes les visites d'inspection dans les écoles.
- Lorsque des mécanismes de financement décentralisés sont utilisés pour les SDP, s'assurer que les comptes des écoles sont régulièrement vérifiés.
- Entreprendre des enquêtes régulières (tous les trois ou quatre ans ?) sur la disponibilité des SDP dans les écoles, pour s'assurer que les objectifs de fourniture sont atteints et maintenus, et prendre, au besoin, des mesures correctives en fonction des résultats des enquêtes.
- Fournir des spécifications meilleures et plus précises pour les manuels scolaires et SDP lorsque les éditeurs sont invités à soumissionner pour évaluation et approbation. Elles devraient comprendre des définitions claires et sans ambiguïté des normes, concepts, aptitudes et compétences requis, ainsi que des indications sur la façon dont ils sont mesurés et évalués.
- Rendre les mécanismes d'évaluation des manuels scolaires plus rigoureux avant leur approbation pour utilisation dans les écoles.

- Réexaminer la question de l'aide supplémentaire requise pour les élèves acquérant la matière et des compétences en langue seconde (L2).
- Fournir des directives claires aux éditeurs sur la façon de gérer la diversité des heures de contact élèves-enseignants dans et entre les pays.

Conclusions relatives aux options de réforme des politiques de SDP

Les détails des différentes options de politiques de SDP sont fournis dans le corps du texte. Les options les plus importantes à considérer sont les suivantes :

a) Investir dans des systèmes nationaux informatisés de gestion des SDP pour assurer une bonne information, le contrôle du système et des projections de coûts précises.
b) Renforcer la capacité locale de gestion du système en créant une unité professionnelle de gestion du système de SDP.
c) Transférer la rédaction, l'édition, la production et l'exécution de la distribution de l'État vers le secteur privé, dans le cadre d'un partenariat public-privé.
d) Pour la passation des marchés de manuels scolaires, abandonner l'entente directe avec un fournisseur unique en situation de monopole au profit de l'appel à la concurrence sur la base de listes de livres approuvés, sélectionnés par des systèmes d'évaluation rigoureux où le prix est un critère clé d'approbation.
e) Imposer un contrôle efficace, mais équitable du prix des intrants comme condition à l'octroi du statut approuvé, afin de parvenir à un prix stable à terme.
f) Abandonner les politiques basées sur l'offre en décentralisant vers les écoles la sélection en fonction de la demande et la commande dans le cadre de budgets annuels de SDP établis par élève. Tous les faits probants disponibles indiquent que les écoles sont capables de choisir et commander efficacement leurs SDP lorsque l'occasion et une formation de base leur sont offertes. En effectuant eux-mêmes la sélection, les écoles s'approprient davantage les supports et connaissent chacun leurs propres besoins de SDP mieux que n'importe quel service du MdE.
g) Appliquer des stratégies de réduction des coûts appropriées pour rendre le système des SDP abordable et soutenable. Des systèmes informatisés de gestion de bases de données peuvent aider à appliquer des options d'approvisionnement abordables et donc le calcul du coût total de possession.
h) Investir dans un système commercial efficace de distribution fondé sur la performance.
i) Investir dans des systèmes d'entreposage dans les écoles et les salles de classe, et dans des systèmes simples de gestion et d'utilisation par les écoles, accompagnés d'une formation et d'une supervision régulières.
j) Opter pour des spécifications de production élevées et pour une longue durée de vie des livres afin d'arriver à amortir au maximum les coûts et à obtenir des coûts de distribution minimaux.
k) Rechercher des matières premières et une fabrication de haute qualité à des prix compétitifs.

L'annexe 13A fournit une liste de contrôle de diagnostic à utiliser pour la détermination des paramètres des politiques de SDP.

Notes

1. Afrique du Sud, Angola, Bénin, Botswana, Burkina Faso, Burundi, Cameroun, Côte d'Ivoire, République démocratique du Congo, République du Congo, Djibouti, Érythrée, Éthiopie, Gambie, Ghana, Guinée, Kenya, Lesotho, Libéria, Madagascar, Malawi, Mali, Mozambique, Namibie, Niger, Nigéria, Rwanda, Sénégal, Sierra Leone, Soudan, Soudan du Sud, Tanzanie, Tchad, Togo, Ouganda, Zambie, Zanzibar, Zimbabwe. L'expérience de nombreux autres pays en développement et d'économies en transition n'appartenant pas à l'Afrique subsaharienne, qui ont été impliqués dans des programmes de réforme des manuels scolaires et SDP, en Afrique du Nord et au Moyen-Orient, en Asie centrale et dans les pays de l'ex-Union soviétique, en Asie du Sud et de l'Est, en Océanie et en Amérique latine, a également été prise en compte lorsqu'elle était pertinente.

2. Certaines des composantes de la chaîne des SDP sont comprises dans les prix des manuels scolaires, mais pas toutes. Ainsi, certains maillons correspondant aux décisions de politiques du MdE ont un impact sur les prix et les coûts du système, mais ne font pas partie des coûts et des prix des éditeurs. Certains maillons sont les coûts opérationnels encourus par le MdE pour veiller à ce que les SDP soient correctement traités et bien utilisés. Voir les tableaux 8.1 et 8.2, pour une présentation plus détaillée des composantes couramment utilisées par les éditeurs dans les prix des manuels scolaires.

3. Dans la plupart des pays d'Afrique subsaharienne, la remise de distribution commerciale normale est de 25 %; elle peut être plus élevée pour les gros clients ou les grossistes. Lorsque la distribution directe aux écoles est confiée aux éditeurs, le coût de distribution est souvent compris entre 10 et 15 %; quand seule la livraison aux districts est requise, le coût chargé pour la distribution peut être de 6 à 7 %; et dans les cas où la livraison se fait à un entrepôt central du MdE situé dans la capitale, les frais ne sont souvent que de 5 % ou moins, même quand les fournisseurs sont internationaux.

4. Les éditeurs kenyans et ougandais ont affirmé dans le passé que les spécifications pour les couvertures ne pouvaient être satisfaites auprès des marchands ou imprimeurs régionaux.

5. À titre d'exemple, au Soudan du Sud l'actuelle politique des programmes de cours prévoit de délivrer l'enseignement dans 51 langues locales dans les premières années primaires. Mais les données du SIGE, sur lesquelles les tirages doivent se fonder, ne contiennent aucune information sur les nombres d'élèves par année d'étude et langue locale ni sur leur localisation géographique au sein des États et comtés du pays. L'absence de données adéquates du SIGE entraîne inévitablement des incertitudes au niveau des calendriers de tirage et de livraison et par conséquent une augmentation de la probabilité de gaspillage.

6. La peinture anti-termites est largement disponible et bon marché et offre une bonne protection pendant une période raisonnable, à condition d'être appliquée sur une hauteur de 30 centimètres au-dessus du sol sur les murs et les pieds des bibliothèques et armoires servant à l'entreposage des SDP.

Références

da Cruz A.J., George T.A., Gnahoré F.Z., Kouakou F.K., Mendonça P., Read A., Sehlabi C. et Simão M. 1998. *Le financement des manuels scolaires et des matériels de formation des enseignants*. Collection "Perspectives sur le développement du livre africain". Paris : Groupe de travail sur les livres et le matériel éducatif, Association pour le développement de l'éducation en Afrique.

MOEC (*Tanzanian Ministry of Education and Culture* – ministère tanzanien de l'Éducation et de la Culture). 1994. *School Textbook Provision in Tanzania: Roundtable Conference on Textbooks*. Dar es Salam, Tanzanie : MOEC.

Read, T. 2003. *Language, Development and Education in Uzbekistan*. Tashkent: British Council.

———. 2010. "Guidance Notes on Learning and Teaching Materials." DfID Education Advisors CEC for DfID.

PARTIE 1

La situation actuelle

CHAPITRE 1

Manuels scolaires, supports didactiques et pédagogiques, et acquis de l'apprentissage

Impact des manuels scolaires sur la qualité de l'enseignement

Depuis les années 1960, de nombreuses études ont été menées par des universitaires et des partenaires au développement (PD) sur les facteurs affectant l'efficacité de l'enseignement et l'amélioration des acquis des élèves dans les pays tant développés qu'en développement. En 1978, Heyneman et Farrell ont analysé et résumé un certain nombre de rapports de recherche antérieurs de différents pays et ont formulé la conclusion générale suivante :

> D'après les éléments probants dont nous disposons à ce jour, la disponibilité des manuels scolaires semble être le facteur le plus constamment positif pour la prévision des acquis scolaires. Il l'est dans 15 des 18 études (83 %) examinées, un résultat plus favorable que, par exemple, celui de 13 sur 24 (54 %) enregistré récemment pour la formation des enseignants. (Heyneman et Farrell, 1978)

D'autres études menées en 1983 par Habte et coll. sur les acquis des élèves ont confirmé les conclusions précédentes :

> Depuis les années 1960, les spécialistes des sciences sociales ont tenté d'isoler les caractéristiques les plus étroitement associées à l'acquisition de savoirs et savoir-faire élémentaires. Malgré l'abondance de mises en garde techniques, ils ont abouti à une unique conclusion : dans les pays riches, une bonne partie de l'apprentissage dans les écoles est liée à des facteurs qui n'ont aucun lien avec l'environnement scolaire, ce qui implique que des installations physiques, du matériel didactique et des manuels scolaires supplémentaires ne contribuent que très peu à l'acquisition de nouvelles connaissances. Par contre, il a été démontré que, dans les pays à faible revenu, la qualité de l'environnement physique et, en particulier, des outils utilisés dans les classes, explique la différence d'acquis jusqu'à trois si pas quatre fois plus qu'elle ne le fait dans les pays à revenu élevé. En fait, plus le pays est

économiquement pauvre, plus l'impact de la qualité de l'école sur les acquis semble important. Une conclusion s'applique dans tous les cas : de meilleurs acquis sont toujours associés à la disponibilité de manuels scolaires et autres supports imprimés. (Habte et coll., 1983)

Dans une évaluation randomisée de la fourniture des manuels scolaires aux Philippines, Heyneman et Jamieson ont observé, en 1984, une association entre d'importants gains d'apprentissage et la disponibilité de manuels scolaires dans les classes.

En 1985, Fuller avait également analysé les études disponibles sur les facteurs affectant les acquis des élèves. Il avait séparé les facteurs systématiquement liés aux acquis scolaires de ceux qui ne l'étaient pas. Parmi les facteurs le plus régulièrement associés à des améliorations mesurables des acquis des élèves, une mise à la disposition des élèves adéquate de manuels scolaires dans les classes était l'un des plus importants.

Un an plus tard, Verspoor confirmait les conclusions de Fuller :

> Sans une amélioration de la qualité, bon nombre des avantages associés à la formidable croissance de la scolarisation dans les pays en développement risquent de ne jamais se concrétiser. Les résultats des recherches et l'expérience de la Banque (mondiale) mettent en évidence l'énorme contribution potentielle des manuels scolaires et autres supports didactiques à l'amélioration de l'efficacité et de la qualité de l'enseignement. (Verspoor, 1986)

En 1990, dans une autre étude de la Banque mondiale, Verspoor et Wu confirmaient une nouvelle fois l'importance des manuels scolaires pour l'amélioration des acquis des élèves.

> Les manuels scolaires sont l'intrant éducatif le plus régulièrement associé aux gains d'apprentissage des élèves. (Verspoor et Wu, 1990)

Les recherches sur les facteurs qui influencent les acquis des élèves se sont poursuivies tout au long des années 1990 sans remettre en cause le rôle fondamental de la fourniture de manuels scolaires en tant que déterminant de la qualité de l'enseignement et de l'amélioration des acquis des élèves. Un autre rapport de la Banque mondiale, publié en 2001, notait spécifiquement que :

> Les supports didactiques et pédagogiques sont des ingrédients essentiels de l'apprentissage, et les programmes de cours souhaités peuvent difficilement être mis en œuvre sans eux. Au cours des quarante dernières années, l'importance d'une fourniture adéquate de supports didactiques et pédagogiques (notamment des manuels, des guides pédagogiques destinés aux enseignants, et des supports supplémentaires) pour appuyer le développement de l'éducation et la mise à niveau de la qualité a été reconnue par les pouvoirs publics de l'ensemble des pays en développement et la plupart des partenaires au développement. Un volume substantiel de données issues de la recherche prouve aujourd'hui que les manuels scolaires sont l'un des intrants les plus importants ayant un impact démontrable sur l'apprentissage des élèves.

Jusque-là, la plupart des études menées sur les acquis des élèves étaient soit commanditées soit examinées et synthétisées par la Banque mondiale. D'autres bailleurs de fonds ont néanmoins mené leurs propres études et abouti à des conclusions similaires, par exemple, que :

> L'impact des manuels scolaires est le plus fort dans les pays les plus pauvres, où la qualité des enseignants peut être médiocre et où les installations et les ressources sont rares et généralement de mauvaise qualité. (DfID, 2003)

Problèmes dans les projets de manuels scolaires financés par des bailleurs de fonds

Le volume croissant des données probantes issues de la recherche, qui confirment le rôle essentiel des manuels scolaires dans l'amélioration des acquis des élèves dans les pays pauvres s'est rapidement reflété dans les stratégies pratiques de la Banque mondiale, et entre 1980 et 1990, le nombre des projets de la Banque mondiale en faveur de l'éducation comprenant des composantes de manuels scolaires est passé de 5 à 55 %. Malgré ces activités et investissements accrus dans les manuels scolaires, l'efficacité de la mise en œuvre de la fourniture des manuels scolaires est restée un problème. En 1990, la Banque mondiale a fait réaliser un examen opérationnel général des manuels scolaires, qui a identifié de nombreux problèmes critiques dans ce domaine jusqu'alors inexploré (Searle, 1990). Une des conclusions les plus significatives émises par cet examen était que les systèmes d'élaboration des manuels et de fourniture de supports didactiques et pédagogiques durables ne sont jamais purement éducatifs. L'étude de 1991 sur le secteur du livre en Afrique a résumé comme suit la complexité des systèmes liés aux manuels scolaires :

> Les livres nécessitent de grandes quantités de matières premières industrielles, soumises à la politique industrielle des pays et souvent à des droits de douane et quotas d'importation. La fabrication de livres exige un équipement industriel lourd, des pièces de rechange, un entretien régulier, des sources d'énergie fiables et une main-d'œuvre qualifiée, et la qualité, la capacité, la fiabilité et le coût de la fabrication des livres varient considérablement d'un pays à l'autre. La distribution et l'entreposage des livres sont des services logistiques essentiels, qui, lorsqu'ils ne fonctionnent pas correctement et de manière constante, peuvent rendre inutile tout l'investissement dans la fourniture des manuels. La qualité du contenu et l'efficacité en classe des manuels scolaires dépendent de l'élaboration perspicace des programmes et plans de cours, de la compétence et de l'expérience des personnes chargées de la rédaction, des illustrations, de la mise en page et de la publication des manuels, ainsi que de la disponibilité d'enseignants qualifiés et motivés, un ensemble de conditions dont chacune peut varier considérablement d'un pays à l'autre. Une fois dans les écoles, les manuels scolaires doivent être correctement gérés, stockés et conservés. Ils peuvent ne pas être bien utilisés ou même pas utilisés du tout dans les classes. Des décisions clés de politiques doivent être prises sur des questions complexes, telles que les subventions, le recouvrement des coûts, la mise à disposition

gratuite, le prêt ou l'achat des livres, la nature et le degré de participation et de contrôle de l'État, la relation entre les intérêts publics et du secteur privé, les langues d'instruction et des manuels scolaires fournis (elles ne sont pas nécessairement les mêmes), ainsi que la participation locale, régionale et multinationale à la rédaction, la publication et la fabrication des manuels. (Buchan, Denning et Read, 1991)

L'examen opérationnel des projets de manuels scolaires, effectué en 1990 par la Banque mondiale, reconnaissait également la complexité et les difficultés des systèmes de fourniture à l'échelle nationale et continue de manuels scolaires et autres supports didactiques et pédagogiques (SDP) adéquats, de bonne qualité et complets (Searle, 1990). À la fin des années 1980, de nombreux bailleurs de fonds intéressés par les manuels scolaires ont donc commencé à se détourner des projets centrés sur un seul aspect (projets de programmes de cours ou d'amélioration de l'impression ou de développement de la publication ou de distribution, etc.) pour s'engager dans des projets plus globaux, couvrant une série d'intrants critiques. À propos de cette tendance, Searle notait que :

> L'approche plus globale comporte toutefois elle aussi un danger. Il pourrait même s'avérer que plus la manière dont le projet tente d'aborder les problèmes de la fourniture des manuels est globale, plus la probabilité de rencontrer des difficultés est élevée, parce que les solutions plus générales requièrent une plus grande coordination et une implication de plus haut niveau dans les approbations. Toute tentative sérieuse d'établir un système efficace de fourniture de livres, en particulier lorsqu'il comprend la publication, doit par conséquent être considérée comme un effort à long terme, s'étalant probablement sur une décennie ou plus. (Searle, 1990)

La Conférence des ministres de l'Éducation, organisée en 1991 à Manchester, avait pour thème principal les questions liées à la fourniture des manuels scolaires. Les actes de la conférence résumaient le rôle des manuels scolaires en Afrique comme suit :

> En Afrique, les manuels scolaires répondent simultanément à trois buts importants :
>
> a) être le principal véhicule du programme de cours ;
> b) constituer la principale, voire unique, source d'information pour l'enseignant et les élèves ;
> c) servir de base aux examens et évaluations des élèves.
>
> En pareil cas, le manuel scolaire constitue effectivement le programme de cours. (British Council, 1992)

Rapport coût-efficacité de la fourniture des manuels scolaires

En 1990, la question de l'*efficacité* des interventions visant à améliorer les acquis des élèves avait été soulevée :

> Certaines interventions sont assez efficaces, mais leurs coûts sont trop élevés pour qu'elles soient rentables. Deux exemples en sont les classes de petite taille et l'enseignement assisté par ordinateur. Pour chacune de ces interventions, le niveau de

dépense nécessaire pour produire un effet avéré est trop important pour permettre de telles initiatives dans les pays en développement [...]. Des interventions dont à la fois la rentabilité et la faisabilité sont prouvées sont plus souhaitables, dans la mesure où ce sont celles qui maximisent le plus l'apprentissage par rapport aux ressources dépensées [...]. La recherche et la pratique suggèrent cinq domaines principaux où des réformes visant à améliorer l'apprentissage des élèves peuvent être envisagées :

a) L'amélioration du programme de cours ;
b) L'augmentation de la fourniture des supports didactiques ;
c) L'allongement du temps consacré à l'instruction ;
d) L'amélioration de la pédagogie ;
e) Le renforcement de la capacité d'apprentissage des élèves. (Lockheed et Verspoor 1990)

Ce rapport mettait l'accent sur la rentabilité de la fourniture des manuels scolaires en tant que moyen d'accroître la performance des élèves, parce qu'elle combine un impact bénéfique maximal sur les acquis des élèves et un coût relativement faible et abordable. Dans ce contexte, il est intéressant de noter que les coûts élevés associés à l'utilisation des technologies de l'information et de la communication (TIC) dans l'enseignement, spécifiquement identifiés dans ce document comme non rentables et, par conséquent, inabordables dans les pays en développement, n'ont pas empêché des investissements de plus en plus substantiels dans l'introduction des TIC dans les écoles d'Afrique subsaharienne (ASS) au cours de la dernière décennie (voir Partie 3).

En 1999, Pritchett et Filmer soulignaient la rentabilité de l'investissement dans les supports didactiques :

> Bien que les enseignants soient souvent sous-payés, ils sont parfois trop nombreux. Une habitude courante consiste à dépenser plus pour les salaires des enseignants (une tactique facile de clientélisme politique) que pour les manuels scolaires, le papier et les crayons. [...] (alors que) les dépenses dans le matériel scolaire ont un taux de rendement 10 à 100 fois plus élevé que les dépenses supplémentaires consacrées aux enseignants, ce qui signifie que le matériel scolaire est très rare par rapport aux enseignants. (Pritchett et Filmer, 1999)

Évaluation de l'impact de la fourniture des manuels scolaires au Kenya

En 2006, le Département pour le développement international du Royaume-Uni (DfID – *Department for International Development*) a financé, pour le compte du ministère kenyan de l'Éducation, une évaluation d'impact du projet de supports pédagogiques pour l'enseignement primaire (PSIMP – *Primary School Instructional Materials Project*), qui avait fourni des manuels scolaires gratuits à tous les élèves du primaire entre 2003 et 2005.

> Dans cette étude, nous avons conclu que les supports pédagogiques et les programmes INSETT avaient eu un énorme impact positif sur l'enseignement et

l'apprentissage dans toutes les écoles primaires du Kenya [...]. Nous avons constaté des changements radicaux dans la pratique d'assignation des devoirs à domicile dans les cycles tant inférieur que supérieur du primaire. Nous attribuons directement cette amélioration de l'apprentissage, centrée sur les enfants, à la disponibilité accrue des manuels dans les écoles primaires [...]. En 1999, la lecture n'intervenait que pendant seulement 3 % du temps de classe, contre 46 % en 2006. Pendant les observations effectuées dans 159 classes, 84 % des enseignants utilisaient les manuels scolaires durant leurs cours, et des activités de lecture en groupe occupaient 46 % des leçons [...]. Interrogés sur la façon dont les manuels scolaires avaient amélioré l'apprentissage chez les enfants les plus pauvres, les enseignants signalaient l'accroissement de leurs motivations, performances et possibilités d'apprentissage, ainsi que l'amélioration des taux de rétention scolaire et d'achèvement des études. La gratuité des manuels était considérée comme un facteur d'égalisation des chances d'apprentissage pour les élèves les plus pauvres, en rendant la scolarité plus abordable financièrement et plus accessible [...]. Les parents ont été invités à expliquer comment la fourniture de supports didactiques avait amélioré l'enseignement et l'apprentissage dans leur école. En ce qui concerne l'enseignement, ils ont cité une meilleure planification des leçons, un engagement accru des enseignants et une couverture plus large des plans de cours. En ce qui concerne l'apprentissage, les parents ont indiqué que les élèves étaient capables de :

- faire leurs devoirs facilement et en temps voulu ;
- lire davantage par eux-mêmes ;
- rechercher de nouvelles connaissances par eux-mêmes ;
- lire au-delà des leçons données par l'enseignant ; et
- s'engager d'eux-mêmes dans des débats. (DfID 2006)

En 2007, le *National Bureau of Economic Research* (NBER – le bureau national de la recherche économique des États-Unis) a toutefois publié un rapport de recherche exprimant un avis divergent sur l'impact des manuels scolaires sur les acquis des élèves au Kenya dans le cadre du Projet des supports didactiques.

Une évaluation aléatoire suggère qu'un programme qui avait fourni des manuels scolaires officiels à des écoles primaires rurales choisies au hasard au Kenya n'avait pas amélioré les scores aux tests de l'élève moyen. La littérature précédente suggère, par contre, que la fourniture de manuels a un grand impact sur les scores aux tests. La décomposition des résultats en fonction des acquis académiques initiaux des élèves suggère une explication possible de l'absence d'un impact global. Les manuels ont augmenté les scores des élèves qui avaient des acquis académiques initiaux élevés et accru la probabilité que les élèves parvenus en dernière année de l'école primaire poursuivent leurs études dans l'enseignement secondaire. Par contre, les élèves ayant des antécédents académiques plus faibles n'ont pas tiré avantage des manuels scolaires. Beaucoup n'arrivaient pas à les lire, car ils étaient rédigés en anglais, la troisième langue pour la plupart des élèves. (Glewwe, Kremer et Moulin, 2007)

Les conclusions du NBER ne sont pas nécessairement surprenantes dans le sens où les manuels sont sans doute inévitablement mieux utilisés dans les bonnes écoles par les bons élèves que dans les écoles pauvres par les élèves peu performants. Il est intéressant de noter que de récentes études sur l'utilisation des TIC dans les écoles ont eu tendance à arriver aux mêmes conclusions, à savoir que les TIC sont susceptibles d'être utilisées plus efficacement dans les bonnes écoles par les bons élèves que dans les écoles pauvres par les étudiants pauvres. En outre, l'ajout de la langue d'instruction et de la littératie de base, en tant que facteurs de qualification liés à l'impact des manuels, met en évidence la complexité du processus de fourniture des manuels mentionné ci-dessus et le fait que, pour être pleinement efficaces, les manuels doivent faire partie d'un système bien conçu d'appui aux enseignants et aux élèves, intégrant une politique appropriée de langue d'instruction et une utilisation efficace des supports dans les écoles.

Efficacité et utilisation des manuels scolaires dans les classes

Pratiquement toutes les études de l'impact des manuels scolaires sur les acquis des élèves sont uniquement basées sur la disponibilité physique des manuels scolaires dans les classes. Elles supposent de manière implicite que ceux-ci sont activement utilisés en classe et que les élèves ont une connaissance de la langue dans laquelle ils sont rédigés suffisante pour être capables de les lire et de les comprendre. Une étude EdQual réalisée en 2007 soulignait que dans l'utilisation des manuels scolaires, le processus était tout aussi important que les intrants.

> L'abondance ou le manque de ressources scolaires peuvent jouer un rôle moins important que l'efficacité d'utilisation de ces ressources. (Guoxing, 2007)

L'absence d'utilisation évoquée ci-dessus a, depuis de nombreuses années, été relevée dans bon nombre d'autres rapports sur les projets de manuels scolaires dans les pays d'Afrique subsaharienne. Voir, par exemple, Little (1995) et Vere (1993). Elle a également été signalée dans un rapport de 2012 sur la fourniture des manuels scolaires en Sierra Leone (Sabarwal et coll., 2012), ainsi qu'au Cameroun (Buchan, 2013) et au Soudan du Sud (Jones et Sayer, 2013 ; Read, 2014). L'incertitude associée à la fourniture à venir des manuels scolaires menant à une thésaurisation a été identifiée comme la principale raison de la non-distribution des manuels aux élèves en Sierra Leone.

Les recherches ont également révélé que la fourniture des manuels aux écoles n'implique pas nécessairement qu'ils sont utilisés en classe. L'étude réalisée en 2006 par le Département pour le développement international du Royaume-Uni (DfID – *Department for International Development*) sur l'impact du projet PSIMP sur les acquis des élèves au Kenya a mis en évidence l'augmentation de l'utilisation des manuels dans les classes comme l'un des principaux facteurs de renforcement des acquis des élèves. À propos de la mise en œuvre, en 1999 en Ouganda, du projet SUPER (projet d'appui à la réforme de l'éducation primaire) financé par l'USAID, Kalibbala a noté que :

> Les niveaux actuels d'utilisation des manuels scolaires dans les écoles sont très bas. Les précédents programmes de fourniture de manuels scolaires ont supposé à tort que cette fourniture était synonyme d'utilisation et qu'une fois que les livres étaient livrés aux écoles, ils seraient lus par les élèves. En fait, de nombreux livres neufs demeurent inutilisés dans les placards et magasins des écoles. De nombreuses raisons sont avancées pour expliquer leur non-utilisation. Cette question est peut-être la plus controversée de toutes celles liées aux livres. (Kalibbala, 1999)

De toute évidence, les manuels ne peuvent être efficaces si une proportion importante des élèves n'y a pas accès ou si les élèves n'ont pas une connaissance de base de la langue utilisée dans les manuels, un problème malheureusement courant dans de nombreux pays d'Afrique subsaharienne. Par exemple, le Rapport mondial de suivi sur l'Éducation pour tous (EPT) 2005 se disait préoccupé par la performance des élèves :

> Le Rapport suit les progrès réalisés par rapport aux six objectifs fixés pour l'EPT par plus de 160 pays, au cours du Forum mondial sur l'éducation de Dakar (2000). Il constate que des efforts considérables sont consentis pour accroître les ressources, élargir l'accès à l'école et améliorer la parité entre les sexes. Une analyse exhaustive des résultats de la recherche montre toutefois que la qualité des systèmes d'éducation fait défaut dans de nombreuses parties du monde et pourrait empêcher beaucoup de pays de réaliser l'EPT pour 2015. Plus d'enfants que jamais fréquentent l'école, mais beaucoup abandonnent avant la cinquième primaire ou achèvent l'école primaire sans avoir acquis un minimum de compétences cognitives. (UNESCO, 2005)

Les avantages indirects d'apprentissage dus à la fourniture de manuels scolaires ont été identifiés :

> Le fait que des camarades de classe disposent de manuels scolaires peut influencer de diverses manières l'apprentissage de leurs condisciples. Le classique effet des pairs est que les élèves ayant des livres apprennent plus vite et que l'existence de pairs plus instruits a alors un effet bénéfique sur l'apprentissage des autres enfants en accroissant leur motivation ou la compétition ou le partage des connaissances. Cet effet des pairs devrait augmenter avec la part des élèves disposant de livres, de manière plus ou moins proportionnelle selon que les classes homogènes ou hétérogènes offrent un environnement d'apprentissage plus efficace. (Hoxby, 2000)

En 2005, Frolich et Michaelowa ont confirmé l'importance des avantages indirects de la fourniture de manuels scolaires et soutenu que l'impact de ceux-ci sur les acquis des élèves est sous-estimé si ces avantages indirects ne sont pas pris en compte. Cette constatation semble contredire la conclusion de Kremer, Glewwe et Moulin que les avantages de la fourniture de manuels scolaires sont surestimés (voir ci-dessus). Un de ces avantages indirects les plus importants est la possibilité pour les enseignants d'utiliser en classe des ensembles de manuels comme outils d'enseignement et apprentissage actifs, à condition que les ratios manuel scolaire/élèves (RME) atteignent au moins un certain niveau (probablement 1:3). L'utilisation de manuels dans les classes modifie la méthodologie et la dynamique entre l'enseignant et l'élève. Elle est également perçue comme la façon la plus efficace de tirer profit des heures de contact entre les enseignants et les élèves, une question importante dans un contexte où l'on relève tant d'indices d'heures de contact perdues (voir la section "Sous-financement" au chapitre 5).

> La flexibilité impliquée [...] nous a permis d'explorer [...] la question connexe des différentes façons dont la possession de manuels scolaires peut affecter l'apprentissage des condisciples, par exemple, le partage des livres, le partage des connaissances et les changements dans les pratiques pédagogiques [...] si les externalités sont négligées dans l'analyse empirique (et que toutes les autres sources [...] d'influence sont éliminées), les avantages globaux des manuels scolaires seront généralement sous-estimés [...]. Fondamentalement, il s'avère que les manuels scolaires ont bien une externalité positive et très importante sur les autres élèves de la classe. En ce qui concerne la maîtrise du français, l'externalité n'est pas moins de neuf fois plus importante que l'effet direct des manuels, et ce résultat est remarquablement robuste pour différentes spécifications. Pour les mathématiques, les résultats sont moins marqués, mais soulignent également la prévalence de fortes externalités. À titre individuel, chaque élève tire encore un avantage plus important de son propre manuel, étant donné que l'effet global des pairs doit être partagé par une moyenne de 47 autres élèves. Une aussi forte externalité ne peut toutefois pas être expliquée par le seul partage des livres ; d'autres canaux de transmission, tels que le partage des connaissances des élèves possédant un livre ou la modification des méthodes pédagogiques, doivent intervenir. (Frolich et Michaelowa, 2005)

Facteurs influençant l'efficacité de l'école et les acquis des élèves

Un examen des recherches sur les acquis des élèves et l'efficacité des écoles a relevé, en 1994, des associations positives entre les acquis des élèves et la disponibilité de manuels scolaires, dans 26 études sur 39 (67 %), les bibliothèques scolaires dans 19 études sur 22 (86 %), le temps consacré à l'enseignement d'une matière dans 27 études sur 33 (82 %) et la fréquence des devoirs à domicile dans 11 études sur 13 (85 %). L'impact d'autres facteurs populaires sur les acquis des élèves avait moins d'associations positives : la taille des classes (11 études sur 48, soit 23 %), la nutrition et l'alimentation des enfants (6 études sur 13, soit 46 %), les qualifications des enseignants (29 études sur 51, soit 57 %), la formation en cours d'emploi des enseignants (11 études sur 17, soit 65 %), l'expérience des enseignants (14 études sur 35, soit 40 %) et les salaires des enseignants (6 études sur 22, soit 27 %). L'impact très élevé des bibliothèques scolaires sur les acquis des élèves, identifié dans l'examen de Fuller et Clarke (1994), faisait écho aux conclusions de l'étude de Heyneman et Farrell (1978), qui avait également identifié l'association stable entre les bibliothèques scolaires et les acquis des élèves. Au vu de ces constatations, il est étonnant que les PD et les ministères de l'Éducation (MdE) des pays de l'ASS aient accordé une aussi faible priorité à la mise en place et à l'approvisionnement de bibliothèques dans les classes et les écoles au cours des 50 dernières années.

En 2006, une étude de l'Association pour le développement de l'éducation en Afrique (ADEA) a constaté que :

> les caractéristiques essentielles le plus régulièrement constatées dans les écoles ayant de bons résultats aux examens de fin d'études primaires tournent autour des interactions au sein de l'école et de la classe. Le rôle et l'implication du directeur d'école dans la préparation et la couverture du plan de cours par les enseignants, ainsi que dans la participation des élèves en classe étaient très significatifs. La préparation de leurs leçons par les enseignants, l'évaluation régulière du travail des élèves, et l'accent sur l'utilisation des supports didactiques, en particulier des manuels scolaires, et sur la lecture et l'écriture sont essentiels pour stimuler la participation des élèves. (ADEA, 2006)

Recherches sur le contenu des manuels scolaires

À ce jour, relativement peu d'études ont porté directement sur l'impact des manuels scolaires de bonne qualité par rapport à ceux de mauvaise qualité, ou sur l'utilisation de la couleur dans les manuels, qui a des implications importantes pour les coûts. Verspoor et Wu (1990) ont reconnu que ces domaines avaient été négligés, et Lockheed et Verspoor se sont penchés sur certains des problèmes liés au contenu des programmes de cours et des manuels scolaires.

> Les enfants scolarisés dans les pays en développement passent souvent plus d'un an en première année et progressent lentement à travers les premières années. Pourquoi ? Une explication possible est que le niveau d'enseignement est peut-être trop difficile dans les petites classes des pays en développement. (Lockheed et Verspoor, 1990)

Une analyse du contenu des manuels scolaires, effectuée en 1989 sur une série de manuels publiés pour les écoles primaires africaines, a confirmé l'impression qu'à l'époque, de nombreux manuels publiés pour les pays en développement étaient trop exigeants pour leurs audiences cibles et que le problème se posait avec une acuité particulière dans les premières années primaires.

> De manière générale, les livres de mathématiques exigeaient des élèves de réaliser des tâches dépassant les attentes pour leur année. Les manuels rédigés dans les centres d'élaboration des programmes de cours n'étaient pas meilleurs que les autres. [...] L'analyse des livres de lecture/manuels d'expression verbale ou écrite révélait des attentes exagérément élevées et irréalistes par rapport aux tâches que les élèves étaient en mesure d'effectuer, en particulier compte tenu du manque d'activités de prélecture et "d'immersion dans les livres" ultérieure, habituel dans les pays pauvres. [...] Une fois encore, les manuels rédigés dans les centres d'élaboration

des programmes de cours n'étaient pas mieux adaptés aux élèves que les autres. (Cope, Denning et Ribeiro, 1989)

Une étude plus récente, réalisée en 2010 par Benavot, sur une analyse comparative des programmes de cours et manuels nationaux indique que les manuels scolaires ont tendance à être plus exigeants que les directives des programmes de cours dans la spécification des sujets, activités et objectifs de performance, et qu'à l'école primaire, cet écart est plus prononcé pour la lecture et l'expression écrite que pour les mathématiques.

Dans de nombreux pays d'Afrique subsaharienne, l'apparition de programmes de cours basés sur les compétences a posé des problèmes à de nombreux auteurs et éditeurs, qui n'ont souvent pas d'expérience pratique de la pédagogie basée sur les compétences dans le contexte de l'Afrique subsaharienne. Beaucoup d'enseignants estiment que les implications relatives à l'enseignement, la gestion et l'organisation des programmes de cours basés sur les compétences sont alarmantes et difficiles à assumer dans la pratique. Le problème est accentué par les manuels scolaires qui, plus souvent qu'à leur tour, ne fournissent pas aux enseignants l'appui nécessaire pour inculquer les compétences dans les classes. Les manuels doivent également tenir compte des très grandes différences dans les heures de contact durant lesquelles le programme doit être délivré, ainsi que des larges écarts d'équipement et d'installations des écoles.

Études récentes

Au cours des dernières années, les conclusions de la recherche sur l'importance des manuels scolaires en tant que facteur d'apprentissage des élèves sont passées d'une acceptation généralisée du rôle essentiel des manuels scolaires pour les acquis des élèves, à une approche plus sceptique suggérant que, sous leur forme actuelle (pour ne pas dire toutes leurs formes), ils n'améliorent pas l'apprentissage de nombreux élèves. De nouvelles méthodes de recherche (par exemple, l'utilisation d'essais contrôlés randomisés – ECR) affirment avoir amélioré l'aptitude à tester et comprendre la relation entre les manuels scolaires et le rendement de l'apprentissage. Les ECR ont toutefois des limites, dans la mesure où bon nombre d'études utilisant les ECR sont centrées sur les seuls scores aux tests et peuvent ignorer d'autres avantages liés aux manuels scolaires. Trois études, Evans et Ghosh (2008), McEwan (2013) et Glewwe et coll. (2011), ont trouvé des preuves que la disponibilité des manuels scolaires améliore l'apprentissage dans un bon nombre de pays. Evans et Ghosh ont examiné la rentabilité des différents intrants en comparant les données de 40 études expérimentales et quasi expérimentales dans un large éventail de contextes. L'étude a révélé que les manuels scolaires figuraient parmi les quelques interventions efficaces et peu coûteuses qui ont amélioré l'apprentissage. Ses auteurs ont toutefois également relevé des faiblesses dans la recherche, qui amoindrissent dans une certaine mesure cette constatation.

La méta-analyse effectuée par McEwan sur 76 ECR portant sur 110 intrants a également trouvé des signes d'une relation positive entre "les supports didactiques"[1] (y compris les manuels scolaires) et les scores aux tests. L'auteur signalait toutefois aussi que les résultats n'étaient pas robustes par rapport aux facteurs modérateurs de l'étude, suggérant que d'autres variables pourraient peut-être expliquer la relation observée entre les supports didactiques et les résultats. Glewwe et coll. ont suggéré que les manuels scolaires et autres supports similaires améliorent l'apprentissage des élèves. Toutefois, une fois les études moins rigoureuses exclues de l'analyse, la preuve que les manuels amélioraient l'apprentissage était assez faible. La chose a été corroborée par le résumé des résultats de 13 ECR réalisé par Glewwe et coll. (2011), qui constatait que les manuels n'avaient aucun impact statistiquement significatif sur l'apprentissage.

Deux études ont contesté toute relation positive pour la plupart des élèves. Glewwe, Kremer et Moulin (2007) et Kuecken et Valport (2013) ont examiné des données dans 12 pays d'Afrique subsaharienne. Elles ont toutes deux trouvé que les manuels scolaires, *sous leur forme actuelle*, n'améliorent pas l'apprentissage chez la plupart des élèves, mais n'ont d'effet que sur ceux qui avaient déjà de bons niveaux d'apprentissage. En outre, Kuecken et Valport ont constaté qu'une seule forme d'accès aux manuels scolaires—le partage, et non la possession—avait un impact positif sur les scores aux tests des élèves du percentile d'acquis le plus élevé.

Quatre autres études ont montré que les manuels scolaires amélioraient l'apprentissage. Dans la première, Khaniya et Williams (2004) ont évalué l'impact d'un projet de réforme pluriannuel du système d'enseignement primaire au Népal. Alors que, dans l'ensemble, ce projet n'améliorait pas l'apprentissage, après isolation des variables, cette étude a trouvé que la disponibilité d'un programme de cours et de guides pédagogiques destinés aux enseignants était systématiquement liée aux acquis des élèves. Dans la deuxième étude, Tayyaba (2010) a examiné l'impact de divers intrants sur les scores aux tests de mathématiques dans 770 écoles du Pakistan. Il a constaté que la disponibilité de ressources d'apprentissage notamment, mais pas uniquement les manuels scolaires, améliorait significativement les scores aux tests. De même, Fehler, Michelowa et Wechtler (2009) ont trouvé des corrélations positives entre les scores aux tests et les manuels scolaires dans des études réalisées en Afrique subsaharienne. Enfin, Shollar (2001) a relevé des gains d'apprentissage dans une intervention basée sur une "approche scolaire globale" en Afrique du Sud, qui comprenait des manuels scolaires, la formation des enseignants et un suivi régulier.

D'autres recherches suggèrent que les manuels scolaires sont plus susceptibles d'être liés à des améliorations de l'apprentissage des élèves s'ils sont combinés avec des changements dans les méthodes pédagogiques appliquées en classe, mais ce lien dépend certainement aussi d'autres facteurs dont l'influence sur la pédagogie est vraisemblablement plus significative que celle des manuels scolaires. Il semble également que les manuels scolaires soient plus susceptibles d'avoir un impact positif s'ils sont facilement compris par les élèves, ce qui plaide en faveur d'un plus grand nombre de manuels scolaires en langue maternelle et d'une attention plus soutenue au niveau de langage utilisé dans les manuels.

En dernière analyse, l'expérience et la recherche suggèrent que les manuels scolaires peuvent avoir un impact significatif et relativement peu onéreux sur l'apprentissage des élèves, si certaines conditions sont réunies. Elles peuvent être résumées comme suit :

- Les manuels scolaires doivent être basés sur un programme de cours susceptible d'être couvert avec succès dans toutes les écoles et avec tous les élèves. Cela implique que ces programmes ne peuvent être surchargés par une quantité de sujets et de contenu obligeant les enseignants à "expédier" les cours pour en venir à bout en une année scolaire, avec pour effet de laisser de nombreux enfants à la traîne. Les programmes doivent également tenir compte des grandes différences dans les heures de contact, les installations et la qualité des enseignants existant entre les écoles urbaines et rurales de nombreux pays, et ils ne doivent pas définir des résultats qui ne peuvent être testés de manière appropriée et dépassent souvent les savoirs et savoir-faire de la plupart des enseignants.

- Les manuels scolaires doivent être rédigés dans une langue que les élèves et les enseignants peuvent facilement comprendre. La question de la langue maternelle est toutefois plus complexe qu'on ne le pense généralement, et le choix de la langue ou des langues des manuels scolaires doit être géré avec beaucoup de soin.

- Le niveau de langage utilisé dans les manuels scolaires doit être adapté et compréhensible pour les élèves et les enseignants. Les ministères de l'Éducation fournissent trop peu d'indications sur le niveau de langage aux auteurs et éditeurs des manuels, et on observe une tendance généralisée à situer la rédaction à un niveau trop élevé. Les auteurs sont majoritairement recrutés parmi les concepteurs de programmes de cours et enseignants travaillant dans de bonnes écoles (souvent privées), qui supposent trop souvent que le niveau de langage atteint dans leurs propres écoles est habituel à l'échelle nationale, alors que l'expérience suggère que tel est très rarement le cas.

- Les manuels scolaires doivent être distribués efficacement pour arriver en temps voulu dans toutes les écoles. On n'imagine souvent pas à quel point la distribution des manuels peut être inefficace, gaspilleuse et lente dans de nombreux pays. Des études réalisées en Afrique subsaharienne ont enregistré des niveaux de pertes annuelles pendant la distribution des manuels compris entre 25 et 65 % des stocks imprimés. Des quantités de manuelles restent bloqués dans des entrepôts de district inappropriés et ne sont jamais distribués aux écoles. Il y a également souvent des différences considérables dans les niveaux de stock et les RME des différentes écoles.

- Une fois livrés dans les écoles, les manuels doivent être distribués aux élèves. Beaucoup de pays d'Afrique subsaharienne ont récemment signalé que de nombreux enseignants ne distribuent pas les manuels à leurs élèves pour toute une série de raisons.

- Lorsque les manuels sont distribués pour être utilisés en classe, ils le sont souvent maladroitement par les enseignants, si bien que les principaux avantages de l'utilisation des manuels ne sont pas exploités. Il est avancé qu'en raison des longues années sans manuels scolaires, les enseignants n'ont peu voire aucune expérience pratique de l'utilisation correcte et créative des manuels et guides pédagogiques associés. La formation avant l'emploi des enseignants ne comporte que rarement des cours sur l'utilisation des manuels scolaires et autres SDP.

- La gestion et la conservation par les écoles doivent veiller à ce que les manuels qui leur sont fournis soient maintenus en bon état. Des études ont montré que les taux de perte et dégradations des manuels scolaires dans les écoles peuvent atteindre jusqu'à 25 % par an, voire davantage.

Si toutes les conditions ci-dessus sont remplies, la fourniture de manuels scolaires peut être un facteur significatif et rentable d'amélioration de l'apprentissage des élèves.

Livres de lecture

Malgré le lien largement reconnu entre les acquis des élèves, la littératie précoce, le développement d'une habitude durable de lecture et la disponibilité de bonnes collections de livres de lecture dans les écoles primaires et secondaires, relativement peu d'études ont été entreprises sur l'importance de la disponibilité des livres de lecture dans les écoles primaires et de bibliothèques dans les écoles secondaires des pays pauvres, en dépit du fait que la plupart des études mentionnées plus haut soutiennent que ce lien existe tout autant pour les SDP autres que pour les manuels scolaires. Tant Heyneman et Farrell (1978) que Fuller et Clarke (1994) ont signalé que la disponibilité de bibliothèques scolaires avait un impact sur les acquis des élèves plus régulièrement positif que tout autre intrant, y compris les manuels scolaires. En Afrique, une grande partie des raisons de cette absence de recherche est le manque, largement répandu dans bon nombre de pays pendant de longues années, d'investissement dans la fourniture de livres et les bibliothèques de classe et scolaire. Les services des bibliothèques scolaires et de la bibliothèque scolaire nationale, bien développés dans de nombreux pays anglophones d'ASS pendant les années 1960, se sont détériorés ou ont complètement disparu par manque de financement et négligence. L'importance de l'accès aux livres de lecture a néanmoins été soulignée dans un certain nombre de rapports de recherche, notamment le rapport 2006 du Programme international de recherche en lecture scolaire (PIRLS), qui remarquait que :

> une relation positive a été constatée entre la performance en lecture des élèves de quatrième année et les activités de familiarisation précoce avec l'écrit auxquelles les

parents se sont livrés avec leurs enfants avant leur entrée à l'école (par exemple, lire des livres, raconter des histoires, chanter des chansons, jouer avec l'alphabet et à des jeux de mots). La présence à la maison de livres pour enfants continue également de suggérer un lien positif puissant avec la performance en lecture. La différence moyenne de performance en lecture entre les élèves issus de familles disposant de nombreux livres pour enfants (plus de 100) et les enfants provenant de foyers ne disposant que de quelques livres pour enfants (10 ou moins) était très importante (91 points de scores, soit presque un écart-type) [...] [P]our la plupart des élèves, les manuels scolaires constituaient le fondement de l'enseignement de la lecture, avec d'autres supports supplémentaires. (Mullis, 2006)

L'accès à des collections stimulantes de livres de lecture attrayants et pertinents, même petites, est clairement un déterminant important dans l'acquisition d'une littératie précoce, elle-même un facteur clé de réussite dans les études. En Afrique subsaharienne, très peu de foyers ont des livres de lecture pour enfants, et relativement peu de parents ont les compétences, les ressources ou le temps nécessaires pour apporter à leurs enfants un appui préscolaire à la lecture à la maison. Le problème se pose en particulier dans les zones rurales et éloignées. Dans les 14 pays étudiés par le Consortium de l'Afrique australe et orientale pour le pilotage de la qualité de l'éducation (SACMEQ), Lee, Zuze et Ross ont constaté que :

> le statut socioéconomique des élèves était fortement et positivement associé avec leurs performances en lecture. (Lee, Zuze et Ross, 2005)

En d'autres termes, plus les écoles sont pauvres, plus les performances en lecture sont faibles, avec des effets négatifs subséquents sur les acquis des élèves. En pareils cas, la disponibilité de livres de lecture, de fiction ou non, dans les bibliothèques des écoles ou de classe et la possibilité de les emprunter pour les lire à la maison ont clairement une importance capitale, en particulier dans les zones rurales et éloignées, où il est peu probable que ces supports soient disponibles auprès d'autres sources.

La relation positive entre la disponibilité des livres de lecture et la littératie a été démontrée par les résultats de divers projets de "flot de livres (*Book Flood*)" basés sur des concepts très simples :

- Cibler les premières années primaires, "commencer tôt la lecture" ;
- Fournir de nombreux livres de lecture pour permettre une immersion dans des textes *ayant un sens* ;
- Encourager les enfants à lire souvent, de fréquentes sessions de lecture silencieuse étaient recommandées ;
- Utiliser des méthodes de lecture partagée, afin d'intégrer l'expression verbale et écrite ;
- Encourager les enseignants à lire régulièrement des histoires aux enfants ; et
- Éviter les exercices et les tests linguistiques.

Les résultats de recherche ont abouti aux conclusions suivantes (Elley, 1992) :

- Les initiatives "flot de livres" nécessitent une formation des enseignants moindre que les autres méthodes.
- Elles produisent un impact constant et spectaculaire sur la lecture et autres compétences linguistiques.
- Elles génèrent de l'enthousiasme et des attitudes positives chez les enseignants et les enfants.
- Leurs effets se transmettent à d'autres sujets.
- Elles aident les enseignants dont les compétences dans la langue cible sont souvent limitées, en leur fournissant de bons modèles linguistiques.
- Elles sont faciles à justifier auprès des autorités locales.

L'Association internationale pour l'évaluation du rendement scolaire (IEA – *International Association for the Evaluation of Educational Achievement*) a établi une liste des intrants les plus souvent corrélés, dans les pays tant en développement que développés, avec des différences de niveau de littératie (Elley, 1992). Les plus importants étaient :

- Une bibliothèque scolaire bien fournie ;
- De fréquentes sessions de lecture silencieuse ;
- Un plus long temps d'enseignement ;
- Des bibliothèques de classe bien fournies ;
- Des tests de lecture fréquents.

En ce qui concerne la littératie, la disponibilité des manuels scolaires figurait au bas de la liste des facteurs positifs. Ce classement n'invalide pas les recherches précédentes sur l'importance de la fourniture des manuels pour les acquis des élèves, il signifie simplement que les manuels scolaires ne sont pas l'intrant le plus important pour la littératie précoce, et que la mise en place de bibliothèques dans les écoles ou les classes a un impact plus prononcé sur cette compétence. Une fois la littératie acquise, les manuels scolaires sont importants pour l'amélioration des acquis dans d'autres matières. La fourniture d'une série de manuels scolaires aux élèves de première année primaire, entrant à l'école pour la première fois et souvent issus de milieux ruraux peu ou pas sensibilisés aux supports imprimés, constitue très souvent un gaspillage par rapport à la fourniture d'une bonne offre de livres de lecture adaptés aux jeunes enfants, en particulier quand les ressources sont limitées.

L'importance des bibliothèques scolaires dans la mise en œuvre des nouveaux programmes de cours centrés sur l'apprenant et axés sur les savoirs et savoir-faire a été résumée comme suit :

> Il a été démontré que lorsque les bibliothécaires et les enseignants collaborent, les élèves atteignent des niveaux de performance plus élevés en littératie, apprentissage, résolution des problèmes et technologies de l'information et de la communication. (IFLA, 2010)

La citation ci-après plaide en faveur de la mise en place de services de bibliothèques scolaires dans les pays aussi bien développés qu'en développement :

Les caractéristiques de l'enseignement du XXIe siècle ont été formulées par beaucoup et continuent d'évoluer. Pour réussir dans ce contexte de développement et au-delà, les élèves doivent avoir :

- Une maîtrise de la littératie ;
- Une maîtrise de l'information ;
- Une culture technologique ;
- Une compétence de renforcement personnel du savoir ;
- Des compétences en expression orale et en numératie.

Des données de recherches effectuées aux États-Unis, au Canada et en Australie montrent que, lorsque les bibliothèques scolaires sont correctement approvisionnées et gérées par un bibliothécaire qualifié, spécialisé dans l'éducation, toutes les compétences citées ci-dessus sont renforcées et les résultats académiques des élèves aux tests normalisés sont supérieurs à ceux enregistrés dans les écoles où ces conditions n'existent pas. Les études menées au cours des 50 dernières années ont étayé cette conclusion, mais le nombre croissant de recherches et l'amélioration de la méthodologie au cours de la dernière décennie ont apporté une nouvelle crédibilité et immédiateté à cette relation positive. (Barrett, 2010)

Résumé des questions clés

Les conclusions de l'examen des recherches mentionnées ci-dessus sont les suivantes :

- Les preuves de l'impact de la fourniture de manuels scolaires sur les acquis des élèves sont extrêmement positives dans les recherches répétées au cours des 40 dernières années. Même les quelques études dissidentes reconnaissent que les manuels ont un impact positif pour les bons élèves des bonnes écoles.
- Pour être efficaces, les manuels scolaires doivent être non seulement disponibles, mais aussi régulièrement utilisés en classe, et doivent être rédigés dans une langue et avec un niveau de langage largement compris par les élèves et les enseignants.
- Parmi tous les intrants éducatifs, les manuels scolaires sont les plus rentables pour les acquis des élèves, parce qu'ils produisent un impact important pour un coût relativement modeste. L'impact des manuels scolaires et autres SDP sur les acquis est particulièrement élevé et sans proportion avec les investissements relativement petits consentis, surtout comparés aux investissements marginaux, par exemple, dans les enseignants.
- Les manuels scolaires sont moins importants dans les premières années du primaire, où la littératie précoce doit être la principale priorité. Les études ont démontré que, pour ces années-là, la fourniture aux enseignants de guides

pédagogiques bien conçus et bien faits, accompagnée de supports de lecture soigneusement sélectionnés, stimulants et attrayants, constitue l'intrant le plus important pour la littératie précoce.
- Les projets de "flot de livres" doivent être réenvisagés par les PD et MdE en tant que méthode rapide de renforcement de la littératie dans le primaire inférieur.
- L'investissement dans les bibliothèques scolaires et de classe a une corrélation encore plus forte avec l'augmentation des acquis des élèves du primaire inférieur que celui dans la fourniture de manuels scolaires.

Note

1. Comme dans d'autres, cette étude mesure l'impact des "supports didactiques", mais ne permet pas d'isoler l'effet des manuels scolaires sur le rendement de l'apprentissage.

Références

ADEA (Association pour le développement de l'éducation en Afrique). 2006. *Paramètres déterminants pour l'efficacité de l'enseignement primaire*. Paris : ADEA.

Barrett, L. 2010. "Effective School Libraries: Evidence of Impact on Student Achievement." *Librarian* 65 (3).

Benavot, A. 2010. *Rapport mondial de suivi sur l'EPT*. Paris : UNESCO.

British Council. 1992. *Proceedings of the Ministers of Education Conference on Textbook Provision and Library Development in Africa*. Manchester, Royaume-Uni : British Council.

Buchan, A., C. Denning et A. Read. 1991. *African Book Sector Studies Summary Report*. Windsor, Royaume-Uni : International Book Development, pour la Conférence des ministères africains de l'Éducation organisée par la Banque mondiale.

Buchan, A. 2013. "Preparation Report for Textbook Component of World Bank-Funded Cameroon Equity and Quality Improvement Project (CEQUIL)". Windsor, Royaume-Uni : International Éducation Partners pour le CEQUIL de la Banque mondiale/.

Cope, J., C. Denning et L. Ribeiro. 1989. *Content Analysis of Reading and Maths Textbooks in Fifteen Developing Countries*. Londres : Book Development Council pour le compte de la Banque mondiale.

DfID (Département pour le développement international du Royaume-Uni). 2003. *The Multi-Site Teacher Education Research Project*. Londres : DfID.

———. 2006. *Delivering Quality and Improving Access in Primary Education: An Impact Evaluation of the IM and INSET Programmes*. MOES, Nairobi. Londres : DfID.

Elley, W. B. 1992. *How in the World do Students Read?* Hambourg, Allemagne : Institute for Educational Achievement.

Evans, D. K. et A. Ghosh. 2008. "Prioritizing Education Investments in Children in the Developing World". RAND Working Paper, RAND Corporation, Santa Monica, CA. http://www.rand.org/content/dam/rand/pubs/working_papers/2008/RAND_WR587.pdf.

Fehler, S., K. Michelowa et A. Wechtler. 2009. "The Effectiveness of Inputs in Primary Education: Insights from Recent Study Surveys for SSA." *Journal of Development Studies* 45 (9): 1545–78. http://www.tandfonline.com/doi/abs/10.1080/00220380802663625#.Ut_uFNLFLn4.

Frolich, M. et K. Michaelowa. 2005. *Peer Effects and Textbooks in Primary Education: Evidence from Francophone Sub-Saharan Africa*. Bonn, Allemagne : Institut pour l'étude du travail.

Fuller, B. 1985. *Raising School Quality in Developing Countries: What Investments Boost Learning?* Une étude de la Banque mondiale. Washington, DC : Banque mondiale.

Fuller, B. et P. Clarke. 1994. "Raising School Effectiveness while Ignoring Culture – Local Conditions and the Influence of Classroom Tools, Rules and Pedagogy". *Review of Educational Research* 64 : 119–57.

Glewwe, P., E. Hanushek, S. Humpage et R. Ravina. 2011. "School Resources and Educational Outcomes in Developing Countries: A Review of the Literature from 1990 to 2010." NBER Working Paper 17554, National Bureau for Economic Research, Cambridge MA. http://www.nber.org/papers/w17554.

Glewwe, P., M. Kremer et S. Moulin. 2007. *Many Children Left Behind? Textbooks and Test Scores in Kenya*. Cambridge, MA : National Bureau of Economic Research.

Guoxing, Y. 2007. *Research Evidence of School Effectiveness in Sub-Saharan African Countries*. Bristol, Royaume-Uni : University of Bristol Graduate School of Education.

Habte, A., G. Psacharopoulos et S. Heyneman. 1993. *Improving the Quality of Education in Developing Countries*. Une étude de la Banque mondiale. Washington, DC : Banque mondiale.

Heyneman, S. et J. Farrell. 1978. *Textbooks and Achievement: What We Know*. Une étude de la Banque mondiale. Washington. DC : Banque mondiale.

Heyneman, S. et D. Jamieson. 1984. "Textbooks in the Philippines: An Evaluation of the Pedagogical Impact of a Nationwide Investment." *Educational Evaluation and Policy Analysis* 6 (2) : 139–50.

Hoxby, C. 2000. *Peer Effects in the Classroom: Learning from Gender and Race Variation*. Cambridge, MA : National Bureau of Economic Research.

FIAB (Fédération internationale des associations de bibliothécaires et des bibliothèques). 2010. *The School Library in Learning and Teaching for All*. Paris : UNESCO.

Jones, B. et N. Sayer. 2013. *Annual Review of DfID Textbook Project in South Sudan*. Juba : DfID.

Kalibbala, G. 1999. *Sustainable Textbook Provision and Utilization in Uganda*. Une étude de la Banque mondiale. Washington, DC : Banque mondiale.

Khaniya, T. et J. Williams. 2004. "Necessary but Not Sufficient: Challenges to (Implicit) Theories of Educational Change; Reform in Nepal's Primary Education System." *International Journal of Education Development* 24 (3): 315–28. http://www.sciencedirect.com/science/article/pii/S0738059304000069.

Kuecken, M. et M. Valfort. 2013. *When Do Textbooks Matter for Achievement? Evidence from African Primary Schools*. Paris : École d'économie de Paris.

Lee, V. E., T. L. Zuze et K. N. Ross. 2005. "School Effectiveness in 14 Sub-Saharan Countries: Links with 6th Graders Reading Achievement." *Studies in Educational Evaluation* 31: 201.

Little, A. 1995. *Éducation in Zanzibar : Classrooms, Quality and Costs.* Stockholm : Swedish International Development Agency for the Ministry of Education.

Lockheed, M. et A. Verspoor. 1990. *Improving Primary Education in Developing Countries.* Une étude de la Banque mondiale. Washington, DC : Banque mondiale pour la Conférence mondiale sur l'éducation pour tous de Jomtien.

McEwan, P. 2013. *Improving Learning in Primary Schools of Developing Countries: A MetaAnalysis of Randomized Experiments.* Cambridge MA : Center for Education Innovations. http://academics.wellesley.edu/Economics/mcewan/PDF/meta.pdf.

Mikulska, A. 2014. "School Teaching and Learning: The Challenge of Education in South Sudan." *NORRAG News.*

Mullis, V. S. 2006. IEA's Progress in International Literacy Study in 40 Countries. Boston, MA : PIRLS.

Pritchett, L. et D. Filmer. 1999. "What Educational Production Functions Really Show: A Positive Theory of Education Spending." *Economics of Education Review* 18 (2) : 223–39.

Read, N. 2014. *Annual Review of DfID Textbook Project.* Juba : DfID.

Sabarwal, S., D. Evans et A. Marshak. 2012. "Textbook Provision and Student Outcomes – the Devil in the Details." Banque mondiale, Washington, DC.

Schollar, E. 2001. "A Review of Two Evaluations of the Application of the READ Primary Schools Program in the Eastern Cape Province of South Africa." *International Journal of Education Research* 35 (2) : 205–16. http://www.sciencedirect.com/science/article/pii/S0883035501000179.

Searle, B. 1990. *General Operational Review of Textbooks.* Une étude de la Banque mondiale. Washington, DC : Banque mondiale.

Tayyaba, S. 2010. "Mathematics Achievement in Middle School Level in Pakistan: Findings from the First National Assessment." *International Journal of Éducation Management* 24 (3) : 221–49.

UNESCO (Organisation des Nations Unies pour l'éducation, la science et la culture). 2005. *Éducation pour tous – L'exigence de qualité. Rapport mondial de suivi sur l'Éducation pour tous 2005.* Paris : UNESCO.

Vere, J. 1993. *Zanzibar Primary School Curriculum Review.* Genève, Suisse : UNICEF pour le ministère de l'Éducation.

Verspoor, A. 1986. *Textbooks as Instruments for the Improvement in the Quality of Education.* Une étude de la Banque mondiale. Washington, DC : Banque mondiale.

Verspoor, A. et K. Wu. 1990. *Textbooks and Education Development.* Une étude de la Banque mondiale. Washington, DC : Banque mondiale.

———. 2001. *A Chance to Learn.* Une étude de la Banque mondiale. Washington, DC : Banque mondiale.

CHAPITRE 2

Tendances actuelles des politiques nationales de supports didactiques et pédagogiques (SDP) en Afrique subsaharienne

Tendances de la fourniture nationale des supports didactiques et pédagogiques

Depuis le début des années 1990, les plus importantes tendances des politiques nationales de fourniture des supports didactiques et pédagogiques en Afrique subsaharienne (ASS) ont été :

- Le remplacement des systèmes publics de fourniture des manuels scolaires par des partenariats public-privé (PPP). Dans ceux-ci, le secteur privé intervient en qualité d'auteur, éditeur et producteur (et quelques fois, distributeur) des manuels scolaires et autres SDP, tandis que l'État met en place le système et les règles de fourniture, évalue les manuels soumis par rapport à des critères qualitatifs convenus, établit des listes de manuels scolaires et autres SDP approuvés, définit la nature et le lieu du choix et de la sélection, précise les hypothèses d'approvisionnement, suit et supervise les performances du système, et octroie le financement (lorsque des manuels gratuits ou subventionnés sont prévus dans la politique de l'État).
- La rapide croissance des maisons d'édition de supports pédagogiques appartenant à des Africains et actives au niveau à la fois national et régional. Elle est plus prononcée dans les pays anglophones, mais même dans les pays francophones, il existe un mouvement vers une plus grande participation du secteur privé local dans la fourniture des manuels scolaires et le développement de la rédaction et de l'édition locales d'ouvrages scolaires.
- L'introduction du système de manuels concurrents pour remplacer la passation monopolistique des marchés de manuels scolaires, accompagné d'évaluations des manuels combinant des critères physiques, de contenu, de présentation

et de prix (par exemple pour le secondaire au Kenya, en Namibie, au Malawi et le primaire au Rwanda et en Ouganda.) Partout où ces systèmes ont été correctement appliqués et où le prix a été un facteur critique d'évaluation, la tendance a été à une amélioration des normes de production et de présentation ainsi qu'à une réduction des prix. L'utilisation généralisée des spécifications minimales de production physique comme condition d'approbation à la vente aux écoles a entraîné une production durable des manuels scolaires dans un nombre croissant de pays, et le potentiel de longue durée de vie en classe des manuels permet un amortissement des coûts et la réduction des coûts des systèmes de fourniture des manuels et SDP. Malheureusement, les systèmes de vérification de la durabilité ont tendance à s'affaiblir dans de nombreux pays.

- Une amélioration significative de la qualité physique et du contenu des manuels et guides pédagogiques destinés aux enseignants, grâce à la pression de la concurrence, qui a amené les éditeurs à étudier les points forts de leurs rivaux et à produire de meilleurs manuels.
- La décentralisation de la sélection des manuels sur la base des choix opérés individuellement par les écoles. Le mouvement est ici aussi plus prononcé dans les pays anglophones. Certains pays ont tenté le choix au niveau des districts (par exemple, la Tanzanie et la Zambie). Le Ghana et le Cameroun (pour le primaire inférieur) ont maintenu le choix au sein de listes de manuels approuvés pour des districts sélectionnés au niveau national.
- Les effectifs des écoles primaires et secondaires ont continué à croître de manière significative dans la plupart des pays d'Afrique subsaharienne, tant en valeur absolue qu'en gains de pourcentage des taux brut (TBS) et net (TNS) de scolarisation.
- Un nombre croissant de programmes de cours nationaux préconisent des approches fondées sur les compétences et centrées sur l'enfant pour l'apprentissage des concepts et l'acquisition des capacités de raisonnement de niveau supérieur.

Transition vers une implication du secteur privé dans la fourniture des manuels scolaires

Au moment de leur indépendance, une majorité de pays africains ont cherché à avoir le contrôle de leurs systèmes éducatifs. Les années 1960 ont donc connu une vague d'activités d'élaboration des programmes de cours nationaux et l'introduction de nouvelles matières et nouveaux contenus reflétant l'histoire, la culture, l'environnement et les aspirations nationales et panafricaines. Dans certains cas (par exemple, en Tanzanie), les programmes de cours du primaire et du secondaire ont été enrichis de multiples matières, nécessitant chacune un manuel, qui ont considérablement accru les coûts du système de fourniture des manuels scolaires. Cette période a également vu l'apparition de maisons d'édition et imprimeries publiques et de systèmes de distribution monopolistiques, inspirés des modèles socialistes, même s'il convient de noter que les pouvoirs publics coloniaux précédents avaient, eux aussi, parfois mis en place des maisons d'édition paraétatiques pour les manuels scolaires.[1] Un bon exemple est l'*East African Literature Bureau* fondé dans les années 1950 par les autorités coloniales du Kenya en vue de préparer l'impression et de publier des manuels pour les pays de l'Afrique de l'Est. Il existe encore aujourd'hui sous la nouvelle forme de son successeur, le *Kenya Literature Bureau*, toujours actif en 2013 dans l'édition des manuels scolaires et détenu par l'État, bien qu'opérant dans un environnement de marché libre et ouvert à la concurrence.

Un examen des résultats des systèmes publics de fourniture des manuels scolaires en Afrique (et ailleurs dans le monde, notamment dans l'ex-Union soviétique) n'est guère encourageant. Malgré leur situation de monopole et le solide appui initial dont elles ont bénéficié de la part de l'État, et parfois des bailleurs de fonds, très peu d'entreprises publiques ainsi créées sont devenues des activités efficaces ou durables. Elles n'ont pas non plus été mieux soutenues par le financement de l'État que les entreprises du secteur privé. La mise en place de la fourniture des manuels scolaires par l'État a néanmoins eu un impact dévastateur sur l'édition, l'impression et la vente commerciales locales des livres ; et alors que la publication privée des manuels scolaires a eu tendance à récupérer assez rapidement à partir du moment où elle a eu accès aux marchés nationaux des manuels, l'impression et la vente des manuels ont mis beaucoup plus de temps à récupérer (voir "Comparaisons entre les approches anglophones et francophones" et "Résumé des questions clés"). Ce phénomène a un impact particulier sur les actuels systèmes de fourniture des manuels scolaires. En effet, les réseaux intérieurs très développés de vente des livres (souvent gérés par des organisations religieuses), qui existaient dans de nombreux pays d'ASS avant l'avènement de la distribution monopolistique de l'État, ont été en grande partie détruits par l'intervention de celui-ci et se sont avérés très difficiles à recréer, limitant ainsi sérieusement les options de distribution des manuels scolaires disponibles. Il y a bien eu des tentatives de rétablissement des réseaux nationaux de vente des livres en gros et en détail, mais celui-ci s'est avéré nettement plus ardu que la remise en place d'une édition locale de bonne qualité. Des expériences telles que le Projet d'approvisionnement décentralisé des supports pédagogiques (*Decentralized Instructional Materials Procurement Project* – DIMPP) de l'Ouganda ont échoué parce que le ministère de l'Éducation et des Sports (MOES) a lancé le processus de décentralisation trop rapidement pour permettre aux nouveaux libraires provinciaux, sous-financés et inexpérimentés, d'apprendre à gérer leurs finances pour faire des profits suffisants et payer leurs fournisseurs. Ce problème est commun à de nombreux pays en développement où le commerce local des livres a été utilisé pour la distribution des manuels scolaires (par exemple, Malawi, Tanzanie, Ouganda et Zambie). Un solide secteur local de la vente de livres au détail a néanmoins réussi à se rétablir au Kenya après la disparition, en 1984, du distributeur public de manuels scolaires, le *Kenya School Equipment Scheme* (KSES – Dispositif d'équipement scolaire du Kenya). Mais il s'agit d'une singularité et très peu d'autres pays d'Afrique subsaharienne bénéficient d'un réseau national complet de librairies constitué de fournisseurs expérimentés et professionnels.[2]

De même, l'impression locale a échoué à atteindre un niveau de prix, fiabilité et qualité véritablement compétitif sur le plan international (ou même régional). Elle n'a pas non plus réussi à développer des capacités suffisantes dans les procédés clés pour la durabilité, tels que la reliure cousue au fil ou la finition de couvertures de haute qualité. Il existe des exceptions, et le Kenya, le Nigéria et l'Afrique du Sud ont tous une capacité d'impression de manuels scolaires bien établie et compétente, même si de meilleurs prix peuvent vraisemblablement y être obtenus auprès de sources d'impression internationales. La qualité du prépresse et de l'impression peut être adéquate dans de nombreux pays, mais le prix, la fiabilité et la disponibilité de certains procédés ont souvent posé problème. Lorsqu'il n'existe que quelques imprimantes locales dotées d'un équipement approprié, l'impression des manuels scolaires doit se faire *en séquence* (chaque livre est tiré en une fois sur une ou éventuellement quelques imprimantes), ce qui nécessite de préparer assez tôt le matériel prêt à imprimer, et donc des investissements accrus dans le prépresse et le stockage jusqu'à ce que les livres soient prêts à être distribués à temps pour le début de l'année scolaire. Cette contrainte a un impact sur les flux de trésorerie des éditeurs locaux et constitue fréquemment un facteur important d'augmentation des coûts lorsque les taux d'intérêt des prêts ou découverts bancaires sont élevés. Le grand avantage du recours aux éditeurs régionaux ou internationaux est la possibilité d'impression *en parallèle* (à savoir l'utilisation simultanée d'un certain nombre d'imprimantes différentes), qui réduit considérablement les délais d'impression, évitant ainsi la nécessité d'immobiliser des capitaux pendant de longues périodes. Même si de nombreux États ont été désireux de développer leurs imprimeries locales et ont parfois fait pression sur les systèmes de passation des marchés afin de les favoriser (par exemple, au Moyen-Orient), cette option n'est possible que si l'industrie locale a :

- Les usines, les procédés, les matières premières et les compétences requises pour la fabrication de manuels scolaires de bonne qualité ;
- Une capacité suffisante dans les procédés clés (tels que la reliure et la finition, nécessaires pour satisfaire les normes de durabilité, qui sont souvent des contraintes critiques) ;
- Un accès facile aux matières premières et aux usines, avec des prix compétitifs ;
- La capacité de gestion et les ressources financières pour garantir une livraison fiable, en temps voulu, sans défauts ni erreurs de fabrication, qui peut être très coûteuse pour les éditeurs, surtout lorsque les appels d'offres font appel à la concurrence ; et
- Soit des prix compétitifs soit un État ou des partenaires au développement (PD) pouvant se permettre et prêts à payer les coûts (fréquemment) plus élevés, associés à la fabrication locale.

Les pédagogues et éditeurs soutiennent généralement que l'industrie locale de l'impression ne peut espérer se développer avec des coûts plus élevés et une moindre qualité, au détriment des systèmes éducatifs nationaux, et que si elle veut participer activement à la production locale des manuels scolaires, elle doit investir dans les usines, la formation du personnel, et les systèmes d'assurance de la qualité nécessaires pour rivaliser sur pied d'égalité avec les imprimeurs régionaux et internationaux.

Croissance de l'édition africaine

Le passage de la fourniture étatique à un accès du secteur privé aux principaux marchés nationaux des manuels scolaires a pris son essor dans les pays anglophones au cours des années 1980. Un des premiers projets financés par les bailleurs de fonds pour encourager et soutenir activement la publication de manuels scolaires par des éditeurs privés en vue de répondre aux besoins spécifiques des programmes de cours locaux a été le projet *Sierra Leone Éducation III* financé par la Banque mondiale en 1983. Il a été suivi de près par des projets similaires, financés par la Banque mondiale au Libéria et en Gambie.[3] À l'époque, les bénéficiaires étaient largement des sociétés d'édition multinationales britanniques. L'édition scolaire a été "autochtonisée" au Nigéria en 1976/1977[4] et au Ghana dans les années 1980. Les succursales et filiales locales des éditeurs étrangers sont devenues des entreprises locales à participation majoritaire. Dans un cas, un riche membre du conseil local de la filiale nigériane de l'éditeur britannique *Evans Bros* a racheté la société mère britannique et acquis 40 % des parts qu'elle détenait dans la filiale nigériane.

En Afrique de l'Ouest anglophone, l'autochtonisation des entreprises étrangères est allée de pair avec une croissance des maisons d'édition africaines détenues localement, telles que *Fourth Dimension Publishing House* au Nigéria. Dans les pays anglophones d'Afrique orientale et centrale, le processus d'autochtonisation s'est également accompagné d'une croissance rapide des entreprises locales d'édition détenues à 100 % par des Africains. Dans les années 1990, *Longman* a vendu sa société kenyane locale et les copyrights détenus localement à une nouvelle société kenyane appelée *Longhorn*, et *Heinemann* a également vendu son entreprise locale à une société de gestion locale utilisant des capitaux locaux, rebaptisée *East African Educational Publishers* (EAEP).[5] Ces deux entreprises étaient encore très actives sur le marché régional de l'édition des manuels scolaires en 2013. En même temps, de nouvelles maisons d'édition privées, financées localement ont émergé en réponse à l'ouverture du marché au Kenya, au Malawi, en Tanzanie, en Ouganda et en Zambie, entre autres. En Ouganda, les appels d'offres successifs pour des manuels scolaires, lancés, en premier lieu, par le projet d'appui à la réforme de l'éducation primaire ougandais (SUPER – *Support for Ugandan Primary Education Reform*) et ensuite par des projets financés par la Banque mondiale, ont reçu des soumissions de jusqu'à 14 maisons d'édition locales (Ouganda) et régionales (Kenya), et l'attribution des contrats n'a certainement pas été dominée par les multinationales restantes. En fait en 2014, parmi les multinationales basées au Royaume-Uni, seule l'*Oxford University Press* était toujours active en Afrique de l'Est.[6] Au Kenya, au Rwanda, en Tanzanie et en

Ouganda, la majorité de l'édition des manuels scolaires est désormais aux mains de maisons d'édition régionales détenues par des Africains.

Le même processus a été moins prononcé en Afrique francophone, où les maisons d'édition publiques et les multinationales continuent jusqu'ici à dominer la fourniture des manuels scolaires dans de nombreux pays. Bien que la préparation de l'impression et la propriété des copyrights étatiques soient encore très répandues dans les pays francophones, l'abandon de la passation monopolistique des marchés de manuels scolaires au Cameroun, en Côte d'Ivoire, au Mali et au Sénégal a, au cours des dix dernières années, permis l'émergence de maisons d'édition de manuels scolaires détenues localement, qui sont prêtes à rivaliser avec les entreprises françaises métropolitaines.

Mise en concurrence des manuels et introduction de systèmes d'évaluation

La disparition des éditeurs étatiques de manuels scolaires et l'émergence d'éditeurs privés agissant en partenariat avec les ministères de l'Éducation (MdE) locaux ont été soutenues par la transition en parallèle de la passation monopolistique des marchés de manuels scolaires vers des systèmes de manuels concurrents. Ceux-ci sont généralement sélectionnés et regroupés dans une liste approuvée par le MdE à travers des processus de soumission et d'évaluation, dont le niveau de rigueur, d'objectivité et d'efficacité varie. La période d'approbation couvre généralement un cycle complet de programme de cours (généralement cinq ans), mais dans certains cas, aucune limite de temps n'est imposée. Pour produire le meilleur résultat, la méthodologie d'évaluation des manuels scolaires devrait idéalement toujours comprendre des critères rigoureux de contenu, présentation, durabilité et prix. Toutefois, certaines méthodes d'évaluation ne prennent pas en compte les considérations de prix (par exemple, en Namibie et en Tanzanie) et n'ont donc pas réussi à réduire au mieux les coûts. D'autres ne définissent pas de normes minimales de production, ce qui a fréquemment conduit à des objectifs de durée de vie en classe inacceptables. Le projet SUPER en Ouganda ainsi que les interventions en Tanzanie de l'Agence suédoise pour le développement international (SIDA – *Swedish International Development Agency*) et de la Banque mondiale n'avaient fixé aucune limite au nombre de manuels pouvant être ajoutés aux listes approuvées, aucune limite de temps au statut approuvé, et aucun mécanisme de retrait des manuels une fois ceux-ci inscrits dans la liste. En conséquence, le nombre de titres approuvés a augmenté d'année en année, provoquant parfois chez les enseignants, une confusion devant l'étendue des choix disponibles. Une bonne partie des avantages de coûts potentiels ont été perdus à cause du fractionnement des tirages ou du manque de contrôle de la détermination des prix.[7] L'expérience montre que trois à six titres par matière et année d'études, en fonction des effectifs de l'année, donnent des résultats satisfaisants. En règle générale, les éditeurs privés n'aiment pas les restrictions du nombre de titres approuvés (lorsque les leurs n'ont pas été retenus) et préfèrent en général des listes approuvées plus étoffées que réduites. Un nombre réduit de titres approuvés signifie généralement une concurrence plus féroce sur les prix, et donc des coûts moins élevés. L'utilisation de méthodes et critères d'évaluation rigoureux et efficaces, où le prix est un élément important (mais pas déterminant) des notes d'évaluation, a tendance à mener à des manuels et guides pédagogiques mieux fabriqués, avec un meilleur contenu et des coûts nettement réduits. Un rapport sur l'impact de l'introduction de systèmes rigoureux de soumission, évaluation et approbation des manuels scolaires, dans le cadre de la passation des marchés de manuels scolaires du primaire, financé par la Banque mondiale en Ouganda en 2001, a révélé que :

> Dans l'ensemble, la baisse du prix des livres des élèves compense les hausses dues à l'inflation et même au-delà : c'est comme si les éditeurs travaillaient aujourd'hui à un niveau inférieur de 15 % aux prix nominaux de 1998 ! Les deux réductions de prix les plus impressionnantes ont été obtenues dans les sciences sociales et les sciences, et ont été réalisées en conservant à peu près le contenu des ouvrages.

Matières	Augmentation/diminution du contenu 1998 →2001	Diminution des prix 1998 →2001
Sciences sociales	+ 3 %	55 %
Sciences	– 15 %	45 %

En ce qui concerne l'utilisation de la couleur, la situation s'est améliorée dans ces deux matières : les 3 livres de sciences sociales examinés en 2001 sont tous imprimés en quadrichromie (contre 1 sur 4 pour le cycle 6) ; en 1998, deux livres de sciences étaient en quadrichromie chez quatre éditeurs, contre 2 sur 3 en 2001.

- L'anglais et les sciences étaient les seules matières dont le contenu a été réduit. Non seulement les livres de mathématiques sont nettement moins chers aujourd'hui en valeur constante (−39 %), mais le nombre de pages a augmenté de 31 % (avec des palettes de couleurs semblables à celles de 1998 chez tous les éditeurs approuvés).
- Le scénario est différent pour les sciences sociales : une très légère augmentation du contenu (+3 %), mais une amélioration impressionnante de l'utilisation de la couleur (les deux ouvrages examinés étaient en quadrichromie avec des images, contre un seul livre sur 4 en quadrichromie en 1998 et les trois autres en bichromie) ; le tout avec une réduction moyenne record de 55 % des prix en valeur constante.
- Il convient également de noter que les livres du cycle 8 ont tous des couvertures vernies, une amélioration importante pour la durabilité, alors que seulement un tiers des titres du cycle 6 en avaient.
- Conclusion : le succès du nouveau processus concurrentiel d'évaluation des manuels scolaires est impressionnant dans la réduction des prix, avec un gain moyen de 44 % du pouvoir d'achat des écoles, relativement bien réparti sur toutes les matières. Mathématiquement, cela signifie qu'avec le même budget, les écoles pourraient passer d'un ratio manuel scolaire/élèves de 1:3 à un ratio de 1:2, et même avoir de l'argent restant pour acheter du matériel supplémentaire.

> Il est intéressant de constater que ces gains importants d'accessibilité financière sont dus uniquement à des procédures améliorées et plus rigoureuses d'appel d'offres et d'évaluation, et qu'ils ont été obtenus en maintenant le contenu des manuels scolaires, en améliorant les normes de fabrication et la durabilité, et en utilisant davantage la quadrichromie. (Bontoux, 2002)

Les dernières années ont vu une tendance à revenir aux politiques de passation de marchés de gré à gré (avec une source unique) et, dans certains pays, à envisager le rétablissement des systèmes de fourniture étatiques, en dépit des preuves de leur échec généralisé et coûteux dans le passé. Ainsi le Malawi maintiendra la fourniture monopolistique par l'État des manuels du primaire à travers l'Institut de l'éducation du Malawi (MIE – *Malawi Institute of Education*), avec le soutien actif de la communauté des bailleurs de fonds. Le Zimbabwe a récemment adopté une politique monopolistique unique pour les manuels scolaires, également avec l'appui des bailleurs de fonds. La Tanzanie est peut-être sur le point de réintroduire la passation de marchés des manuels de gré à gré avec des fournisseurs du secteur privé et de recréer un nouveau système étatique de fourniture des manuels scolaires.[8] Au Kenya, l'État envisage une proposition du *Kenya Institute of Éducation* de se transformer en maison d'édition scolaire parastatale. Les PD ont récemment soutenu la passation de marchés des manuels de gré à gré avec une source privée unique en Éthiopie et au niveau secondaire en Ouganda.

La réduction des coûts est la justification souvent avancée pour la passation des marchés de gré à gré, un argument montrant un manque de compréhension des faits de base de la tarification des manuels scolaires (voir "Croissance des programmes de cours centrés sur l'apprenant et axés sur les résultats"). Toute évolution vers la réintroduction de la passation monopolistique des marchés des manuels scolaires et des systèmes de fourniture dominés par l'État montre que les presque universels défauts passés des systèmes étatiques soit ont été oubliés (problèmes de mémoire institutionnelle) soit n'ont pas été reconnus ou compris par les États ou la communauté des bailleurs de fonds.

Financement et sélection centralisés ou décentralisés

L'introduction de systèmes de manuels concurrents soulève la question cruciale du lieu de la sélection. Dans l'ensemble, au cours de la dernière décennie, les pays anglophones ont eu tendance à déléguer aux écoles la possibilité de prendre individuellement leurs propres décisions de sélection, mais cette pratique n'est pas universelle. Au Ghana, par exemple, le processus d'évaluation des manuels scolaires sélectionne, pour l'enseignement primaire, cinq titres par matière et année d'études. Il revient toutefois au ministère de l'Éducation d'affecter un seul titre à chaque district. Ainsi, malgré le choix de plusieurs titres concurrents, chaque district a un manuel en situation de monopole et les écoles ne sont en aucune façon impliquées dans le processus de sélection. L'idée derrière cette approche est que les écoles n'ont pas les compétences nécessaires pour prendre les décisions de sélection des titres. L'expérience pratique montre toutefois, dans la plupart des pays, que les écoles sont capables de prendre des décisions de sélection, même si une formation et un peu de pratique sont habituellement nécessaires. Lors de l'introduction en 2010 de la sélection et de la passation des commandes par les écoles du Rwanda, 98,6 % de celles-ci ont soumis leurs commandes de manuels scolaires et SDP supplémentaires en temps voulu, même si les écarts budgétaires, en plus et en moins, ont été assez élevés la première année. Les problèmes budgétaires ont considérablement diminué lors du 2e cycle de sélection et de commande par les écoles, avec une réduction supplémentaire lors du 3e cycle, montrant ainsi clairement que les écoles se familiarisaient avec le processus et les limites des budgets qui leur sont alloués. La sélection par les écoles n'élimine pas la corruption, et on dispose d'exemples bien documentés d'écoles demandant des paiements aux éditeurs pour sélectionner leurs titres, ainsi que de bureaux de district pour l'éducation exerçant une influence corruptrice sur les décisions de sélection des écoles.

La sélection décentralisée des manuels scolaires requiert une certaine forme de financement également décentralisé, et les trois options suivantes sont généralement possibles :

a) Transferts en espèces par les MdE directement sur les comptes bancaires des écoles, à l'aide d'une formule de financement par élève (Kenya).
b) Utilisation de bons de commande locaux (BCL) encaissables à travers les librairies locales, d'une valeur calculée sur la base d'une formule de financement par élève (Machakos, un des districts pilotes du Kenya).
c) Formulaires de commande utilisés par les écoles sur la base de listes d'ouvrages indiquant les prix convenus au niveau national, et budget d'achat déterminé par une formule de financement par élève. L'école soumet ses commandes au ministère de l'Éducation, qui les consolide et passe les commandes en gros auprès des éditeurs. La distribution peut être soit organisée par le MdE (Ouganda) soit confiée aux éditeurs (Rwanda). Dans cette variante, l'école a la responsabilité de la sélection et un budget d'achat par élève, mais n'a pas accès aux espèces, qui restent sous le contrôle direct du MdE. Ainsi, la sélection décentralisée est efficacement combinée avec un achat en gros centralisé pour obtenir les meilleurs prix, tout en encourageant l'appropriation du processus par l'école en lui déléguant les décisions de sélection des titres et de détermination des quantités.

En règle générale, le système de transfert d'espèces est administrativement plus facile, mais plus ouvert à la corruption et aux abus, à moins d'être correctement supervisé. Le système des formulaires de commande des écoles est administrativement le plus complexe et nécessite le plus de temps et de travail, mais il est aussi celui qui procure le meilleur contrôle financier. Les BCL ne sont une option viable que s'il existe un réseau local bien établi de vente de livres au détail. Il n'y a aucune raison pour qu'un pays n'utilise pas une combinaison des systèmes évoqués ci-dessus. Notons que lorsque la décentralisation implique des transferts monétaires au niveau primaire, le besoin de services d'audit des écoles s'accroît. Au Kenya, avant l'introduction des transferts monétaires en appui au financement décentralisé des manuels dans les écoles, 200 auditeurs de district étaient disponibles pour la vérification d'environ 4 000 écoles secondaires, soit en moyenne 20 écoles par an et par auditeur, une charge de travail tout à fait gérable. Toutefois, lorsque le système des manuels gratuits financé par les transferts de fonds vers les comptes bancaires des écoles primaires a été lancé en 2003–2004, 20 000 écoles supplémentaires ont été appelées à gérer des espèces sans, pour autant, que le nombre des auditeurs de district soit augmenté. Ceux-ci se sont donc retrouvés avec une moyenne non gérable de 120 audits scolaires par an. Dans ces conditions, il était probablement inévitable que le système ne soit pas soumis à des malversations et détournements de fonds, une situation qui aurait pu être évitée avec la fourniture de comptes appropriés et la réalisation d'audits adéquats. En 2014, il a été signalé que l'audit financier des écoles du Kenya était sur le point de s'effondrer et qu'une surveillance correcte de l'utilisation des fonds des écoles n'était plus possible, avec par conséquent, une augmentation importante des détournements de fonds et malversations. C'est un sujet de grande préoccupation pour les éditeurs qui voient le financement de leur marché sérieusement amputé par l'absence de contrôle financier des fonds alloués.

Croissance des effectifs scolaires

Les deux dernières décennies ont enregistré une très forte croissance des inscriptions scolaires dans presque tous les pays d'ASS, en raison des politiques adoptées à Jomtien et à Dakar pour appuyer la réalisation de l'objectif d'éducation primaire universelle (EPU). L'accroissement du nombre des écoles primaires a entraîné une hausse des coûts du système de fourniture des manuels scolaires et autres SDP. L'augmentation du nombre des jeunes sortant du primaire a inévitablement accru la demande d'accès à l'enseignement secondaire, avec pour conséquence, une hausse des effectifs, et donc des coûts des SDP, dans ce sous-secteur également. Dans de nombreux pays d'ASS, les pouvoirs publics ne disposent pas des ressources financières nécessaires pour construire ou équiper les nouvelles écoles secondaires requises pour satisfaire la demande ou pour agrandir les écoles secondaires existantes. Un regain d'intérêt a donc été porté à la création d'environnements susceptibles d'inciter le secteur privé à investir, et la fourniture de manuels scolaires et SDP gratuits ou subventionnés a été envisagée pour les écoles, tant privées que publiques. Certains pays, tels que l'Ouganda, ont établi une distinction entre les écoles privées "à but non lucratif", généralement financées par des organismes religieux ou des groupes communautaires locaux, et les écoles privées à but commercial, dont la motivation première est le profit. Dans de nombreux pays, les écoles privées à but lucratif appartiennent souvent à des professionnels de l'éducation travaillant pour le système public, ce qui peut être à l'origine de sérieux conflits d'intérêts. La croissance des écoles privées a également créé un marché pour les manuels gratuits fournis aux écoles publiques, avec pour conséquence une augmentation du vol et de la vente illégale de ces manuels par des chefs d'établissement et enseignants, sur le marché des écoles privées. Il existe de nombreux exemples de ces activités en Afrique subsaharienne.

La croissance des effectifs scolaires a augmenté les profits potentiels de l'édition des SDP, ainsi qu'encouragé et soutenu la croissance des maisons d'édition privées locales. Les libraires et imprimeurs locaux ayant accès aux marchés scolaires en ont également profité. La croissance dans les écoles secondaires privées a soutenu à la fois l'édition et la vente locales des livres. L'augmentation des inscriptions dans le secondaire a, dans certains cas, encouragé l'édition locale dans des segments de marché dont la taille était auparavant trop petite et trop peu fiable pour inciter les éditeurs locaux à investir dans la préparation de nouveaux titres. Ainsi, dans un nombre croissant de pays, l'édition locale est maintenant active dans le créneau des manuels destinés au secondaire inférieur et est en train de remplacer l'importation directe des livres du secondaire d'éditeurs britanniques et français. Avec la poursuite de la croissance des effectifs, l'édition locale devrait évoluer, avec le temps, vers les créneaux de nombreux manuels scolaires du secondaire supérieur. Ce déplacement des lieux d'édition de l'Europe vers l'Afrique peut offrir des avantages de prix aux systèmes nationaux de SDP, parce que les frais généraux de l'édition locale et régionale ont tendance à être inférieurs à ceux des éditeurs des livres importés.

Comparaisons entre les approches anglophones et francophones

En matière de fourniture des manuels scolaires, les pays anglophones et francophones d'Afrique subsaharienne ont adopté des approches assez différentes, et les politiques de fourniture des manuels scolaires des États et des bailleurs de fonds ont, elles aussi, comporté d'énormes divergences, même au sein d'un même organisme. Les politiques et stratégies de la Banque mondiale en matière de manuels scolaires sont souvent très différentes dans les pays francophones et anglophones de l'Afrique subsaharienne. Les tendances des politiques de fourniture des manuels scolaires décrites plus haut ont été plus activement poursuivies dans les pays anglophones. La vitesse du changement dans les pays francophones et lusophones d'Afrique subsaharienne a généralement été plus lente, et la participation, et par conséquent la croissance, du secteur privé a été plus limitée. La question de la propriété des copyrights des manuels scolaires a largement cessé d'être une pomme de discorde dans les pays anglophones, mais reste un sujet de discussion et de désaccords entre les ministères de l'Éducation et les éditeurs du secteur privé de l'Afrique francophone.

Les principales différences sont résumées dans le tableau 2.1, ci-dessous.

Tableau 2.1 Comparaison des systèmes de fourniture des manuels scolaires en Afrique francophone et anglophone

Problèmes	Afrique francophone	Afrique anglophone
Inscriptions	En augmentation, en particulier dans le primaire, mais généralement plus faible que dans les pays anglophones, de sorte que les marchés des manuels scolaires ont tendance à être de plus petite taille.	Généralement élevées dans le primaire et maintenant en croissance rapide dans le secondaire, créant ainsi de plus grands marchés des manuels scolaires, d'un grand intérêt pour les éditeurs, libraires et imprimeurs privés. La taille du marché est l'un des facteurs qui ont favorisé la croissance des éditeurs privés en Afrique anglophone.
Politique en matière de programmes de cours	La CONFEMEN a engendré un mouvement vers des programmes de cours régionaux, rendu possible par des politiques de structures éducatives et de langue d'instruction communes aux pays francophones. Les programmes de cours régionaux ont augmenté le tirage potentiel des manuels, mais ont également offert des avantages concurrentiels considérables aux éditeurs multinationaux actifs dans l'ensemble des pays de la CONFEMEN par rapport aux éditeurs nationaux n'opérant habituellement que dans leur pays d'origine.	Les programmes de cours régionaux étaient caractéristiques de la période qui a immédiatement suivi l'ère postcoloniale (par exemple, l'*Entebbe Math Project* et l'*African Science and Social Science Project*), mais ils ont assez rapidement été remplacés par des programmes de cours nationaux, à mesure que chaque pays anglophone mettait en place ses propres structures éducatives et politiques linguistiques. Dans les années 1970 et 1980, les tentatives pour produire des programmes de cours régionaux ont toutes échoué (par exemple, le *Mano River Union Project* réunissant la Guinée, le Libéria et la Sierra Leone), mais sont redevenues d'actualité depuis la constitution de la Communauté de l'Afrique de l'Est.
Monopoles des manuels scolaires	Partiellement ou totalement abandonnés dans les pays plus grands (Cameroun, Côte d'Ivoire, Mali et Sénégal), mais subsistent dans les plus petits.	Rares à présent ; la tendance est à un système de manuels scolaires basé sur le choix, avec un accent sur la concurrence et l'école en tant que décideur. Il existe néanmoins des exemples récents de passation de marchés monopolistiques des manuels scolaires (par exemple, au primaire au Malawi, au Zimbabwe, peut-être bientôt en Tanzanie, au secondaire en Ouganda, etc.), dont certains sont financés par des partenaires au développement.
Éditeurs	Présence toujours forte des multinationales ; édition locale petite et localisée. Petite édition régionale par des maisons d'édition appartenant à des Africains.	Croissance rapide de l'édition des manuels scolaires nationale et régionale appartenant à des Africains, notamment en Afrique de l'Ouest, de l'Est et australe. Les maisons d'édition multinationales ont cessé de dominer les pays anglophones, même si elles sont plus fortes au niveau secondaire ; mais les choses sont en train d'évoluer dans la mesure où un plus grand nombre d'éditeurs locaux s'intéressent aux manuels du secondaire, à la suite de l'expansion des marchés du secondaire et de l'accroissement du financement des États et des PD destiné aux manuels du secondaire. Beaucoup d'éditeurs nationaux gardent de bons contacts avec des éditeurs multinationaux pour acquérir une expertise en rédaction, édition et production, lorsque et si nécessaire.

suite du tableau page suivante

Tableau 2.1 Comparaison des systèmes de fourniture des manuels scolaires en Afrique francophone et anglophone *(suite)*

Problèmes	Afrique francophone	Afrique anglophone
Manuels scolaires gratuits dans le primaire	Évolution vers la fourniture des manuels scolaires gratuits dans le primaire, mais à un rythme et avec une ampleur moindres qu'en Afrique anglophone.	Réalisé en tant que politique dans la plupart des pays, mais avec des problèmes non résolus d'accessibilité financière et de soutenabilité.
Achat de manuels par les parents	Principal mode de fourniture dans de nombreux pays.	Rare au primaire, mais encore courant au secondaire.
Propriété des manuels scolaires	Parents et/ou écoles dans le primaire, mais principalement les parents au secondaire.	Écoles dans le primaire, mais achat par les parents encore courant au secondaire, bien que les choses changent dans certains pays (par exemple, le Rwanda).
Normes de production et durabilité	Faibles pour la production par des instituts pédagogiques. Bonnes normes de durabilité dans la production par des multinationales et certains éditeurs locaux.	La durabilité, une longue durée de vie des livres et un amortissement maximal des coûts annuels sont des politiques presque universelles, et la plupart des pays anglophones utilisent de bonnes spécifications de production physique durable. Des tests réguliers de conformité aux spécifications de production sont recommandés, mais même lorsqu'il s'agit d'une politique nationale, ils sont souvent négligés dans la pratique.
Contrôle par l'État de la rédaction, de l'édition et des copyrights des manuels scolaires	Généralisé, avec d'importants litiges autour des copyrights.	Rare. La rédaction et l'édition sont aujourd'hui des activités dominées par le secteur privé, et les copyrights sont donc habituellement détenus par lui. Cela n'a pas entraîné le contrôle de l'éditeur sur les réimpressions et la tarification des manuels scolaires, généralement redouté par les ministères de l'Éducation par le passé.
Relation entre les éditeurs locaux et des pays développés	Généralement moins positive que dans la plupart des pays anglophones.	Relations de travail généralement bonnes avec les multinationales opérant en tant que membres d'associations d'éditeurs locaux et travaillant en collaboration avec ceux-ci à travers des succursales ou filiales locales.
Distribution étatique	Pas rare, mais pas aussi répandue qu'avant (absente au Mali, en RDC, à partir des BDE). La distribution par les districts aux écoles reste un problème dans la plupart des pays parce que ceux-ci manquent fréquemment de budgets, d'installations, de moyens de transport, de systèmes, de gestion, et de personnel motivé.	Encore largement organisée par l'État même s'il est désormais courant que les éditeurs distribuent les manuels aux districts, où les écoles vont les récupérer. Il y a une distribution par les libraires en Tanzanie, au Kenya et au Malawi pour le secondaire, et une distribution par les éditeurs aux écoles au Rwanda. La distribution aux écoles par les districts reste un problème dans la plupart des pays parce que ceux-ci manquent fréquemment de budgets, d'installations, de moyens de transport, de systèmes, de gestion et de personnel motivé.

suite du tableau page suivante

Tableau 2.1 Comparaison des systèmes de fourniture des manuels scolaires en Afrique francophone et anglophone *(suite)*

Problèmes	Afrique francophone	Afrique anglophone
Fabrication nationale	Pas habituelle lorsque les éditeurs privés sont impliqués.	Les éditeurs sont généralement libres de choisir leur propre imprimerie, quelle que soit la nationalité, afin d'offrir de bons prix et la qualité requise. La plupart des manuels kenyans sont fabriqués au Kenya, mais au Nigéria et au Ghana, où il existe des structures de production raisonnables, la plupart des éditeurs préfèrent encore produire les manuels à l'étranger pour des raisons de prix, de qualité, de fiabilité, et de capacités.
Bénéficiaires des financements publics ou des bailleurs de fonds	Habituellement les producteurs (éditeurs, imprimeurs).	De plus en plus, les consommateurs à travers le financement des écoles par élève pour l'achat des manuels scolaires.
Orientation générale des politiques de manuels scolaires	Mélange d'interventionnisme et de laissez-faire.	De plus en plus axé sur le marché.
Passation des marchés	Offres d'édition ou d'impression dominées par le système du mieux-disant lorsque les manuels restent la propriété de l'État, mais listes approuvées de manuels concurrents en progrès dans certains pays.	Offres d'impression maintenant très rares. Offres d'édition au mieux-disant associées à des systèmes de gré à gré (par exemple, dans l'enseignement secondaire en Ouganda). Les offres concernent de plus en plus l'octroi du statut de liste approuvée, pour lequel des procédures d'évaluation sophistiquées, combinant des critères de prix, présentation, qualité physique, et contenu, sont appliquées. Ces listes sont utilisées comme base pour la sélection et la commande par les écoles.

Remarque : CONFEMEN = Conférence des ministres de l'Éducation des pays ayant le français en partage ; BDE = Bureau de district pour l'éducation ; PD = Partenaire au développement ; RDC = République démocratique du Congo ; MdE = ministère de l'Éducation.

Croissance des programmes de cours centrés sur l'apprenant et axés sur les résultats

La dernière décennie a connu, en Afrique subsaharienne, un accroissement notable du nombre des programmes de cours nationaux mettant l'accent sur des approches centrées sur l'apprenant et l'acquisition de compétences et de capacités de réflexion d'un niveau supérieur. Ces programmes ont souvent été très fortement influencés par l'exemple de systèmes européens et américains. Pour l'Afrique subsaharienne, ils posent toutefois un certain nombre de problèmes qui doivent être résolus.

Les programmes de cours centrés sur l'apprenant et axés sur les résultats nécessitent des manuels scolaires et SDP apportant un appui à l'enseignant pour l'application de ces approches et le développement des compétences et savoir-faire en salle de classe. Malheureusement, beaucoup (si pas la majorité) des manuels scolaires publiés pour ces programmes de cours n'apportent pas l'appui requis aux élèves et enseignants. Parmi les lacunes relatives aux programmes de cours centrés sur l'apprenant communément relevées dans ces manuels, on peut citer :

- L'accent mis en permanence dans les manuels sur la présentation des faits ;
- Le manque de prise en compte dans les activités, exercices et expériences, des conditions prévalant dans les salles de classe des écoles rurales et pauvres, généralement majoritaires, qui n'a rien d'étonnant lorsqu'on sait que la plupart des auteurs sont issus des écoles les plus prestigieuses (souvent des écoles privées d'élite) et ne sont pas nécessairement familiers des installations, équipements, ressources et conditions existant dans les écoles rurales ;[9]
- Un manque d'équilibre de l'offre d'activités axées sur les compétences dans différentes matières de différentes années d'études ;
- Un manque de variété dans le contenu des manuels visant à faire travailler des groupes rassemblant différentes aptitudes ;
- L'absence de stratégies de gestion de la grande diversité des heures de contact élèves-enseignants à la fois dans et entre les pays ;
- La couverture variable des savoir-faire et compétences ciblés ;
- Des guides pédagogiques destinés aux enseignants qui n'abordent pas suffisamment les lacunes dans les savoir et savoir-faire des nombreux enseignants peu ou pas formés[10] ;
- Le manque d'exercices d'évaluation formative aidant les enseignants à déterminer si leurs élèves font des progrès dans les compétences et savoir-faire requis.

Il serait facile de blâmer les auteurs et éditeurs pour ces lacunes, mais dans de nombreux cas, les problèmes commencent avec les documents de programmes de cours. En soumettant leurs offres pour évaluation, les éditeurs restent généralement très proches du programme de cours officiel, craignant d'être rejetés s'ils s'en écartent trop. Ainsi, les erreurs ou lacunes éventuellement présentes dans le programme de cours se retrouvent inévitablement dans les manuels et les guides pédagogiques. Les erreurs et lacunes courantes dans les programmes de cours sont notamment :

- Le nombre trop élevé de matières, pour un bon nombre desquelles, il n'existe pas suffisamment d'enseignants formés ;
- Un contenu surchargé, qui ne peut souvent être achevé de façon satisfaisante en une année scolaire, et certainement pas dans les écoles où les heures de contact élèves-enseignants sont nettement inférieures à la norme fixée.
- Un manque de clarté dans les compétences et savoir-faire requis par le programme de cours, amenant les éditeurs à les définir eux-mêmes, à les ignorer ou à minimiser leur importance dans les manuels scolaires. Dans plusieurs cas, des capacités de raisonnement de niveau supérieur sont requises, mais ne sont nulle part spécifiées ou définies dans les documents de programmes de cours[11] ;
- L'absence d'une méthode de test des savoir-faire et compétences. En pareil cas, beaucoup d'enseignants reviennent à l'adage ancien, mais toujours vrai : "ce qui n'est pas testé ne doit pas être enseigné" ;
- Un manque d'indications sur les méthodes pédagogiques et les techniques didactiques que le ministère de l'Éducation veut voir appliquer dans les classes du pays. Une fois encore, cette lacune est largement imputable à un manque de clarté au sein des MdE et des organisations d'élaboration des programmes de cours, quant à la façon de délivrer les programmes de cours axés sur les résultats ;
- Un refus de reconnaître à la fois l'existence dans presque tous les pays d'Afrique subsaharienne, de grandes différences dans la formation, la qualité et la motivation des enseignants, les heures de contact élèves-enseignants, les installations, l'équipement et les ressources (dont les programmes de cours devraient tenir compte), et l'impact que ces différences auront toujours sur les résultats.

Dans la plupart des écoles, la majorité des enseignants n'a probablement pas une idée claire de la façon de délivrer les nouveaux programmes de cours et d'atteindre leurs nouveaux objectifs. Ils continuent donc d'enseigner comme avant, avec un accent continu sur le rappel des faits. Cette situation se perpétue parce que les examens ont pris du retard sur l'élaboration des programmes de cours[12] et n'ont généralement pas encore été développés pour évaluer efficacement la plupart des objectifs d'apprentissage des nouveaux programmes.

Résumé des questions clés

- Au cours des deux dernières décennies, les effectifs des écoles primaire et secondaire ont continuellement augmenté dans la plupart des pays d'Afrique subsaharienne. Les systèmes de fourniture des SDP sont, par conséquent,

plus coûteux à maintenir, et il est désormais prioritaire de prendre des mesures raisonnables de contrôle des coûts dans tous les maillons de la chaîne du livre.
- En étendant la taille du marché, l'augmentation des effectifs a accru l'attractivité de la publication destinée aux écoles. Dans certains pays, elle a également attiré des éditeurs dans des secteurs qui ne les intéressaient pas précédemment. En particulier, grâce à la croissance des effectifs du secondaire inférieur, l'édition locale des manuels destinés à ce cycle est maintenant possible à la place de l'importation d'ouvrages internationaux.
- À partir de la fin des années 1980, de nombreux pays ont abandonné leurs systèmes étatiques de fourniture des SDP au profit du nouveau marché privé des manuels scolaires, encourageant ainsi une croissance rapide des maisons d'édition appartenant à des Africains actives dans le secteur. En Afrique anglophone, la dominance des sociétés d'édition multinationales est devenue rare, tandis que dans les pays francophones, la croissance de l'édition locale a été moins prononcée et que les multinationales sont toujours influentes.
- L'accès au marché privé a eu tendance, pas partout, à reposer sur des listes approuvées de titres concurrents, dont l'efficacité varie en fonction de la rigueur des processus d'évaluation.
- L'implication du secteur privé compétitif dans l'édition a créé un potentiel d'amélioration de la production, de la qualité de la présentation et des prix, mais il ne pourra être concrétisé et maintenu que si de bons processus de gestion et de suivi existent au sein des MdE. Ainsi, des réductions de prix ne pourront être réalisées et maintenues que si le prix est un facteur clé de l'évaluation et approbation des manuels scolaires, et que toute augmentation des prix des supports repris dans les listes approuvées est soumise à des critères spécifiques et mesurables. De même, les spécifications minimales de production en tant que condition d'approbation doivent être vérifiées à la fois sur l'exemplaire de prépublication et de façon aléatoire, sur le terrain, pour s'assurer que les éditeurs sont bien conscients que les normes fixées dans leurs contrats doivent être respectées dans la pratique. Là où les spécifications de production ne sont pas vérifiées régulièrement, on constate de nombreux exemples de fourniture de manuels scolaires de qualité inférieure, dont la durée de vie s'est avérée médiocre et pour lesquels l'amortissement des coûts a été sous-optimal. Les performances de la distribution par les secteurs publics et privés doivent également être suivies pour assurer l'efficacité et l'équité. Les systèmes de suivi et de rapports ne sont pas complexes, mais ont besoin d'allocations budgétaires fiables. Les réponses aux enquêtes auprès des écoles de 11 pays (voir Annexe A) montrent que le suivi de la fourniture aux écoles est une faiblesse dans de nombreux pays.
- Les listes de manuels scolaires approuvés ont été le fondement des systèmes décentralisés de financement, sélection, et commande basés sur les écoles.
- La décentralisation requiert aussi la mise en place de systèmes spécialisés de gestion, suivi et supervision, utilisés par un personnel formé et soutenus par des allocations budgétaires régulières et fiables.

- Les pratiques de fourniture des manuels scolaires n'ont pas évolué de la même manière dans les systèmes francophones et anglophones. Même si certains de leurs aspects affichent des signes de convergence, il n'existe encore aucune approche commune. En effet, celle-ci peut être difficile à réaliser à cause de traditions et attentes différentes.
- Les nouveaux programmes de cours basés sur des approches centrées sur l'apprenant et l'acquisition de compétences et savoir-faire sont de plus en plus courants dans les pays d'Afrique subsaharienne, mais ne sont souvent pas bien délivrés dans la pratique.

Notes

1. La Tanzanie disposait même d'une usine publique de papier largement financée par la SIDA.
2. À titre d'exemple de l'expertise disponible chez les libraires, une librairie entreprenante du Kenya exploite un service de vente et distribution de manuels scolaires par chameaux, destiné aux zones nomades et éloignées du nord du pays. Certains États du Nigéria et une grande partie de l'Afrique du Sud ont réussi à maintenir de solides réseaux locaux de détail pour les manuels scolaires, mais dans la plupart des pays d'Afrique subsaharienne, la vente de livres reste faible en dehors des principales zones urbaines.
3. Le projet *Uganda Education III* financé par la Banque mondiale au début des années 1980 était un projet d'urgence qui a largement acheté des manuels existants déjà au Royaume-Uni, en s'appuyant sur des éditeurs multinationaux pour le remplacement des manuels scolaires perdus à cause de la guerre civile. Ce projet n'était pas concerné par l'utilisation du secteur privé pour l'édition destinée à répondre spécifiquement aux besoins des programmes de cours locaux.
4. Le décret d'autochtonisation a été abrogé en 2008, et les entreprises étrangères sont maintenant à nouveau autorisées à détenir 100 % du capital de sociétés d'édition basées au Nigéria, y compris des maisons d'édition d'ouvrages éducatifs.
5. L'entreprise Longman (aujourd'hui connue sous le nom de Pearson) s'est vite rétablie en tant que société kenyane, même si en 2012, elle a arrêté ses activités au Kenya, une fois de plus à cause d'un déclin du marché national des manuels scolaires. Celui-ci résultait de l'arrêt de l'appui des partenaires au développement à la fourniture des manuels scolaires, après qu'un grave scandale de corruption a révélé que certains individus détournaient à leur profit les fonds publics versés sur les comptes bancaires des écoles pour l'achat des manuels scolaires.
6. Une des raisons du développement plus rapide de l'édition locale en Afrique anglophone est la tendance des éditeurs britanniques à établir des succursales, filiales et entreprises locales employant du personnel local comme éditeurs et gestionnaires. Après avoir été formés à l'édition et à la gestion, ils étaient capables de lancer leur propre entreprise. Par exemple, Oxford Université Press, Longman, et Macmillan ont ouvert des entreprises locales en Afrique du Sud au cours de la première décennie du XXe siècle ; Longman a ouvert une succursale au Kenya en 1950, et OUP en 1954. En revanche, les éditeurs français ont ouvert des succursales et filiales locales moins souvent et beaucoup plus tardivement, avec une tendance à fonctionner à partir de bureaux basés à Paris.

7. Par exemple, la liste actuelle de livres de la Namibie contient environ 4 000 titres.
8. En 2011, le procureur général a statué que la sélection unilatérale au sein de la liste des manuels précédemment évalués et approuvés, de deux ouvrages par matière et année d'études en tant que titres approuvés violait la réglementation des marchés publics, parce qu'elle n'était accompagnée d'aucune nouvelle évaluation. Au moment où nous écrivons, la proposition de passage à un système à deux titres est donc en suspens.
9. Lors de sa visite d'une école primaire rurale, un auteur très expérimenté et respecté, doté d'une expérience de plus de 20 années dans la rédaction de manuels scientifiques destinés à l'Afrique subsaharienne, a été stupéfait de découvrir qu'il n'y avait aucun laboratoire de science et que l'équipement scientifique n'était composé que de quelques flacons et tubes à essai brisés pour la plupart. Il écrivait des manuels de sciences en supposant que des installations et un équipement adéquats étaient aussi largement disponibles dans les écoles rurales que dans les écoles urbaines d'élite qu'il connaissait.
10. Selon un leader de l'édition des manuels scolaires pour l'Afrique subsaharienne, les guides pédagogiques destinés aux enseignants sont certes exigés dans les dossiers d'appel d'offres, mais sont très rarement un élément important de l'évaluation et ne bénéficient donc que peu souvent de l'attention qu'ils méritent. D'après son expérience, très peu d'enseignants utilisent les guides pédagogiques pour préparer leurs leçons. Ce point de vue a été confirmé lors d'un récent atelier des enseignants-conseillers de Namibie (voir "Caractéristiques de l'utilisation des SDP en salle de classe" au chapitre 11).
11. L'absence de définition claire des compétences et savoir-faire requis dans les documents de programmes de cours est souvent imputée aux concepteurs de ceux-ci, qui ne sont eux-mêmes pas sûrs de ce que sont les compétences et de la manière de les acquérir. Cette situation est peu surprenante lorsqu'on sait que la majorité des concepteurs des programmes n'ont probablement jamais eu eux-mêmes à enseigner et à inculquer ces compétences.
12. Un autre point de vue est que l'élaboration des programmes de cours s'est faite sans une attention suffisante aux problèmes d'évaluation des nouveaux savoir-faire et compétences.

Références

Bontoux V., 2002. Comparing Prices and Physical Quality between Cycle 6 and Cycle 8 Primary Textbooks. International Book Development, London, Royaume-Uni, pour le ministère de l'Éducation et des Sports de l'Ouganda et la Banque mondiale.

———. 2008. Mission Report on Namibia Textbook Reform Component. Windhoek : Millennium Challenge Corporation pour le ministère de l'Éducation.

CHAPITRE 3

Disponibilité, coûts et financement actuels des manuels scolaires (et autres supports didactiques et pédagogiques) en Afrique subsaharienne

Coûts unitaires des manuels scolaires au primaire et au secondaire dans 11 pays d'Afrique subsaharienne

Les coûts unitaires des manuels scolaires semblent varier considérablement d'un pays à l'autre et selon les niveaux d'études. Ainsi, les manuels scolaires du secondaire supérieur sont généralement plus coûteux que ceux du secondaire inférieur, et les manuels du secondaire inférieur sont plus chers que ceux du primaire, bien que les coûts annuels totaux du primaire soient généralement beaucoup plus élevés que ceux du secondaire, en raison des effectifs beaucoup plus importants du primaire. Certains nouveaux manuels du primaire imprimés en quadrichromie peuvent toutefois avoir des coûts unitaires plus élevés que les anciens manuels monochromes du secondaire.

Les facteurs qui déterminent les coûts du *système* de fourniture sont :

- Les inscriptions dans les écoles ;
- Le nombre des titres de manuels scolaires (obligatoires) requis (déterminé par la conception du programme de cours national) ;
- Les spécifications du contenu des manuels scolaires, qui agissent sur le nombre de pages des manuels ;
- Les spécifications des autres supports didactiques et pédagogiques (SDP) exigés (par exemple, les livres de lecture, les atlas, les dictionnaires) ;
- Les coûts unitaires des manuels scolaires et autres SDP (souvent exprimé sous forme d'un coût unitaire "moyen") ;

- La durée de vie en classe ciblée (déterminée par les spécifications de production physique, qui conditionnent la durabilité) ;
- Les ratios cibles manuel scolaire/élèves (RME) ; et
- Le taux de pertes et dégradations.

Le coût annuel amorti par élève de la fourniture est donc exprimé par la formule simple suivante :

$$\text{Coût amorti d'un ensemble de manuels}^1 = \frac{\text{Nombre cible de manuels} \times \text{coût unitaire moyen}}{\text{Durée de vie cible des manuels}}$$

Les tableaux 3.1 à 3.4 fournissent des exemples de calcul tirés d'enquêtes nationales, qui montrent clairement les différences entre pays dans les coûts de fourniture des manuels scolaires de base au primaire inférieur, au primaire supérieur, au secondaire inférieur et au secondaire supérieur.

Dans le tableau 3.1, les contrastes nationaux les plus évidents apparaissent dans le coût unitaire moyen des manuels scolaires, avec 7,50 dollars EU au primaire et 15,00 dollars EU au secondaire en Namibie contre seulement 1,00 dollar EU à la fois au primaire et au secondaire au Burundi, même si ces coûts ne sont pas directement comparables parce que leurs composantes sont différentes (voir tableau 3.1).

Par exemple, au Burundi, les faibles coûts unitaires des manuels scolaires ne prennent en compte que les matières premières et l'impression, en négligeant

Tableau 3.1 Coûts des manuels de 1ʳᵉ année[a]

Pays	Nᵇʳᵉ de manuels requis	Coût unitaire moyen des manuels ($EU)	Coût de l'ensemble de manuels ($EU)	Durée de vie présumée en classe (ans)	RME cible	Coût annuel amorti de l'ensemble de manuels ($EU)
Bénin	6	2,70	16,20	n.d.	1:1	n.d.
Burundi	9	1,00	9,00	2–3	1:1	3,00–4,50
Côte d'Ivoire	3	3,00	9,00	1	1:1	9,00
Kenya	8	3,80	30,60	4	1:1	7,65
Madagascar	8	0,75	6,00	2	1:1	3,00
Mali	3	4,50	13,60	2–3	1:1	4,53
Namibie	3	7,50	22,50	5	1:2	2,25
Rwanda	4	2,50	10,00	4	1:1	2,50
Tchad	2	5,00	10,00	1	1:1	10,00
Médiane	5,5	3,75	14,25	3	1:1,5	6,125

Source : Enquête de l'auteur.
Remarque : n.d. = non disponibles ; RME = ratio manuel scolaire/élèves.
a. Les coûts unitaires indiqués dans les tableaux 3.1 à 3.4 sont presque certainement non comparables, dans la mesure où les composantes de coûts intégrées dans les coûts individuels varient d'un pays à l'autre. Certains comprennent les coûts complets de distribution (par exemple, le Rwanda et le Kenya) et d'autres pas. Certains ne considèrent que les matières premières et la fabrication (par exemple, le Burundi), tandis que d'autres reprennent tous les coûts de publication (par exemple, le Kenya et le Rwanda).

Tableau 3.2 Coûts des manuels de 6ᵉ année

Pays	Nᵇʳᵉ de manuels requis	Coût unitaire moyen des manuels ($EU)	Coût de l'ensemble de manuels ($EU)	Durée de vie présumée en classe (ans)	RME cible	Coût annuel amorti de l'ensemble de manuels ($EU)
Bénin	6	2,60	15,60	n.d.	1:1	n.d.
Burundi	10	1,00	10,00	3	1:1	3,33
Côte d'Ivoire	7	4,00	28,00	2	1:1	14,00
Kenya	7	4,20	29,40	4	1:1	7,35
Madagascar	8	0,75	6,00	2	1:1	3,00
Mali	4	5,50	22,00	4	1:1	5,50
Namibie	7	7,50	52,50	5	1:2	5,25
Rwanda	5	3,50	17,50	5	1:1	3,50
Tchad	5	6,00	30,00	1	1,3	10,00
Médiane	7	3,75	29,25	3	1:2	8,50

Remarque : n.d. = non disponibles ; RME = ratio manuel scolaire/élèves.

Tableau 3.3 Coûts des manuels de 8ᵉ année

Pays	Nᵇʳᵉ de manuels requis	Coût unitaire moyen des manuels ($EU)	Coût de l'ensemble de manuels ($EU)	Durée de vie présumée en classe (ans)	RME cible	Coût annuel amorti de l'ensemble de manuels ($EU)
Bénin	7	5,9	41,30	n.d.	1:1	n.d.
Burundi	15	1,0	15,00	4	1:1	3,75
Côte d'Ivoire	8	9,50	76,00	3	1:3	8,40
Kenya	9	4,60	41,40	4	1:1	10,35
Madagascar	7	n.d.	n.d.	n.d.	n.d.	n.d.
Mali	9	10,00	90,00	5	n.d.	18,00
Namibie	8	15,00	120,00	5	1:2	12,00
Rwanda	8	6,00	48,00	5	1:1	9,60
Tchad	5	n.d.	n.d.	1	3:5[a]	n.d.
Médiane	10	8,00	67,50	3	1:1,7	10,875

Remarque : n.d. = non disponibles ; RME = ratio manuel scolaire/élèves.
a. le Tchad a un ratio de 1:1 pour la langue d'instruction, 1:3 pour les mathématiques et 1:5 pour les autres sujets.

Tableau 3.4 Coûts des manuels de 11ᵉ année

Pays	Nᵇʳᵉ de manuels requis	Coût unitaire moyen des manuels ($EU)	Coût de l'ensemble de manuels ($EU)	Durée de vie présumée en classe (ans)	RME cible	Coût annuel amorti de l'ensemble de manuels ($EU)
Bénin	8	4,30	34,40	n.d.	1:1	n.d.
Burundi	16	1,00	16,00	5	1:1	3,20
Côte d'Ivoire	6	13,95	83,70	5	1:5	3,00
Kenya	8	5,00	40,00	4	1:1	10,00
Madagascar	7	n.d.	n.d.	n.d.	n.d.	n.d.

suite du tableau page suivante

Tableau 3.4 Coûts des manuels de 11ᵉ année *(suite)*

Pays	Nᵇʳᵉ de manuels requis	Coût unitaire moyen des manuels ($EU)	Coût de l'ensemble de manuels ($EU)	Durée de vie présumée en classe (ans)	RME cible	Coût annuel amorti de l'ensemble de manuels ($EU)
Mali	10	11,50	115,00	5	n.d.	23,00
Namibie	8	15,00	120,00	5	1:2	12,00
Rwanda	8	15,00	120,00	5	1:1	24,00
Tchad	7	n.d.	n.d.	n.d.	3:5[a]	n.d.
Médiane	11	8,00	68,00	4,5 ans	1:3	13,50

Remarque : n.d. = non disponibles ; RME = ratio manuel scolaire/élèves.
a. le Tchad a un ratio de 1:1 pour la langue d'instruction, 1:3 pour les mathématiques et 1:5 pour les autres sujets.

tous les autres coûts, tels que le stockage, les droits d'auteur, les frais généraux de rédaction et de gestion, et les coûts de stockage et de distribution. En outre, les ouvrages sont assez courts (pour la plupart de moins de 100 pages, utilisant par conséquent des reliures piquées à cheval généralement moins chères) et de petit format. L'impression n'est qu'en mono- ou bichromie, bien que les spécifications de production physique des manuels scolaires conviennent à une durée de vie en classe de quatre ans.[2] Le Burundi n'a qu'une seule langue d'instruction unifiée au niveau national (le kinyarundi), qui évite la fragmentation des tirages et l'augmentation du coût unitaire associée. Le Burundi est un petit pays ramassé, et les coûts de distribution peu élevés ne sont pas inclus dans le prix des manuels scolaires. Initialement produits par Hachette dans les années 1980 et approuvés par le ministère de l'Éducation (MdE) du Burundi, les manuels sont actuellement imprimés en Inde et dans d'autres centres d'impression internationaux. Leurs contenu, approche pédagogique, niveau de langue française (nettement trop élevé) et mise en page sont dépassés, mais tous les frais de préparation de l'impression sont depuis longtemps couverts et la fabrication ne comprend, par conséquent, que les coûts de réimpression. Les manuels sont monopolistiques de sorte que les tirages disponibles ne sont pas divisés. Pour pouvoir comparer les coûts unitaires burundais avec ceux des autres pays sondés, les coûts de licence, de stockage, de distribution et les frais généraux de gestion du MdE devraient être ajoutés aux coûts bruts de fabrication fournis ici. On peut estimer que cela pourrait tripler les coûts unitaires, soit 3,00 dollars EU par titre, ce qui porterait le coût de l'ensemble de manuels à 27,00 dollars EU. Avec un amortissement sur trois ans basé sur un RME de 1:1, le coût annuel amorti de la fourniture des manuels scolaires du primaire passerait à 9,00 dollars EU par élève et par an, ce qui est considérablement plus qu'au Kenya ou au Rwanda, où la qualité du contenu des manuels est nettement meilleure.

Le cas de la Namibie est inverse. Dans le passé, les processus d'évaluation en vue de l'approbation des manuels scolaires n'étaient pas rigoureux (aucune soumission n'a jamais été rejetée) et ne prenaient pas les prix en considération. Les éditeurs les fixaient unilatéralement comme ils le voulaient. Le système prenait en compte plusieurs manuels concurrents, malgré la très petite taille du marché.

Les manuels étaient produits aux normes des pays développés, y compris une coûteuse impression en quadrichromie, malgré le faible effectif scolaire (un total d'environ 400 000 élèves pour le primaire et le secondaire réunis) et des tirages très fragmentés en raison des 13 LdI locales, même si la plupart des manuels étaient rarement publiés dans plus de sept langues. Le terrain et les distances peuvent être difficiles et la distribution, par conséquent, coûteuse (le prix des manuels inclut les coûts de distribution), et le financement de l'État est généralement libéré tardivement, occasionnant des surcoûts liés à une impression et une distribution de dernière minute. La lenteur des paiements conduit également à de coûteux frais d'emprunt bancaire.

Au Kenya et au Rwanda, les spécifications des manuels scolaires sont très similaires (bien que les tirages aient tendance à être plus volumineux au Kenya), et les deux pays ont opté pour une distribution commerciale directe aux différentes écoles. Les éditeurs kényans publient un grand nombre des manuels scolaires approuvés dans les deux pays. Malgré cela, le coût unitaire moyen des manuels de 1re année est de 3,80 dollars EU au Kenya contre 2,50 dollars EU au Rwanda, soit une différence de près de 50 %. Comment l'expliquer ? Au Rwanda, les éditeurs livrent directement aux écoles sans passer par l'intermédiaire de libraires, ce qui leur permet de pratiquer des coûts de distribution nettement plus bas. Au Kenya, la fourniture des manuels passe par l'intermédiaire de librairies de détail, si bien que la structure des coûts comprend une forte remise de détail accordée aux libraires. Cette différence dans l'approche de distribution explique probablement 10 à 15 % de la différence de coût. Au Rwanda, les éditeurs sont payés par le ministère des Finances sur présentation de leurs bordereaux de confirmation de livraison (BCL), si bien qu'il n'y a pas de risque de non-paiement. Au Kenya, les libraires sont payés par les écoles et les éditeurs par les libraires. De nombreuses écoles kényanes ont accumulé des dettes et le financement des manuels par élève est fréquemment détourné à d'autres fins, avec des risques beaucoup plus élevés de retard ou de non-paiement, qui doivent être pris en compte dans le calcul des coûts. En outre, le ministère des Finances rwandais payait initialement les éditeurs en trois versements échelonnés (20 % à la signature du contrat, 60 % à la livraison des exemplaires de prépublication et des documents d'expédition, et 20 % sur présentation des BCL), si bien que les éditeurs disposaient d'un appui confortable pour l'achat des matières premières et les coûts de fabrication.[3] Au Kenya, les coûts sont entièrement payés par les libraires aux éditeurs après réception de la livraison, et même dans ce cas, les écoles peuvent continuer à payer en retard, si bien que les coûts de financement sont nettement plus élevés pour les éditeurs kényans que rwandais.

Les exemples ci-dessus montrent les difficultés considérables rencontrées dans la réalisation de comparaisons directes raisonnables des coûts entre les pays, en absence d'une connaissance suffisante de la structure des coûts nationaux des manuels et d'une bonne compréhension des formules de détermination des prix des manuels. Ils montrent également que des spécifications de fabrication très similaires peuvent engendrer des profils de coût très différents en raison d'autres facteurs non manufacturiers. L'opinion des partenaires au développement (DP), ainsi que de nombreux MdE, que les coûts unitaires des manuels et les coûts du système de SDP dépendent essentiellement des matières premières et des coûts de fabrication est clairement erronée.

Le tableau 3.1 démontre également que, malgré ses coûts unitaires plus élevés pour les manuels de 1re année, les coûts annuels amortis correspondants de la Namibie sont les plus bas parce qu'elle opte pour un RME de 1:2 (au lieu du plus courant et souvent optimiste ratio 1:1 des autres pays étudiés) et pour une durée de vie en classe de cinq ans, même s'il est douteux que cette durée de vie soit souvent atteinte. Ces choix n'ont que récemment été spécifiés en tant que politique (2010). Une étude de base de la passation des marchés de manuels scolaires réalisée en 2010 observe que :

> Au niveau des établissements scolaires, un quart des informateurs clés indiquait que les manuels duraient généralement plus de trois ans, mais moins de cinq ans ; tandis qu'un autre quart estimait qu'ils duraient généralement plus de quatre ans, mais moins de cinq ans. Selon un sixième des répondants, les manuels scolaires duraient généralement plus de cinq ans. Seuls 5 % des répondants estimaient que les manuels duraient moins d'un an. Cela pourrait s'expliquer par de mauvaises spécifications techniques, dues à un manque de vérification [...] au moment de l'octroi du statut de liste de livres approuvée. L'étude de base a révélé qu'au niveau des établissements scolaires, plus de deux tiers des groupes de discussion n'étaient pas satisfaits de la durabilité des manuels. Ils estimaient que la reliure de la plupart d'entre eux était de qualité inférieure et que les couvertures n'étaient pas assez résistantes. Des informateurs clés ont reconnu que les élèves n'avaient pas tendance à bien traiter les manuels, tout en soulignant le fait que certains manuels ne duraient pas à cause de leurs reliures trop faibles et de la qualité inférieure des matériaux de couverture des manuels. (GOPA Consultants, 2010)

L'impact de la conception du programme de cours sur les coûts du système de manuels scolaires apparaît clairement dans les variations considérables du nombre de manuels requis en 1re année, allant de neuf manuels traitant de matières différentes au Burundi à seulement deux au Tchad. Dans ce dernier pays, les coûts annuels amortis sont toutefois les plus hauts à cause des coûts unitaires importants résultant des spécifications élevées des manuels, d'un RME de 1:1, et de l'hypothèse d'une durée de vie en classe d'un an. Ces différences significatives se retrouvent dans les autres années d'études : la conception du programme de cours de 6e année exige 10 manuels scolaires au Burundi, contre 4 au Mali ; pour la 8e année, 15 manuels sont requis au Burundi, contre 5 au Tchad ; et pour la 11e année, 16 manuels sont nécessaires au Burundi contre seulement 6 en Côte d'Ivoire.

Les autres grandes différences de politiques nationales influençant les coûts de la fourniture se situent dans la durée de vie en classe ciblée qui, pour la 1re année, est de cinq ans en Namibie et de quatre ans au Kenya et au Rwanda, mais d'un an seulement en Côte d'Ivoire et au Tchad, de sorte que les coûts ne peuvent être amortis dans ces deux pays. Dans certains pays (Kenya, secondaire au Malawi, Namibie et Rwanda), les coûts de distribution aux écoles sont intégrés dans les coûts unitaires des manuels, mais ne le sont pas dans d'autres pays. Bien que les

RME cibles soient couramment fixés à 1:1, ce ratio est rarement atteint dans la pratique. Toutefois, afin de réduire les coûts du système de SDP, certains pays tels que la Côte d'Ivoire et la Namibie spécifient des RME allant de 1:2 à 1:5 dans les années supérieures.

Le résultat de ces différentes approches de politique nationale est que le coût annuel amorti par élève de la fourniture pour la 1re année varie de 2,25 dollars EU en Namibie à 9,00 dollars EU en Côte d'Ivoire et 10,00 dollars EU au Tchad, soit une différence de plus de 400 % du coût annuel par élève du financement. Le tableau 3.5, ci-dessous, fournit les coûts unitaires moyens, maximum et minimum des manuels scolaires des 1re, 6e, 8e et 11e années dans 9 pays qui ont retourné des questionnaires d'enquête.

Il est important de noter que, bien qu'importants, les coûts unitaires des manuels ne constituent pas le facteur déterminant dans les coûts annuels amortis de la fourniture. Ainsi, le coût unitaire moyen des manuels de 11e année est le plus important en Namibie, mais les coûts du système de fourniture n'y sont pas les plus hauts en raison du modeste nombre de manuels requis, de la longue durée de vie en classe ciblée et du RME de 1:2. Les coûts annuels amortis de la fourniture de manuels de 1re année sont environ trois fois plus élevés au Kenya qu'au Rwanda parce que la conception du programme de cours y implique huit titres par élève au Kenya, contre seulement quatre au Rwanda et que le coût unitaire des manuels est plus élevé au Kenya qu'au Rwanda (voir ci-dessus).

Le tableau 3.5 montre que la Namibie a constamment les manuels les plus chers lorsqu'on considère leurs coûts unitaires, mais le tableau 3.6 indique que ses coûts annuels amortis ne sont pas les plus élevés grâce aux décisions politiques limitant le nombre de manuels spécifiés par le programme de cours, aux objectifs de longue durée de vie des livres, et à des RME réduits.

Tableau 3.5 Coûts unitaires médians, maximum et minimum des manuels scolaires

Pays	Coût unitaire médian	Coût unitaire maximum	Coût unitaire minimum
1re année	3,75	7,50 (Namibie)	0,75 (Madagascar)
6e année	3,75	7,50 (Namibie)	0,75 (Madagascar)
8e année	8,00	15,00 (Namibie)	1,00 (Burundi)
11e année	8,00	15,00 (Namibie et Rwanda)	1,00 (Burundi)

Tableau 3.6 Coûts moyens annuels amortis de fourniture, maximum et minimum

Pays	Coût médian	Coût annuel amorti maximum ($EU)	Coût annuel amorti minimum ($EU)
1re année	6,13	10,00 (Tchad)	2,25 (Namibie)
6e année	8,50	14,00 (Côte d'Ivoire)	3,00 (Madagascar)
8e année	10,88	18,00 (Mali)	3,75 (Burundi)
11e année	13,50	24,00 (Rwanda)	3,00 (Côte d'Ivoire)

Une comparaison entre les tableaux 3.5 et 3.6 suggère fortement que les réformes des politiques de SDP visant une fourniture abordable, durable et efficace devraient davantage se concentrer sur les coûts du système annuels amortis par élève, plutôt que sur les coûts unitaires des manuels scolaires. De même, l'accent dominant mis par les PD et les États sur les matières premières et les coûts de fabrication entraîne clairement les politiques de réforme dans une impasse, car il est basé sur un manque de compréhension des composantes des coûts du système.

Le détail des coûts des atlas, dictionnaires et livres de lecture est fourni dans l'annexe A. Notons toutefois que seuls les trois pays anglophones inscrivent les atlas et dictionnaires parmi les SDP requis, mais que le coût annuel amorti par élève est bas à cause de la longue durée de vie des livres spécifiée et des ratios manuel scolaire/élèves assez élevés (allant de 1:5 à 1:10). Afin de maintenir les coûts à un niveau acceptable, la politique de ces trois pays est de garantir un petit nombre d'atlas et de dictionnaires pouvant servir de supports de référence ou d'outil central lors de travaux en petits groupes. Des livres de lecture sont spécifiés dans sept des neuf pays étudiés, généralement dans la proportion d'un ou deux livres de lecture par élève inscrit. Certains pays ne disposent toutefois pas de politiques pour les spécifications de production et donc d'attentes réalistes quant à la durée de vie des livres. Aucun des pays sondés ne spécifie la fourniture de livres de lecture pour le secondaire supérieur.

Sur base des données fournies par les pays sondés, le tableau 3.7 donne les coûts annuels amortis médians de la fourniture de manuels scolaires, atlas, dictionnaires et livres de lecture pour les 1re, 6e, 8e et 11e années dans les pays sondés ayant répondu au questionnaire. En gardant à l'esprit les commentaires faits plus haut sur les problèmes liés à la tarification et à la fourniture, il est probable que ces coûts moyens pourraient être considérablement réduits par des politiques de planification meilleures et plus réalistes.

Il ressort de l'analyse qui précède que les coûts annuels amortis moyens par élève de la fourniture des manuels scolaires devraient rarement dépasser 6 dollars EU pour le primaire ou 10 dollars EU pour le secondaire, sauf lorsque les effectifs scolaires sont très faibles ou fragmentés en plusieurs LdI. Ces coûts devraient comprendre tous les coûts de fourniture, y compris de distribution aux différentes écoles, et nécessiteraient aussi des décisions judicieuses de conception des programmes de cours ainsi que des hypothèses d'approvisionnement raisonnables. Dans de nombreux cas, les coûts annuels amortis par élève pourraient être encore plus bas si les bonnes décisions de politiques étaient appliquées.

Tableau 3.7 Coûts amortis médians par élève de la fourniture des SDP

Pays	Manuels scolaires	Dictionnaires	Atlas	Livres de lecture	Total
1re année	6,13	0,26	0,11	3,29	9,79
6e année	8,50	0,30	0,30	2,90	12,00
8e année	10,88	0,67	0,91	5,90	18,36
11e année	13,50	1,30	1,20	n.d.	16,00

Remarque : n.d. = non disponible ; SDP = supports didactiques et pédagogiques.

Étant donné l'importance de la littératie et du maintien d'une habitude de lecture, l'investissement dans la fourniture de livres de lecture dans toutes les années d'études devrait avoir une priorité beaucoup plus élevée.

Sources des manuels destinés aux niveaux primaire et secondaire

Le tableau 3.8, ci-dessous, fournit des détails sur les sources de rédaction, publication, fabrication et matières premières dans les pays sondés. Il montre les progrès accomplis au cours des dernières années dans le développement d'une capacité locale de rédaction et de publication des ouvrages, la plupart des pays ayant maintenant la capacité de rédiger et publier localement au moins certains des manuels, guides pédagogiques ou livres de lecture qu'ils requièrent, en particulier au niveau primaire. Les sources régionales de rédaction et publication ont tendance à être limitées à l'Afrique de l'Est, où les éditeurs kényans et ougandais ont progressé dans la publication en dehors de leurs propres frontières, et à l'Afrique australe, où une certaine publication pour les pays voisins existe en Afrique du Sud. La publication régionale s'est moins développée en Afrique de l'Ouest anglophone qu'en Afrique francophone où elle a été stimulée par le programme de cours régional de la Conférence des ministres de l'Éducation des pays ayant le français en partage (CONFEMEN). En dehors des centres régionaux de publication mentionnés ci-dessus, le modèle le plus courant a tendance à être une combinaison de sources locales et internationales, bien qu'en Afrique anglophone les multinationales internationales aient perdu une partie de l'importance qu'elles avaient il y a dix ou même cinq ans.

La fabrication locale est plus développée que par le passé, même si la capacité, la fiabilité et le coût de certaines des sources locales de fabrication ne sont probablement pas encore sur pied d'égalité avec les sources internationales. Les entreprises locales n'ayant pas connaissance des sources de fabrication situées à l'étranger ont tendance à alimenter la croissance de la fabrication locale ou au moins régionale. Les matières premières proviennent encore principalement de l'étranger, bien que souvent à travers des intermédiaires locaux ou régionaux plutôt que directement à partir des usines. Ce constat reste vrai, même dans les pays disposant de bonnes installations locales d'impression (par exemple, le Nigéria) et résulte des prix plus élevés et de la qualité perçue comme inférieure, d'une capacité incertaine et d'un manque de fiabilité des livraisons.[4]

Sources de financement des manuels destinés aux niveaux primaire et secondaire

Le financement de la fourniture des manuels scolaires passe par cinq modalités de base :

- La fourniture gratuite aux écoles par l'État ;
- L'achat ou la commande par les écoles à l'aide d'un financement de l'État ;
- L'achat par les parents ;

Tableau 3.8 Sources de rédaction, publication, fabrication et matières premières pour les 1re, 6e, 8e et 11e années

Pays	Rédaction/publication			Fabrication			Matières premières		
	Local	Régional	International	Local	Régional	International	Local	Régional	International
Bénin	Toutes les années	Secondaire	Secondaire	Toutes les années	Secondaire	Secondaire	n.a.	n.a.	Toutes les années
Burundi	Toutes les années	n.a.	Toutes les années	n.a.	n.a.	Toutes les années	n.a.	n.a.	Toutes les années
Côte d'Ivoire	Toutes les années	n.a.	Toutes les années	Primaire	n.a.	Toutes les années	n.a.	n.a.	Toutes les années
Kenya	Toutes les années	n.a.	Secondaire	Toutes les années	n.a.	n.a.	n.a.	n.a.	Toutes les années
Madagascar	Primaire et secondaire inférieur	Primaire supérieur et secondaire	Secondaire	Toutes les années	n.a.	Toutes les années	n.a.	n.a.	Toutes les années
Mali	Toutes les années	n.a.	n.a.	Toutes les années	n.a.	n.a.	n.a.	n.a.	Toutes les années
Namibie	Toutes les années	Primaire supérieur et secondaire	n.a.	n.a.	Primaire supérieur et secondaire	n.a.	n.a.	Toutes les années	Toutes les années
Nigéria	Toutes les années		Secondaire supérieur	Quelque primaire		Primaire et secondaire	n.a.	n.a.	Toutes les années
Rwanda	Primaire et secondaire inférieur	Toutes les années	Toutes les années		Toutes les années	Toutes les années	n.a.	n.a.	Toutes les années
Sierra Leone		Toutes les années	Toutes les années	n.a.	n.a.	Toutes les années	n.a.	n.a.	Toutes les années
Tchad	Secondaire		Toutes les années	n.a.	n.a.	Toutes les années	n.a.	n.a.	Toutes les années

Remarque : n.a. = non applicable.

Tableau 3.9 Types de financement des manuels scolaires

Pays	1re année	6e année	8e année	11e année
Bénin	F	F	P	P
Burundi	F	F	F	F
Côte d'Ivoire	G	G	P	P
Kenya	E	E	E P	E P
Madagascar	G	G	P	P
Mali	G	G	G	G
Namibie	G	G	G	G
Nigéria	G	G	G/P/E	G/P/E
Rwanda	E	E	E	E
Sierra Leone	G	G	G/P	G/P
Tchad	G	G	P	P

Remarque : G = fourniture gratuite aux écoles par l'État ; E = achetés par les écoles avec un financement de l'État ; P = achat par les parents ; L = frais de location des manuels scolaires payés par les parents ; F = l'État offre des fournitures gratuites limitées dans le cadre de filets de sécurité sociale.

- Le paiement par les parents de frais de location des manuels scolaires ; et
- La mise à disposition par l'État de fournitures gratuites limitées associées à des filets de sécurité sociale, les parents étant responsables des fournitures supplémentaires.

Le tableau 3.9 ci-dessous résume les différents types de financement utilisés par les pays sondés à différents niveaux d'études. Il n'y a aucun exemple de frais de location des manuels payés par les parents dans les 11 pays sondés.[5] Dans le primaire inférieur et supérieur, l'État de 7 des 11 pays fournit gratuitement les manuels scolaires, celui de 2 pays alloue aux écoles un budget d'achat par élève pour passer des commandes, et celui des 2 autres pays offre des fournitures limitées de manuels scolaires dans le cadre de filets de sécurité sociale tandis que les parents sont encouragés à acheter des exemplaires supplémentaires. Au niveau secondaire, 7 des 11 pays ont déclaré un certain niveau d'achat des manuels scolaires par les parents.

Le tableau 3.10 ci-dessous fournit les réponses données par les pays sondés aux questions relatives à la fiabilité et à l'adéquation des budgets octroyés par l'État aux manuels scolaires. Seuls 5 des 11 pays considèrent que le financement destiné aux manuels scolaires est suffisant, régulier et prévisible ; 6 pays le déclarent insuffisant, peu fiable et imprévisible. Seuls 4 des 11 pays estiment le financement des livres de lecture suffisant, régulier et prévisible. Le financement des bibliothèques des écoles et classes, ainsi que des autres SDP supplémentaires est, de manière générale, considéré comme tout à fait insuffisant.

Types d'approvisionnement

Le tableau 3.11 ci-dessous fournit des données sur les différents types d'approvisionnement en vigueur dans les pays sondés. Au niveau primaire, 5 des 11 pays sondés ont des systèmes monopolistiques d'approvisionnement des

Tableau 3.10 Suffisance, régularité et prévisibilité des budgets de SDP du gouvernement

Pays	Manuels scolaires			Livres de lecture			Bibliothèques			Autre SDP		
	Suffisant	Régulier	Prévisible	Suffisant	Régulier	Prévisible	Suffisant	Régulier	Prévisible	Suffisant	Régulier	Prévisible
Bénin	Non	Oui	Oui	Non	Oui	Oui	Non	Non	Non	Non	Non	Non
Burundi	Non	Non	Non	Non	Non	Non	Non	Non	Non	Non	Non	Non
Côte d'Ivoire	Oui	Non	Non	Oui	Non	Non	Non	Non	Non	Non	Non	Non
Kenya	Non	Non	Non	Non	Non	Non	Non	Non	Non	Non	Non	Non
Madagascar	Non	Non	Non	Non	Non	Non	Non	Non	Non	Non	Non	Non
Mali	Non	Non	Oui	Non	Non	Oui	Non	Non	Oui	Non	Non	Oui
Namibie	Oui	Non	Non	Oui	Non	Non	Non	Non	Non	Non	Non	Non
Nigéria[a]	Oui	Oui	Oui	Non	Non	Non	Non	Non	Non	Non	Non	Non
Rwanda	Oui	Oui	Oui	Oui	Oui	Oui	Non	Non	Non	Non	Non	Non
Sierra Leone[b]	Oui	Oui	n.d.	Oui	Non	Non	Non	Non	Non	Non	Non	Non
Tchad	Non	Oui	Oui	Non	Oui	Oui	Non	Oui	Oui	Non	Oui	Oui

Source : Enquête de l'auteur.
Remarque : n.d. = non disponible ; SDP = supports didactiques et pédagogiques.
a. Au Nigéria, les politiques de manuels scolaires varient d'un État à l'autre, et toute une gamme de politiques et de systèmes de financement peut, par conséquent, s'appliquer.
b. Certains pays dépendent fortement du financement des donateurs pour les fournitures des SDP. Ainsi la régularité et la prévisibilité du financement peuvent être difficiles à juger.

Tableau 3.11 Type d'approvisionnement des manuels scolaires

Pays	1re année	6e année	8e année	11e année
Bénin	M	M	CO	CO
Burundi	M	M	M	M
Côte d'Ivoire	CL	CL	CL	CL
Kenya	CL	CL	CL	CL
Madagascar	M	M	n.d.	n.d.
Mali	CO	CO	CO	CO
Namibie	CL	CL	CL	CL
Nigéria	M/CL/CO	M/CL/CO	M/CL/CO	M/CL/CO
Rwanda	CL	CL	CL	CL
Sierra Leone	M	M	M	M
Tchad	M	M	M	M

Remarque : n.d. = non disponible ; M = passation monopolistique des marchés de manuels scolaires ; CL = appel limité à la concurrence, généralement basé sur le choix de l'école au sein d'une liste de manuels approuvés par le MdE ; CO = concurrence ouverte où les écoles peuvent choisir n'importe quel manuel scolaire disponible.

manuels, avec un manuel obligatoire proposé par matière et année. Cinq pays ont des systèmes faisant appel à une concurrence limitée, où les écoles sont libres de faire leur choix au sein de listes de manuels concurrents approuvés par le MdE et achetés à l'aide des budgets par élève octroyés aux écoles à cet effet. Un pays fait appel à une concurrence libre et ouverte sans listes d'ouvrages approuvés.

Au niveau du secondaire, le nombre de systèmes monopolistiques a été réduit à trois et le nombre de pays faisant appel à la libre concurrence a augmenté, sans doute parce qu'ils ne pouvaient se permettre s'assumer la fourniture des manuels du secondaire et ont donc renoncé à toute forme de contrôle du système, y compris le contrôle des normes de qualité du contenu et de la production et le contrôle des prix.

Disponibilité des manuels scolaires

Huit des neuf pays sondés ont signalé d'importantes différences de disponibilité des manuels scolaires entre les régions urbaines, rurales et éloignées. Elles résultent d'un financement insuffisant et d'une distribution inefficace. Le tableau 3.12 fournit un résumé des RME estimés dans les neuf pays sondés. Même si elles ne sont que des moyennes, ces données confirment les différences significatives de niveaux de fourniture des manuels entre les écoles urbaines, rurales et éloignées de la plupart des pays sondés. Notons que des enquêtes sur la disponibilité de manuels spécifiques réalisées dans certains pays révèlent des ratios bien pires que ceux mentionnés dans le tableau 3.9. Ainsi, entre 1997 et 2006, l'État du Rwanda et différents partenaires au développement ont consacré un financement très important à la fourniture de manuels aux écoles primaires rwandaises. Tant le ministère de l'Éducation rwandais (MINEDUC) que les partenaires au développement supposaient que ce financement avait abouti à des niveaux adéquats de fourniture des manuels scolaires (ratio de 1:2) à toutes les écoles primaires, mais reconnaissaient des problèmes non résolus dans le financement et la fourniture des manuels et guides pédagogiques dans les écoles secondaires.

Une étude basée sur des écoles urbaines, rurales et éloignées, réalisée à la fin de 2007 à la demande du MINEDUC, dans 20 des 30 districts du Rwanda (Umubeyi et Bontoux, 2007) a toutefois constaté que malgré le très important financement, la disponibilité des manuels scolaires dans les écoles primaires sondées était en fait très médiocre, universellement inéquitable et très éloignée des ratios supposés par l'État et les PD. Le tableau 3.13 montre les RME réels moyens observés dans les écoles sondées.

Ces pénuries généralisées de manuels scolaires existent dans les écoles primaires rwandaises en dépit des importants efforts consentis par le MINEDUC et les partenaires au développement pour parvenir à des niveaux adéquats de fourniture. L'enquête a conclu qu'il n'existe aucune possibilité d'atteindre, dans un proche avenir, le ratio de 1:1 ciblé pour les écoles primaires.

Tableau 3.12 RME estimés pour le primaire dans les zones urbaines, rurales et éloignées

Pays	Urbaine	Rurale	Éloignée
Bénin	1:10	1:10	1:10
Burundi	2:3	1:3	1:10
Côte d'Ivoire	1:1	1:1	n.d.
Kenya	1:2	1:3	1:5
Madagascar	n.d.	n.d.	n.d.
Mali	n.d.	n.d.	n.d.
Namibie	1:5	1:10	1:15
Rwanda	1:3	1:3	1:3
Tchad	n.d.	n.d.	n.d.

Remarque : n.d. = non disponible ; RME = ratio manuel scolaire/élèves.

Tableau 3.13 Disponibilité des manuels dans le primaire au Rwanda, 2007

	RME (1 manuel scolaire pour ... élèves)					
	P1	P2	P3	P4	P5	P6
Anglais	42	59	21	34	16	18
Français	20	15	25	n.d.	n.d.	n.d.[a]
Kinyarwanda	143	103	83	55	74	45
STE	265	46	50	15	13	5
Mathématiques	180	141	135	112	117	69
Sciences sociales	123	93	81	51	47	20

Source : Umubeyi et Bontoux (2007).
Remarque : n.a. = non disponibles ; P = année primaire. RME = ratio manuel scolaire/élèves.
a. Les manuels scolaires en français avaient été évalués et sélectionnés, mais pas distribués dans les écoles au moment de l'enquête.

L'enquête a révélé une combinaison de causes de la pénurie :

- Mauvaise planification résultant d'un manque de bonnes informations sur les écoles, les inscriptions, les inventaires des SDP et les besoins des écoles ;
- Mauvaise gestion du système des SDP
- Passation des marchés basée sur les fonds plutôt que sur les besoins, en raison d'un manque d'idée claire du financement nécessaire pour atteindre et maintenir les objectifs de fourniture de l'État ;
- Inefficacité du stockage, de la distribution et de la livraison par les districts ;
- Manque de motivation au niveau central et des districts à fournir des SDP aux écoles ;
- Niveaux élevés de pertes et dégradations des SDP dans les écoles ;
- Suivi inefficace des stocks, des inventaires, de la gestion et de l'entretien par l'État :
- Inefficacité de la communication avec les écoles.

L'écart entre les réalités des écoles et les attentes du MINEDUC et des PD était si profond que l'État et les PD ont entrepris un vaste programme de réforme du système des SDP, qui a été maintenu jusqu'en 2013.

Une autre enquête sur les SDP, réalisée en Namibie (Bontoux, 2008), trace un portrait plus révélateur de la disponibilité des manuels scolaires dans les classes que celui généralement obtenu quand seules des moyennes sont estimées :

> D'après le nombre de manuels scolaires achetés et distribués au cours des dernières années, le ratio global élèves par manuel scolaire dans les écoles namibiennes devrait se situer en moyenne autour de 1 manuel pour 1 ou 2 élèves. Toutefois, l'étude sur le terrain a révélé des écarts majeurs par rapport à cette norme théorique, et le tableau ci-dessous indique des pénuries actuellement généralisées de manuels scolaires dans les écoles primaires namibiennes, malgré les efforts importants entrepris par [l'État de la République de Namibie] et ses partenaires au développement pour aborder et résoudre ce problème au cours des dernières années :

Ratios réels élèves par manuel scolaire observés dans 13 écoles primaires sondées (2008)

Matières/manuels scolaires	Années						
	1	2	3	4	5	6	7
Anglais	2	2	1	2	5	6	4
Langue locale	2	16	2	4		3	2
Mathématiques	62	1	1	2	2	10	1
Sciences naturelles				2	7	3	4
Agriculture					3	11	4
Science de l'environnement	3	1	1	2			
Sciences sociales				3	9	7	22

- Sur 13 écoles primaires interrogées, aucune n'avait en place un quelconque système central d'enregistrement. Ces chiffres doivent donc être pris avec une certaine prudence, dans la mesure où les niveaux moyens ne sont généralement calculés qu'à l'aide de 3 à 6 écoles, où les enseignants se souvenaient réellement des ratios.
- La plupart des ratios du tableau ci-dessus auraient pu être meilleurs si dans certaines écoles, tous les manuels de certaines matières n'avaient pas manqué (il n'y n'avait aucune matière ou année sans grave pénurie de manuels dans chacune des écoles sondées, ce qui suggère que le manque d'équité dans la distribution est probablement un problème important). En outre, il est probable que les écoles dont les enseignants n'arrivaient pas à se rappeler combien de livres ils avaient par année d'études et par matière, en avaient en fait très peu, voire pas du tout. Ces écoles sont considérées comme des facteurs mathématiques neutres dans le calcul de la moyenne, alors qu'elles auraient probablement aggravé les rapports. Cela revient à leur donner, à tout le moins, le bénéfice du doute.

Selon les résultats de l'enquête, les principaux manuels scolaires atteignent souvent des ratios de 1:1 à 1:4. Mais les inégalités du système de distribution laissent certaines écoles sans aucun manuel du tout, ce qui explique les ratios moyens révélés par le tableau. Il est également clair que la plupart des enseignants namibiens se sont habitués à donner cours sans manuels, malgré les très importants investissements consentis pour l'achat et la fourniture de manuels scolaires au cours des dernières années. (Bontoux, 2008)

L'étude de base de GOPA (GOPA Consultants, 2010) a envoyé des chercheurs sur le terrain pour compter physiquement le nombre de livres dans un échantillon représentatif de 150 écoles (10 % du total du pays). Elle a conclu que :

Sauf pour les années 10 à 12, les (constatations) indiquent que le nombre moyen d'élèves partageant le manuel scolaire d'une matière dans une année donnée se situait entre 0,9 et 2,3, en comptant tous les manuels scolaires, y compris les livres redondants qui ne devraient plus être utilisés. Bien que ces valeurs soient meilleures que ce qui est communément perçu, il faut garder à l'esprit qu'il s'agit de moyennes. Certaines écoles ont plus de livres que nécessaire, tandis que dans d'autres, de nombreux élèves se partagent les manuels.

Si on ne compte que les livres approuvés, les ratios moyens manuel scolaire/élèves indiquent que la fourniture moyenne n'est pas suffisante pour fournir un manuel approuvé à chaque élève des années 1 à 9. La situation est meilleure dans les années 10 et 12, où les élèves passent les examens publics.

Cette mauvaise disponibilité des manuels n'est probablement pas due à leurs prix élevés, parce qu'ils sont fournis gratuitement aux écoles et aux élèves, même si des prix élevés rendent coûteux le système de fourniture des SDP et pèsent sur les budgets de financement disponibles. C'est plutôt le système de distribution qui cause le problème.

Résumé des questions clés

- Le coût de fabrication ou même les prix de détail des manuels scolaires ne sont pas les principaux déterminants des coûts du système de fourniture des manuels scolaires. Parmi les autres facteurs qui doivent être pris en considération figurent notamment le nombre de titres des manuels obligatoires requis, la durée de vie cible des livres en classe, les niveaux annuels moyens de pertes et dégradations, et les RME cibles. C'est la combinaison de ces facteurs qui détermine le coût de fourniture du système.
- En déterminant le nombre de titres des manuels scolaires requis, l'élaboration des programmes de cours nationaux a un impact profond sur les coûts de fourniture des manuels scolaires ; et pourtant, cet impact n'est presque jamais pris en compte dans la détermination des politiques de fourniture des manuels scolaires.
- Les livres de lecture sont la plupart du temps prévus dans les politiques de fourniture des SDP, mais ne sont souvent pas spécifiés d'une manière facile à budgéter, ni financés ou fournis régulièrement.
- Les atlas, dictionnaires et autres formes de SDP, y compris l'aide pédagogique destinée aux enseignants, sont rarement spécifiés dans le cadre du profil minimal des supports didactiques et pédagogiques.
- Il existe de grandes différences entre pays dans les prix des manuels scolaires, les politiques de fourniture et, donc, les coûts annuels amortis de fourniture par élève. Il semble évident que les faits de base relatifs à la structure des coûts des systèmes de fourniture des manuels scolaires ne sont pas connus de la majorité des pays ni d'une majorité des partenaires au développement, et que la plupart des systèmes de fourniture des manuels scolaires sont créés sans avis professionnel adéquat.
- Les manuels scolaires du primaire sont en majorité financés par l'État, même si les budgets sont largement considérés comme insuffisants, irréguliers et imprévisibles.
- Dans la plupart des cas, ni les États ni les PD ne disposent d'une information correcte sur le financement requis annuellement pour atteindre et maintenir les objectifs de fourniture des SDP.
- Les manuels scolaires du secondaire sont plus largement soumis à des contributions parentales, même si une majorité de parents ne peut probablement pas se permettre les coûts des manuels spécifiés, et cela a un impact évident sur la qualité de l'enseignement qui peut être délivré.
- Certains systèmes d'évaluation et approbation des manuels scolaires n'intègrent pas le prix dans leurs critères. Ils ne spécifient ni ne vérifient les normes de production physique minimales, qui sont essentielles pour une longue durée de vie des livres et, donc, pour un amortissement maximal du coût du système. Les systèmes d'évaluation et approbation des manuels scolaires ont besoin d'une mise à niveau dans de nombreux pays, afin qu'un contrôle approprié puisse être exercé sur le coût des intrants du système.

- La capacité nationale de rédaction et publication ainsi que de fabrication locale s'est améliorée, même si la qualité, la capacité, la fiabilité et le coût semblent encore souvent inférieurs à ceux des centres d'impression internationaux.

Notes

1. Coût d'un ensemble de manuels scolaires = nombre de titres requis × coût unitaire moyen des manuels.
2. Selon les constatations d'Umubeyi et Bontoux (2007), "le taux annuel d'attrition oscille entre 10 et 20 %, principalement en raison de l'usure, mais aussi du vol". La distribution des manuels scolaires est tellement aléatoire que les écoles qui en obtiennent ont juste tendance à les entreposer ou à très peu les utiliser. Si bien que leur espérance de vie ne devrait pas être trop mauvaise (trois ou quatre ans).
3. Cette situation changera à partir de 2014, lorsque 100 % des coûts facturés ne seront plus payés que sur présentation du BCL, accroissant ainsi considérablement les coûts de financement des éditeurs et, en fin de compte, les coûts pour le MdE.
4. Une source nigériane de publication bien informée estime que 70 % de la production de manuels du pays sont délocalisés vers des sites d'impression internationaux.
5. Le Lesotho a appliqué avec succès un système de location des manuels scolaires primaires entre 1982 et 2005 et un système de location des manuels pour le secondaire inférieur depuis 2005.

Références

Bontoux, V. 2008. *Mission Report on Namibia Textbook Reform Component*. Windhoek : Millennium Challenge Corporation (MCC) pour le ministère de l'Éducation.

GOPA Consultants. 2010. *Namibia Textbook Procurement Baseline Study*. Homburg, Allemagne : GOPA.

Umubeyi, M. et V. Bontoux. 2007. *Research Study into Primary Textbook Availability in Rwanda*. Windsor, Royaume-Uni : IE Partners, financé par le DfID au nom du MINEDUC du Rwanda.

PARTIE 2

Examen des composantes de la chaîne des manuels scolaires

CHAPITRE 4

Littératie, programmes de cours, supports didactiques et pédagogiques, exigences et coûts du système

La crise de la littératie et de la numératie en Afrique subsaharienne

Cette section s'intéresse aux acquis en littératie et numératie en Afrique subsaharienne (ASS) dans la langue d'instruction (LdI) (qui n'est pas nécessairement l'anglais ou le français).

Une conférence régionale sur l'Éducation pour tous en Afrique subsaharienne, organisée à Johannesburg en décembre 1999, concluait que l'enseignement dispensé était :

> médiocre et les programmes de cours souvent inadaptés aux besoins des apprenants et du développement social, culturel et économique […] la planification de l'enseignement et les capacités de gestion […] restent largement sous-développées […] seule une faible proportion des enfants acquièrent les compétences minimales requises, et les résultats de nos systèmes éducatifs ne répondent pas aux normes que nous attendons d'eux. (UNESCO, 2000, 26–28)

Six ans plus tard, en 2005, le Rapport mondial de suivi sur l'éducation pour tous (EPT) signalait que :

> la qualité des systèmes éducatifs est insuffisante pour les enfants de nombreuses parties du monde et peut empêcher de nombreux pays d'atteindre l'EPT pour la date cible de 2015. Le nombre des enfants scolarisés est plus élevé que jamais, mais ils sont nombreux à abandonner avant la 5e année primaire ou à achever l'école primaire sans avoir acquis au moins un ensemble minimal de compétences cognitives. (UNESCO, 2004)

Depuis 1992, l'UNESCO essaie de suivre le rendement de l'apprentissage en mesurant la performance des élèves dans de nombreux pays, dont plus de la moitié en Afrique. L'outil utilisé pour ces mesures a été le Suivi permanent des acquis scolaires (MLA – *Monitoring Learning Achievement*) mis en œuvre avec la participation du Fonds des Nations Unies pour l'enfance (UNICEF). Le MLA mesure la performance dans trois domaines : numératie, littératie et compétences nécessaires dans la vie courante (ces dernières regroupant la santé, l'éducation civique et l'environnement, la science et la technologie). Il a été conçu pour tester les performances par rapport à deux niveaux de référence : le seuil minimal de maîtrise (MML – *Minimum Mastery Learning*,) et le seuil désiré de maîtrise (DML – *Desired Mastery Learning*). Le MML correspond à l'obtention d'au moins 50 % de scores corrects et le MMA à celle d'au moins 70 % de scores corrects. La conférence de Jomtien a convenu qu'un objectif acceptable serait que 80 % des élèves atteignent le MML dans chacun des trois domaines.[1]

Les pays africains ont obtenu des résultats très médiocres dans les enquêtes MLA, et particulièrement faibles pour les pays d'ASS (voir le tableau 4.1 ci-dessous). Environ la moitié des élèves des pays d'ASS participants n'atteignaient même pas le MML.[2] Les résultats aux tests de l'évaluation nationale des progrès de l'éducation en Ouganda (NAPE – *National Assessment of Progress in Education*), menée en 2003 par l'*Ugandan National Examinations Board* (UNEB – Bureau national des examens de l'Ouganda), étaient particulièrement révélateurs :

> Le rapport 2003 de la NAPE a noté 34,3 % des élèves de 3e primaire comme "compétents en langue" tandis qu'environ 40,9 % avaient une compétence "insuffisante". Le rapport de 2003 sur les normes en 3e et 6e primaires a conclu que 67,6 % des élèves de 6e primaire avaient des performances "insuffisantes" et que seuls 20 % pouvaient être décrits comme "compétents" (National Assessment of Progress in Education, 2003). Parvenus en 7e primaire, 80 % de ces mêmes enfants réussissaient l'examen de fin de cycle primaire. Ce taux élevé de réussite peut sembler en contradiction avec les faibles taux de réussite enregistrés, juste une année plus tôt, en 6e primaire. En fait, ce différentiel provient plus de ce qui est testé et de la manière dont les années sont agrégées que d'une amélioration significative des compétences de base entre la 6e et la 7e primaire. Premièrement, les examens de fin du cycle primaire testent des connaissances factuelles, alors que les tests d'évaluation de la NAPE mesurent des savoirs et savoir-faire. Deuxièmement, les résultats des examens de fin du cycle primaire comprennent une référence à la norme, assurant qu'un pourcentage raisonnable d'élèves puisse réussir, quel que soit le niveau général [...] On ne tient pas compte du pourcentage des élèves qui ne parviennent pas à achever les sept années primaires. Sur les 2 159 850 élèves inscrits en 1re primaire en 1997, seuls 22,5 % (soit moins d'un quart) étaient toujours scolarisés lorsque leur cohorte est passée en 7e primaire (ministère de l'Éducation et des Sports de l'Ouganda, 2003). Toutefois, si seuls 20 % des élèves de 6e année sont compétents en langue et que seulement 20 % de la cohorte de la 1re année survivent jusqu'en 7e, il est facile de calculer qu'à peine environ 4 % de la cohorte de la 1re année sont compétents en langue à la fin de la 6e [...] Parmi le large éventail des raisons expliquant ce taux d'abandon, l'impossibilité d'acquérir un niveau

de lecture et d'écriture satisfaisant au cours des deux ou trois premières années primaires est probablement très importante […] Un enfant qui ne sait ni lire ni écrire dans aucune langue après trois années d'école a peu de chances d'être très motivé à poursuivre ses études, et les parents plus pauvres sont peu susceptibles d'estimer que les coûts de l'enseignement justifient les résultats obtenus. (Read et Hicks, 2004)

Une série de recherches sur la littératie menées au Ghana au cours de la décennie 2001–2010 confirme le manque de progrès dans la résolution des problèmes de littératie. En 2001, l'éducation au Ghana était confrontée à un immense problème de qualité, comme en attestaient les *scores nationaux catastrophiques aux tests critériés* (CRT – *Criterion referenced test*) de 1992 à 1996 (N'tchougan-Sonou, 2001). En 2003, Kraft notait que :

On ne peut contester le fait que le problème fondamental auquel sont encore confrontées les écoles ghanéennes […] reste les compétences de base en littératie tant en anglais que dans une des langues ghanéennes. (Kraft, 2003)

Lipson et Wixson observaient que :

L'apprentissage de la lecture est en crise dans les écoles publiques du Ghana. Les performances en lecture mesurées par les tests critériés (CRT, 2000) révèlent que moins de 10 % des élèves de 6e primaire ont un niveau de lecture conforme à celui attendu dans cette année. (Lipson et Wixson, 2004)

En 2008, une évaluation nationale de l'éducation *(NEA – National Education Assessment)* a conclu que seuls 16,4 % des élèves de 3e primaire et 23,6 % des élèves de 6e étaient compétents en anglais.

Kellaghan et Greaney ont défavorablement comparé les données internationales à celles des examens publics nationaux :

Les données des examens publics et des évaluations nationales peuvent révéler des écarts considérables. Au Sénégal, les incohérences entre les scores des élèves aux tests PASEC et les pratiques de passage en classe supérieure appliquées par les enseignants ont soulevé des préoccupations. Certains élèves qui avaient obtenu de relativement bons résultats au PASEC n'avaient pas pu passer dans l'année supérieure, alors que d'autres, dont les scores étaient relativement médiocres, y étaient autorisés. […] Il semble également exister des différences entre les jugements basés sur la performance aux examens publics […] et ceux basés sur la performance aux évaluations nationales. Au Lesotho, où quatre élèves sur cinq avaient obtenu le certificat de fin d'études primaires, moins d'un élève sur six avait atteint le seuil minimal de maîtrise dans une évaluation nationale de la littératie. Au Malawi, près de quatre élèves sur cinq avaient obtenu le certificat de fin d'études primaires, alors que seulement un sur cinq atteignait le seuil minimal de maîtrise d'une évaluation nationale. (Kellaghan et Greaney, 2003)

Des résultats similaires en littératie et numératie existent également dans les pays francophones d'ASS.

Tableau 4.1 Pourcentage des élèves de 4ᵉ année ayant atteint les seuils minimum (MML) et désiré de maîtrise (DML)

	Combiné		Littératie		Numératie		Vie courante	
Pays	MML	DML	MML	DML	MML	DML	MML	DML
Botswana	57,8	8,7	46,2	6,0	55,4	5,4	71,8	14,9
Madagascar	66,1	11,7	56,9	20,6	34,4	5,6	97,3	60,3
Malawi	54,9	3,0	15,3	1,4	30,7	1,4	95,4	69,4
Mali	54,4	7,3	50,4	13,1	37,9	6,2	69,8	23,7
Maurice	70,3	24,1	77,6	35,4	70,3	26,4	71,6	32,4
Niger	25,6	2,0	39,3	3,6	15,3	5,7	44,9	7,0
Sénégal	31,2	2,0	45,6	6,7	22,9	3,0	36,3	7,0
Ouganda	54,4	14,4	64,3	23,3	41,9	10,2	78,8	51,1
Zambie	31,6	5,6	37,8	7,3	19,9	4,4	49,0	26,1

Source : Chinapah, 2000. Données utilisées avec l'autorisation de l'UNESCO.

Tableau 4.2 Estimation du score moyen de performance des élèves dans un échantillon de pays africains

Pays	Niveau de performance équivalent au MLA	Pays	Niveau de performance équivalent au MLA
Afrique du Sud	49,6	Maurice	64,1
Botswana	51,7	Namibie	48,1
Burkina Faso	52,7	Niger	40,8
Cameroun	60,0	Ouganda	58,0
Côte d'Ivoire	51,3	Sénégal	42,5
Gambie	40,4	Togo	52,1
Guinée	51,6	Zanzibar	41,7
Kenya	68,8	Zambie	43,3
Madagascar	58,4	Zimbabwe	57,7
Malawi	48,5		
Mali	50,8	**Moyenne**	**51,6**

Source : Mingat, 2000.[3] Données utilisées avec la permission de l'Association pour le développement de l'éducation en Afrique.
Remarque : MLA = Suivi permanent des acquis scolaires *(Monitoring Learning Achievement)*.

Les rapports pays sur l'EPT offrent un utile suivi des progrès des acquis de l'apprentissage dans la plupart des pays d'ASS. La comparaison des scores moyens des élèves dans un échantillon de pays d'ASS fournie dans le tableau 4.2 ne montre pas les larges différentiels entre pays révélés dans le tableau 4.1. Le rapport mondial de suivi sur l'EPT 2005 (UNESCO, 2004) creusait au-delà des niveaux insuffisants en littératie et numératie pour tenter de tirer des conclusions d'une comparaison des résultats avec d'autres facteurs et intrants. Par exemple, il établissait des comparaisons révélatrices entre les taux de survie dans le primaire et les seuils minimaux de maîtrise. Il montrait qu'alors que les taux nets de scolarisation (TNS) pouvaient être assez élevés, seule une faible proportion des élèves quittant l'école avait atteint les seuils minimaux de maîtrise définis par les pouvoirs publics de leur propre pays. Ainsi, au Malawi, où environ 90 % des enfants avaient fréquenté l'école primaire au milieu des années 1990, seuls environ 30 % d'entre eux y restaient jusqu'en 5e et à peine 7 % atteignaient le seuil minimal acceptable en lecture en 6e année. Le TNS du Malawi, de presque 70 % à l'époque, a assez peu à voir avec le fait que l'enfant moyen ait ou non tiré le profit minimal acceptable de la scolarisation au primaire. Bien que le Malawi soit un cas plutôt extrême, dans les pays considérés, moins d'un enfant sur trois atteignait, en moyenne, les seuils minimaux de maîtrise en 4e, 5e et 6e années, alors que le TNS moyen des pays concernés était de 65 %.

Les tentatives pour relier les niveaux de performance aux niveaux d'intrants sont nécessairement limitées. Les enquêtes et recherches internationales ne peuvent pas facilement prendre en compte la *qualité* des intrants et des processus en particulier la pertinence et l'adéquation des programmes de cours ; l'impact d'un contenu surchargé ; la qualité, la disponibilité et l'utilisation des manuels scolaires et autres supports didactiques et pédagogiques (SDP) ; la qualité des enseignants, leur formation, leur assiduité et leurs heures réelles de contact avec les élèves ; la disponibilité de services de base tels que l'électricité et un espace d'entreposage suffisant ; les distances que les élèves doivent parcourir pour se rendre à l'école ; etc.—des facteurs qui varient fortement à travers le continent et au sein de chaque pays. De plus, la fréquentation scolaire est souvent saisonnière et beaucoup plus faible pendant la saison des pluies, en particulier dans les zones rurales en altitude. Quels que soient les facteurs de causalité, il est généralement admis que le niveau de littératie et des acquis scolaires qui en découlent est inacceptable dans quantité d'écoles de nombreux pays d'ASS, reflétant très mal les investissements importants consentis dans l'enseignement primaire à travers le sous-continent. Pour de nombreux États et bailleurs de fonds, ce problème constitue de plus en plus une priorité.

Obstacles à l'amélioration des performances en littératie et numératie en ASS

Toute analyse du faible niveau de littératie dans les écoles primaires d'ASS doit se pencher sur les approches d'enseignement de la lecture. Bien qu'il s'agisse d'un sujet controversé dans les pays tant développés qu'en développement (voir, par exemple, le débat acrimonieux opposant, dans les pays développés, les tenants de la méthode syllabique à ceux de la méthode globale), des données de plus en plus nombreuses indiquent que l'enseignement de la lecture a été négligé dans de nombreux pays d'ASS. Selon O'Sullivan (2003), il existe au niveau international une tendance à adopter une approche éclectique de l'enseignement de la lecture, où l'enseignant utilise les stratégies qui s'avèrent les plus efficaces pour l'acquisition des compétences en lecture. O'Sullivan souligne également l'importance du travail oral en tant que base de la littératie, en particulier dans les contextes d'apprentissage en langue seconde (L2). La fluidité verbale est la base de la reconnaissance des mots, que l'approche de la lecture soit globale ou syllabique. Dans l'ensemble de l'ASS, la notion d'approche orale semble toutefois être devenue synonyme d'apprentissage par cœur dans les premières années primaires, le texte n'étant rien d'autre qu'un simple stimulus de mémorisation. Eddie Williams, l'un des plus éminents chercheurs en pédagogie de la lecture dans les pays en développement, notait en 1993, que l'approche dominant l'enseignement de la lecture en ASS encourageait la lecture de mémoire où l'enseignant lit chaque phrase d'un texte et la fait répéter un certain nombre de fois par les élèves.

Comme base de référence pour ses propres recherches en Namibie, O'Sullivan a testé 204 élèves et constaté que 88 % d'entre eux étaient incapables de lire un texte vu au cours de l'année précédente. Ils étaient, par contre, nettement meilleurs lorsqu'il s'agissait de lire le texte de leur actuel livre de lecture, au point d'arriver à "lire" un texte à l'enquêteur sans même avoir à le regarder. O'Sullivan a également découvert que les enseignants *n'accordaient aucune attention à l'explication du sens et à la vérification de la compréhension.*

L'une des principales raisons des médiocres approches d'enseignement de la lecture est le fait que les enseignants des premières années sont peu, voire pas du tout, formés à l'enseignement de la littératie (par opposition à l'enseignement de la langue). Au Malawi, le programme de formation des futurs enseignants, qui incluait une formation à la littératie, a été remplacé par un programme intégré de formation continue des enseignants (MIITEP – *Malawi Integrated In-Service Teacher Education Programme*), un cours intensif de courte durée visant à mettre à niveau les enseignants non qualifiés en activité ; tandis qu'au Zimbabwe, le programme de formation des enseignants s'occupant des jeunes enfants *(Infant Teacher Training Programme)* destiné aux 1re, 2e et 3e années a été intégralement suspendu de 1980 à 1988. Même lorsque les enseignants ont suivi un programme de formation avant leur entrée en fonction, celui-ci ne comprenait pas nécessairement une composante d'enseignement de la lecture et de l'écriture (par exemple, en Ouganda, il semble que l'enseignement des compétences en lecture ait été omis, par accident, du programme de formation des futurs enseignants après la suppression du certificat de formation des enseignants de 1re année au début des années 1990. Il semble donc qu'en Ouganda, aucun enseignant qualifié du primaire n'a suivi une formation spécifique à l'enseignement de la littératie au cours des 15 dernières années). L'examen du programme de cours primaire de l'Ouganda (2004) note que :

> une grande partie du problème [de la littératie] tient au temps insuffisant consacré à la lecture, l'écriture, la compréhension orale et l'expression verbale […] et au manque grave de compétences en littératie et numératie des enseignants du primaire inférieur. Les élèves n'acquérant pas assez tôt une littératie suffisante, leurs résultats s'en ressentent dans toutes les matières, avec pour conséquence directe une perte d'intérêt tant des élèves que de leurs parents et, donc, des taux d'abandon élevés. (Read et Hicks, 2004)

Benavot et Gad (2004) ont analysé des études sur le temps réel de contact entre enseignants et élèves, conduites en Afrique et dans d'autres pays en développement, et ont observé qu'en moyenne, 20 % du temps de contact prévu était perdu à cause de l'absentéisme des enseignants. Une étude a signalé que "dans une région du Kenya, les enseignants étaient absents de l'école pendant 28 % de leur temps, auxquels il fallait encore ajouter 12 % d'absence de la classe (mais pas de l'école)" (Glewwe, Kremer et Moulin, 1999). L'examen du programme de cours primaire de l'Ouganda commentait également les problèmes d'absentéisme des enseignants et du nombre réduit d'heures de contact entre élèves et enseignants.

> L'absentéisme des enseignants et le regroupement de deux classes pour donner plus de temps libre aux enseignants constituaient les deux causes les plus évidentes de la grande taille des classes dans de nombreuses écoles. Dans beaucoup d'écoles, les heures de contact étaient également nettement inférieures aux attentes des concepteurs du programme de cours. Jusqu'à un tiers des heures de contact officielles pourraient être perdues dans de nombreuses écoles. La réduction des heures de contact a un impact évident sur la capacité des écoles à atteindre les objectifs du programme de cours. (Read et Hicks, 2004)

Une étude de 120 écoles du Ghana rural a révélé qu'en moyenne, les enseignants étaient présents à l'école quatre jours par semaine, ce qui représente une perte hebdomadaire de 5,5 heures de cours. Lorsque les chercheurs ont visité les écoles ghanéennes de l'échantillon, près d'un cinquième (19,4 %) des enseignants étaient absents (EARC, 2005). L'étude de l'*Educational Assessment and Research Center* (EARC – le centre de recherche et d'évaluation éducative) a révélé qu'au Ghana, en plus des 20 % d'enseignants du primaire absents le jour de l'enquête, 29 % arrivaient en retard à l'école. Le rapport estimait qu'en conséquence de l'absentéisme et des retards des enseignants, le temps réel d'interaction entre élèves et enseignants ne représentait que 70 % du temps prévu par le programme de cours. En 2010, un rapport de la Banque mondiale suggérait que le nombre d'heures de contact était même encore plus bas.

> Ensemble, l'absentéisme des enseignants, leur manque de ponctualité et la courte durée de l'année scolaire peuvent entraîner une perte du temps d'enseignement allant jusqu'à 50 à 60 %, ce qui constitue clairement un obstacle clé à l'apprentissage. (AFTED, 2010)

Les principales raisons données à ce taux d'absentéisme étaient les suivantes : a) le manque de supervision ; b) la maladie ou les soins médicaux ; c) la collecte du salaire dans une banque située à distance ; d) la fréquence des funérailles ; e) la longueur du trajet jusqu'à l'école ; f) les pratiques religieuses (par exemple, la prière du vendredi chez les enseignants musulmans) ; g) le manque d'installations de l'école, en particulier l'assainissement, les toilettes et l'eau potable ; h) la distance entre les écoles et les stations de camions ou de bus ou les installations de soins de santé ; i) le complément de revenue trouvé dans l'agriculture par les enseignants ruraux ; et j) les retards ou l'absence de paiement des salaires des enseignants, qui les obligent à prendre un emploi supplémentaire pour subvenir à leurs besoins. De plus, un jour d'école ordinaire, des pauses fréquentes au cours desquelles les enseignants étaient séparés des élèves ainsi que des arrêts dans les cours consacrés à discipliner les élèves, ramasser les devoirs, etc. réduisaient encore davantage les heures de contact.

En 2013, un rapport de la Banque mondiale sur l'Ouganda notait que :

> Dans les écoles publiques, plus d'un enseignant sur quatre (27 %) n'était pas au travail. Parmi ceux qui étaient à l'école, environ un sur trois (30 %) n'était pas en train d'enseigner. En conséquence, aucun enseignant ne donnait cours dans 40 % des classes. Par extrapolation, l'élève moyen de 4ᵉ année inscrit dans une école publique du Nord ne bénéficiait en fait que de 50 journées d'enseignement au cours de l'année scolaire, environ 90 jours de moins que son homologue de Kampala. (Wane et Martin, 2013)

Les importantes variations dans les heures de contact élèves-enseignants illustrées ci-dessus ont un impact évident sur la conception des manuels et leur efficacité. La plupart des éditeurs sont tenus de concevoir et produire leurs manuels conformément aux spécifications du programme de cours national et du nombre officiel d'heures de contact supposé permettre la réalisation des objectifs de ce programme. Toutefois, dans de nombreuses écoles (peut-être même dans la majorité d'entre elles), le nombre réel d'heures de contact peut être inférieur de 30 à 50 %, si pas plus, au nombre d'heures supposé par le programme de cours et pris en compte dans la conception de base des manuels scolaires. Dans l'exemple ougandais cité plus haut, les élèves du Nord ne disposaient que d'environ 30 % des heures de contact pour atteindre les mêmes objectifs scolaires que les élèves de Kampala. Dans ces conditions, les manuels peuvent fatalement, dès le départ, ne pas convenir en tant que véhicules permettant d'atteindre les objectifs du programme de cours. Le programme présenté par le manuel soit ne sera pas entièrement couvert pendant les heures de contact réduites dans de nombreuses écoles soit sera couvert tellement vite par les enseignants qu'une grande partie des élèves n'arrivera pas à suivre. La situation est encore plus grave lorsqu'on prend en compte les difficultés supplémentaires liées aux politiques d'instruction en langue seconde, aux écoles rurales dotées d'installations et d'un équipement insuffisants, et aux taux élevés d'enseignants non formés. Dans presque chaque pays d'ASS, on observe des différences évidentes dans le nombre réel d'heures de contact entre les bonnes écoles urbaines et les écoles rurales manquant de ressources, et pourtant les programmes de cours ne prêtent généralement aucune attention à ces différences. Les manuels scolaires sont rédigés et conçus pour atteindre les objectifs du programme de cours, en partant de l'hypothèse que la totalité des heures de contact prévues sera prestée dans chaque école, une condition qui ne sera probablement pas remplie pour une majorité d'élèves d'une majorité d'écoles. Il existe toutefois des approches différentes de la fourniture de supports didactiques et pédagogiques qui pourraient améliorer cette situation, mais à ce jour, peu ou pas de pays ont cherché à les considérer.

Conception des programmes de cours, coûts et efficacité du système

Les sections précédentes ont examiné les données des recherches et certains des obstacles courants à l'acquisition d'une littératie précoce et à l'amélioration de la performance des élèves en ASS. Dans de nombreux pays d'ASS, l'incapacité à développer rapidement la littératie chez une majorité de jeunes élèves du primaire entraîne des taux d'abandon élevés et affecte la qualité des acquis dans les années primaires suivantes et dans le secondaire. Les concepteurs des programmes de cours primaires et les responsables de l'élaboration des politiques de fourniture des SDP, en particulier destinés aux écoles primaires, doivent pleinement prendre en compte les facteurs suivants au cours du processus d'élaboration des programmes :

- Une grande partie des enseignants du primaire sont partiellement ou pas du tout formés.
- De nombreux enseignants du primaire n'ont pas été formés à l'enseignement de la lecture et de l'écriture.
- Il existe généralement des différentiels considérables à la fois dans le nombre et la qualité des enseignants entre les écoles urbaines, rurales et éloignées.
- De nombreux programmes de cours primaires ne prévoient pas suffisamment de temps pour la compréhension orale, l'expression verbale, la lecture et l'écriture dans les premières années primaires.
- Beaucoup d'enseignants ne maîtrisent pas suffisamment la LdI requise.
- Dans de nombreux pays, le programme de cours comprend un trop grand nombre de matières, à l'enseignement desquelles les enseignants n'ont souvent jamais été formés.
- Les pratiques pédagogiques en vigueur dans de nombreuses salles de classe d'ASS découragent la participation active des élèves aux leçons, sauf sous la forme d'une répétition soutenant un apprentissage par cœur. L'importance de l'expression verbale et de la compréhension orale actives en tant que fondement de l'acquisition de la littératie est négligée. Une extrême passivité des élèves est courante dans de nombreuses écoles d'ASS.
- Dans beaucoup d'écoles, le nombre réel d'heures de contact en classe est sensiblement, et même parfois extrêmement, inférieur aux hypothèses sur lesquelles le contenu du programme de cours est basé.
- La plupart des écoles primaires sont gravement dépourvues de supports de lecture attrayants, stimulants, adaptés au niveau des enfants et rédigés dans un langage approprié, à l'intention des élèves débutant dans la lecture.
- Un bon nombre d'enseignants du primaire ne savent plus comment utiliser les SDP, et même lorsqu'ils sont correctement fournis aux écoles, les SDP ne sont souvent pas utilisés en classe et restent dans les placards.
- La plupart des programmes de cours s'intéressent plus à la langue qu'à la littératie.
- L'apprentissage dans une langue seconde introduit des obstacles supplémentaires à la littératie et à l'amélioration des performances des élèves.

La prévalence des programmes de cours primaire comprenant de multiples matières et des spécifications de contenu surchargées ne se contente pas de réduire les heures que les élèves des premières années devraient principalement consacrer à l'acquisition de la littératie et de la numératie en mettant en pratique leurs compétences en compréhension orale, expression verbale, lecture et l'écriture ; elle accroît aussi sensiblement le coût de la fourniture des SDP supposés soutenir les programmes de cours, mais dont l'inefficacité a été démontrée, expliquant la faiblesse inacceptable de la littératie et de la numératie fonctionnelles dans une majorité des pays d'ASS. Il est de toute évidence urgent d'élaborer des programmes de cours, des SDP et des stratégies didactiques et pédagogiques reflétant plus exactement les réalités scolaires actuelles et soutenant mieux les enseignants du primaire inférieur, souvent non formés, qui travaillent dans des conditions d'apprentissage sous-optimales. Des approches plus réalistes commencent par des programmes de cours plus réalistes. Il *existe* des exemples de bonnes pratiques dans des écoles primaires africaines qui arrivent à obtenir de bonnes performances dans des conditions très difficiles. Le projet pilote de lecture en Ouganda ou *Uganda Reading Pilot Project* (Buchan, Hicks et Read, 2006) a obtenu des résultats remarquables en littératie précoce à l'aide d'approches et de supports pédagogiques différents et peu onéreux.

L'aptitude des enseignants et des élèves à réaliser les spécifications du programme de cours connaît également des problèmes dans l'enseignement secondaire en ASS. On peut les résumer comme suit :

- Contenu surchargé des programmes de cours.
- Nombre souvent excessif de matières.
- Manque d'enseignants bien formés, en particulier dans les écoles secondaires rurales, et fréquente pénurie d'enseignants formés en anglais, mathématiques et sciences.
- Pratiques pédagogiques (et examens) centrées sur l'acquisition de faits plutôt que sur le développement de savoirs et savoir-faire.
- Coût élevé des manuels et autres SDP nécessaires pour appuyer l'enseignement secondaire.
- Manque de bibliothèques scolaires efficaces pour encourager les étudiants à trouver de la lecture à propos des sujets qu'ils ont abordés et à développer ainsi des capacités de recherche et l'habitude de lire.
- Manque d'accès fiable à Internet en tant qu'outil de recherche de base pour les élèves et les enseignants.
- Manque d'installations et d'équipement scientifiques empêchant toute expérimentation par les élèves et réduisant souvent les expériences scientifiques à des démonstrations réalisées par l'enseignant ou, dans le pire des cas, à une simple mémorisation des expériences décrites dans les manuels.

La conception inadéquate des programmes de cours a pour reflet une fréquente incapacité à publier le contenu et les objectifs du programme de cours et à en informer les enseignants. À titre d'exemple, un récent rapport de la Banque mondiale sur l'Ouganda concluait que :

> Moins d'un enseignant des écoles publiques sur cinq (19 %) maîtrisait le programme qu'il enseignait. (Wane et Martin, 2013)

La situation décrite en Ouganda est fréquente parmi les enseignants de nombreux autres pays d'ASS, en particulier dans les écoles rurales et éloignées.

Un exemple de l'impact de l'accroissement des matières dans les programmes de cours vient de Tanzanie (Read, 2010). En 2007, le nombre des manuels requis pour le programme de cours du primaire est passé de six à neuf,[4] ce qui aurait exigé une augmentation comparable et proportionnelle des subventions allouées aux écoles pour les manuels. En 2007, l'introduction du nouveau programme de cours primaire a été accompagnée d'une interdiction du ministère d'utiliser tous les manuels de l'ancien programme. Les stocks d'anciens manuels ont donc été mis au rebut sans pour autant que l'État augmente ses subventions pour couvrir les coûts supplémentaires élevés de la reconstitution des stocks de manuels.[5] Il a été largement signalé que cette mesure a gravement réduit les stocks de manuels utilisables dans les écoles (Kimaro, 2010).

En 2000, le ratio national manuel scolaire/élèves (RME) du primaire était estimé en Tanzanie à 1:8 en moyenne sur l'ensemble des matières du primaire (Banque mondiale, 2005). En 2004, grâce au financement fourni par le Programme de développement de l'enseignement primaire (PEDP – *Primary Education Development Project*) de la Banque mondiale, le RME national moyen estimé s'était amélioré à 1:4, et l'État et le partenaire au développement visaient 1:1 en 2006. Ce ratio n'a toutefois jamais été atteint, et depuis 2007, le RME s'est rapidement détérioré à cause de l'insuffisance des allocations budgétaires destinées à couvrir la hausse du coût des manuels due à l'augmentation du nombre de matières obligatoires dans le programme de cours. La décision d'accroître le nombre de matières au primaire, ainsi que des manuels et guides pédagogiques requis, a été prise sans aucune considération de ses implications financières ni de ses répercussions sur l'apprentissage et la performance des élèves. Le cas n'est pas unique : peu de pays d'ASS considèrent les liens fondamentaux entre la conception des programmes de cours, les coûts associés et le rendement de l'apprentissage.

Le tableau 4.3 ci-dessous fournit les taux de réussite à l'examen de fin d'études primaires (PSLE – *Primary School Leaving Examination*) en Tanzanie

Tableau 4.3 Taux de réussite au PSLE, 2000–2009

Année	*Taux de réussite au PSLE (%)*
2000	22,0
2001	25,0
2002	n.d.
2003	40,0
2004	48,0
2005	n.d.
2006	70,5
2007	54,2
2008	n.d.
2009	49,0

Remarque : n.d. = données non disponibles ; PSLE = *Primary School Leaving Examination* (examen de fin d'études primaires).

entre 2000 et 2009. Ces résultats montrent des progrès exceptionnels dans la performance des élèves exprimée par le taux de réussite au PSLE entre 2000 et 2006, à l'époque où les RME s'amélioraient grâce aux subventions adéquates octroyées aux écoles pour l'achat de manuels. Par la suite, la décision d'augmenter de 50 % le nombre de matières du programme de cours primaire puis d'interdire l'utilisation des manuels de l'ancien programme, qui a mis au rebut la totalité des stocks de manuels accumulés dans les écoles, sans aucune augmentation compensatoire des subventions destinées aux manuels, a entraîné un déclin notable de la disponibilité des manuels dans les écoles à partir de 2007. Le tableau 4.3 ci-dessous illustre l'impact de ces décisions.

Une étude conduite à Zanzibar en 2007 a commenté le programme de cours primaire élaboré localement :

> Les faiblesses perçues dans les actuels programmes de cours sont les suivantes : a) des spécifications de contenu surchargées à tous les niveaux ; b) l'absence d'objectifs de performance appropriés ; c) un programme de cours régulièrement inachevé dans de nombreuses écoles à cause de l'occupation alternée des salles de classe ou d'interruptions opérationnelles ; d) l'absence d'une préparation des enseignants ou de fourniture de manuels pour accompagner la réforme du programme de cours ; e) des programmes de cours secondaires ne s'appuyant pas sur les savoirs et savoir-faire du primaire ; et f) une offre inadéquate dans le programme de cours pour les élèves suivant une formation non académique. (Read et Ibale, 2007)

Zanzibar a obtenu de très faibles scores en littératie aux évaluations MLA et du Consortium de l'Afrique australe et orientale pour le pilotage de la qualité de l'éducation (SACMEQ – *Southern and Eastern Africa Consortium for Monitoring Educational Quality*,). De plus, aucun poste de son budget public annuel n'était destiné à l'achat de manuels ou autres SDP, si bien que celui-ci dépendait entièrement des versements occasionnels de l'État et de l'appui financier des projets de manuels scolaires des PD. Zanzibar avait identifié cinq manuels pour les trois premières années primaires et huit pour les quatre années suivantes. Sans l'appui des partenaires au développement, la fourniture de ces manuels était financièrement inabordable pour le Zanzibar, et ni les pouvoirs publics ni les PD n'avaient prêté attention aux stratégies de réduction des coûts qui auraient permis d'atteindre durablement les objectifs du programme de cours.

La prolifération des matières dans le programme de cours, requérant fréquemment chacune un manuel d'accompagnement (et, de plus en plus souvent, un guide pédagogique destiné aux enseignants), n'est pas l'unique facteur d'escalade des coûts liés au système. Les spécifications excessives de contenu signalées à Zanzibar se retrouvent également dans de nombreux autres programmes de cours nationaux et allongent les manuels scolaires, avec deux types de conséquences. Premièrement, les manuels scolaires plus gros sont plus coûteux et font grimper les coûts du système ; deuxièmement, les enseignants se sentent obligés d'achever les manuels pendant l'année scolaire. La conscience qu'ont généralement les élèves du secondaire des examens et de l'obligation d'achever le programme de cours spécifié en temps voulu accroît encore la pression subie par les enseignants. Là où les heures réelles de contact sont nettement inférieures aux hypothèses, le rythme d'apprentissage et d'enseignement requis pour achever un programme de cours surchargé en un temps réduit amène simplement de nombreux élèves à se retrouver dépassés par un contenu qu'ils n'arrivent pas à comprendre. De plus, aucun temps n'est consacré au soutien individuel des élèves, aux activités centrées sur les élèves, et au développement de la résolution des problèmes et autres compétences de niveau supérieur, qui sont de plus en plus fréquemment demandées dans les programmes de cours d'ASS (mais pas souvent évaluées ou inculquées).

Au Lesotho, les frais de location des manuels et le Fonds renouvelable pour les manuels scolaires (TRF – *Textbook Revolving Fund*) devaient couvrir les coûts de 29 manuels de base pour l'ensemble des années primaires en 1986 ; en 1999, ce nombre était passé à 59 pour répondre à l'ajout de matières dans les programmes de cours et au rehaussement de leurs objectifs. En 13 ans seulement, le nombre des manuels spécifiés par les concepteurs des programmes de cours avait ainsi grimpé de 103 %. Cette augmentation a exercé une énorme pression financière sur le Fonds renouvelable, qui a malgré tout réussi à survivre grâce à sa robustesse fondamentale et à la longue tradition de soutien des parents et des églises. Au Lesotho, les fréquentes modifications dans les exigences du programme de cours du secondaire ont rendu caduc un tel nombre de manuels qu'une majorité d'écoles secondaires ont cessé d'en acquérir en vue de les prêter aux élèves et sont revenues à l'achat par les parents, parce qu'elles n'arrivaient pas à assumer les pertes financières résultant de la modification constante des programmes de cours et des changements subséquents dans les listes de manuels approuvés (Sehlabi, 2000). La disponibilité des manuels dans les classes secondaires a, par conséquent, considérablement chuté, tandis que la possession de manuels était réservée aux seules familles riches.

L'augmentation des matières exigées dans le programme de cours n'est parfois tout simplement pas réalisable dans les écoles. En Ouganda, le programme de cours primaire de 2000 prévoyait neuf matières pour le primaire supérieur. Les PD n'ont accepté de financer les manuels que de quatre matières, mais les cinq autres ont quand même été maintenues, en dépit de l'absence de financement pour la formation des enseignants, les manuels et les guides pédagogiques associés. Le kiswahili est devenu une matière obligatoire, mais le nombre d'enseignants capables de donner les cours étant insuffisant, 90 % des écoles ont tout simplement ignoré cette obligation. Une nouvelle matière, les "compétences de production intégrée", n'était pas non plus enseignée dans 40 % des écoles primaires en raison du manque d'enseignants formés et parce que la plupart des écoles n'avaient pas les moyens d'acquérir les matières premières spécifiées (Read et Hicks, 2004 ; Sehlabi, 2000). Il en était de même de l'agriculture en primaire, conçue comme une matière pratique par les concepteurs du programme de cours, mais enseignée de manière presque uniquement théorique en raison de l'absence totale d'allocations budgétaires pour les outils et les matières premières spécifiés. En Ouganda, le programme de cours thématique de 2006 a réduit les matières obligatoires dans le primaire inférieur à la littératie et aux mathématiques, afin que les écoles puissent se concentrer sur l'acquisition rapide de la littératie et de la numératie. Tout le contenu requis dans les autres matières était enseigné à travers les thèmes développés en littératie et mathématiques.

Au Malawi[6], le programme de cours de 1992, élaboré par l'Institut de l'éducation du Malawi avec le financement d'un projet de la Banque mondiale, prévoyait quatre matières et manuels pour les années 1 à 4, six matières et manuels pour les années 5 et 6, et huit matières et manuels pour les années 7 et 8, soit un total de 44 manuels, accompagnés de leurs guides pédagogiques. En 1999, le MdE proposait de porter à huit par année le nombre de matières et de manuels requis dans le programme de cours primaire, soit un total de 64 manuels, plus les guides pédagogiques complémentaires. Cette augmentation de 45 % du nombre des manuels requis intervenait précisément au moment où les budgets de l'éducation subissaient d'intenses pressions dues à la montée en flèche des inscriptions primaires et secondaires causée par l'introduction de la gratuité de l'enseignement primaire. Entre 1994 et 1995, le nombre des inscriptions à l'école primaire a augmenté de 53 %, passant de 1,9 million à 2,9 millions. La décision d'accroître les SDP spécifiées dans les programmes de cours et, donc, les coûts de leur fourniture avait été prise à un moment où le MdE avait très difficile à respecter ses engagements financiers envers d'éducation et dépendait de plus en plus de l'appui des PD. Cette décision avait néanmoins été prise sans aucunement considérer les implications ni éducatives ni de coût. En 1994, confronté à la perspective d'une absence de financement extérieur à la suite de l'arrêt de l'appui de la Banque mondiale à l'achat des manuels primaires, le MdE a signé un accord avec deux éditeurs pour la production d'éditions commerciales de trois des manuels vendus aux parents (revenant ainsi sur sa promesse d'une éducation primaire gratuite). Un an plus tard, en 1995, il signait un autre accord avec l'Agence canadienne pour le développement international (ACDI) pour la réimpression de l'ensemble des manuels élaborés par le MIE en vue d'une distribution gratuite. Les deux éditeurs commerciaux se sont retrouvés avec sur les bras de grandes quantités de manuels invendus et invendables, et ont pendant de nombreuses années fait alterner des menaces de poursuites judiciaires et des négociations complexes avec le MdE et l'ACDI pour tenter de résoudre le problème.

Au Soudan du Sud, l'élaboration d'une politique nationale de manuels scolaires et SDP, et des avancées dans l'examen et le remaniement des programmes de cours ainsi que dans les politiques de LdI ont été menées séparément, avec peu ou pas de liens entre ces trois domaines ni aucune tentative pour identifier les implications de coût des décisions. Dans son examen annuel de la composante "manuels" au Soudan du Sud, le Département pour le développement international du Royaume-Uni (DfID) a émis les commentaires suivants :

> Un lien plus étroit doit être établi entre, d'une part, les politiques de programmes de cours et de langue d'instruction, et d'autre part, l'élaboration d'une politique nationale de SDP. Les implications financières des décisions de politiques doivent être clairement déterminées afin d'éclairer et soutenir correctement la prise de décision à la fois [des autorités du Soudan du Sud] et des partenaires au

développement, et l'éventail complet des stratégies de réduction des coûts doit être envisagé lors de l'élaboration de la politique de SDP. (Jones et Sayer, 2013)

Certains pays francophones, fréquemment soutenus par des projets financés par les PD, définissent aujourd'hui des profils de SDP beaucoup plus modestes. Ainsi, la Côte d'Ivoire fournit gratuitement à chaque élève trois manuels dans le primaire inférieur et cinq manuels dans le primaire supérieur, grâce au financement du Programme d'appui au secteur de l'éducation et de la formation (PASEF) de la Banque mondiale. Au Burkina Faso, chaque élève du primaire reçoit depuis 2006 trois manuels gratuits (français, mathématiques et "observation"), ce qui nécessite environ 2,5 millions d'exemplaires par an. La République démocratique du Congo a reçu 14 millions de manuels au cours des deux premières années du Projet d'appui au redressement du secteur de l'éducation (PARSE) financé par la Banque mondiale, dont la mise en œuvre était prévue de 2008 à 2013. Il s'agissait d'un manuel d'enseignement du français (EdF) et d'un manuel de mathématiques destinés aux élèves de 1re et 2e primaires. Tous les autres manuels devaient être achetés par les parents. Au Sénégal, les manuels primaires sont officiellement gratuits et fournis par l'État (deux manuels par enfant en 1re et 2e année, trois en 3e et 4e année, et quatre en 5e et 6e année). En République du Congo, une étude du Programme d'analyse des systèmes éducatifs de la CONFEMEN (PASEC), menée en 2009, estimait que seuls 25 % des élèves du primaire disposaient d'un manuel d'EdF et 4 % d'un manuel de mathématiques. Le tableau 4.4 fournit des données sur la possession de manuels scolaires au Cameroun en 2007 (PASEC, 2007), un pays où tous les manuels étaient achetés par les parents. Il est intéressant de noter que les parents étaient plus disposés à acheter des manuels scolaires dans le primaire supérieur qu'inférieur, où la littératie précoce est pourtant essentielle à la réalisation de progrès ultérieurs dans les études.

Depuis le début des années 1960, le nombre de matières des programmes de cours primaires a tendance à augmenter[7] dans de nombreux pays, et on connaît même des exemples de programmes contenant 11 voire 12 matières. Chacune de ces matières requiert en général son propre manuel (même si beaucoup d'entre elles peuvent être enseignées à l'aide d'un seul bon guide pédagogique), tandis que le recoupement et l'enchaînement horizontaux des sujets abordés dans les différentes matières sont faibles voire existants. Le plan de cours d'une matière ne tient souvent pas ou peu compte de ce qui est traité dans les autres matières, si bien que les redites et redondances sont nombreuses. Comme l'écart entre les heures de contact théoriques et réelles est rarement, voire jamais, pris

Tableau 4.4 Possession des manuels scolaires au Cameroun, 2007

	Partie francophone		Partie anglophone	
	2e primaire (%)	5e primaire (%)	2e primaire (%)	5e primaire (%)
Enseignement du français	34	72	30	82
Mathématiques	25	56	22	85

Source: Statistiques annuelles du ministère de l'Éducation.

en compte dans la conception des programmes de cours, le contenu de la plupart des manuels scolaires est beaucoup trop vaste pour de nombreuses écoles, rendant ainsi les plans de cours difficile à couvrir, les résultats de l'apprentissage compliqués à atteindre, et les manuels plus coûteux que nécessaire.

Enfin, les nouvelles matières nécessitent souvent des savoirs et savoir-faire dont les enseignants en service ne disposent pas, et la formation des enseignants, tant initiale qu'en cours d'emploi, est souvent de nombreuses années en retard sur le lancement des nouveaux programmes de cours et nouvelles matières, si bien que dans de nombreux cas, les savoirs et savoir-faire des nouvelles matières ne sont pas enseignés du tout ou sont mal enseignés et appris. À ce sujet, la Stratégie de développement économique et de réduction de la pauvreté au Rwanda (EDPRS2) faisait les commentaires suivants :

> Les enseignants sont en général peu familiers des méthodes pédagogiques facilitant l'acquisition de compétences catalytiques par les élèves. La grande majorité ne connaît que des approches d'enseignement et d'apprentissage centrées sur l'enseignant et fortement didactiques, entraînant une grande passivité des élèves en salle de classe. (Gouvernement du Rwanda, 2013)

Dans ces conditions, il peut être assez injuste de blâmer les manuels pour avoir failli à faire évoluer les méthodes pédagogiques des enseignants et les acquis des élèves, alors qu'interviennent des facteurs beaucoup plus fondamentaux tels que des attentes irréalistes dans les programmes de cours et un manque de formation et d'appui efficaces pour les enseignants.

Profil minimal des SDP requis et implications de coût associées

Les objectifs des programmes de cours et les résultats d'apprentissage souhaités sont rarement atteints à l'aide des seuls manuels scolaires et guides pédagogiques. Au minimum, des supports de lecture supplémentaires sont nécessaires pour éveiller les élèves à la lecture, stimuler leurs compétences en lecture et favoriser des habitudes de lecture pour le reste de leur vie. Pour être mis en œuvre efficacement et à un coût abordable, chaque nouveau programme de cours devrait définir son propre profil minimal des supports pédagogiques (PMSP) en tant que base du calcul des implications de coût des SDP résultant de sa conception.

Le PMSP est une liste minimale approuvée des SDP dont les élèves et les enseignants auront besoin pour que tous les élèves atteignent les objectifs d'apprentissage du programme de cours. Habituellement, le PMSP doit comprendre des indications de distribution (par exemple, un par élève, cinq par classe, un par enseignant), l'espérance de vie supposée, et le taux de pertes et dégradations supposé. Le PMSP est généralement défini par année d'études et par matière. Pour efficacement améliorer les résultats des élèves, le programme de cours doit être accompagné d'un PMSP financièrement abordable pour l'État (en tenant compte des contributions des PD) ou pour les parents, et il doit être soutenable.

Le menu de base des supports imprimés à partir duquel le PMSP peut être construit comprend :

- Manuels scolaires et guides pédagogiques destinés aux enseignants ;
- Ouvrages de référence (par exemple, dictionnaires, atlas, encyclopédies) ;
- Livres de lecture et romans : histoires, théâtre, poésie, anthologies, etc. ;
- Livres illustrés et albums de grand format (pour les jeunes apprenants) ;
- Ouvrages thématiques non romanesques soutenant le programme de cours ;
- Jeux, fiches de travail et livres d'activités ;
- Livres d'exercices consommables (très coûteux à livrer) ;
- Outils didactiques pour les enseignants (par exemple, cartes images, cartes mots, bouliers, etc.) ;
- Cartes et tableaux muraux ;
- Affiches ;
- Fiches en carton, marqueurs, papier A4 ;
- Équipement scientifique ;
- Consommables scientifiques.

Les pays réalisant des investissements importants dans l'équipement opérationnel des classes peuvent également prévoir un éventail de supports électroniques dans leurs PMSP.

La fourniture des SDP doit tenir compte de l'environnement *réel* d'enseignement et d'apprentissage d'une classe type : par exemple, la surface de la salle de classe ; les installations de stockage dans les classes et dans l'école, leur sécurité et leur résistance aux intempéries ; le type, la quantité, l'état et l'utilisation du mobilier (bureaux, chaises, nombre d'élèves par bureau ou banc, etc.) ; le nombre réaliste d'heures de contact ; la capacité, les antécédents, la formation et les attitudes des enseignants (motivation, engagement, etc.) ; et l'équipement en état de fonctionner disponible (par exemple, magnétoscopes, lecteurs de DVD, télévisions, ordinateurs, etc.)

Lorsqu'ils définissent le PMSP, les concepteurs des programmes de cours, concepteurs des supports et responsables des politiques doivent avoir en tête un profil clair des écoles, salles de classe, enseignants, élèves et parents, qui nécessite une bonne compréhension des conditions dans lesquelles les objectifs et les résultats du programme de cours doivent être réalisés, ainsi qu'une bonne connaissance des avantages et inconvénients des différents types de SDP et de ce qu'on peut raisonnablement en attendre.

En 2006, un PMSP a été mis au point pour le nouveau programme de cours thématique primaire de l'Ouganda par un groupe de concepteurs du Centre national de développement des programmes (CNDP) et d'enseignants issus de toutes les régions du pays. Après discussion, ce groupe a décidé que les supports d'appui aux enseignants étaient prioritaires dans le primaire inférieur et comprenaient :

- Un guide pédagogique simple et facile à utiliser, avec des plans de leçon quotidiens *détaillés* ;

- Un livre de référence destiné aux enseignants, contenant des poésies traditionnelles, des jeux basés sur le chant et sur les mots, et des idées d'activités à faible coût ou gratuites pour les élèves, fourni en neuf langues locales ;
- Une anthologie d'histoires à lire aux enfants (au moins une histoire par journée d'école) ;
- Des tableaux muraux de grande taille et en gros caractères, conçus spécialement pour illustrer les principaux thèmes du programme de cours et destinés à encourager les discussions, l'expression verbale et la compréhension orale pour enrichir le vocabulaire des élèves ;
- De grandes feuilles en carton et des marqueurs pour permettre aux enseignants de fabriquer leurs propres affiches et "grands livres" ;
- Des cartes lettres, cartes images, cartes mots et cartes chiffres.

Le groupe a également spécifié les supports destinés aux élèves :

- Aucun manuel scolaire pour les trois premières années primaires ;
- Livres illustrés ;
- Livres de déchiffrage ;
- Livres de grand format ;
- Livres de lecture simples, tant pour une année donnée que pour la lecture libre ;
- Fiches de travail durables et réutilisables.

Le PMSP ougandais apportait un appui direct à la littératie et la numératie et fournissait même aux enseignants non qualifiés des instructions faciles à suivre. En évitant la production de manuels scolaires en neuf langues locales pour les trois premières années, les coûts étaient sensiblement réduits, ce qui permettait de mettre l'accent sur la fourniture de livres de lecture intéressants, attrayants et stimulants aux élèves (Read et Enyutu, 2005).

En 2008, un atelier a été organisé au Rwanda en vue de déterminer un PMSP pour le primaire. Le tableau 4.5 montre les coûts de la fourniture des manuels spécifiés par le programme de cours à une classe de 70 élèves de première primaire. Le tableau 4.6 donne les coûts d'une approche alternative de fourniture des SDP en première primaire.

Tableau 4.5 Coûts de la fourniture de base des manuels de 1re primaire, 2008

Article	Ratio	Quantité	Durée de vie prévue (années)	Coût unitaire ($EU)	Coût total ($EU)	Coût annualisé ($EU)
Manuels scolaires	1/élève	6 x 70	4	2,50	1 050,00	262,50
Guides pédagogiques	1/classe	6 x 1	4	2,50	15,00	3,75
Coût total	n.d.	n.d.	n.d.	n.d.	1 065,00	366,25
Coût par élève	n.d.	n.d.	n.d.	n.d.	n.d.	5,23

Source : Calculs de l'auteur basés sur les coûts actuels et les objectifs du ministère de l'Éducation.
Remarque : n.d. = non disponible.

Tableau 4.6 Coûts d'une approche alternative de la fourniture de SDP en 1re primaire, 2008

Article	Ratio	Quantité	Durée de vie prévue (années)	Coût unitaire ($EU)	Coût total ($EU)	Coût annualisé ($EU)
Manuels scolaires	1/élève	3 x 70	4	2,50	525,00	131,25
Guides pédagogiques	1/classe	6 x 1	4	2,50	15,00	3,75
Guide pédagogique en classe	1/classe	6/1	4	3,00	18,00	4,50
Anthologie d'histoires	1/classe	1	4	5,00	5,00	1,25
Livre de référence de l'enseignant	1/classe	1	4	5,00	5,00	1,25
Livres de lecture	1/classe	70	4	0,75	52,50	13,125
Coût total	n.d.	n.d.	n.d.	n.d.	620,50	155,125
Coûts par élève	n.d.	n.d.	n.d.	n.d.	n.d.	2,22

Source : Calculs de l'auteur basés sur les coûts actuels et les objectifs du ministère de l'Éducation.
Remarque : n.d. = non disponible ; SDP = Supports didactiques et pédagogiques.

Le coût total de la fourniture du PMSP est de 1 065 dollars EU dans le tableau 4.5 contre 620,50 dollars EU pour l'approche alternative du tableau 4.6. Après amortissement sur quatre ans, les coûts de base sont respectivement de 366,25 dollars EU (5,23 dollars EU par élève et par an) et 155,125 dollars EU (2,22 dollars EU par élève et par an). Le PMSP alternatif fournit des manuels de base pour trois matières avec un RME de 1:1, des guides pédagogiques pour toutes les matières, un soutien accru aux enseignants, et une bonne collection de livres de lecture pour une bibliothèque de classe. Le profil alternatif peut être fourni pour un coût par élève et par an réduit de 59 %. En outre, des économies supplémentaires peuvent être réalisées en appliquant des méthodes élémentaires de réduction des coûts (voir plus loin).

La fourniture de manuels à chaque élève sur la base d'heures de contact "haut de gamme" est une importante perte de temps et d'argent quand on sait qu'une majorité des élèves fréquentent des écoles pratiquant des heures de contact "bas de gamme". En pareil cas, il est plus judicieux de concevoir des manuels scolaires sur une base de 1:1, pour couvrir le programme de cours "de base", et de fournir des supports complémentaires et des guides pédagogiques élargis aux écoles et élèves où le nombre d'heures de contact et la motivation sont suffisants pour tenter de couvrir l'ensemble du programme de cours. Cette approche permet d'accorder la priorité à la littératie précoce ainsi que de créer des bibliothèques simples en classe ou à l'école (où seront conservés les supports complémentaires ou de remédiation), et d'appuyer ainsi un virage pédagogique vers l'apprentissage centré sur l'élève, requis par de nombreux nouveaux documents de programme de cours, même si en pratique, il est rarement pratiqué.

Politiques de LdI et leurs implications de coût

Il est généralement admis que les enfants obtiennent de meilleurs résultats et apprennent plus rapidement lorsque leurs premières années d'études se passent dans une langue familière. Un très grand soin doit néanmoins être apporté à l'élaboration d'une politique pratique et efficace de sélection et utilisation des langues locales (Ward, Penny et Read, 2007). Si la lecture en langue locale est mal enseignée par des enseignants dotés d'une formation formelle limitée soit dans cette langue locale soit dans l'enseignement de la lecture et de la littératie, ou si elle n'est pas efficacement soutenue par des supports didactiques et pédagogiques appropriés, les progrès dans l'acquisition de la littératie de base, le développement de l'apprentissage dans d'autres matières, et l'acquisition ultérieure de la littératie dans une langue internationale risquent d'être entravés, de même que l'accès aux dernières années primaires ainsi qu'au secondaire. Il existe souvent plusieurs LdI potentielles dans de nombreux pays d'ASS, et la sélection d'une langue locale à utiliser comme LdI dans le primaire inférieur a un certain nombre d'implications, qui doivent être prises en compte dans l'élaboration d'une politique de langues locales dans l'enseignement. Elles comprennent :

- Implications financières : l'utilisation d'un trop grand nombre de langues locales accroît les coûts de préparation à l'impression et, par conséquent, le coût unitaire moyen de la fourniture des manuels. Elle entraîne également une fragmentation du tirage des principaux supports pédagogiques, qui augmente également les coûts unitaires et les coûts de fourniture. De plus, de petites quantités de manuels en un trop grand nombre de langues peuvent avoir un effet dissuasif sur les éditeurs potentiels de supports pédagogiques en langue locale. Il y a un risque que les groupes linguistiques plus petits soient moins bien servis que ceux de plus grande taille. Les implications de coût sont encore plus élevées quand d'autres matières du programme de cours primaire (telles que les mathématiques, les études sociales, la science et l'agriculture) nécessitent également des manuels en plusieurs langues locales.

- Implications de personnel et de formation : l'instruction en langues locales requiert également des enseignants formés à leur utilisation en tant que LdI. Les enseignants utilisant des langues locales doivent avoir confiance en leur capacité à lire et écrire correctement dans ces langues. Cela a des implications sur les options de cours et les besoins en personnel des écoles de formation des instituteurs. Un nombre trop élevé de LdI augmente les coûts et la complexité de la formation des enseignants, avec des répercussions évidentes sur l'affectation à un poste, la sélection et la promotion du personnel enseignant entre les districts et même sous-districts.

- Implications politiques : il est évident que la sélection d'une langue locale en tant que LdI n'est pas seulement une question pédagogique, elle a également des implications politiques et culturelles, en particulier lorsque plusieurs langues sont en concurrence.[8]

Les différentes langues locales ont des niveaux de développement différents. Certaines peuvent être relativement répandues et développées, avec une orthographe établie ; un corpus de journaux, magazines, livres pour enfants et œuvres de fiction, de poésie et de théâtre, ainsi que des stations de radio et de télévision ; et un cadre de locuteurs et auteurs formés à cette langue. D'autres langues n'ont aucune orthographe établie, un corpus limité ou inexistant pour les soutenir (parfois même sans aucune forme d'imprimé), aucun enseignant formé à la langue et aucune capacité de rédaction établie.

Il existe également une différence évidente dans l'exposition des jeunes enfants aux langues écrites, en particulier entre les zones urbaines et rurales. En milieu urbain, les enfants sont continuellement exposés à la langue écrite à travers les enseignes des magasins, panneaux de signalisation, emballages des produits, publicités, journaux et magazines, émissions télévisées, films, bibliothèques et librairies, etc. En revanche, dans nombre de zones rurales, aucune de ces choses n'existe, si bien que le conditionnement culturel et l'exposition à une langue écrite en tant que base d'une reconnaissance élémentaire des lettres et des mots en sons et signification sont rares voire inexistants. Beaucoup d'élèves ruraux entrant à l'école pour la première fois proviennent souvent d'un environnement familial presque exclusivement oral et par conséquent peu ou pas sensibilisé à l'écrit. En pareil cas, l'absence à l'école de tout support d'appui dans la langue choisie comme LdI peut avoir un effet très dommageable sur la littératie précoce.

En Afrique subsaharienne, les enseignants mentionnent souvent que les premières années primaires sont celles où l'enseignement est le plus difficile, en raison du manque de spécialistes de la lecture formés et expérimentés, de l'absence de supports pédagogiques ou livres de lecture adéquats, et de la pénurie d'enseignants formés maîtrisant la langue locale concernée.[9] De plus, dans de nombreuses écoles, les enseignants affectés aux premières années primaires sont souvent les moins qualifiés et peuvent même ne pas parler très bien la LdI locale.[10] Les politiques éducatives ont tendance à accorder la priorité au primaire supérieur plutôt qu'inférieur, en ce qui concerne l'affectation des enseignants les plus qualifiés et expérimentés. Même lorsque les enseignants du primaire inférieur parlent couramment la langue locale, ils manquent souvent de confiance dès qu'il s'agit de la lire ou de l'écrire, même s'il s'agit de leur langue maternelle. Bien que les parents et les groupes communautaires soutiennent souvent l'utilisation des langues locales à l'école primaire, un pourcentage important d'entre eux considère aussi généralement que l'utilisation d'une langue locale comme LdI dans le primaire risque de retarder et, donc d'entraver, l'acquisition de l'anglais ou du français par leur enfant. Les communautés accordent généralement plus de valeur à la littératie en anglais ou en français qu'en langue locale, y compris les parents qui soutiennent vivement l'usage de celle-ci. Les groupes communautaires souhaitent presque toujours être consultés au sujet du choix de la langue utilisée dans leur école, et il y a de nombreux exemples de communautés locales refusant d'accepter les politiques du district relatives aux langues locales. Parmi les groupes parlant une langue moins répandue, beaucoup craignent qu'une langue rivale soit imposée. En pareil cas, la plupart des communautés préféreraient utiliser comme LdI, une langue principale de la région ou l'anglais/français plutôt qu'une langue locale rivale. Pour toutes ces raisons, il est essentiel que le MdE émette des directives claires pour la sélection des langues locales.

Selon Chatry-Komarek (2003), les causes du taux élevé d'illettrisme dans le primaire sont les médiocres politiques linguistiques, la formation défaillante des enseignants, le manque de supports pédagogique (dans la langue d'acquisition de la lecture), l'absence d'environnement alphabétisé, la réduction dramatique des heures de contact élèves-enseignants, et les classes surpeuplées. Il ajoute également que l'utilisation d'une langue familière dans les classes ne garantit pas une lecture courante. Les enfants ont également besoin d'activités pédagogiques appropriées et de supports de lecture motivants (Chatry-Komarek, 2003).

Soulignons une nouvelle fois la nécessité que toute langue locale candidate à une utilisation en tant que LdI réponde à des normes minimales garantissant l'acquisition de compétences de base en littératie et numératie, à savoir :

- Une orthographe établie et approuvée, si possible soutenue par un dictionnaire ou un lexique reconnu au niveau académique ;
- Un corpus littéraire adapté aux jeunes apprenants des quatre premières années primaires ;
- Des preuves qu'une formation de bonne qualité à la LdI proposée peut être fournie aux enseignants du primaire, par exemple à travers des modules en langue locale dans une école locale de formation des instituteurs ;
- L'engagement que le district fournira aux écoles les supports d'appui à la lecture nécessaires à la fois aux élèves et aux enseignants, pour soutenir la littératie précoce ;
- Les langues et dialectes des communautés locales parlés uniquement dans des zones limitées et ne répondant pas aux critères minimaux peuvent être utilisés comme moyen oral de communication et d'appui dans le primaire inférieur, mais la littératie doit toujours être enseignée dans une langue répondant aux critères minimum spécifiés ci-dessus ;
- La LdI est utilisée dans les tests et évaluations des années concernées.

Programmes de cours régionaux

L'apparition de programmes de cours régionaux (par exemple, celui de la Conférence des ministres de l'Éducation des pays ayant le français en partage [CONFEMEN] en Afrique francophone) a potentiellement accru la taille du marché et les tirages, ce qui aurait dû, dans une certaine mesure, réduire les coûts unitaires. Cela aurait été particulièrement avantageux pour les langues locales communes à plusieurs pays (par exemple, le hausa au Nigéria et au Niger), mais seulement si elles étaient utilisées comme LdI, ce qui n'est pas courant à l'échelle nationale dans les pays d'Afrique francophone. Il était attendu que l'élaboration de programmes de cours régionaux et, donc, le développement des marchés régionaux encouragent la croissance des éditeurs régionaux détenus localement, mais les avancées dans ce sens ont été lentes, si bien que les principaux éditeurs des manuels régionaux (souvent dans des variantes locales spécifiques au pays) restent les éditeurs français de la métropole. Le problème de base est la petite taille et le manque de capitalisation de la plupart des éditeurs francophones détenus localement, ainsi que les obstacles et le coût élevé entravant l'accès au financement d'investissements dans le développement de contacts et d'une expertise d'édition à l'étranger.

Le niveau réel d'adoption des programmes de cours de la CONFEMEN en Afrique francophone est assez difficile à déterminer. Les comptes rendus des nombreux symposiums, colloques et séminaires ayant pour thème les programmes de cours ou l'enseignement secondaire, publiés sur le site de la CONFEMEN, soulignent la nécessité que les programmes soient aussi proches que possible des cultures et contextes nationaux. Au cours d'une réunion consacrée aux programmes de cours à Brazzaville en juillet 2010, il a été convenu que *toute réforme des programmes de cours doit être basée sur la philosophie, la culture, la vision nationale et la mission de chaque pays ou société*. Au cours de la même réunion, Philippe Jonnaert de l'Université du Québec à Montréal a mis en garde les participants contre *la reproduction d'un modèle de programme de cours importé ou mécaniquement recopié*. Au cours d'une autre réunion organisée à Bujumbura en 2010, Mbaye Ndoumbé Guèye, ancien directeur de la planification au MdE du Sénégal, a recommandé que la réforme des programmes de cours soit *dirigée par les autorités nationales avec l'appui d'experts, la mobilisation de ressources pertinentes, la formation des enseignants, et la mise en place de mécanismes de conception et de pilotage*. Ces réunions se préoccupaient peu de l'harmonisation régionale des programmes de cours nationaux. Les fonctionnaires des MdE d'Afrique francophone font néanmoins toujours référence au programme de cours de la CONFEMEN pour l'approbation des manuels du secondaire. En 2008, l'une des recommandations d'un autre séminaire sur les programmes de cours était toutefois de *réduire les distorsions entre les programmes de cours officiels et réellement mis en œuvre*, ce qui suggère que les manuels approuvés ne conviennent pas nécessairement aux variantes nationales du programme de cours régional. Dans la plupart des pays d'ASS, la mise en œuvre des programmes de cours passe généralement par les manuels utilisés. Cela peut être un signe que les processus d'évaluation, sélection et approbation des manuels devraient être un peu plus rigoureux.

Dans les pays anglophones, la situation est différente. Les éditeurs détenus localement y sont généralement beaucoup plus développés et, du moins en Afrique de l'Est, ils ont déjà profité d'appels d'offres et de méthodologies d'évaluation et approbation bien conçus et objectifs pour remporter des contrats grâce à leurs mérites dans des pays voisins, et ont ainsi constitué d'importants marchés régionaux d'exportation. Les éditeurs ougandais soumissionnent avec succès pour l'obtention du statut de liste approuvée au Kenya, tandis que les éditeurs kényans en font de même en Ouganda. Les éditeurs tant ougandais que kényans sont également actifs au Rwanda et au Soudan du Sud ; MK, un éditeur ougandais, a récemment (2011) remporté un très important contrat de manuels du secondaire en Éthiopie face à une rude concurrence internationale. Les éditeurs sud-africains n'ont jusqu'ici pas encore effectué une percée significative sur le marché des manuels scolaires en dehors des pays du BOLESWA[11] et de la Namibie, et les échanges régionaux restent limités entre les pays anglophones de l'Afrique de l'Ouest. Dans presque toute l'ASS anglophone, les multinationales de l'édition ne dominent plus les marchés de l'éducation au niveau primaire et sont moins importantes d'autrefois au niveau secondaire, étant donné que plus de programmes de cours demandent des supports préparés et publiés localement.

Les programmes de cours anglophones régionaux ont connu leur apogée en ASS au cours des années 1960 et 1970, avec des programmes tels qu'*Entebbe Maths* et les projets pour la science et pour les sciences sociales en Afrique. Par la suite, les programmes de cours nationaux et les structures du système éducatif ont commencé à diverger (par exemple, 7+2+2 en Ouganda, 8+2+2 en Tanzanie, 6+3+3 au Kenya), et les maisons d'édition nationales spécialisées dans l'éducation se sont rapidement développées à partir du moment où l'édition étatique s'est effondrée, ouvrant ainsi l'accès au marché et à des débouchés commerciaux. La Communauté d'Afrique de l'Est (CAE) donne la priorité à l'harmonisation des programmes de cours régionaux, et les maisons d'édition sont bien placées dans la concurrence pour les contrats régionaux, lorsque de telles occasions se présentent.

Résumé des questions clés

Le présent examen a démontré que les réalités éducatives des écoles d'ASS ne sont fréquemment pas bien prise en compte dans les hypothèses des concepteurs des programmes de cours, ce qui implique qu'à leur tour, bon nombre des manuels approuvés basés sur les programmes de cours nationaux ne sont pas non plus nécessairement bien adaptés aux réalités locales de l'enseignement. Les écoles et salles de classe sont souvent fermées ou inutilisables en raison de conflits politiques, de catastrophes naturelles ou de rudes conditions climatiques. De nombreuses écoles souffrent de la médiocrité de leurs infrastructures ; d'un manque d'installations, d'équipement et de mobilier ; d'un niveau de bruit élevé ; de surpopulation ; des politiques de rotation des salles de classe ; et de l'absentéisme des enseignants. Les écoles rurales peinent fréquemment à pourvoir leurs postes d'enseignant et à maintenir l'engagement de leur personnel une fois qu'il est en fonction. Une grande partie des enseignants sont sous-qualifiés, et beaucoup de ceux de première primaire ignorent comment inculquer efficacement la littératie et la numératie. Les approches pédagogiques fortement didactiques, mettant l'accent sur une discipline stricte et l'apprentissage par cœur, génèrent fréquemment des attitudes extrêmement passives, voire robotiques, chez les élèves. Elles entravent l'introduction réussie de nouveaux programmes de cours fondés sur des méthodes d'apprentissage centrées sur l'élève et le développement de nouvelles aptitudes et compétences, qu'une majorité d'enseignants ne connaissent pas et trouvent même inquiétantes.[12] Du point de vue tant quantitatif que qualitatif, les pressions complexes subies par les systèmes éducatifs réduisent considérablement le temps réel de contact entre les enseignants et de nombreux élèves d'ASS. Une proportion importante des enseignants (et directeurs d'écoles) sont quotidiennement absents ou en retard. Beaucoup sont présents à l'école, mais absents de leur salle de classe. Quand ils sont à l'école, les enseignants consacrent un temps considérable à des tâches autres que l'enseignement, et leurs pratiques pédagogiques s'éloignent rarement des approches conventionnelles centrées sur l'enseignant (Millot et Lane, 2002). Les exemples récoltés suggèrent que, dans de nombreuses écoles, le nombre réel d'heures de contact est souvent inférieur de 30 % à celui officiellement prévu, et dans certaines écoles de certains pays, cet écart peut même atteindre 50 % à 60 %.

L'examen du programme de cours primaire de l'Ouganda concluait qu'à elle seule, la réforme du programme de cours primaire ne pouvait suffire à atteindre un niveau élevé de littératie et de numératie de base à la fin de l'école primaire. Des réformes urgentes, mais étroitement intégrées, étaient également nécessaires dans la politique de langues locales ; la fourniture, la gestion et l'utilisation des supports pédagogiques ; la formation initiale et continue des enseignants ; la supervision des écoles primaires et le mentorat ; et l'évaluation. L'équipe d'examen du programme de cours primaire a conclu que le programme en vigueur[13] comportait d'importantes faiblesses, mais que le problème de loin le plus fondamental était le temps et l'importance insuffisants accordés dans le plan des cours à l'acquisition de compétences précoces en littératie et numératie. Quelle que soit la langue, l'absence d'acquis de base en littératie et numératie au cours des premières années primaires a inévitablement un impact dévastateur sur la qualité de l'enseignement et la performance des élèves (et donc sur l'intérêt et la motivation des élèves et des parents) dans toutes les autres matières. Les recherches ont révélé que le manque d'acquis précoces en littératie était clairement la préoccupation majeure des enseignants, des parents et du reste de la communauté. Il était également perçu comme l'une des principales causes d'abandon et de mauvaise performance dans les années supérieures.

Les principaux problèmes liés à la conception des programmes de cours et à la fourniture des SDP identifiés par cet examen sont les suivants :

- Dans chaque pays, un lien doit être clairement établi entre l'élaboration des programmes et plans de cours, les réalités des écoles, et les implications de coût. Si un programme de cours n'est pas durablement soutenable, les objectifs d'apprentissage associés ne peuvent être atteints à grande échelle. Si le programme de cours ne tient pas compte des réalités des écoles tant rurales qu'urbaines, il est peu probable que les niveaux d'apprentissage s'améliorent. Des changements fréquents dans le contenu des programmes de cours, trop de matières et trop de contenu pour ces matières sont coûteux et contribuent fortement à rendre les coûts du système des SDP inabordables et, par conséquent, non soutenables. La conception de tout programme de cours devrait toujours être soumise à une évaluation par rapport aux réalités et à une analyse des coûts.

- L'élaboration des manuels scolaires nationaux et de la politique de SDP doit être étroitement liée aux programmes de cours et aux politiques de LdI. Les implications financières des décisions relatives aux programmes de cours et aux politiques de LdI doivent être clairement déterminées pour éclairer correctement et étayer les décisions de politiques des autorités nationales et des partenaires au développement. L'éventail complet des stratégies de réduction des coûts doit être considéré pendant l'élaboration d'une politique unifiée.

- La conception des programmes de cours et la spécification du contenu des matières doivent adopter une approche réaliste, tenant compte des heures de contact réelles et non supposées ainsi que des réalités des salles de classe. Ces considérations devraient également se retrouver dans les spécificatîons du contenu des manuels, actuellement trop souvent fondées sur les qualifications des enseignants, installations et ressources existant dans les meilleures écoles plutôt que dans les écoles ordinaires et inférieures aux normes. Les manuels et les guides pédagogiques devraient contenir une gamme d'activités et exercices accessibles aux écoles et élèves très performants, moyens et faibles, et leur contenu devrait tenir compte d'un éventail de niveaux d'aptitude.

- Les programmes de cours tant primaires que secondaires devraient contenir un plus petit nombre de matières, avec un contenu plus restreint, tenant, autant que possible, compte du temps réaliste que l'élève et l'enseignant pourront y consacrer.

- Plus d'efforts doivent être consentis pour veiller à ce que tous les enseignants connaissent le contenu et les objectifs du programme de cours.

- Il est absolument indispensable que les élèves participent plus activement à leur propre apprentissage et de s'éloigner des méthodologies fortement didactiques centrées sur l'enseignant, qui encouragent souvent une extrême passivité des élèves. Pour l'école primaire, il faudrait commencer à créer des lots de manuels, guides pédagogiques et autres SDP, encourageant ou exigeant des pratiques d'expression verbale, compréhension orale, lecture et écriture impliquant tous les élèves, en tant que fondement le plus essentiel de l'acquisition précoce de compétences en littératie et numératie.

- Des guides pédagogiques de meilleure qualité, plus détaillés, en plus gros caractères et à reliure souple, contenant des plans quotidiens détaillés de leçons, basés sur une évaluation plus précise des capacités et besoins des enseignants du primaire sont indispensables. Pour que les performances s'améliorent, les enseignants insuffisamment formés et qualifiés doivent pouvoir obtenir toute l'aide possible.

- Plus vaste est le contenu transféré des manuels (souvent fournis en ciblant un RME de 1:1 à 1:3) vers les guides pédagogiques (fournis à raison d'un guide par classe), plus bas sont les coûts du système. Il faut toutefois reconnaître que lorsque les enseignants n'utilisent pas leur guide, en sont incapables ou ne le veulent pas, il est préférable que les élèves aient accès à ce contenu dans leur propre manuel.

- Dans les premières années primaires, il est très urgent que les concepteurs des programmes de cours, les auteurs, les éditeurs, les inspecteurs et les enseignants reconnaissent que l'enseignement d'une langue est différent de celui de la littératie.

- Les politiques relatives à la langue dans le primaire inférieur, et en particulier aux langues locales, doivent tenir compte des critères de base pour l'acquisition d'une littératie élémentaire.

- Toutes les politiques de fourniture des SDP doivent être fondées sur des décisions claires des concepteurs des programmes de cours quant au profil *minimal* des supports didactiques et pédagogiques nécessaires à la réalisation des objectifs du programme et des acquis.

- Pour les premières années primaires, il est urgent de privilégier la fourniture de livres de lecture attrayants et stimulants dans des langues locales appropriées.

- Enfin, il est important d'évaluer régulièrement et précisément les implications de coût, complètes et en cours, de la conception des programmes de cours et des stratégies de fourniture des SDP par rapport aux financements disponibles, et de comprendre la nécessité de minimiser les dépenses au fil du temps pour assurer et maintenir les niveaux minimaux de fourniture requis.

Notes

1. http://www.hsrcpublishers.co.za/user_uploads/tblPDF/2073_00_With_Africa_for_Africa.pdf. Voir aussi http://www.adeanet.org/biennial2003/papers/2Ac_MLA_ENG_final.pdf pour une brève analyse des résultats MLA effectuée par Vinayagum Chinapah, le spécialiste faisant autorité des résultats MLA en Afrique. Pour d'autres exemples de types de questions du MLA, voir http://www.literacyonline.org/explorer/un_act.html.
2. Notons qu'en 4e année, un très grand nombre d'élèves ont déjà abandonné l'école primaire dans la plupart des pays d'Afrique et que le manque de littératie précoce est largement considéré comme l'une des causes majeures de l'abandon scolaire. Cela dit, l'incapacité à inculquer la littératie dans les écoles primaires d'Afrique subsaharienne est presque certainement de loin supérieure à ce que suggèrent les données.
3. http://www.adeanet.org/biennial2003/papers/3C_Mingat_ENG.pdf.
4. Anglais, historia, kiswahili, sayansi, jiografia, sanaana michezo, sayansi kinu, sayansi kilimo et siasa.
5. Le niveau des subventions par élèves a été calculé pour suffire à maintenir le RME cible ou à l'améliorer. La nécessité d'une reconstitution complète des stocks allait bien au-delà de la maintenance et aurait donc dû attirer un financement supplémentaire important pour pouvoir rétablir les niveaux précédents des manuels.
6. Cette étude de cas a été élaborée à partir d'informations tirées de Nyerendra (2001).
7. Il y a eu des exceptions. En 2003, le nombre des matières du programme de cours primaire du Kenya a été réduit de neuf à six ; les six matières du programme de cours

de l'Ouganda pour le primaire inférieur ont été réduites à zéro lors du passage à un programme de cours thématique permettant aux enseignants et aux élèves de se concentrer sur la littératie et la numératie à travers différents thèmes, au sein desquels les savoirs requis étaient transmis. En Tanzanie, le programme de cours pour l'année 2000 financé par la Banque mondiale a réduit à six le nombre des matières enseignées en primaire, mais l'Institut de l'éducation de la Tanzanie et le MdE les ont de nouveau augmentées à neuf, en 2006.

8. En Ouganda, la décision de diviser le district de Tororo en trois districts de plus petite taille en fonction des langues utilisées localement est un exemple de cette question.

9. Pour enseigner efficacement la littératie dans une langue locale, les enseignants ne doivent pas seulement être capables de parler la langue d'instruction choisie, mais aussi de la lire et de l'écrire avec un certain degré de certitude et d'exactitude. Les données collectées par des études de terrain en Ouganda indiquent que, dans de nombreuses langues locales du pays, ces compétences de base sont relativement rares, principalement parce que peu d'enseignants ont suivi une formation formelle dans leur propre langue. On observe donc une tendance générale à supposer que l'utilisation de la langue locale dans le primaire inférieur sert uniquement à la communication verbale, tandis que l'anglais reste la langue de la littératie.

10. Rien ne garantit que les enseignants du primaire inférieur aient une bonne maîtrise de la langue locale utilisée comme LdI. Par exemple, dans une école ougandaise où le kiswahili était utilisé comme LdI, les deux enseignants qui parlaient le plus couramment cette langue (ayant un diplôme de niveau V et des qualifications linguistiques formelles) enseignaient en 6e et 7e année, où la LdI était l'anglais. L'une des enseignantes de 1re année (ayant un diplôme de base de niveau III) ne parlait même pas couramment le kiswahili et avait visiblement des difficultés à enseigner la lecture, l'écriture, la compréhension orale et l'expression verbale dans une langue qui ne lui était pas très familière. Le directeur adjoint estimait que ses problèmes linguistiques n'étaient pas importants, car elle donnait uniquement cours à des élèves de 1re année.

11. BOLESWA = Botswana, Lesotho et Swaziland.

12. L'examen du programme de cours primaire de l'Ouganda n'a relevé que trois exemples d'élèves posant spontanément une question à leur enseignant, en 80 heures d'observation en classe.

13. La feuille de route ne fournit pas de données et conclusions détaillées sur les problèmes de l'actuel programme de cours primaire, mais celles-ci sont disponibles en détail dans le rapport de l'examen du programme de cours primaire (Read et Hicks, 2004).

Références

AFTED. 2010. Education in Ghana: Improving Equity, Efficiency and Accountability of Education Service Delivery. Une étude de la Banque mondiale, rapport 597555-GH. Washington, DC : Banque mondiale.

Banque mondiale. 2005. *PEDP Implementation Completion Report*. Washington, DC : Banque mondiale.

Benavot, A. et L. Gad. 2004. "Actual Instructional Time in African Primary Schools: Factors that Reduce School Quality in Developing Countries." *Prospects* 34 (3 septembre) : 291–310.

Buchan, A., R. Hicks et T. Read. 2006. *Final Report on the Uganda Reading Pilot Project*. Kampala : USAID pour le compte du MOES.

Chatry-Komarek, M. 2003. *Literacy at Stake*. Windhoek : Gamsberg Macmillan.

Chinapah, V. 2003. *Monitoring Learning Achievement (MLA) in Africa*. Réunion biennale de l'Association pour le développement de l'éducation en Afrique (ADEA) à Maurice.

EARC (Educational Assessment and Research Centre). 2005. *A Look at Learning in Ghana : The Final Evaluation of USAID/Ghana's Quality Improvement in Primary Schools Program*. Le Mitchell Group et l'Educational Assessment and Research Centre, Accra, Ghana, octobre 2005.

Gouvernement du Rwanda. 2013. Deuxième stratégie de développement économique et de réduction de la pauvreté (EDPRS2).

Glewwe, P., M. Kremer et S. Moulin. 1999. *Many Children Left Behind? Textbooks and Test Scores in Kenya*. Cambridge, MA : National Bureau of Economic Research.

Jones, B. et N. Sayer. 2013. Annual Review of the South Sudan Textbook Project. Juba : DfID.

Kellaghan, T. et V. Greaney. 2003. *Pilotage des performances : évaluations et examens en Afrique*. Paris : Association pour le développement de l'éducation en Afrique.

Kimaro, Y. 2010. *Daily News*. Dar es Salam, 5 janvier.

Kraft, R. 2003. *Primary Education in Ghana: A Report to USAID*. Kampala : USAID Ghana.

Lipson, M. et K. Wixson. 2004. *Evaluation of BTL and ASTEP Programs in the NE and Volta Regions of Ghana*. Kampala : International Reading Association pour le compte de l'USAID Ghana et du MOES.

MOES de l'Ouganda (ministère de l'Éducation et des Sports). 2003. *Planning Department Statistics*. Kampala : MOES.

Millot, B. et J. Lane. 2002. "The Efficient Use of Time in Education." *Education Economics* 10 (2) : 209–28.

N'tchougan-Sonou, C. H. 2000. *Values Learned through Formal Education*. A Comparative Study of Anglophone and Francophone Ewes in Ghana and Togo.

Mingat, A. 2000. Éléments analytiques et factuels pour une politique de la qualité dans le primaire en Afrique subsaharienne dans le contexte de l'Éducation pour tous. Association pour le développement de l'éducation en Afrique (ADEA).

National Assessment of Progress in Education. 2003. *Achievements of Primary Pupils*. Projet de rapport, 41.

Nyerendra, G. 2001. "Étude de cas du Malawi" dans *Améliorer les systèmes de distribution du livre en Afrique*, publié sous la direction de T. Read, C. Denning et A. Buchan, 55–85. Paris : Association pour le développement de l'éducation en Afrique (ADEA).

O'Sullivan, M. 2003. "The Development of Effective Strategies to Teach Reading among Unqualified Primary Teachers in a Developing Country Context." *International Journal of Early Years Education* 11 (2) : 129–40.

PASEC. 2007. Programme d'analyse des systèmes éducatifs de la CONFEMEN, UNESCO.

Read, T. 2010. *The Future of Our Children's Education*. Windsor, Royaume-Uni : International Education Partners.

Read, T. et S. Enyutu. 2005. *Uganda Primary Curriculum Reform Road Map*. Kampala : Ambassade royale des Pays-Bas pour le compte du MOES.

Read, T. et R. Hicks. 2004. *Uganda Primary Curriculum Review*. Kampala : Ambassade royale des Pays-Bas pour le compte du MOES.

Read, T. et A. Ibale. 2007. *Zanzibar Textbook Policy and Financing Study*. Une étude de la Banque mondiale. Washington, DC : Banque mondiale pour le compte du MOEVT.

Sehlabi, C. 2000. "Le financement de la fourniture des manuels scolaires au Lesotho" dans *Le financement des manuels scolaires et des matériels de formation des enseignants* de A. J. da Cruz. Paris : Association pour le développement de l'éducation en Afrique.

UNEB (Ugandan National Examinations Board – Bureau national des examens de l'Ouganda). 2003. *Draft Report, Achievements of Primary Pupils: National Assessment of Progress in Education*. Kampala : UNEB.

UNESCO (Organisation des Nations Unies pour l'éducation, la science et la culture). 2000. *Report on the EFA Meeting in Johannesburg*.

———. 2004. *Éducation pour tous – L'exigence de qualité. Rapport mondial de suivi sur l'Éducation pour tous 2005*. Paris : UNESCO.

Wane, W. et G. H. Martin. 2013. *Education and Health Services in Uganda: Data for Results and Accountability*. Une étude de la Banque mondiale. Washington, DC : Banque mondiale et le Consortium pour la recherche économique en Afrique.

Ward, M., A. Penny et T. Read. 2007. Education Reform in Uganda – 1997 to 2004: Reflections on Policy, Partnership, Strategy and Implementation. Londres : DfID.

Williams, E. 2007. "Extensive Reading in Malawi: Inadequate Implementation or Inappropriate Innovation." *Journal of Research in Reading* 30 (1): 59–79.

CHAPITRE 5

Financement des supports didactiques et pédagogiques (SDP)

Problèmes liés au financement des supports didactiques et pédagogiques

> Au cours de la dernière décennie, les pays d'Afrique subsaharienne ont, chaque année, augmenté de plus de 6 % leurs dépenses réelles dans l'éducation. Malgré ces investissements, nombre d'entre eux sont encore loin d'assurer à chaque enfant une éducation primaire de bonne qualité. Entre 2000 et 2008, le nombre d'enfants scolarisés dans l'enseignement primaire a augmenté de 48 %, passant de 87 à 129 millions. Au cours de la même période, une hausse de plus de 60 % a également été enregistrée dans les inscriptions à l'enseignement préprimaire, secondaire et supérieur. […] En moyenne, l'éducation représente plus de 18 % de l'ensemble des dépenses publiques en Afrique subsaharienne, contre 15 % dans les autres régions. Dans l'ensemble, la région consacre 5 % de son produit intérieur brut (PIB) à l'éducation, la deuxième plus grande proportion régionale après celle de l'Amérique du Nord et de l'Europe (5,3 %). En dépit de ces investissements, de nombreux pays de la région sont pourtant encore loin de fournir à chaque enfant un enseignement primaire de bonne qualité, et les niveaux d'acquis, en particulier les compétences précoces en littératie et numératie, sont scandaleusement bas. Les données les plus récentes montrent que dans un tiers des pays, la moitié des enfants n'achèvent pas leurs études primaires. Trente-deux millions d'enfants en âge d'école primaire ne sont toujours pas scolarisés dans la région. Le rapport prévoit une augmentation de ce chiffre avec l'accroissement de plus de 34 % de la population des 5 à 14 ans, prévu au cours des 20 prochaines années. Compte tenu des récentes crises économiques, la plupart des États africains devront prendre des décisions stratégiques sur la façon de mieux servir leurs populations croissantes d'élèves et de faire le meilleur usage des rares ressources disponibles. (Institut de statistique de l'UNESCO, 2011)

Pour de nombreux pays et partenaires au développement (PD), le scénario le plus souhaitable devrait permettre la fourniture gratuite de tous les supports didactiques et pédagogiques (SDP) requis, en quantité et avec une fréquence suffisantes pour maintenir des stocks adéquats en bon état. En réalité, cet objectif s'est avéré difficile à atteindre, et avec leurs propres ressources, la majorité des pays d'Afrique subsaharienne n'ont pas réussi à maintenir l'investissement dans la fourniture des SDP de base nécessaire pour soutenir le processus éducatif de manière satisfaisante (da Cruz et coll., 1998). Les bailleurs de fonds visaient généralement des actions d'urgence, l'appui au financement public ou le renforcement des capacités des éditeurs locaux, mais la cause de leurs interventions est restée la même : l'échec partiel ou total des systèmes existants de fourniture des SDP (O'Connor, 1999). La cause la plus fréquente de cet échec a été l'incapacité de fournir le financement nécessaire au maintien des approvisionnements en SDP. Cette section examine une série de modèles de financement de différents pays afin d'identifier les causes les plus courantes.

Accessibilité financière, soutenabilité et prévisibilité

Les systèmes de financement des SDP doivent être :

- Abordables,
- Soutenables, et
- Prévisibles.

L'accessibilité financière exige :

- Des politiques de financement claires et cohérentes (qui va payer ?) ;
- Une bonne compréhension (fondée sur des études de marché) de ce que l'État et les parents peuvent, de façon réaliste et cohérente, apporter comme contribution ;
- Une conception de programmes et plans de cours réaliste et chiffrée, afin de comprendre et accepter clairement les implications financières pour les années à venir et les maintenir dans les limites d'accessibilité financière définies par les études de marché ;
- Un profil minimal des SDP nécessaires pour réaliser le programme de cours, lui aussi maintenu à l'intérieur des limites d'accessibilité financière convenues ; et
- Le recours à des stratégies de réduction des coûts, si nécessaire.

La soutenabilité implique :

- Un financement fiable d'année en année et toujours à la hauteur des besoins budgétaires prévus ;
- Des taux de recouvrement élevés si une contribution des parents est prévue (par exemple, à travers des frais de location annuels) ;
- L'entretien systématique des livres pendant toute la durée de vie ciblée (pour que les manuels et SDP ne soient pas usés avant leur remplacement comme ce fut le cas en Somalie) ; et

- Le maintien systématique de faibles niveaux de pertes et dégradations (par conséquent, une distribution efficace, un bon stockage dans les écoles, une gestion efficace du système, une bonne gestion par l'école, du soin et une conservation en bon état, qui nécessitent une formation adéquate et une supervision efficace).

La prévisibilité exige :

- Des politiques cohérentes, soigneusement étudiées, bien conçues et mises en œuvre sans changements majeurs au fil du temps, afin que les fonctionnaires du ministère de l'Éducation (MdE), les enseignants, les élèves et les parents comprennent tous le fonctionnement du système ;
- Une consultation exhaustive et régulière de tous les acteurs majeurs du système, en particulier si des changements importants sont prévus ou envisagés ;
- De bons délais d'approvisionnement pour tous les intrants requis (par exemple, les nouveaux manuels scolaires requis par un nouveau programme de cours) ou changements importants au système ; et
- Un système de distribution précis, fiable, et (de préférence) basé sur une prise de décision et une gestion au niveau des écoles.

Sous-financement

Dans la plupart des pays d'Afrique subsaharienne, même la fourniture des SDP de base a été sous-financée. Dans certains cas, le sous-financement est irrégulier ou temporaire, et dans d'autres, constant et presque permanent. Par exemple, en 2005, un rapport de l'Union européenne (UE) sur les manuels scolaires en Zambie a constaté que :

> Les politiques du ministère de l'Éducation sont contrecarrées par son manque apparent d'engagement envers ses intentions déclarées de décentraliser la passation des marchés des manuels scolaires. Au sein du [...] MdE, il y a une compréhension limitée des avantages de la décentralisation des manuels scolaires, de la manière dont les processus s'enchaînent ou de l'impact négatif que l'arrivée tardive des nouveaux manuels dans les écoles aura sur l'enseignement du nouveau programme de cours. Les décaissements de fonds en faveur du programme de cours de la 1re année primaire ont été inférieurs aux besoins, et des signes indiquent qu'il en sera de même pour les 2e et 5e années. (PricewaterhouseCoopers, 2005)

En 2009, un deuxième rapport financé par l'UE sur le même sujet en Zambie signalait que :

> divers suivis du MdE ont montré que la plupart des constatations du rapport de 2005 étaient toujours valables, mais qu'aucune de ses recommandations n'avait été mise en œuvre. (Bontoux et Musonda, 2009)

Beaucoup d'autres exemples du sous-financement des SDP en Afrique subsaharienne peuvent être cités. En Zambie, des rapports de consultants, préparés et rédigés par deux organisations différentes, ont chacun reconnu l'existence d'un sous-financement constant, combiné à un manque de contrôle du coût des intrants des SDP achetés. Mais aucune mesure n'a été prise en quatre ans pour corriger la situation.

Le sous-financement de la fourniture des manuels scolaires ne résulte pas seulement de l'insuffisance des allocations financières publiques octroyées aux SDP, mais aussi du manque de contrôle des contributions des parents, en raison duquel, dans certains cas, le financement des parents ne suffisait pas à couvrir les coûts d'une fourniture adéquate des manuels scolaires et SDP, même lorsque les parents étaient disposés à payer. Des études de cas illustrant différents scénarios de sous-financement sont fournies ci-dessous.

Manuels scolaires du secondaire au Malawi, 1976–1999[1]

En 1976, le ministère de l'Éducation a rendu obligatoire une cotisation annuelle pour les manuels scolaires en tant que composante des frais de scolarité généraux payés par tous les élèves inscrits dans les écoles secondaires classiques (ESC). La valeur de cette contribution équivalait à environ 5 dollars EU par élève et par an. Combinée aux subventions publiques annuelles directes des manuels scolaires, elle fournissait une base permettant d'assurer un accès satisfaisant aux manuels scolaires à tous les élèves du secondaire, pour toutes les matières et dans toutes les années d'études. Au cours des 23 années suivantes, l'inflation et la dévaluation ont durement frappé la monnaie locale, mais l'État malawite a refusé toute augmentation de la cotisation annuelle pour les manuels scolaires. En 1999, la valeur des frais de manuels scolaires s'était détériorée au point d'atteindre l'équivalent de 0,0125 dollar EU par élève et par an. Au même moment, les effectifs du secondaire ont augmenté de façon spectaculaire, en raison de la demande accrue de places dans les écoles secondaires résultant de l'introduction de l'enseignement primaire universel (EPU) au Malawi. Au cours des huit années allant de 1979 à 1987, les effectifs des écoles secondaires classiques ont enregistré une hausse de plus de 240 %, passant de 29 326 à 70 858 élèves. En même temps, les inscriptions dans les centres d'enseignement à distance (CED)[2] sont passées de 19 596 à 108 846, soit une croissance de 555 % en huit ans. L'augmentation totale des effectifs du secondaire sur la période était de 367 %. La croissance des inscriptions a fait peser une énorme pression sur les budgets de l'enseignement secondaire de l'État, qui à partir du début des années 1990, ont diminué de façon abrupte. En 1998, ni les ESC ni les externats communautaires d'enseignement secondaire (ECES) n'avaient assez de manuels scolaires ou guides pédagogiques pour toutes les matières et années d'études. En 1999/2000, les écoles secondaires du Malawi ont enregistré le taux de réussite le plus bas jamais atteint au diplôme de fin d'études secondaires (MSCE – *Malawi Secondary Certificate of Education*), avec seulement 3 % dans les ECES. En 1998, en réponse à la grave pénurie de manuels scolaires, le Projet pour l'enseignement secondaire (SEP – *Secondary Education Project*) de la Banque mondiale a pris en charge une fourniture unique de manuels scolaires aux ESC, et l'Agence danoise pour le développement international (DANIDA – *Danish International Development Agency*) a entrepris de soutenir et réformer la fourniture des manuels scolaires aux ECES. En 2000, sous la pression des bailleurs de fonds, les cotisations annuelles pour les manuels du secondaire ont été rétablies à un niveau équivalant à 4,25 dollars EU par élève et par an, et la DANIDA a fourni des fonds de contrepartie pour les cotisations perçues par les écoles. En 2000, le concept de financement de contrepartie de la DANIDA a été étendu aux ESC. En 2002, l'arrêt de la présence diplomatique du Danemark au Malawi a mis fin à l'appui danois à l'éducation, mais l'impact de l'intervention de la DANIDA a été si important que, quatre ans après la disparition de l'appui de tous les bailleurs de fonds aux manuels scolaires du secondaire, 85 % des élèves payaient encore la cotisation révisée, indiquant ainsi clairement que la plupart des parents étaient prêts à payer des frais réalistes pour un accès fiable aux principaux manuels secondaires.

En juillet 2014, le ministère de l'Éducation, des Sciences et de la Technologie (MOEST) du Malawi a décidé de revenir une nouvelle fois au régime de location des manuels scolaires et au fonds renouvelable initialement mis en place en 1999/2000 avec l'appui de la DANIDA. La préface du Manuel du Fonds renouvelable pour les manuels scolaires 2014 (*Textbook Revolving Fund Handbook*) du MOEST explique les raisons de ce retour à un régime précédent :

> L'introduction du Fonds renouvelable pour les manuels scolaires (en 1999) a marqué une étape importante dans le financement des supports didactiques et pédagogiques (SDP) de l'enseignement secondaire. Alors que la pénurie de manuels scolaires, les retards importants, et l'inadéquation des ressources de contrepartie par rapport aux besoins des écoles étaient endémiques dans le précédent système d'approvisionnement centralisé, le TRF a considérablement amélioré la disponibilité et la fourniture en temps voulu des manuels dans les écoles secondaires, à travers un approvisionnement basé sur les écoles. Ce succès indéniable du MOEST dans l'amélioration de la disponibilité des manuels scolaires a été compromis ces dernières années par deux facteurs distincts. Premièrement, le montant initial du TRF mobilisé par les écoles secondaires était de 180 kwachas malawiens en 2000, mais faute d'un ajustement annuel à l'inflation, avec une valeur de 250 kwachas malawiens, le TRF avait, jusqu'à récemment, presque totalement perdu son pouvoir d'achat. Deuxièmement, l'appui du MOEST à l'approvisionnement basé sur les écoles a également baissé au fil du temps. Les directives initiales du TRF de 1999 notaient que "les librairies du Malawi sont petites et sous-financées, ont très peu d'expérience pratique de l'approvisionnement des écoles et ont besoin de temps pour développer les compétences et capacités de gestion nécessaires". Deux systèmes parallèles ont donc continué à fonctionner en parallèle, "l'approvisionnement direct auprès de vendeurs-détaillants de manuels scolaires, approuvés au niveau national" et "l'approvisionnement centralisé". Au cours des dernières années, le MOEST a toutefois arrêté ses contributions financières au fonds de contrepartie et les a presque entièrement consacrées à l'approvisionnement centralisé, sapant ainsi lentement le système d'approvisionnement basé sur les écoles qui fonctionnait bien. De nos jours, le MOEST se retrouve ainsi dans une position très similaire à celle où il était lors du lancement du TRF. Il vient de terminer les *School Curriculum*

Assessment and Review (SSCAR – évaluation et bilan du programme de cours du secondaire), et la fourniture régulière et en temps voulu des manuels et supports de lecture complémentaires est redevenue une préoccupation majeure. Le moment est donc idéal pour revitaliser et renforcer son système d'approvisionnement basé sur les écoles dans le secondaire, conformément à son deuxième Plan de mise en œuvre du secteur de l'éducation (ESIP II – *Éducation Sector Implementation Plan*). Le MOEST a donc décidé de consacrer tout le financement des manuels scolaires et supports de lecture au système d'approvisionnement direct auprès de vendeurs-détaillants de manuels scolaires, approuvés au niveau national, tout en assurant une contribution adéquate des élèves en portant le TRF à 3 500 kwachas malawiens (ajusté annuellement à l'inflation). Cette décision améliorera considérablement la disponibilité et l'approvisionnement en temps voulu des manuels scolaires, tout en renforçant un système décentralisé proposant un choix plus large à toutes les écoles secondaires. (MOEST, 2014)

Ceci est un exemple de l'incapacité d'un ministère et d'un PD à tirer les leçons d'une expérience passée. En 2014, les causes de l'échec du maintien d'un système adéquat de fourniture des manuels du secondaire étaient exactement les mêmes qu'en 2000. La réticence politique à augmenter les frais de manuels scolaires pour maintenir la parité du pouvoir d'achat avec l'inflation et la dévaluation de la monnaie a été observée dans un certain nombre de pays d'Afrique subsaharienne. Par exemple les frais de location des manuels fixés de manière irréaliste en Gambie et en Guinée, la réticence à approuver l'ajustement des frais de location des manuels à l'inflation au Lesotho, et le refus d'augmenter les subventions par élève des manuels versées aux écoles en Tanzanie. Dans tous les cas, le refus des pouvoirs publics d'autoriser des hausses inflationnistes des prix pour des raisons politiques a entraîné l'effondrement ou quasi-effondrement des systèmes.

Guinée, 1958–2000[3]

Après l'indépendance, l'État a assumé la responsabilité de l'élaboration et de la fourniture des manuels scolaires et mis en place un enseignement primaire en français et en huit langues locales. Malheureusement, les coûts du système de fourniture des manuels scolaires dépassaient la capacité de l'État, et aucun livre n'a été fourni aux écoles utilisant les langues nationales. Les allocations annuelles de manuels par élève ont diminué à une valeur équivalant 0,20 dollar EU. En 1985, la politique linguistique nationale a été abandonnée, et les PD sont intervenus pour financer la fourniture des manuels scolaires à travers l'acquisition standard de manuels en français importés. La rédaction et la publication de dix-sept manuels étaient prévues au niveau local, mais en 1990, seuls trois d'entre eux étaient prêts pour la production et ont été financés par l'Agence belge de développement (CTB) et imprimés en Belgique. Dans le système de distribution et de vente contrôlées par l'État mis en place par le MdE, les manuels étaient livrés aux districts et récupérés par les directeurs d'écoles, pour être ensuite vendus aux élèves. Malheureusement, la tenue des dossiers et le recouvrement des recettes ont été mal gérés par les directeurs d'école, et le revenu des ventes n'a jamais été mis à la disposition du MdE pour le financement des futurs approvisionnements en manuels scolaires.

En 1998, l'Agence américaine pour le développement international (USAID – *United States Agency for International Development*) signalait qu'entre 1991 et 1998, aucune contribution financière de l'État n'avait été faite en faveur de la fourniture des manuels scolaires en Guinée. La distribution restait un problème majeur. De 1994 à 1996, elle a été déléguée à deux entreprises locales contre une remise de 37 %[4], et le système a semblé fonctionner. En 1997, le MdE a néanmoins résilié ce contrat de distribution pour lancer un système de location à court terme des manuels scolaires, géré par des comités locaux. À partir de 1998, les manuels ont été livrés dans les entrepôts du MdE, d'où des contractants privés les enlevaient pour les livrer aux écoles urbaines et aux sous-préfectures, où les écoles les récupéraient. Des comités de gestion des livres scolaires ont été mis en place dans chaque école, avec pour responsabilité d'administrer et gérer le système, de percevoir les frais de location et de les transférer vers le fonds central créé pour financer les exemplaires de remplacement. Les frais de location annuels ont été fixés à un montant équivalant à 0,60 dollar EU pour un lot de sept manuels. Les livres perdus devaient être payés et le non-retour des livres à la fin de l'année scolaire entraînait une suspension voire une expulsion de l'école. Dès le début, le système a été confronté à de nombreux problèmes. Il y avait une incertitude sur les titres inscrits au programme de cours, une confusion sur les quantités à livrer à chaque école (un décalage entre les fournitures et les inscriptions, et des niveaux élevés de pertes de stock dans la distribution) et sur le prix des exemplaires de remplacement, etc. Certains parents craignaient tellement d'avoir à payer le prix plein des livres perdus ou endommagés ou de voir leurs enfants exclus de l'école si les livres empruntés n'étaient pas rendus, qu'ils ont confisqué les manuels scolaires afin de pouvoir les rendre tous et sans dommage à la fin de l'année scolaire. La collecte des frais de location auprès de nombreux établissements scolaires s'est avérée problématique, et l'État était tellement soucieux de maintenir les coûts de location à des niveaux peu élevés[5] que le fonds central ne pouvait réunir suffisamment d'argent pour acheter des stocks de remplacement adéquats.

De 1985 à 2000, différents PD ont financé plusieurs millions de manuels scolaires en Guinée. Les principaux étaient la Banque mondiale, la Banque africaine de développement (BAD), l'Agence internationale de la francophonie (AIF), l'Union européenne (UE), la Coopération française (CF) et l'USAID. La multiplicité des PD a évidemment posé des problèmes de coordination, notamment parce qu'ils avaient, chacun, des positions de principe différentes. Ainsi l'AIF et la CF privilégiaient la vente de manuels aux parents en tant que mécanisme de financement et unique moyen d'assurer la pérennité et la longévité des livres (les parents et les élèves ne se soucient que des manuels qu'ils ont payés) ; la Banque mondiale et l'USAID favorisaient la distribution gratuite pour assurer une fourniture véritablement nationale ; les organisations non gouvernementales (ONG) avaient tendance à préférer les frais de location en collaboration avec les associations de parents d'élèves (APE).

Au cours de cette longue période d'appui des PD à la fourniture des manuels scolaires, il n'y a toutefois eu aucun signe d'une tentative sérieuse de définition d'un profil abordable des SDP ou de passage à des systèmes soutenables. Deux questions majeures sont à la base de tout ce qui précède :

- La crainte que les élèves guinéens n'aient plus de manuels scolaires une fois que les PD seront fatigués de fournir des financements.
- Les mauvaises performances du système de distribution, qui rendaient inutiles la plupart des investissements dans l'élaboration, la production et l'acquisition des livres. En 1998, une étude de l'USAID a estimé que 67 % des manuels étaient perdus lors de la distribution et à cause de la mauvaise gestion au niveau de l'administration centrale, des districts et des écoles.

À partir de 1985, le français a été rétabli comme langue d'instruction à tous les niveaux du système scolaire et les langues nationales sont devenues des matières du programme de cours. L'État a néanmoins continué à souhaiter que les langues nationales jouent un rôle plus important dans l'éducation et la culture nationale. L'Académie des langues a été rebaptisée Institut de recherche linguistique appliquée, et l'ancien Institut pédagogique est devenu l'Institut national de recherche et d'action pédagogiques (INRAP). Ce dernier était chargé de l'élaboration et de la production des manuels primaires et secondaires. Les études menées en 2005 par la Conférence des ministres de l'Éducation des pays ayant le français en partage (CONFEMEN) ont toutefois montré que seuls 50 % des manuels présents dans les écoles provenaient réellement de l'INRAP (Pôle de Dakar, 2005).

Selon l'enquête 2005 de la CONFEMEN, les élèves du primaire auraient dû avoir des manuels d'enseignement du français (EdF) dans un ratio de 1:2 et des manuels de mathématiques dans un ratio de 1:3. Il y avait toutefois de larges disparités. Ainsi, 19 % des élèves n'avaient pas accès à un manuel d'EdF, et seuls 21 % fréquentaient des écoles disposant de plus d'un livre d'EdF pour deux apprenants. Une étude du Programme d'analyse des systèmes éducatifs de la CONFEMEN (PASEC) datant de 2006 (Secrétariat technique permanent de la CONFEMEN, 2006) signalait que 58 % des élèves du cours préparatoire 2 (2e année primaire) n'avaient aucun manuel d'EdF et 62 % aucun manuel de mathématiques. En 2005, l'USAID[6] a fourni suffisamment de livres pour atteindre "officiellement" un ratio de 1:1 en 1re et 2e années, même si un suivi ultérieur a prouvé que ces livres n'avaient pas quitté les boîtes dans lesquels ils avaient été livrés.

Les manuels sont maintenant récupérés par les écoles auprès de la Direction communale de l'éducation (DCE), l'autorité éducative locale : les directeurs d'école vont chercher la dotation de manuels scolaires de leurs écoles dans l'entrepôt de la DCE. Les parents sont tenus de payer une contribution de 500 francs guinéens (0,07 dollar EU) par lot de manuels primaires et de 1 000 francs guinéens (0,14 dollar EU) par lot de manuels secondaires. Les directeurs d'école primaire cités dans un rapport de 2008 de l'Institut international de planification de l'éducation (IIPE) (Baldé et coll., 2008) estimaient que cette contribution n'avait plus de sens, étant donné que les manuels n'avaient plus été renouvelés depuis 2002 (1998 pour le secondaire) et étaient maintenant officiellement considérés comme endommagés ou parfois même perdus. Le taux de recouvrement des "frais de manuels scolaires" avoisine 100 %, même si les écoles peinent à obtenir de nouveaux manuels. Les directeurs d'école parlent d'"un livre pour cinq ou six élèves". Les 500 francs guinéens des frais de manuels scolaires sont inclus dans les frais de scolarité annuels de 10 000 francs guinéens (1,40 dollar EU). Les enseignants actifs à la base déplorent qu'en contrepartie de cette contribution, ni eux-mêmes ni les parents n'aient leur mot à dire sur le nombre et le contenu des manuels scolaires qui leur sont fournis.

Pour maintenir le ratio manuel scolaire/élèves (RME) de 1:3 atteint dans le primaire en 2007, le Programme sectoriel de l'éducation (PSE) pour 2008–2015 financé par le Fonds commun, l'approche sectorielle (SWAp) de la Guinée pour l'éducation, consacrera 15,5 millions de dollars EU à l'achat d'un manuel scolaire par élève et par an.

L'étude de cas de la Guinée illustre les points suivants :

- La dépendance totale du système de fourniture des SDP de l'État guinéen vis-à-vis du financement des PD ;
- L'absence d'un système efficace, fiable et soutenable de fourniture des SDP après 25 années d'interventions multiples des PD dans le financement des manuels scolaires ;
- L'absence de tout effort de l'État guinéen ou des PD pour aborder sérieusement les questions d'accessibilité financière ou de soutenabilité ;
- Les nombreux changements dans la politique de fourniture des manuels scolaires de l'État guinéen ;
- Le maintien de spécifications physiques très élevées pour la production des manuels scolaires, fondées sur les normes françaises métropolitaines et les niveaux de prix français, avec un impact évident sur l'accessibilité financière et la soutenabilité ;
- L'incapacité à venir à bout des pertes récurrentes et dévastatrices dans la distribution ;
- L'inaptitude permanente à gérer efficacement le système de fourniture des manuels scolaires ;
- Les frais irréalistes de manuels scolaires et le manque de transparence de la destination et de l'utilisation des contributions parentales à la fourniture des manuels scolaires.

Tanzanie, 1988–2010

En 1988, la Banque mondiale a financé une étude du secteur du livre en Tanzanie dans le cadre d'une série d'études nationales réalisées dans un certain nombre de pays africains en vue de fournir de la matière première à la

Conférence des ministres africains de l'Éducation de 1991, dont le thème était la fourniture soutenable des manuels scolaires (Buchan et coll., 1991 ; Read, 2010). Cette étude tanzanienne a signalé une disponibilité très variable des manuels, même entre des écoles voisines, avec de considérables différences géographiques de fourniture. Un livre de kiswahili était disponible avec un ratio de 1:2 dans la zone centrale contre seulement 1:10 dans la zone côtière. Un livre de mathématiques était disponible dans les hautes terres du Sud avec un ratio de 1:2, mais de seulement 1:700 dans la zone des Lacs. Dans les régions inaccessibles, les livres étaient souvent inexistants. Il a été prouvé qu'en milieu urbain la fourniture était nettement meilleure que dans les zones rurales. Les manuels étaient financés par l'intermédiaire des bureaux de district, qui manquaient souvent de fonds pour les achats, et la réaffectation des fonds à des fins autres que les manuels scolaires était courante.

En 1988, le programme de cours primaire exigeait onze manuels par élève et par année, ce qui constituait une charge énorme pour les finances publiques. L'étude du secteur du livre estimait le ratio national moyen de fourniture des manuels à 1 livre pour 13 élèves dans toutes les matières de base et les années primaires. Des spécifications de production inférieures aux normes affectaient la lisibilité des ouvrages à cause de la mauvaise qualité du papier d'impression. Les manuels scolaires étaient pour la plupart monochromes et considérés comme peu attrayants et stimulants pour les élèves ou les enseignants. Le manque de finition des couvertures, la piètre qualité de leur cartonnage, et les reliures non cousues réduisaient la durée de vie des livres à moins de deux ans, affectant ainsi la disponibilité des manuels et les coûts récurrents de fourniture.

Les manuels du primaire représentaient environ 90 % du chiffre d'affaires de l'édition en Tanzanie, mais pendant de nombreuses années, seuls les éditeurs parastataux étaient autorisés à publier dans ce secteur. Malgré leur position dominante sur le marché des manuels scolaires primaires de base, les éditeurs parastataux ont connu des problèmes financiers croissants, causés par l'insuffisance du financement public des manuels scolaires. Les conséquences en ont été une diminution des ventes de manuels scolaires et autres SDP, des problèmes de trésorerie, une insuffisance des fonds de roulement, des manques de matières premières et une augmentation rapide des dettes. Ces problèmes ont inévitablement entraîné une nouvelle diminution des normes de fourniture et d'édition des manuels scolaires. Toutes les écoles secondaires publiques et privées ont connu une grave pénurie de livres. Dans les écoles secondaires, la fourniture des manuels comprenait, au mieux, des lots de très vieux manuels, amoureusement entretenus par les écoles et reliés plus d'une fois, avec parfois un livre par élève, mais le plus souvent pour deux ou trois. De nombreuses écoles secondaires rurales n'avaient aucun manuel.

En 1988, après presque 20 ans de fourniture des manuels scolaires par l'État, leur disponibilité dans les écoles était insuffisante pour soutenir les objectifs des programmes de cours. De 1981 à 1991, il n'était pas rare qu'un enfant allant à l'école primaire n'ait accès à aucun manuel dans une quelconque matière (Read et coll., 1988 ; Saiwad, 2001).

Le projet pilote pour l'édition, financé dans les années 1990 par l'Agence suédoise pour le développement international, suivi par le Projet de développement de l'enseignement primaire (PEDP – *Primary Education Development Project*) financé par la Banque mondiale, a créé un cadre pour la réforme en revenant à l'édition par le secteur privé et en revoyant le programme de cours pour le rendre plus abordable. En 2001, le PEDP a mis en place pour les écoles primaires, une subvention annuelle de 10 000 shillings tanzaniens par élève, dont 4 000 alloués aux manuels. Jusqu'en 2004, la composante "manuels scolaires" de cette subvention était versée aux bureaux de district pour les acquisitions destinées aux écoles. Depuis 2004, elle est versée directement sur les comptes bancaires des écoles. La composante "manuels scolaires" a été calculée pour un ratio manuel scolaire/élèves de 1:3 pour chacun des six manuels requis par le programme de cours primaire révisé[7].

En 2000, le taux de change moyen de l'année était de 790 shillings tanzaniens pour 1 dollar EU. Le montant de la subvention par élève des écoles était de 12,68 dollars EU, et sa composante "manuels scolaires" de 5,06 dollars EU par élève et par an. Le tableau 5.1 donne les taux de change annuels moyens de 2000 à 2009.

Sur base de ces taux de change, la valeur du shilling tanzanien avait chuté de 40 % entre 2000 et 2009. Cette baisse est importante parce que toutes les matières premières des manuels scolaires étaient achetées en dollars EU et que plus de 80 % des manuels utilisés dans les écoles tanzaniennes étaient imprimés à l'étranger et payés en dollars EU. En 2007, le nombre de manuels requis dans le programme de cours primaire est passé de six à neuf.[8] L'inflation des prix des matières premières et des coûts d'impression entre 2000 et 2010 a été estimée à 10 à 15 %. Sur cette base, en 2009, la subvention totale par élève aurait dû être, au minimum, de 21 000 shillings tanzaniens par élève, si la parité avec les montants initiaux de 2000 avait été maintenue. Sa composante "manuels scolaires primaires" aurait dû passer de 4 000 shillings tanzaniens à 9 240 shillings tanzaniens.[9] En réalité, les allocations pour la subvention totale par élève ont diminué

Tableau 5.1 Moyenne annuelle des taux de change médians en dollars EU, 2000–2009

Année	Shillings tanzaniens pour 1 dollar EU
2000	790
2001	805
2002	1 020
2003	1 050
2004	1 090
2005	1 130
2006	1 170
2007	1 300
2008	1 160
2009	1 300

Source : Banque nationale de Tanzanie.

en dépit de l'augmentation continue du budget global de l'éducation. La subvention totale par élève pour l'enseignement primaire a chuté de 13 000 shillings tanzaniens en 2006 à 6 000 shillings tanzaniens[10] en 2008–2009, dont 3 150 shillings tanzaniens pour les manuels scolaires soit un tiers environ de la valeur nécessaire pour atteindre et maintenir dans les écoles les RME cibles convenus. L'introduction, en 2007, du nouveau programme de cours primaire a été accompagnée d'une interdiction du ministère d'utiliser l'ensemble des livres de l'ancien programme de cours. Les stocks de manuels scolaires accumulés ont ainsi été mis au rebut, sans pour autant qu'une allocation financière soit octroyée pour couvrir la reconstitution des stocks.[11]

Même pendant la durée du PEDP, il y a eu des problèmes de régularité et de ponctualité dans le décaissement des subventions par élève. Le rapport de fin d'exécution (RFE) du PEDP signale des retards dans le financement destiné aux conseils de district, et ensuite dans le versement des fonds aux écoles par les ces derniers. Dans certains cas, ceux-ci n'ont pas décaissé la totalité du financement destiné aux écoles. De plus, à cause du versement en quatre tranches trimestrielles égales, souvent effectué avec un retard important, les écoles ont toujours eu des problèmes pour acquérir suffisamment de manuels pour le début de l'année scolaire. D'autres dépenses étaient jugées plus importantes que les manuels scolaires.

Les subventions par élève pour le secondaire ont initialement été introduites dans le cadre du Projet de développement de l'enseignement secondaire (SEDP – *Secondary Education Development Project*). Les premières subventions, fixées à 25 000 shillings tanzaniens par élève et par an, ont été décaissées en 2006, avec pour objectif de soutenir l'amélioration de la fourniture des manuels aux écoles secondaires. Malheureusement, l'impact du SEDP a été si important que les inscriptions au secondaire ont augmenté de 136 % entre 2004 et 2007, dépassant de loin les estimations les plus élevées des allocations budgétaires destinées aux subventions par élève, si bien que le financement disponible a dû être saupoudré sur l'ensemble des effectifs. Ainsi, en 2006, le montant de la subvention versée aux écoles secondaires n'était que de 16 900 shillings tanzaniens (68 %) par élève. Les écoles secondaires communautaires non publiques admissibles n'ont reçu que 5 700 shillings tanzaniens par élève (23 %). Les données sur les allocations octroyées aux subventions par élève après 2006 n'étaient pas disponibles, mais le rapport de fin d'exécution du SEDP de la Banque mondiale[12] a noté que si les subventions par élève restaient inférieures aux normes, la fourniture des manuels scolaires en serait négativement affectée, avec une dégradation subséquente de la qualité de l'enseignement.

Entre 2004 et 2007, le nombre des écoles secondaires publiques est passé de 828 à 2 806. Cette croissance a en grande partie été concentrée dans les zones rurales et éloignées mal desservies ainsi que dans les zones urbaines pauvres. La cohorte des élèves passant les examens de l'enseignement secondaire pour la première fois en 2008 contenait ainsi une proportion d'élèves issus des zones défavorisées plus forte qu'aux examens précédents. Au cours de la même période, les ratios élèves/enseignant se sont détériorés dans les écoles secondaires, passant d'une moyenne nationale de 30:1 à 37:1, les pires se retrouvant dans les zones rurales et éloignées. En conséquence, les taux de réussite aux examens de l'enseignement secondaire ont régressé.

Le rapport 2009 de l'Enquête de suivi des dépenses dans l'enseignement primaire (PETS – *Primary Expenditure Tracking Survey*) a fourni des données sur les facteurs qui ont affecté les résultats des examens. Ainsi, à propos des résultats de l'examen de fin d'études primaires de 2008, le PETS a formulé les commentaires suivants :

> Les dépenses dans les intrants non salariaux semblent influencer le rendement scolaire mesuré par le classement des écoles à l'examen de fin d'études primaires [...] malgré des variations importantes, d'abord et avant tout entre les écoles rurales (Claussen et Assad, 2009).

Ainsi de bons résultats aux examens de fin d'études primaires ont été associés en Tanzanie aux écoles ayant des niveaux plus élevés de dépenses non salariales (y compris dans les manuels scolaires). Pour le secondaire, le PETS a fait le commentaire suivant :

> La différence de performance aux examens est significative entre les écoles publiques et communautaires. Le taux moyen de réussite est de 90 % dans les premières contre 71 % dans les secondes. La tendance est la même pour les résultats de l'examen de fin de 4e année. Pour un taux global moyen de réussite de 84 %, la moyenne pour les écoles publiques est de 96 % contre 82 % pour les écoles communautaires. Comme le mesurent les taux de réussite en 2e et 4e années, les écoles publiques urbaines ont de meilleures performances que les écoles communautaires rurales. C'est dans celles-ci qu'une grande partie de l'augmentation des effectifs s'est produite au cours des dernières années. Les taux de réussite ne sont pas corrélés avec les ratios élèves/enseignant globaux. [...] Nos données suggèrent que les dépenses non salariales par élève sont corrélées avec la performance d'une école (mesurée par les taux de réussite). Plus la dépense non salariale totale par élève est élevée, plus la moyenne générale d'une école est bonne au certificat général d'éducation (Claussen et Assad, 2009).

Réaffectation des fonds

Une pratique courante dans de nombreux pays et un facteur majeur du sous-financement de l'enseignement est la réaffectation des fonds à un autre usage. La Tanzanie fournit de bons exemples des différents types et niveaux de problèmes de réaffectation des fonds, mais ceux-ci sont courants dans beaucoup d'autres pays d'Afrique subsaharienne.

Au cours de l'exercice 2008, l'État tanzanien a alloué un budget total de 544 milliards de shillings tanzaniens à l'enseignement primaire. Sur celui-ci, 473 milliards ont effectivement été décaissés pour l'enseignement primaire, soit 87 % de l'allocation initiale (Claussen et Assad, 2009). Sur ce montant, 1,2 % n'a pas été dépensé par les conseils de district, qui en ont également réalloué 6,1 % à des fins autres que l'éducation. Le total des subventions par élève et de développement à transférer aux écoles primaires n'était que de 6 436 shillings tanzaniens (5,10 dollars EU) par élève, mais le montant réel perçu par les écoles n'a toutefois été que de 6 046 shillings tanzaniens par élève (4,50 dollars EU). Cette différence entre les transferts et les recettes réelles résultait de la réaffectation de 6,2 milliards de shillings tanzaniens (4,9 millions de dollars EU) pour l'ensemble de la Tanzanie continentale. Sur ce montant, le PETS a indiqué que 3 150 shillings tanzaniens[13] (3,34 dollars EU) étaient prévus pour l'achat de manuels scolaires par les écoles. Aux prix de 2008, cette allocation permettait l'achat d'environ la moitié d'un manuel par élève. En faisant l'hypothèse que l'allocation a été totalement utilisée par les écoles et que l'exigence de base du programme de cours est de neuf manuels par an pour les écoles primaires, avec une durée de vie des livres de trois ans et un RME cible de 1:3, le niveau de la subvention des manuels fourni n'aurait permis d'atteindre qu'un ratio réel de 1:12, soit 25 % du ratio exigé par l'État.

Les deux principales subventions allouées aux écoles par l'intermédiaire des conseils de district étaient la subvention par élève et la subvention de développement des immobilisations (*Capital development grant*). Au total, elles représentaient 99,8 % de l'ensemble des subventions octroyées aux écoles. La première était destinée à soutenir leurs intrants non salariaux (y compris les manuels scolaires), tandis que l'autre visait l'amélioration des infrastructures scolaires. En 2008, la subvention moyenne par élève reçue par les écoles a été de 4 189 shillings tanzaniens par élève (3,30 dollars EU), soit environ 20 % de moins que les 5 000 shillings tanzaniens calculés par l'État à l'aide de la formule de détermination des subventions par élève. Notons que ces 4 189 shillings tanzaniens ne représentaient que 40 % de l'objectif par élève réel non ajusté de 2000 et moins de 20 % de la subvention par élève après ajustement à la dévaluation de la monnaie et autres facteurs. Les écoles devaient financer leurs manuels scolaires à l'aide de cette subvention par élève. Si les 40 % recommandés par le PEDP initial avaient servi de base de référence, les écoles n'auraient eu que 1 675 shillings tanzaniens par élève pour les manuels scolaires (1,25 dollar EU), soit environ le cinquième d'un manuel par élève. Sur base de l'hypothèse énoncée plus haut, ce niveau de financement aurait permis un RME de 1:14.

Les écoles ont également été confrontées à d'importants retards dans la réception de leurs subventions. Le PETS d'octobre 2009 notait que de nombreuses écoles avaient reçu leur première subvention plusieurs mois après le début de l'année scolaire. Si pour l'exercice 2008, les écoles de Dar es-Salaam avaient, en moyenne, obtenu leurs subventions par élève au début de l'exercice, d'autres écoles ne l'avaient pas reçue avant le milieu de l'année scolaire. En raison de ce paiement tardif des subventions, très peu d'écoles situées en dehors de Dar es-Salaam étaient en mesure d'acheter des lots de manuels scolaires au début de l'année scolaire.

Au niveau des écoles, les principales catégories de dépenses enregistrées par le PETS étaient la construction (30 %) et les manuels scolaires et autres SDP (29 %). Les autres outils et intrants pédagogiques, tels que des cahiers, stylos/crayons/craies, etc., représentaient 12 % des dépenses des écoles. Les pupitres et autres équipements scolaires constituaient 6 % des dépenses des écoles, tandis que les dépenses d'administration et autres représentaient 9 %. Dans certains cas, ces dernières couvraient les indemnités des enseignants donnant des cours supplémentaires. Si, en moyenne, la dépense dans les SDP (y compris les manuels) représentait 29 % de la subvention par élève, en 2008, il ne restait donc que 1 215 shillings tanzaniens par élève pour l'achat des manuels scolaires (0,90 dollar EU), soit un septième de manuel par élève et par an (un RME de 1:20).[14] Le PETS a noté que la dépense moyenne par élève dans les manuels scolaires et autres SDP variait suivant les écoles et était pire dans les écoles rurales ; 4 % des écoles avaient dépensé moins de 500 shillings tanzaniens (0,37dollar EU) par élève pour les manuels scolaires et SPD, et 13 % moins de 1 000 shillings tanzaniens par élève (0,74 dollar EU). La situation était différente dans les écoles urbaines, dont 94 % avaient dépensé plus de 1 000 shillings tanzaniens par élève. Il est évident que pour les 17 % d'écoles qui avaient dépensé moins de 1 000 shillings tanzaniens par élève et par an, les RME réalisables étaient tout à fait inappropriés. L'exemple tanzanien fourni ici montre comment la réaffectation des fonds alloués aux manuels scolaires a fait chuter les RME de leur cible de 1:3 à 1:20, voire moins. Le PETS de la Tanzanie a constaté des réaffectations de fonds à chaque niveau du système. La réaffectation des fonds se pratique dans beaucoup de pays d'Afrique subsaharienne et n'est pas synonyme de vol ou de détournement des fonds. Le terme désigne l'utilisation des fonds à des fins autres que prévu, pour lesquelles les dépenses sont considérées comme plus prioritaires. La réaffectation est un symptôme de sous-financement des systèmes éducatifs, où les ministères, les districts et les écoles ont du mal à répondre aux demandes concurrentes avec le financement disponible. En pareil cas, la fourniture des manuels scolaires peut ne pas être la priorité majeure de l'administration centrale, du district ou de chacune des écoles. Dans l'enquête PETS citée plus haut, 13 % du budget initial n'avaient pas du tout été décaissés, mais retenus par l'administration centrale ; 6,1 % avaient été utilisés par les conseils de district à des fins non éducatives, et 17 % des écoles avaient consacré une très petite partie de leur subvention aux manuels scolaires. Ainsi, sur le total de la subvention allouée aux écoles pour les manuels scolaires, au moins 36,1 % avaient été utilisés à des fins autres que l'acquisition de manuels scolaires. De toute évidence, dans ces conditions, le maintien des objectifs pour les manuels scolaires est impossible sans une allocation des fonds rigoureusement délimitée.

Détournement des fonds et piratage

L'exemple récent le plus notable de détournement de fonds des manuels scolaires a été l'arrestation au Kenya, en 2009, de nombreux fonctionnaires du MOEST accusés d'avoir détourné les subventions des manuels primaires avant leur transfert aux écoles. Bien que les détails n'aient pas encore été publiés, l'ampleur du détournement serait importante et aurait sérieusement affecté les ventes et la livraison des manuels scolaires et autres SDP à une majorité d'écoles primaires du Kenya.

Pendant ses deux premières années, le système des manuels primaires gratuits a bien fonctionné, avec une étroite collaboration entre les PD et l'État et PricewaterhouseCoopers vérifiant les transferts de fonds et suivant le processus de distribution. Les écoles achetaient les livres comme prévu, et les éditeurs déclaraient de bonnes ventes. Les problèmes ont commencé lorsque les bailleurs de fonds ont transféré la gestion des fonds à l'État. Des milliards de shillings kényans étaient déclarés comme décaissés, mais les écoles n'achetaient pas les manuels scolaires prévus. Un audit a été réalisé à la suite de protestations des parties prenantes, des éditeurs et des PD. Le rapport d'audit a signalé des anomalies dans le décaissement des subventions des manuels scolaires. À la suite de ce rapport, les PD ont suspendu, en 2009, leur financement par l'intermédiaire du ministère. L'État du Kenya a donc été obligé d'assumer toute la charge du financement, avec pour conséquence, une baisse des fonds alloués par enfant. Il n'a donc pas été possible d'atteindre le ratio manuel/élèves initialement ciblé à 1:1. En raison de l'insuffisance des subventions, les éditeurs ont enregistré de faibles ventes et n'ont pas réussi à écouler les stocks qu'ils avaient préparés pour le programme. En 2011, un total de 550 shillings kényans par enfant a été alloué aux écoles primaires pour l'achat de livres. Les décaissements étaient répartis en trois tranches : 50 % en janvier 2011, 30 % en mai 2011 et 20 % en septembre 2011, soit :

- Janvier : 275 shillings kényans (3,20 dollars EU) par enfant ;
- Mai : 165 shillings kényans (1,92 dollar EU) par enfant ;
- Septembre : 110 shillings kényans (1,28 dollar EU) par enfant.

À la fin du premier trimestre, les éditeurs signalaient de faibles ventes et une lente sortie des stocks.

En mars 2011, le DfID a financé l'achat de manuels scolaires pour les écoles non formelles des bidonvilles, par l'intermédiaire de la Kenya Independent Schools Association (KISA – Association kényane des écoles indépendantes). Un total de 600 millions de shillings kényans (6,98 millions de dollars EU) a été dépensé. La KISA n'a invité que sept éditeurs à fournir des livres, laissant de côté les éditeurs des livres recommandés par le Kenya Institute of Education (l'institut kényan de l'éducation). Les critères utilisés pour la sélection des manuels scolaires n'ont pas été précisés clairement aux éditeurs. Certains des livres achetés ne figuraient pas sur la liste des manuels recommandés. Tous les éditeurs ayant des livres approuvés auraient dû être invités à participer. Les effectifs du secondaire avaient doublé, passant de 0,8 million d'élèves en 2002 à 1 600 000 en 2010. En 2011, le premier groupe d'élèves ayant bénéficié de l'enseignement primaire gratuit est passé en première année secondaire. En janvier 2011, le MOES a versé 3 857 shillings kényans (44 dollars EU) par enfant aux écoles secondaires publiques. Sur ce montant, 1 388 shillings kényans (16 dollars EU) par enfant étaient alloués aux frais de scolarité. Ceux-ci devaient être utilisés comme suit :

- Livres d'exercices : 277 shillings kényans (3,22 dollars EU) par enfant ;
- Équipement de laboratoire : 111 shillings kényans (1,29 dollar EU) par enfant ;
- Supports didactiques/pédagogiques : 28 shillings kényans (0,33 dollar EU) par enfant ;
- Craie : 14 shillings kényans (0,16 dollar EU) par enfant ;
- Supports de référence/bibliothèque : 874 shillings kényans (10,16 dollars EU) par enfant ;
- Examens internes ; 84 shillings kényans (0,98 dollar EU) par enfant.

Le poste des supports de référence et de bibliothèque était censé couvrir les manuels scolaires. (Kenyan Textbook Publisher, avril 2011)[15]

En 2014, les éditeurs kényans continuaient à signaler de fortes diminutions des ventes des manuels scolaires subventionnés, le décaissement tardif et imprévisible des subventions des manuels scolaires, les retards importants dans le paiement des éditeurs par les libraires, l'effondrement de l'audit dans les écoles de l'utilisation des subventions des manuels scolaires (et autres dépenses), ainsi que la mauvaise utilisation et la réaffectation généralisées des subventions des manuels scolaires dans les écoles.[16]

Le vol des livres gratuits dans les entrepôts et la vente des manuels aux écoles privées par les directeurs d'école constituent une autre forme de détournement des fonds.

Des rapports signalent régulièrement le piratage des manuels scolaires. Le piratage et la photocopie non autorisée détournent le financement disponible de l'achat légitime de manuels scolaires au profit d'une dépense dans des textes mal reproduits, d'une durée de vie généralement courte, due au fait que les pirates ne se préoccupent pas du brochage des reliures ou d'une finition durable, mais leur préfèrent des reliures collées avec une glue de mauvaise qualité. Le résultat net est une moindre utilité pédagogique associée à la mauvaise qualité de la présentation et de la reproduction, et une détérioration précoce des livres affectant l'amortissement des coûts et, donc, les coûts récurrents du système de fourniture des SDP. L'utilisation des installations d'impression locales peut exacerber le problème, car il est facile pour les imprimeurs locaux de produire des copies supplémentaires à l'aide des mêmes plaques, machines, papier et cartons de couverture que ceux des tirages légaux commandés par les éditeurs. En pareil cas, il est impossible à quiconque de distinguer les éditions pirates des éditions originales légales. Les écoles peuvent profiter de ce type de piratage, étant donné qu'elles reçoivent des copies illégales répondant aux normes initiales de présentation et de durabilité, mais à des coûts réduits. Dans la plupart des cas, elles paient le même prix que pour l'édition légale et tous les profits vont aux pirates. Les perdants sont les éditeurs et auteurs légitimes.

En cas de financement décentralisé, la forme la plus courante de détournement est un accord entre un directeur d'école sans scrupules et un libraire pour facturer des manuels scolaires jamais livrés. Le chef d'établissement et le libraire se partagent le montant des factures. Les fonds sont certes utilisés, mais sans aucun avantage pour les enseignants ou les élèves. Il est impossible de quantifier l'ampleur du piratage, des photocopies et des détournements, mais elle est considérable.

Majoration des prix des manuels scolaires

Ce problème est associé aux systèmes de financement décentralisés, où les éditeurs vendent par l'intermédiaire de librairies ou de vendeurs locaux. En Afrique subsaharienne, les éditeurs offrent généralement aux libraires une remise de 20 à 30 % pour la fourniture des manuels scolaires aux écoles, avec des remises allant occasionnellement jusqu'à 37,5 % pour les grands grossistes de confiance. Les éditeurs attendent des libraires qu'ils soient capables de couvrir le coût des livres achetés par eux et de tirer un bénéfice de cette remise. Dans de nombreux pays d'Afrique subsaharienne, ils signalent toutefois des cas où les libraires ont majoré de 20 à 50 % le prix de détail officiel, afin d'augmenter leurs profits. La majoration peut parfois être convenue avec un directeur d'école et être ensuite partagée. Une fois encore, il est difficile de quantifier l'ampleur des majorations de prix, mais elle peut être très importante, en particulier dans les zones rurales et éloignées, où la plupart des écoles n'ont pas accès à des sources d'approvisionnement concurrentes. Les écoles n'ont souvent pas accès aux listes des prix officiels ni même des prix recommandés des différents éditeurs. Les libraires produisent parfois leurs propres listes de prix à distribuer aux écoles. Lorsqu'il y a un manque de supervision du MdE sur la fourniture des manuels approuvés dans le commerce, les majorations de prix sont plus probables. Elles réduisent le pouvoir d'achat effectif des écoles, dont les budgets d'acquisition des manuels scolaires sont limités, nuisant ainsi à l'efficacité et à la soutenabilité des systèmes de fourniture des manuels scolaires. Parce que les majorations de prix sont plus probables dans les zones rurales (où les libraires et distributeurs tentent de les justifier par des coûts de transport plus élevés), elles augmentent l'inégalité entre les zones rurales et urbaines existant dans le système.

Supervision et redevabilité

La solution à tous les problèmes énumérés ci-dessus réside dans un suivi et une supervision efficaces du système. Leur absence, une gestion inefficace et non professionnelle, et l'utilisation d'un personnel non formé sont des facteurs majeurs de la mauvaise performance des systèmes de fourniture des SDP. Les chapitres 10 et 11 donnent des preuves de l'impact d'une gestion et d'un suivi du système inférieurs aux normes. Dans la plupart des pays, l'inspection scolaire n'a aucune idée de ce qui a été fourni aux écoles et n'est donc pas en mesure de vérifier ce qui a été reçu et si le matériel est oui ou non encore sur le site et en bon état. Lorsque les commerçants et directeurs d'école savent qu'il n'y aura jamais aucun contrôle de leurs inventaires de SDP et de leurs documents de gestion, les tentations de détournement augmentent considérablement. Le Libéria et le Rwanda ont récemment mis en place des bases de données de gestion des SDP capables de suivre chaque étape du processus, depuis la commande jusqu'à la livraison, afin que l'administration centrale, les responsables de district pour l'éducation et l'inspection connaissent le stock livré aux écoles, et officiellement réceptionné, et le moment de la fourniture. Bien utilisées, ces informations permettent un suivi du stock livré par rapport au stock présent dans les écoles et une identification aisée des écoles affichant des niveaux anormalement élevés de pertes et dégradations. Elles identifient également les mouvements de stock de l'administration centrale vers les districts et les écoles, et pointent ainsi les endroits où des pertes de stock ont lieu. Correctement mis en œuvre, ces systèmes élémentaires permettent de contrôler et réduire le niveau des pertes de stock et détournements, fréquemment élevé dans de nombreux pays d'Afrique subsaharienne. Accompagnant ces systèmes, il devrait exister un mécanisme d'audit. L'extrait ci-dessous concernant l'audit des écoles est tiré d'un rapport de 2008 sur le financement des SDP dans l'enseignement secondaire du Kenya.

> L'unité d'audit scolaire (SAU – *School Audit Unit*) du MOES est chargée d'effectuer les audits et inspections de tous les établissements publics d'enseignement. Cet exercice de contrôle interne est destiné à fournir au MOEST et au public l'assurance que les fonds considérables alloués à l'enseignement primaire gratuit (FPE – *Free primary education*) et à l'enseignement secondaire en externat gratuit (FDSE – *Free Day Secondary Education*) sont utilisés aux fins prévues et conformément aux directives. L'unité d'audit scolaire devrait [...] faire rapport au MOEST et au ministère des Finances sur le fonctionnement des établissements publics d'enseignement conformément aux politiques, procédures et règlementations du MOEST.
>
> La Loi sur l'éducation exige que les comptes des écoles (primaires et secondaires) soient certifiés chaque année, et l'unité d'audit scolaire est également supposée faire un audit de toutes les écoles, au moins une fois par an. [...] Elle est également tenue de mener toutes les investigations [...] où son intervention est requise. Ces cas comprennent notamment [...] la fraude, le vol et la non-conformité avec la règlementation.
>
> Actuellement, environ 200 auditeurs scolaires provinciaux et de district sont commis à la certification et à l'audit de plus de 18 000 écoles primaires, 4 000 écoles secondaires et une série d'autres institutions d'enseignement spécial et autres. En outre, les frais de déplacement et de fonctionnement très restreints des responsables de district pour l'éducation et des auditeurs scolaires de district affectent leur capacité à visiter régulièrement les établissements scolaires. Les écoles rurales et éloignées ne sont donc pas visitées et inspectées aussi souvent que les écoles plus proches des centres urbains.
>
> Le MOEST s'attend à ce que chaque auditeur de district se charge de 18 audits d'école par an, soit au total, un maximum de 3 600 audits par an avec le personnel

existant, alors qu'il en faudrait au moins 24 000 chaque année pour répondre aux exigences de la Loi sur l'éducation. Cette tâche ne peut, de toute évidence, être réalisée avec les ressources dont l'unité d'audit scolaire dispose actuellement. Les écoles secondaires déclarent des fréquences moyennes d'audit de 5 à 10 ans. Beaucoup d'écoles primaires disent n'avoir jamais subi ni un audit ni une inspection. Un certain nombre de provinces/districts mettent en place des audits "en commun" menés par les bureaux des divisions afin d'accroître la fréquence, mais les vérifications se bornent généralement à un examen superficiel des manuels scolaires, sans les contrôles physiques sur site des stocks, actifs et systèmes, nécessaires pour qu'un audit soit complet et satisfaisant.

Les modalités actuelles d'audit et de supervision des écoles secondaires sont d'autant plus inacceptables que les écoles publiques primaires et secondaires sont susceptibles de recevoir plus d'un milliard de dollars EU de fonds publics au cours des quatre prochaines années, à la suite du lancement du FSE et du FDSE. (Read et Read, 2008)

Notons que l'identification des pratiques de corruption liées au financement des SDP au Kenya et l'arrêt subséquent du financement des SDP par l'intermédiaire du MOEST décrété par la plupart des bailleurs de fonds sont intervenus quelques mois après la parution de ce rapport.

Résumé des questions clés

Les études de cas et les problèmes présentés ci-dessus suggèrent qu'il n'y a pas une cause unique universelle au sous-financement persistant de la fourniture des manuels scolaires dans les pays d'Afrique subsaharienne. On peut néanmoins identifier des éléments communs :

- La pression sur les budgets des SDP engendrée par la croissance rapide des effectifs, souvent associée à la fourniture gratuite des manuels scolaires. L'achat des manuels scolaires est l'une des principales dépenses encourues par les familles qui envoient leurs enfants à l'école, et beaucoup de données étayent le fait qu'en Afrique subsaharienne, la réduction du coût des manuels scolaires pour les parents est directement liée à des niveaux de scolarisation plus élevés. Dans certains pays, la gratuité des manuels scolaires et des frais de scolarité a entraîné une croissance explosive des inscriptions dans l'enseignement, tant primaire que secondaire, allant souvent bien au-delà des projections.

- La tendance répétée des concepteurs des programmes de cours à multiplier le nombre des matières et à prendre des décisions en occultant totalement les implications de coûts pour l'ensemble du système. Les nouvelles matières ne requièrent pas seulement des manuels scolaires supplémentaires, elles nécessitent aussi, souvent, le recrutement d'enseignants spécialisés et des programmes supplémentaires de formation initiale et en cours d'emploi des enseignants. La décision d'interdire l'utilisation des stocks existants des manuels de l'ancien programme de cours a été prise en Tanzanie sans tenir compte ni des coûts ni des RME. Les changements semblent avoir été approuvés sans commentaires de la part des PD les plus impliqués dans la création des conditions d'une réforme à coût réduit.

- Dans certains pays (par exemple, la Guinée et le Malawi dans les études de cas présentées plus haut), l'investissement dans la fourniture de manuels scolaires n'a pas été un problème majeur parce que divers bailleurs de fonds y ont contribué financièrement. Mais en dehors du fait de considérer la soutenabilité comme un objectif, les PD ont rarement pris en compte les questions d'accessibilité financière et de soutenabilité. La réduction des coûts de fourniture des SDP a rarement été abordée systématiquement pour tenter de créer un système susceptible d'être maintenu par les États. Dans de nombreux pays, on peut ainsi se demander ce qui pourrait se produire en cas d'arrêt de l'appui financier des partenaires au développement. Au Mozambique, cet appui a commencé par un fonds élémentaire visant à soutenir les plus pauvres et l'a transformé en un mécanisme de fourniture gratuite de tous les manuels du primaire. L'étude de cas du Mozambique a noté l'inquiétude des autorités que le système mis en place avec l'appui des PD ne puisse être maintenu sans un appui extérieur continu.

- Le coût de fabrication par rapport au coût des manuels scolaires. Cet aspect est largement mal compris à la fois par les MdE et les partenaires au développement. Dans la vente au détail, le coût de fabrication ne représente environ qu'un cinquième du coût des manuels scolaires, mais les partenaires au développement, en particulier, ont eu tendance à ne considérer la réduction des coûts que sous l'angle de la réduction des coûts de fabrication.

- Le coût des manuels scolaires par rapport au coût du système. Dans de nombreux pays, les coûts unitaires moyens des manuels ont été la principale préoccupation de la réduction des coûts. Ils sont certes un élément important, mais trop peu d'attention est souvent accordée aux coûts du système, qui dans la majorité des pays, constituent le principal facteur de soutenabilité. La réduction des coûts unitaires moyens des manuels n'est qu'une des actions de réduction des coûts qui devraient idéalement être entreprises dans le cadre d'un examen global et élargi des coûts du système. Les coûts unitaires des manuels et les coûts du système sont traités plus en détail ci-dessus, dans la section "Sous-financement".

- La nature et l'ampleur de la réaffectation des fonds, des détournements de fonds, du piratage et des majorations de prix, qui nuisent au financement des SDP, peuvent être plus ou moins perçues dans l'ensemble, mais sont rarement examinées et gérées en détail par les MdE ou les PD. Des PETS bien conçus et régulièrement réalisés fournissent habituellement l'information de base, mais la volonté (ou peut-être le savoir d'un spécialiste) fait souvent défaut pour procéder aux ajustements nécessaires à l'amélioration de la situation, lorsque de gros défauts sont identifiés. En Tanzanie, la détérioration de la valeur des subventions des manuels scolaires n'a pas été reconnue, malgré l'information fournie par les PETS. Au Kenya, ce sont les protestations des éditeurs, des libraires et des écoles qui ont sonné l'alarme sur le fait que les subventions n'étaient pas versées comme prévu. Au Malawi, les décisions de financement de l'État qui ont entraîné, en 1999/2000, l'effondrement de la fourniture des SDP du secondaire et le lancement du Fonds renouvelable pour les manuels scolaires (TFR) ont malgré cela été reprises en 2013/2014, avec pour conséquence, un retour du Fonds renouvelable pour les manuels scolaires. Ce type de questions doivent en permanence être suivies par les États et la communauté des PD pour veiller à ce que des systèmes viables et efficaces continuent à réaliser les objectifs convenus pour les SDP.

- Enfin, il est probable que dans la plupart des pays d'Afrique subsaharienne, les systèmes de suivi, d'inspection, de supervision et d'audit financier ne sont pas à même de veiller au fonctionnement efficace de tous les maillons de la chaîne de financement et d'approvisionnement. C'est ce manque de systèmes correctement organisés, de personnel formé et de budgets de fonctionnement qui permet la détérioration des systèmes. Le cas kényan évoqué plus haut, où le nombre des auditeurs était tout à fait insuffisant pour répondre aux exigences légales minimales de l'État en matière d'audits institutionnels, est un exemple évident du type de questions qui doivent être traitées.

Notes

1. Cette étude de cas a été constituée à partir des informations tirées de Nyerendra, 2001.
2. Malgé leur dénomination de Centres d'enseignement à distance (CED), il était évident dès le milieu des années 1990 que très peu d'enseignement à distance y était dispensé. La pression exercée par l'accroissement des inscriptions les avait transformés en une sorte de soupape de sécurité permettant de satisfaire partiellement l'énorme demande parentale d'enseignement secondaire, avec un minimum d'apport financier de l'État. Les CED, rebaptisés ultérieurement externats communautaires d'enseignement secondaire (CDSS), ont souvent utilisé les écoles primaires existantes pour délivrer des cours l'après-midi et le soir. Les enseignants du primaire y ont été payés en heures supplémentaires pour donner cours en tant qu'enseignants du secondaire. Les frais de scolarité (incluant le coût des SDP) étaient étroitement réglementés par l'État, mais chaque école était libre de fixer ses propres frais d'internat et autres frais accessoires. En conséquence, l'argent manquait toujours pour fournir les lots adéquats de SDP, et la plupart des ECES fonctionnaient avec des fournitures très insuffisantes.
3. Cette étude de cas a été élaborée à partir des informations tirées de Sow, Brunswic, et Valérien, 2001.
4. Ce niveau de remise semble très élevé. Voir chapitre 7.
5. Voir, ci-dessus, les frais pour les manuels scolaires du secondaire au Malawi dans la section "Accessibilité financière, soutenabilité et prévisibilité".
6. Cité dans l'étude du PASEC.

7. Anglais, hisabati, sayansi, stadi za kuzi, kiswahil et maarifa ya jamii.
8. Anglais, historia, kiswahili, sayansi, jiografia, sanaa na michezo, sayansi kinu, sayansi kilimo et siasa.
9. Calculé par la formule : 10 000 shillings tanzaniens × 1,4 (pour la dévaluation de la monnaie) × 1,5 (pour l'accroissement du nombre de titres exigés par le programme de cours) × 1,1 (pour l'inflation des coûts d'impression).
10. Sur la base des données du projet de rapport final du PETS d'octobre 2009, page 4. Ce chiffre n'est pas strictement comparable aux allocations de 2000, parce qu'il comprend également la valeur de la subvention de développement. Les 6 000 shillings tanzaniens sont en fait surévalués.
11. Les niveaux de la subvention par élève ont été calculés pour suffire au maintien et à l'amélioration des ratios manuel scolaire/élèves ciblés. La nécessité de reconstituer complètement les stocks allait bien au-delà de l'entretien et aurait donc requis un important financement supplémentaire pour pouvoir rétablir les précédents niveaux de manuels.
12. Rapport de fin d'exécution du SEDP, juin 2008, Banque mondiale, Washington.
13. Si ce chiffre est exact, il représenterait 52 % de la subvention par élève au lieu des 40 % initialement recommandés pour l'achat des manuels scolaires. Ces pourcentages ne tiennent toutefois pas compte du fait que l'allocation de 6 046 shillings tanzaniens comprenait également la subvention de développement. En fait, les montants réellement à la disposition des écoles pour l'achat des manuels étaient presque certainement inférieurs à 3 150 shillings tanzaniens. Le ratio de 1:6 est donc clairement une estimation très optimiste.
14. Le calcul est le suivant : un lot complet de manuels scolaires coûterait 6 dollars EU × 9 manuels = 54 dollars EU. Le coût amorti avec un ratio de 1:3 et une durée de vie des livres de trois ans serait de 54 dollars EU/9 = 6 dollars EU/élève et par an. Si la dépense réelle est de 0,90 dollar EU par élève et par an, le ratio est alors de 6 × 0,9/9 soit 1:20.
15. Communication personnelle des *Kenyan Textbook Publisher* (éditeurs de manuels scolaires du Kenya), avril 2011.
16. À partir de correspondances privées avec les principaux éditeurs de manuels scolaires du Kenya.

Références

Baldé G., A. Camara, A. Diallo et C. Ta. 2008. *École et décentralisation : le cas de la Guinée*. Paris : IIEP.

Banque mondiale. 2008. *SEDP Implementation Completion Report*. Washington, DC : Banque mondiale.

Bontoux V. et L. Musonda. 2009. *Review of the System for Decentralized Textbook Procurement and Distribution in Zambia*. Luxembourg : Proman pour le compte de l'UE et du MdE zambien.

Buchan, A., C. Denning et A. Read. 1991. *African Book Sector Studies Summary Report*. Windsor, Royaume-Uni : International Book Development, pour la Conférence des ministères africains de l'Éducation organisée par la Banque mondiale.

Claussen J. et M. J. Assad. 2009. Public Expenditure Tracking Survey for Primary and Secondary Education in Tanzania (projet de rapport final). Dar es Salaam, Tanzanie: MOEVT.

da Cruz A. J., George T. A., Gnahoré F. Z., Kouakou F. K., Mendonça P., Read A., Sehlabi C. et Simão M. 1998. *Le financement des manuels scolaires et des matériels de formation des enseignants*. Collection "Perspectives sur le développement du livre africain". Paris : Groupe de travail sur les livres et le matériel éducatif, Association pour le développement de l'éducation en Afrique.

MOEST (ministère de l'Éducation, des Sciences et de la Technologie du Malawi). 2014. *Textbook Revolving Fund Handbook*. Lilongwe : MOEST.

Nyerendra, G. 2001. "Étude de cas du Malawi" dans *Améliorer les systèmes de distribution du livre en Afrique*, publié sous la direction de T. Read, C. Denning et A. Buchan, 55–85. Paris : Association pour le développement de l'éducation en Afrique (ADEA).

O'Connor, B. 1999. "Donor Support for Textbooks in Africa" dans *Educational Publishing in a Global Perspective*, publié sous la direction de S. Sosale – un rapport de la Banque mondiale. Washington, DC : Banque mondiale.

Pôle de Dakar. 2005. Le système éducatif guinéen : Diagnostic et perspectives pour la politique éducative dans le contexte de contraintes macro-économiques fortes et de réduction de la pauvreté. Dakar : CONFEMEN pour le compte du Gouvernement de Guinée.

PricewaterhouseCoopers. 2005. *Implementation of Decentralized Textbook Procurement in Zambia*. Bruxelles : Union européenne pour le compte du MdE de la Zambie.

Read A., C. Denning et A. Buchan. 1988. *Tanzania Book Sector Study*. Londres : Book Development Council pour le compte de la Banque mondiale.

Read, T. 2010. The Future of Our Children's Education: Providing the Best Textbooks for the Next Generation in Tanzania. Windsor, Royaume-Uni : International Education Partners, 16–18.

Read N. et T. Read. 2008. *Free Day Secondary Education in Kenya: Tuition Vote Management Training and Research Report*. Windsor, Royaume-Uni : International Education Partners pour le compte de la Banque mondiale et du MOEST du Kenya.

Saiwad A. 2001. "Étude de case de la Tanzanie sur les problèmes de la distribution" dans *Améliorer les systèmes de distribution du livre en Afrique*, publié sous la direction de T. Read, C. Denning et V. Bontoux V. Paris : Association pour le développement de l'éducation en Afrique (ADEA).

Sow M. A., E. Brunswic et J. Valérien. 2001. "Étude de cas de la Guinée sur les problèmes de la distribution" dans *Améliorer les systèmes de distribution du livre en Afrique*, publié sous la direction de T. Read, C. Denning et V. Bontoux. Paris : Association pour le développement de l'éducation en Afrique (ADEA).

Secrétariat technique permanent de la CONFEMEN (STP). 2006. *La formation des enseignants contractuels : Étude thématique, Guinée, 2006*. Washington, DC : Banque mondiale et CONFEMEN pour le Gouvernement de Guinée.

UNESCO, Institut de statistique. 2011. Le financement de l'éducation en Afrique subsaharienne Relever les défis de l'expansion, de l'équité et de la qualité. Montréal, QC : Institut de statistique de l'UNESCO.

CHAPITRE 6

Rédaction et publication

Processus de publication des manuels scolaires[1]

Les principales composantes et le séquencement du processus de publication des manuels scolaires sont :

- Développement et spécification du concept du manuel ;
- Établissement des coûts, des prix et gestion financière ;
- Identification des auteurs, commande, relecture et finalisation du manuscrit ;
- Édition du manuscrit ;
- Conception graphique du manuscrit à l'aide de logiciels de publication assistée par ordinateur (PAO), gestion de la mise en page et des épreuves, etc. ;
- Spécification et commande des illustrations ;
- Préparation à l'impression ;
- Identification, sélection, engagement et supervision de la fabrication ;
- Marketing et ventes ; et
- Entreposage, distribution et livraison.

La rédaction et la fabrication sont normalement des activités externes. Cependant, dans certaines sociétés d'édition, la rédaction et même l'impression peuvent être assurées en interne, comme c'est souvent le cas lorsque la publication dépend des États ou des ministères de l'Éducation (MdE). Dans ces cas, il n'est pas rare que l'élaboration des programmes scolaires, la rédaction des manuels et leur édition soient confiées à une même personne ou à un même groupe. De l'avis général, il s'agit d'une méthode de travail moins efficace, parce qu'elle réduit ou élimine le rôle créatif d'interprétation du programme d'enseignement dans l'élaboration d'un manuel, et le rôle crucial joué par l'éditeur dans le travail sur le manuscrit et son amélioration.

D'autres éditeurs, généralement plus petits, sous-traitent la plupart des tâches liées au développement de manuels scolaires à des sociétés extérieures ou à des indépendants, y compris la rédaction, l'édition, la conception graphique, l'iconographie, la préparation à l'impression et la fabrication.

Il existe deux approches fondamentales de la gestion du processus de publication, à savoir :

- Une approche linéaire, dans laquelle chaque tâche du processus de publication est gérée dans l'ordre, approche courante dans beaucoup de maisons d'édition dépendant des MdE ; et
- Une approche intégrée de travail d'équipe, dans laquelle toute la gamme des compétences requises est appliquée de la conceptualisation aux étapes de planification, de rédaction, de développement et de production de l'ouvrage fini.

Les trois composantes essentielles d'une édition de manuels scolaires efficace sont la gestion, la planification et l'établissement d'un calendrier. La plupart des sociétés d'édition de manuels scolaires ont à tout moment plusieurs titres en chantier. Dans les grandes maisons d'édition, plusieurs ouvrages sont normalement élaborés simultanément, et doivent généralement être prêts à temps pour le début de l'année scolaire. Une planification et un suivi soigneux sont essentiels pour s'assurer que les services d'édition, de conception graphique, d'iconographie et de production fonctionnent tous avec une efficacité maximale. Le flux de production doit être planifié pour garantir une distribution uniforme du travail tout au long de l'année, afin d'éviter les goulets d'étranglement et les retards qui risquent de se produire lorsque plusieurs titres nécessitent, par exemple, le travail de conception graphique et d'illustration au même moment.

Caractéristiques principales de l'édition commerciale

Les éditeurs commerciaux performants doivent développer des systèmes visant à promouvoir et encourager un bon travail d'équipe et l'application de compétences spécialisées à un problème commun ; et prévoir une planification, un calendrier et un suivi des progrès efficaces. Ce sont là les objectifs communs à toute gestion d'édition de manuels scolaires. Toutefois, dans les maisons d'édition commerciales, on trouve certaines caractéristiques rarement présentes dans les maisons d'édition dépendant des États ou des MdE :

- *Gestion financière*. Il s'agit d'une composante très importante de la gestion de l'édition commerciale que l'on trouve rarement dans les services d'édition des MdE. Même dans les maisons d'édition publiques, il s'agit souvent d'une fonction comptable que d'une fonction de gestion active. Les maisons d'édition commerciales opèrent dans le but de réaliser des bénéfices ; le prix est donc un élément clé pour être compétitives et atteindre leurs objectifs en termes de parts de marché et de rendement du capital investi. Ainsi, les éditeurs commerciaux tendent à être bien plus soucieux des coûts dans leur planification des manuels et leur gestion financière, et bien plus conscients des forces et des faiblesses des publications rivales. Ils doivent aussi être attentifs aux flux de trésorerie, parce qu'ils doivent gérer à la fois les frais généraux récurrents et les dépenses de publication, telles que les rémunérations et droits d'auteurs des rédacteurs, les honoraires des artistes et graphistes indépendants, l'achat de matières premières et la rémunération des imprimeurs. Ainsi, les éléments composant la gestion de la trésorerie, tels que les emprunts bancaires, la nécessité d'accéder à des devises étrangères selon les besoins, le maintien du revenu des ventes et du contrôle du crédit accordé aux acheteurs, le paiement des fournisseurs, etc. sont tous essentiels à la gestion de l'édition commerciale, et rarement présents dans les services d'édition des MdE. La pression pour offrir les meilleurs prix implique que les éditeurs commerciaux sont généralement plus efficaces pour obtenir des réductions de coûts et les meilleurs prix pour les matières premières et l'impression. Peu d'éditeurs du secteur privé possèdent aujourd'hui leur propre imprimerie, ils sont donc libres de rechercher la meilleure qualité au meilleur prix. Les éditeurs dépendant des États et les services d'édition des MdE conservant leurs propres imprimeries doivent utiliser leurs installations pour maintenir un flux de production, même lorsque celles-ci ne sont pas adaptées aux manuels scolaires ou n'offrent pas des prix compétitifs.

- Une entreprise d'édition commerciale doit respecter un certain nombre d' *obligations légales*, entre autres, l'établissement et la clôture de comptes annuels (y compris les comptes de résultat et les bilans), la soumission à un audit annuel et le paiement d'impôts tels que l'impôt sur les sociétés, la taxe sur la valeur ajoutée, les cotisations sociales, etc. Bien sûr, certaines grandes sociétés d'édition publiques fonctionnent à tous égards comme des sociétés indépendantes et ont donc l'obligation d'établir des comptes et de se soumettre à des audits. En revanche, beaucoup d'unités d'édition publiques ne sont pas indépendantes, elles font partie de l'État et ont donc des obligations légales réduites.

- Afin de gérer le volet financier de leur activité, les sociétés d'édition commerciales ont mis au point des *outils de gestion financière* tels que des estimations et des calculs des coûts détaillés titre par titre, des budgets et plans prospectifs de publication par département ou service, des projections financières sur trois à cinq ans et des comptes de gestion, qui permettent un suivi continu de la situation financière de la société. Les comptes de gestion sont habituellement produits chaque mois et passés en revue par tous les services opérationnels de la société et par le service des finances. Peu de maisons d'édition publiques ou de services d'édition des MdE sont tenus de maintenir ce type d'outils de gestion.

- *Dotation en personnel professionnel.* Les grandes maisons d'édition s'efforcent d'employer un personnel professionnel hautement compétent dans les spécialités clés. Ainsi, dans les grandes sociétés d'édition spécialisées dans l'éducation, on trouve des cadres de gestion de l'édition (responsables de publication), des rédacteurs, des responsables des autorisations, des préposés à l'iconographie, des gestionnaires de droits, des graphistes, des illustrateurs, des équipes de production, des ventes et du marketing, de l'entreposage et de la distribution, de la gestion financière, etc. Dans les petites maisons d'édition commerciales, les possibilités de spécialisation sont bien moindres et les descriptions de poste combinent souvent plus d'une spécialité. Les petites maisons d'édition sous-traitent fréquemment certaines tâches spécialisées pour éviter de maintenir des effectifs permanents, et même les grandes maisons d'édition se sont tournées vers la sous-traitance comme moyen de contrôler les coûts. La rédaction est une tâche fréquemment externalisée, mais l'édition, la conception graphique, l'iconographie et même la gestion de la production, l'entreposage et la distribution peuvent également l'être. Il y a vingt ou trente ans, de nombreuses maisons d'édition possédaient leurs propres imprimeries, mais celles-ci ont le plus souvent été cédées dans un souci d'efficience. En effet, il était toujours tentant pour l'éditeur d'utiliser sa propre imprimerie en interne afin de maintenir le flux de production, même lorsque celle-ci ne disposait pas des équipements ou de processus adaptés ou n'était pas le fournisseur offrant le prix le plus bas. À l'inverse, la composition, la conception graphique et la mise en page ont tendance à être réalisées en interne plutôt qu'externalisées, ce qui est désormais possible grâce au développement de la technologie. Toutefois, qu'elles emploient des professionnels experts ou des gestionnaires polyvalents, toutes les maisons d'édition commerciales reposent sur le principe de l'obligation pour l'équipe d'obtenir de bons résultats afin de maintenir la rentabilité et donc la continuité de l'existence et du fonctionnement de la société. La dotation en personnel tend à être plus étroitement contrôlée ; et l'équipe doit atteindre un niveau de performance plus ou moins élevé et faire preuve de ses compétences professionnelles. L'absence de bons résultats a tendance à entraîner des licenciements et le recrutement de remplaçants.

- En revanche, dans de nombreux services d'édition des MdE, l'équipe est recrutée par affectation ou transfert interne d'autres services gouvernementaux, souvent sans tenir compte de l'expérience, des aptitudes ou des compétences professionnelles pertinentes. Le licenciement ou le transfert à un autre poste en raison de l'incapacité à travailler efficacement prend généralement beaucoup de temps et reste rare. De même, des membres du personnel dotés d'une expérience précieuse peuvent être mutés vers d'autres emplois sans relation. Dans un cas bien connu, un haut fonctionnaire d'une maison d'édition publique avait bénéficié du financement d'un organisme bailleur de fonds pour suivre un stage de formation d'un an à l'étranger, consacré à la gestion de la production de livres. Dans les semaines suivant son retour, il a été affecté comme directeur des parcs et jardins de la municipalité locale. Les maisons d'édition publiques et les services d'édition des MdE peuvent disposer de personnel spécialisé en conception graphique, illustration et production, mais ces employés sont rarement soumis à la même exigence "d'obtenir des résultats ou de périr", souvent typique des maisons d'édition commerciales. De nombreux services d'édition des MdE ont des spécialistes des programmes scolaires qui doivent également jouer le rôle d'auteurs et d'éditeurs, même s'ils n'ont parfois que peu ou pas d'expérience ni d'expertise dans ces tâches. Dans l'édition commerciale, les tâches de rédaction et d'édition sont considérées comme relevant de compétences distinctes, et il est perçu comme positif de faire réaliser ces contributions par des personnes différentes. Il devient beaucoup plus difficile d'effectuer des jugements de qualité objectifs lorsque la même personne est responsable de la conception du programme d'enseignement, de la rédaction et du contrôle éditorial.

- *Concurrence*. Les maisons d'édition commerciales doivent se livrer concurrence pour survivre. Les maisons d'édition publiques ont rarement cette obligation, car elles occupent généralement des positions monopolistiques. Dans certains pays, les éditeurs publics rivalisent à armes égales avec les éditeurs commerciaux. Par exemple, au Kenya, la *Jomo Kenyatta Foundation* (JKF) et le *Kenya Literature Bureau* (KLB) sont deux entreprises publiques à 100 % qui rivalisent sur un pied d'égalité entre elles et avec les éditeurs du secteur privé. Elles ne reçoivent aucune subvention publique et ne bénéficient d'aucun traitement préférentiel dans la sélection des titres ou l'attribution des contrats. Mais cette exigence pour les éditeurs publics de se livrer une concurrence active à armes égales pour obtenir des parts de marché est rare. L'absence de concurrence est associée à des normes moins strictes, simplement parce qu'il n'y a aucune possibilité de remplacement du titre.

Que peut apprendre l'édition publique de la gestion de l'édition commerciale ?

Voici les principaux points sur lesquels les maisons d'édition publiques ou les services d'édition des MdE peuvent améliorer leurs résultats éditoriaux en adoptant certains aspects de la gestion de l'édition commerciale :

- *Vigilance à l'égard des coûts*. Comme le prix est un facteur clé dans la vente et la commercialisation des manuels scolaires, et que la plupart des éditeurs commerciaux se livrent une concurrence active, ceux-ci sont pleinement conscients de la nécessité d'atteindre un équilibre entre qualité du contenu, attractivité, durabilité physique et prix. Dans l'édition publique, souvent monopolistique, moins d'importance est accordée au rapport coûts/avantages et à l'obtention du meilleur prix possible. Une étude récente en Jordanie a conclu qu'il serait possible de réaliser des économies de 50 % sur le coût unitaire des manuels de la région si le service d'édition de la Direction des programmes et des manuels scolaires appliquait certaines des pratiques courantes dans l'édition commerciale. Il est probable que la plupart des sociétés d'édition publiques ou des services d'édition des MdE ne réalisent pas un contrôle des prix efficace sur leurs manuels scolaires, guides pédagogiques et autres supports didactiques et pédagogiques (SDP).

- *Connaissance du marché*. La concurrence exige que les éditeurs du secteur privé explorent toutes les voies possibles pour améliorer l'attrait commercial de leur production. Généralement, les éditeurs commerciaux étudient les manuels rivaux et les livres similaires d'autres pays, identifient et débattent les forces et les faiblesses, visitent des écoles afin de reconnaître les réalités scolaires et de discuter des besoins en termes de manuels avec les responsables et les enseignants, et s'efforcent de repérer des auteurs prometteurs qui proposent des approches et des idées intéressantes. Les éditeurs publics, en situation de monopole, sont moins incités à explorer les possibilités alternatives ou à développer une véritable connaissance du marché. Il est frappant de constater que dans beaucoup de services d'édition des MdE, des membres de l'équipe chargée de l'édition ou des programmes peuvent disposer d'exemplaires d'autres manuels, mais le plus souvent, ceux-ci sont étudiés individuellement et rarement discutés avec d'autres membres du personnel. Quelques petits éditeurs possèdent des bibliothèques d'exemplaires de manuels bien fournies qui peuvent être utilisées pour élaborer des idées et des approches nouvelles ou alternatives en termes de contenus et de présentation. Trop souvent, les membres d'un service chargé du programme de cours pour une matière, qui doivent aussi jouer le rôle d'auteurs et d'éditeurs, sont en réalité coupés des réalités scolaires en raison d'obstacles bureaucratiques et de contraintes budgétaires relatifs à la visite d'écoles. Ces visites, qui permettent d'observer, d'apprendre et de discuter des besoins en termes de supports didactiques et pédagogiques avec des enseignants en exercice sont rarement perçues comme une partie importante de la description du poste.

- *Contrôle éditorial*. La nécessité d'atteindre un bon équilibre qualité-prix exige que les éditeurs commerciaux exercent plus de contrôle éditorial sur leurs auteurs et, en particulier, limitent la quantité de texte. Beaucoup d'éditeurs publics sont souvent incapables d'exercer le même contrôle éditorial. Cela peut conduire à des textes trop longs et à des variations dans les styles d'écriture et la présentation (notamment lorsque plusieurs membres d'une équipe de rédaction s'occupent de différentes unités du même manuel). Lorsque les auteurs sont des professeurs expérimentés d'universités prestigieuses, les spécialistes chargés du programme d'enseignement pour la matière peuvent se sentir trop intimidés pour les diriger ou les contrôler. Dans bien des cas, la rédaction est peu ou pas rémunérée par les éditeurs d'État ou les services d'édition des MdE, ce qui n'attire pas les meilleurs auteurs. Les éditeurs commerciaux qui doivent payer des rémunérations ou droits d'auteur attractifs peuvent s'attirer une rédaction de meilleure qualité, tout en exigeant davantage de leurs auteurs.

- *Calendrier et planification*. L'exigence de maîtriser les coûts, d'atteindre une qualité adéquate et de garantir la production dans les délais et la livraison avant le début de l'année scolaire implique que la plupart des éditeurs commerciaux sont beaucoup plus conscients de la nécessité d'établir un calendrier et une planification serrés. Ils exercent ainsi plus de contrôle de gestion que beaucoup d'éditeurs publics ou de services d'édition des MdE. Dans de nombreuses institutions d'édition publiques, on observe une tendance à permettre le non-respect des calendriers de rédaction ou l'extension constante des délais d'approbation des manuscrits pendant que les corrections sont faites, en partant du principe que le temps perdu peut être rattrapé lorsque les manuscrits sont transmis aux services de conception graphique et d'illustration ou de production. Le résultat inévitable est une équipe de conception graphique, d'illustration et de production surchargée, travaillant dans la précipitation et à la dernière minute pour respecter les dates limites, avec la perte de qualité qui s'ensuit, inévitable lorsque des tâches complexes sont effectuées dans des délais trop courts.

Une brève revue de l'édition publique en Afrique subsaharienne

Jusqu'à l'indépendance, la plupart des manuels scolaires étaient exportés sans modifications par des éditeurs commerciaux venant du Royaume-Uni ou de France ou, dans certains pays anglophones, élaborés ou adaptés par les filiales locales d'éditeurs britanniques. En Afrique de l'Est, le gouvernement colonial avait mis en place un éditeur public de manuels scolaires, l'*East African Literature Bureau*, mais ce type d'initiative était rare.

Après l'indépendance, une croissance rapide s'est produite dans l'édition publique monopolistique de manuels scolaires dans de nombreux pays d'Afrique subsaharienne (ASS), souvent associée à des entreprises publiques d'impression et de distribution. Dans les pays francophones, l'édition monopolistique de manuels scolaires était liée aux instituts pédagogiques nationaux. Dans certains pays comme la Tanzanie, l'entité monopolistique d'édition des manuels développait elle-même tous les ouvrages ; dans d'autres pays (en Ouganda et dans beaucoup de pays francophones, par exemple) elle sous-traitait le développement des cours à des éditeurs commerciaux. La section du chapitre 2 "Tendances de la fourniture nationale de supports didactiques et pédagogiques" apporte des éléments sur l'impact de l'édition publique en Afrique (et ailleurs).

Même en 2014, le marché des manuels scolaires pour l'enseignement primaire et secondaire représente encore plus de 90 % du chiffre d'affaires national total de l'édition dans beaucoup d'économies d'ASS. Si ce chiffre d'affaires est réservé aux entreprises publiques, rien ne reste, ou très peu, pour soutenir tous les autres types de production éditoriale, y compris le secteur critique de l'édition de livres pour enfants.

En Tanzanie, la fourniture de manuels scolaires par l'État était sur le point de s'effondrer à la fin des années 1980. Le programme Kenya School Equipment Scheme a disparu en 1988. Bien que l'édition publique a persisté dans certains pays (par exemple au Ghana) jusqu'au début du XXIe siècle, vers la fin des années 80, la plupart des systèmes de fourniture des manuels scolaires en ASS (ainsi que dans l'ex-Union soviétique) étaient en difficulté. En 2014, la plupart des éditeurs publics de manuels scolaires ne sont plus opérationnels ou ont mis fin à leur activité d'édition de manuels scolaires. Leurs principales difficultés étaient les suivantes :

- *Manuels de mauvaise qualité* en termes de rédaction, de mise en page et de conception graphique, d'iconographie et de lisibilité générale.

- *Inertie*. Après avoir produit un manuel, beaucoup de maisons d'édition publiques étaient insuffisamment motivées ou financées pour produire des réimpressions corrigées, des révisions ou de nouvelles éditions. Des manuels de mauvaise qualité se maintenaient donc année après année.

- *Sous-financement*. Beaucoup d'éditeurs publics souffraient d'un sous-financement permanent, qui les empêchait de satisfaire les exigences des programmes d'édition de manuels scolaires, ce qui entraînait par la suite un approvisionnement insuffisant de manuels scolaires dans les écoles.

- *Production physique de qualité médiocre*. Cela signifiait généralement un papier de mauvaise qualité en termes de grammage, de composition chimique, d'épaisseur, d'opacité et de luminosité ; des procédés de reliure inadaptés ; des matériaux de couverture de mauvaise qualité ; un manque de finition adaptée de la couverture (plastification ou vernissage UV) ; et un mauvais usage des processus. Ainsi, le sens de grain du papier de la couverture et du texte était souvent incorrect, les couvertures n'étaient pas cousues au corps d'ouvrage et les couvertures rainurées et à charnières étaient rares. Le résultat net était des livres de mauvaise qualité, avec une faible durée de vie dans les salles de classe, ce qui diminuait la disponibilité de manuels scolaires dans les écoles ou augmentait les coûts récurrents de la fourniture des ouvrages.

- *Distribution irrégulière, inexacte et inefficace des livres*. Parce que les systèmes publics de distribution des livres étaient sous-financés et n'étaient pas rémunérés sur présentation des preuves de livraison complète, il n'y avait aucune motivation à mener à bien la mission efficacement. Souvent, en raison de l'absence de transport dans le district ou de fonds pour payer le transport, les livres pouvaient rester bloqués au niveau des entrepôts de district ou de sous-district sans qu'aucune tentative de les livrer aux écoles ne soit faite. Beaucoup de ces entrepôts de district étaient dans des conditions tellement précaires que les livres subissaient de graves dommages en raison de la pluie, de l'humidité, de la poussière et des animaux indésirables. En Guinée, par exemple, il a été signalé que plus de 60 % des stocks de manuels scolaires étaient "perdus" régulièrement pendant le transport. Au Ghana, le Bureau national d'audit a signalé en 2004 que 50 % des districts inspectés n'avaient pas de registres de la fourniture de manuels scolaires aux écoles.

- *Les plaintes des écoles* en rapport aux fournitures endommagées, insuffisantes ou livrées tardivement étaient généralement ignorées, à défaut de motivation pour les traiter. Les écoles kényanes ont été étonnées de découvrir en 2003 que les fournisseurs commerciaux corrigeaient les erreurs et livraient avec précision directement dans les locaux de l'école, parce qu'ils n'étaient pas payés tant qu'ils ne prouvaient pas une livraison effective.

- *Mauvaise gestion financière*, à savoir que les ressources financières disponibles étaient mal utilisées. Le détournement de fonds était également un problème courant. Malheureusement, la fourniture de manuels scolaires par l'État n'était pas mieux desservie par un financement fiable et suffisant du gouvernement que les systèmes basés sur le secteur privé ne le sont depuis.

Très peu de monopoles d'édition largement subventionnés par l'État ont subsisté jusqu'au XXIe siècle. Seuls le KLB et la JKF ont réussi à se maintenir comme éditeurs publics actifs de manuels scolaires, parce que le MdE du Kenya a supprimé leurs subventions et a insisté pour qu'ils subsistent en tant qu'entreprises publiques concurrentielles, rivalisant sur un pied d'égalité avec les sociétés commerciales. Les deux sociétés sont encore opérationnelles aujourd'hui, mais ne sont plus des éditeurs nationaux de manuels dominants. Dans les cas où un éditeur public a survécu (par exemple, la *Ghana Publishing Corporation*), il n'a plus d'activité d'édition de manuels scolaires.

Réémergence de l'édition de manuels scolaires par le secteur privé

Depuis l'effondrement de l'édition publique à partir des années 1990, un certain nombre d'éléments nouveaux ont soutenu la réémergence de l'édition de manuels scolaires par le secteur privé, notamment :

- Le développement de partenariats public-privé (PPP) pour remplacer les systèmes de fourniture de manuels scolaires par l'État ;
- La transition vers des systèmes de fourniture de manuels scolaires ayant recours à la participation du secteur privé ;
- L'introduction de manuels scolaires alternatifs concurrents pour remplacer la fourniture par un monopole ;
- La décentralisation du choix des manuels au niveau de chaque école ;
- Une amélioration de la qualité des manuels scolaires grâce à la concurrence ;
- La réduction des prix ou l'amélioration du rapport prix/avantages résultant des pressions concurrentielles sur les prix et de l'allongement de la durée de vie du livre par le biais d'un recours généralisé à des spécifications minimales de production comme condition d'approbation pour la vente aux écoles ; et
- Le développement rapide des capacités de rédaction et de publication locales.

Les tendances politiques ci-dessus ont assuré aux éditeurs privés un accès renouvelé aux grands marchés nationaux des manuels scolaires et ont généralement entraîné une croissance rapide des sociétés d'édition de manuels scolaires locales et régionales. Les pays d'ASS où les nouveaux marchés concurrentiels de manuels sont dominés par les multinationales sont à présent peu nombreux. Mais l'achat en vrac centralisé par le gouvernement est bon marché et facile pour des éditeurs privés performants, alors que la sélection au niveau de l'école à partir d'une liste de plusieurs manuels approuvés exige des investissements importants dans des structures de commercialisation et de distribution nationale, et comporte également des risques potentiels. Généralement, le secteur privé nouvellement émergent est disposé à assumer risques et surcoûts, mais certains aspirent à la sécurité et à la facilité d'un système dans lequel le secteur privé approvisionne un bureau gouvernemental centralisé des achats, et font pression en faveur de cette option.

La croissance rapide suite à l'émergence d'éditeurs locaux ou nationaux de manuels scolaires a été encouragée par les politiques d'autochtonisation de l'édition éducative nationale, qui exigent que les éditeurs fournissant des manuels aux systèmes éducatifs publics appartiennent au moins en majorité à des ressortissants nationaux. Cela s'est produit au Ghana comme au Nigéria : les multinationales étaient tenues de vendre la majorité des actions à leurs partenaires locaux. En Afrique de l'Est, Longmans (à présent Pearson) et Heinemann ont vendu leurs entreprises locales au Kenya à des intérêts locaux ; si Pearson a rouvert au Kenya, il a ensuite de nouveau fermé ses bureaux locaux. Le jugement rendu par la Haute Cour contre Macmillan pour manœuvre frauduleuse au Soudan du Sud a directement débouché sur la vente des entreprises de Macmillan dans certains pays d'ASS et la réduction des activités de cet éditeur. Cette situation a ouvert des opportunités de marché pour les éditeurs locaux, et aujourd'hui, plusieurs pays d'Afrique subsaharienne disposent d'un secteur dynamique de l'édition locale de manuels scolaires. En 2001, quand les premiers appels d'offres concernant des manuels ont été annoncés en Ouganda, 14 éditeurs ont participé, dont 5 appartenant à des Ougandais et 5 à des Kenyans (Bontoux et Buchan, 2001). En 2009, l'appel d'offres pour l'approbation et l'évaluation de manuels au Rwanda a attiré 15 participants, dont 3 éditeurs locaux rwandais, 4 maisons d'édition kényanes, 3 entreprises ougandaises, 4 multinationales britanniques et une multinationale française (Buchan et Read, 2009).

Les progrès des capacités locales d'édition de manuels ont été plus lents en Afrique francophone, mais on trouve à présent des éditeurs de manuels scolaires locaux dans de nombreux pays francophones, bien que les multinationales basées à Paris dominent encore probablement le marché dans la plupart de ces pays.

Capacités locales de rédaction

Le développement de capacités locales de rédaction a précédé le développement des sociétés d'édition locales. Les éditeurs multinationaux établis au Royaume-Uni et en France ont au départ associé des auteurs locaux avec un auteur externe expérimenté dans toutes les disciplines et à tous les niveaux.

Les auteurs locaux ont acquis des compétences en collaborant étroitement avec les auteurs expérimentés et ont rapidement développé leurs propres compétences et capacités. En 2011, il est rare qu'un manuel destiné à l'ASS n'ait pas d'auteurs locaux.

Incidences en termes de coûts de l'édition locale de manuels scolaires

Le chapitre 8 analyse les composantes de coût de la tarification des manuels en ASS. Une comparaison des prix pour les manuels concurrents soumis aux évaluations nationales de manuels scolaires montre que les éditeurs locaux et les bureaux locaux des éditeurs multinationaux peuvent se faire concurrence sur les prix à armes égales. Cependant, il existe un écart de prix conséquent entre les manuels scolaires publiés localement et les manuels importés conçus et élaborés pour les pays développés, et dont le prix est fixé à l'origine pour ces marchés où les frais généraux de fonctionnement sont beaucoup plus élevés, les perspectives de profits plus grandes, les spécifications de production plus sophistiquées et le pouvoir d'achat plus élevé. La plupart des manuels de l'enseignement primaire en ASS sont à présent développés et publiés localement. En revanche, les manuels de l'enseignement secondaire représentent toujours des opportunités directes d'exportation pour les éditeurs étrangers, mais à des prix largement inabordables pour la plupart des parents ou des MdE. Cependant, dans la mesure où les inscriptions dans le primaire ont explosé et créé une pression pour la création de places dans le secondaire, les marchés de manuels de l'enseignement secondaire se sont développés. On constate à présent la croissance d'une édition locale consacrée spécifiquement au marché du premier cycle du secondaire, qui démontre de façon concluante les écarts favorables de prix entre l'édition locale destinée au secondaire et l'importation directe. En règle générale, l'édition locale n'a pas encore atteint les marchés du deuxième cycle du secondaire qui dépendent encore largement des livres importés, mais à mesure que ces marchés croissent, une édition locale à des prix plus réalistes se développera également.

Résumé des questions clés

- Les expériences d'édition publique de manuels des années 1960 aux années 1980 n'ont pas résolu les problèmes de la fourniture de manuels scolaires, et depuis les années 1990, les structures d'édition publiques ont été largement supprimées et remplacées par l'implication de maisons d'édition du secteur privé.
- La plupart des éditeurs de manuels scolaires publics n'ont pas su s'adapter aux conditions du marché et n'ont plus d'activités d'édition de manuels scolaires en 2013.
- Les bas prix des manuels publics étaient obtenus en ne comptabilisant que les coûts de l'impression et des matières premières et en ignorant les coûts relatifs au personnel, aux locaux, à l'exploitation, à l'imprimerie, et même à la

rédaction, qui étaient payés par les gouvernements dans le cadre du budget général de l'éducation.
- De plus en plus de pays adoptent des systèmes de fourniture de manuels scolaires permettant aux écoles de faire leur choix parmi différents manuels figurant sur des listes approuvées en fonction de leurs budgets d'achat par élève. L'ouverture du marché aux éditeurs de manuels scolaires du secteur privé a conduit à une croissance rapide des éditeurs locaux et des capacités de publication locales dans l'ensemble de l'ASS.
- Les éditeurs multinationaux ne sont plus dominants en ASS anglophone, même s'ils le sont encore vraisemblablement dans les pays francophones.
- Des capacités de rédaction sont disponibles dans la plupart des pays, pour la plupart des sujets et des niveaux, même s'il reste possible d'associer des équipes locales à des équipes de rédaction expérimentées internationales ou régionales pour renforcer les compétences et l'expérience locales.
- Les manuels scolaires du premier cycle du secondaire publiés localement sont nettement moins chers que les manuels importés, publiés à l'origine pour les marchés des pays développés et dont les prix comprennent les frais généraux correspondant à ces pays.[2]

Notes

1. Les sections "Le processus d'édition des manuels scolaires", "Caractéristiques principales de l'édition commerciale" et "Que peut apprendre l'édition publique de la gestion de l'édition commerciale ?" ont été adaptées de Read et Smart, 2010 et utilisées avec l'autorisation de Creative Associates International.
2. Certains éditeurs multinationaux sont parvenus à développer des manuels scolaires spécifiquement destinés aux marchés d'ASS à des prix relativement abordables. L'édition tropicale de Biology de McKean, publiée par Hodder, en est un bon exemple.

Références

Bontoux, V. et A. Buchan. 2001. *Uganda Bidding and Evaluation Report*. Londres, Royaume-Uni. International Book Development pour MOES Ouganda et DfID.

Buchan, A. et T. Read. 2009 *Rwanda Bidding and Evaluation Report*. Windsor, Royaume-Uni. International Education Partners pour le CNDP et l'Agence belge de développement.

Read, T. et A. Smart. 2010. *An Overview of the Publishing Process*. Vol. 1 of *Handbooks of Educational Publishing Good Practice*. Washington, DC : Creative Associates International pour le ministère d'Éducation d'Oman. Utilisé avec autorisation.

CHAPITRE 7

Problèmes de fabrication

Capacité locale et régionale d'impression de manuels en Afrique subsaharienne

Dans une large mesure, les capacités locales d'imprimerie en Afrique subsaharienne n'ont pas encore démontré leur compétitivité en termes de prix et de qualité au niveau international et même régional. Dans bien des cas, les imprimeries nationales n'ont souvent pas réussi à construire les capacités nécessaires à l'exécution de fonctions essentielles pour la durabilité des manuels, telles que la reliure cousue ou les finitions de couvertures de haute qualité. Il est possible que la qualité de l'impression soit adaptée, mais prix et procédés posent fréquemment problème. Lorsque le nombre d'imprimeurs locaux dotés d'installations adéquates est restreint, l'impression de manuels doit être organisée *de manière séquentielle* (c'est-à-dire, en faisant imprimer un livre à la fois par un seul imprimeur ou un nombre limité d'imprimeurs). Ceci requiert une préparation précoce de documents prêts à imprimer, et en conséquence des investissements accrus dans les activités initiales de pré-impression et dans le stockage jusqu'à ce que tous les manuels soient prêts pour distribution en début d'année scolaire. Le principal avantage d'un approvisionnement régional ou international en services d'impression réside dans la possibilité de faire imprimer *en parallèle* (c'est-à-dire simultanément par plusieurs imprimeurs), ce qui réduit considérablement les délais d'impression et permet ainsi d'éviter l'immobilisation de fonds d'investissement durant de longues périodes. L'impression en parallèle exige toutefois du département production plus de compétences en matière de gestion. Nombreux sont les États qui ont tenu à développer leur secteur local de l'imprimerie et qui ont exercé sur les systèmes de passation de marchés une pression en faveur de l'imprimerie locale (par exemple, au Moyen-Orient). Une telle stratégie n'est toutefois viable que lorsque le secteur local de l'imprimerie :

- dispose des procédés, matériaux et compétences nécessaires à la fabrication de manuels scolaires ;
- possède de capacités suffisantes en termes de processus clés (par exemple, du point de vue de la durabilité) ;

- propose des prix concurrentiels ou travaille avec un État ou des partenaires au développement (PD) qui peuvent se permettre de payer des prix (souvent) plus élevés, et sont prêts à le faire ; et
- peut s'appuyer sur un système de livraison fiable (les manuels doivent être prêts en début d'année scolaire, et une livraison fiable dans les délais constitue un impératif essentiel pour les éditeurs de manuels).

Le Kenya, le Nigéria et l'Afrique du Sud disposent tous de secteurs de l'imprimerie développés, capables de réaliser des travaux de qualité élevée et possédant la capacité requise pour répondre aux besoins locaux. Compétitivité et fiabilité continuent néanmoins à poser problème. Il est possible qu'existent, en ASS, des imprimeurs à même de réaliser des travaux d'impression de qualité, mais le secteur ne dispose pas de l'éventail d'installations et de procédés, de la capacité et de la fiabilité exigés par les éditeurs de manuels, et n'est pas suffisamment compétitif en termes de prix. Le secteur local de l'imprimerie ne devrait pas être développé sur la base de coûts supérieurs et d'une qualité inférieure pour le système éducatif.

Une étude préliminaire sur les capacités d'impression de manuels scolaires en Éthiopie (*Reconnaissance Study of Textbook Printing Capacity in Ethiopia*) fournit un exemple récent et intéressant des problèmes qu'il faut aborder lorsqu'on veut utiliser des entreprises locales d'imprimerie. Ses conclusions sont les suivantes :

(a) Aucune des entreprises d'imprimerie éthiopiennes étudiées ne possédait la capacité technique requise pour imprimer le nombre de livres requis par le projet dans les délais réalisés par une entreprise internationale retenue par le projet voir tableau) ;

(b) quatre entreprises éthiopiennes (Berhane Selam, Branna, Bole et EMPDA) possédaient le potentiel nécessaire pour proposer des services comparables à ceux de l'imprimeur international, à la condition que leur équipement soit modernisé ; et

(c) sur ces quatre entreprises, deux étaient déjà engagées dans la modernisation de leur équipement (EMPDA) ou prévoyaient de le faire dans un proche avenir (Branna).

(d)

	Comparé à des imprimeurs internationaux, l'imprimeur éthiopien peut :		
	imprimer des ouvrages en quadrichromie ?	*réaliser la reliure couture des pages d'ouvrage imprimé ?*	*imprimer les couvertures et relier les ouvrages ?*
Berhane Selam	Oui	Non	Oui
Branna	Non	Oui	Oui
Bole	Non	Non	Oui
EMPDA	Non	Non	Oui

Le tableau qui précède indique néanmoins que seul un imprimeur sur les neuf étudiés à Addis-Abeba pouvait imprimer en quadrichromie conformément aux spécifications (Berhane Selam) et que seul un autre (Branna) pouvait coudre les signatures, alors que tous étaient en mesure d'imprimer des couvertures et de les monter sur le corps de l'ouvrage. De Guzman 2011)

L'étude précitée examinait uniquement la capacité locale à fabriquer les quantités requises de manuels. Les éditeurs professionnels doivent néanmoins prendre en compte trois autres caractéristiques dans le choix d'un imprimeur. Il s'agit :

- de la fiabilité (l'imprimeur peut-il garantir une livraison dans les délais ?) ;
- de la qualité (l'imprimeur peut-il offrir une qualité de fabrication conforme aux attentes ?) ; et
- du prix (les prix pratiqués par l'imprimeur sont-ils concurrentiels ?).

Des entretiens avec des éditeurs ayant étudié les capacités locales du secteur éthiopien de l'imprimerie ont permis de tirer les conclusions suivantes :

- les imprimeurs éthiopiens n'étaient pas en mesure de garantir le respect des délais de livraison pour les volumes d'impression importants spécifiés dans le dossier d'appel d'offres ;
- la qualité de l'impression de certains imprimeurs était acceptable. Des interrogations subsistaient néanmoins quant à l'homogénéité de la qualité de la reliure dans le cas de volumes importants. Cette question revêt une importance particulière lorsque le nombre d'imprimeurs possédant les installations nécessaires à la reliure cousue pour des quantités importantes, ou une expérience en la matière, sont si peu nombreux ;
- diverses sources internationales de travaux d'imprimerie, notamment en Inde et en Malaisie, proposaient des prix plus avantageux, assortis du respect des délais et d'une qualité constante.

Les éditeurs étaient donc plus enclins à recourir à des sources internationales de travaux d'imprimerie qu'à des imprimeurs éthiopiens, compte tenu de l'insuffisance des investissements et de l'expérience en matière d'impression couleurs, et de l'absence d'installation fonctionnelle de reliure cousue.

Pour autant que nous le sachions, il n'existe aucune étude sur les imprimeries au niveau des régions, encore qu'un éditeur international ait mentionné l'existence d'un imprimeur potentiel dans la région d'Oromiya. Le consensus général semble néanmoins avoir été qu'il était peu probable qu'en région, l'imprimerie soit plus performante qu'à Addis-Abeba, et que dans certaines des régions les plus reculées, il était probable que la qualité des imprimeries locales soit inacceptable au regard des critères du ministère de l'Éducation. Rien n'empêche naturellement les régions de passer des marchés avec des imprimeurs d'Addis-Abeba ou internationaux. Ceci suppose néanmoins la disponibilité à l'échelon régional de contrôleurs de production expérimentés capables de gérer des approvisionnements concurrentiels en services d'impression auprès de sources différentes, tout en veillant au respect des critères de qualité définis.

Le développement de capacités locales de confection de manuels impose au gouvernement de l'Éthiopie de tenir compte de plusieurs problèmes auxquels sont confrontés les imprimeurs éthiopiens, notamment :

- *la disponibilité de financements pour des investissements importants en installations, matériels et matériaux.* De nombreux imprimeurs se sont plaints d'être dans l'obligation de gager leurs installations en garantie de prêts bancaires, ainsi que des taux d'intérêts élevés pratiqués ;
- *l'accès aux devises en vue de l'achat de matériaux dans les quantités exigées par les appels d'offres.* Les imprimeurs ne peuvent commencer à acheter des matériaux qu'une fois les contrats de fabrication adjugés et signés, et les lettres de crédit émises. Mais les délais commencent à courir dès l'émission des lettres de crédit, et il arrive que les matériaux arrivent trop tard pour permettre le respect de la date limite de livraison ;
- *l'accès aux devises en vue de l'achat d'installations* ;
- *les taxes et droits sur le papier d'édition, le carton de couverture et d'autres matériaux.* En l'absence de droits à l'importation sur les livres finis, les imprimeurs locaux sont désavantagés par rapport à la concurrence étrangère (Read 2013).

Spécifications applicables aux manuels

Dans le chapitre 8 sont démontrés les avantages en termes financiers des manuels à longue durée de vie par rapport aux ouvrages plus éphémères. Cette question n'est pas sans importance pour les pays dans lesquels les financements alloués aux manuels scolaires sont limités. Des manuels à longue durée de vie permettent également de réduire la fréquence et les coûts de distribution. À l'inverse, ils tendent à accroître la pression sur le stockage au niveau des établissements. Pour obtenir à la fois une longue vie et un amortissement maximal du coût, il est souhaitable qu'États et partenaires au développement sollicitent l'assistance d'un spécialiste de l'impression professionnelle et de la production possédant une connaissance approfondie de l'utilisation des livres en conditions locales. Les notes suivantes ont néanmoins vocation à baliser quelque peu le parcours.

Les normes physiques ont pour principal objet d'assurer que les matériaux et processus de fabrication utilisés pour chaque manuel scolaire, guide de l'enseignant ou autre matériel pédagogique contribuent à réaliser leurs objectifs de durée de vie minimale en salle de classe. En général, une durée de vie du livre de quatre à cinq ans devrait pouvoir être obtenue lorsque les spécifications sont adaptées, la fabrication de qualité, et l'utilisation et la conservation en classe satisfaisantes. Il existe des exemples dûment attestés de prolongation régulière de la durée de vie des manuels lorsque les conditions qui précèdent sont remplies. Les composantes essentielles de spécifications de livres durables sont les suivantes (Read 2010) :

Papier d'édition

Le grammage minimum du papier d'édition devrait être de 79 grammes par mètre carré (g/m²) ; bien que 80 g/m² soit préférable. Le bois ne doit pas entrer dans la composition du papier utilisé qui doit en outre être fini en machine (mf[1]) et doit être blanc pour un contraste et une lisibilité optimale, avec une opacité adaptée pour éviter la transparence. Blancheur, luminosité et opacité peuvent toutes être définies en termes compréhensibles par chaque éditeur et imprimeur professionnel. D'évidence, le format de la page imprimé est lié à celui de la feuille employée pour l'impression, qui dépend de la taille de la machine à imprimer. Les imprimeurs disposent en général de stocks de papier correspondant à leurs machines à imprimer, et les éditeurs utilisent normalement des formats de manuel permettant l'emploi le plus économique possible du papier par l'imprimeur choisi. Une mauvaise adaptation de la conception et des formats de page des manuels à la taille des machines à imprimer peut être source de gaspillage excessif du papier, et ainsi de coûts supérieurs.

Carton de couverture

Il existe de multiples qualités de carton de couverture. Il est préférable de spécifier dans tous les cas la qualité la plus élevée, car l'état de la couverture du manuel constitue la première protection du corps de l'ouvrage. Lorsque la couverture se détache, il est presque certain que le manuel devienne inutilisable. La spécification de base est un carton d'art à face unique d'un poids (grammage) minimal compris entre 240 g/m² et 260 g/m². La qualité la moins onéreuse est le carton gris, qui n'est pas très solide. L'expérience a montré que des cartons dont le grammage était compris entre 280 g/m² et 300 g/m² assuraient une meilleure protection. Nombre d'éditeurs africains s'opposent néanmoins à des spécifications plus strictes à cet égard en raison des difficultés rencontrées localement pour s'approvisionner en cartons d'art, ce qui favorise les éditeurs internationaux à même d'accéder plus facilement aux cartons de cette catégorie. La réponse à cette objection est relativement simple : en effet, si les spécifications de tous les éditeurs exigeaient une qualité supérieure, les cartons de ce type deviendraient plus courants, le marché s'adaptant à la demande. Le carton doit être relativement rigide et son épaisseur doit être d'au moins 30 microns.

Finition

Dans l'idéal, le carton de couverture doit être "fini" par application d'une pellicule ou d'un vernis UV (ultraviolet) offrant une protection limitée du corps du livre par imperméabilisation. L'épaisseur de la finition de la couverture est normalement de 12 à 15 microns. La finition permet également le nettoyage avec un linge légèrement humide pour ôter poussière et sable de nature à endommager la couverture. Le pelliculage protège mieux les manuels contre l'eau, encore que le vernis UV puisse être efficace lorsque le traitement est effectué correctement. L'application en vernisseuse et le vernis nitrocellulosique comptent au nombre des formes de finition les moins onéreuses. Ils assurent une certaine protection, mais aucun des deux n'améliore significativement la solidité ou la durabilité des manuels.

Reliure

La reliure deux piqûres métal (à cheval) (consistant à agrafer ou à piquer les feuilles le long du pli central ou du dos de l'ouvrage) peut être utilisée pour les manuels dont la longueur n'excède pas 96 pages, lorsque le carton de couverture est suffisamment solide pour supporter la piqûre. Au-delà de 96 pages, la reliure de tous les manuels et guides de l'enseignant doit être cousue, les signatures étant dotées de couvertures papier comportant quatre rainures et deux charnières, de manière à ce que la couverture s'ouvre contre la charnière et non contre le dos. Les reliures autres que cousues ne doivent en aucune circonstance être utilisées pour les manuels scolaires car la durée de vie d'un livre ainsi relié se mesure bien souvent en semaines, en particulier lorsqu'une reliure non cousue est mal réalisée. Une reliure non cousue standard est parfois dite "parfaite", exemple d'appellation inappropriée s'il en est. Autre forme de reliure qui ne doit jamais être utilisée pour les livres scolaires, la "piqûre à plat". Avec cette technique, une agrafe métallique est insérée à partir de la première de couverture jusqu'à la quatrième de couverture, par le corps du livre. Avec ce type de reliure, un manuel scolaire tend à se comporter comme un piège à loups : il tend à se refermer, ce qui contraint l'élève à appuyer sur les "petits fonds" du manuel. La reliure se casse alors et la durée de vie utile du manuel est ainsi singulièrement abrégée.

Il arrive que d'autres techniques de reliure soient employées, telles que le "dos carré cousu collé", également parfois appelé broché cousu. Ces reliures ne sont efficaces que lorsqu'elles sont bien réalisées, et même dans ce cas, elles ne peuvent se comparer, en termes de durabilité, aux reliures cousues.

Déchets

La marge standard de déchets reconnue à un bon imprimeur est de 1,5 % par couleur. En d'autres termes, la marge standard de déchets est de six %. Lorsque les déchets excèdent ce pourcentage, les coûts de manuel augmentent.

Sens du papier

D'autres aspects doivent également être pris en compte : ainsi, le sens du papier utilisé pour le texte et la couverture doit-il toujours être parallèle au dos de l'ouvrage. Le fait que le papier soit orienté dans le bon sens :

- facilite l'ouverture du manuel ;
- réduit le plissage des pages ;
- limite la tendance des coins à se replier vers l'intérieur (les pages sont alors dites "cornées") ; et
- prévient la tendance au gondolage.

Impression couleurs
Le débat sur l'impression en quadrichromie, bichromie ou monochromie est désormais largement théorique car, dans la plupart des pays, les ouvrages scolaires sont automatiquement imprimés en quadrichromie, même si le coût en est considérablement supérieur. Des manuels scolaires secondaires peuvent être imprimés en monochromie ou bichromie, alors que d'autres, en particulier dans des disciplines telles que la biologie ou la géographie, peuvent être significativement améliorés par des sections en quadrichromie. La question réelle, s'agissant de la couleur, concerne le seuil de réalisation d'économies d'échelles. La technologie moderne d'impression de manuels scolaires en quadrichromie permet généralement de générer des économies d'échelles et de prix à partir d'un seuil variant entre 30 000 et 50 000 exemplaires. Dans le cas de manuels scolaires monochromes, des économies d'échelle peuvent être réalisées à partir d'un seuil de 6 000 à 10 000 exemplaires. Les manuels scolaires en quadrichromie peuvent être très onéreux dans les petits pays où les tirages sont limités, tels que le Botswana, la Namibie et Zanzibar. Il arrive que les spécifications relatives aux langues d'enseignement locales fractionnent le tirage qui n'atteint alors pas le seuil économique, ce qui a pour effet d'alourdir sensiblement le coût unitaire.

Procédés
Les éditeurs doivent s'assurer que l'imprimeur de leur choix dispose des installations et de l'expertise requise pour fournir la qualité attendue. Il existe de multiples exemples d'imprimeurs livrant des vernis de qualité inférieurs alors que les clauses techniques du marché prévoient un vernis UV, ou réalisant des reliures non conformes. L'absence de contrôle de qualité des procédés spécifiés peut également conduire à des manuels inférieurs aux normes ne satisfaisant pas aux exigences de durabilité et de durée de vie du livre. Le non-respect des normes définies résultant en une réduction de la durée de vie du livre se traduit par une moindre disponibilité en salle de classe et une augmentation des coûts.

Connaissance de la production par les éditeurs

Nombre d'éditeurs locaux n'ont pas une connaissance suffisante de la production et n'emploient pas de contrôleurs de production suffisamment formés. Ils se contentent de communiquer les spécifications de production aux imprimeurs sélectionnés par leurs soins, mais ne sont pas en mesure d'apprécier la conformité des produits livrés à ces mêmes spécifications. De nombreux manuels soumis pour évaluation en liaison avec un appel d'offres ne satisfont pas aux tests de spécifications et ne sont donc pas approuvés. Lors de l'évaluation de manuels scolaires conduite au Rwanda en 2009 (Buchan et Read 2009), il est apparu que 45 % des titres soumis n'étaient pas conformes aux normes de production spécifiées. Même en cas d'approbation à la condition que les exemplaires finis fournis aux établissements d'enseignement seraient conformes aux spécifications, à défaut de quoi des pénalités s'appliqueraient, 25 % des titres ne satisfaisaient toujours pas aux exigences. Il est à noter que des titres d'éditeurs internationaux n'étaient pas non plus conformes[2] aux spécifications, les éditeurs ayant présumé que leurs imprimeurs fourniraient automatiquement des produits respectueux des spécifications. Ce problème est encore aggravé par la pratique, très répandue chez les éditeurs locaux, consistant à ne pas conclure de contrats avec les imprimeurs. De ce fait, le non-respect des spécifications ne peut être sanctionné.

Tests

Vu que la durabilité, la longue durée de vie du livre et l'amortissement maximal du coût sont des facteurs clés de la viabilité financière des systèmes de fournitures de manuels scolaires et autres supports didactiques et pédagogiques (SDP), les tests de conformité aux spécifications du ministère de l'Éducation sont considérés comme essentiels. Plusieurs pays (par exemple, le Kenya, le Malawi, le Rwanda et l'Ouganda) ont mis au point des tests, mais ils ne les ont pas toujours exécutés avec la régularité voulue. La plupart des pays n'effectuent pas de tests et courent ainsi un risque considérable que leurs manuels scolaires ne soient pas conformes aux spécifications énoncées. Plus grave encore, les cahiers des charges de certains pays ne permettent pas d'obtenir des produits durables.

Le développement d'une capacité de test locale n'est ni difficile ni onéreux. Le coût de l'équipement de test de base n'excède pas 5 000 $EU au total, et une personne disposant d'antécédents dans le domaine de la production peut acquérir la maîtrise de techniques de test élémentaires en environ une semaine en suivant une formation dispensée par un professionnel qualifié de la production. Lors de l'évaluation de l'offre rwandaise de 2009, 14 tests de production distincts ont été réalisés pour chacun des plus de 2 000 spécimens soumis durant une période de trois semaines. Il est également recommandé de ne pas limiter les tests aux exemplaires de prépublications, mais de les réaliser également sur le terrain, avec des exemplaires livrés, car il est arrivé que des titres soumis aux fins de tests satisfassent à un ensemble de spécifications, et ceux fournis aux établissements scolaires à un autre.

Résumé des questions clés

- Le Kenya, le Nigéria et l'Afrique du Sud disposent de secteurs de l'imprimerie développés capables d'assurer une impression de qualité et ayant la capacité de répondre aux besoins en manuels scolaires locaux. Il arrive cependant que prix et fiabilité posent problème.
- D'autres pays d'ASS disposent parfois d'imprimeurs capables, individuellement, de fournir une qualité acceptable, mais dans la plupart des cas, capacité, fiabilité et prix demeurent incertains.
- La longue durée de vie et l'amortissement maximum des coûts constituent des aspects essentiels dans la perspective de la réduction des coûts de fourniture de manuels scolaires et de mise en place de systèmes d'approvisionnement en livres abordables et durables.

- De nombreux pays ne formulent pas de spécifications adaptées en relation avec les manuels scolaires.
- De nombreux pays ne disposent pas de l'expertise nécessaire pour procéder à des contrôles et veiller au respect des normes de production de manuels scolaires impératives.
- Des tests d'exemplaires de prépublication et des stocks livrés dans le but d'assurer la qualité de la production et sa conformité aux normes requises sont vivement recommandés ; les tests sont néanmoins rares, même si l'équipement et les compétences de test sont peu onéreux et aisés à acquérir.

Notes

1. Fini machine (*Machine Finish*, MF) signifie que la surface du papier a été lissée par compression à chaud entre deux rouleaux (calandrage) à la sortie de la sortie de la machine à papier.
2. L'éditeur d'un dictionnaire utilisé internationalement refusait de croire que son stock n'était pas conforme aux spécifications requises ; une vérification des stocks abrités dans ses entrepôts a cependant permis d'identifier de graves erreurs d'encollage.

Références

Buchan, A., T. Read. 2009. *Rwanda Bidding and Evaluation Report*. Windsor, Royaume-Uni : partenaire international pour l'éducation du CNDP et de la CTB.

De Guzman, A. 2011. A Reconnaissance Study of Textbook Printing Capacity in Ethiopia. Washington, DC : Banque mondiale.

Read, T. 2010. *The Role and Significance of Teaching and Learning Materials: A Good Practice Paper for DfID Engagement*. Londres : Department for International Development (DfID).

———. 2013. *Ethiopia : The Textbook Component in GEQUIP 1 and GEQUIP 2*. A World Bank Study. Washington, DC: Banque mondiale.

CHAPITRE 8

Que devraient coûter les manuels scolaires ?

Composantes du coût

Les principales composantes du coût d'un manuel scolaire sont

- Composition ;
- Conception, illustrations et éléments artistiques ;
- Autres reproductions ;
- Matières premières (principalement papier texte, couverture, mais aussi fil de reliure, colle, vernis) ;
- Fabrication-impression, reliure et finition ;
- Droits d'auteurs ;
- Fret maritime, dédouanement, frais de port (si imprimé à l'étranger) ;
- Remise accordée aux libraires ou autre frais de distribution ; et
- Frais généraux administratifs, éditoriaux et marketing et bénéfices de l'éditeur.

Pour éviter toute confusion, il convient de noter que les composantes du coût d'un manuel scolaire énumérées ci-dessus ne sont pas les mêmes que celles qui constituent la chaîne du livre (voir chapitre 4), bien que certains de ces éléments en fassent partie.

Les tableaux 8.1 et 8.2 fournissent les contributions comparatives en pourcentage au prix de vente au détail d'un manuel scolaire publié commercialement et disponible pour la vente au détail en Afrique subsaharienne (ASS) en 2011.[1] Il apparaît clairement à partir de ces données que les deux principales composantes du coût sont les frais généraux et bénéfices des éditeurs (27 %) et la remise accordée aux libraires (25 %). La remise accordée aux libraires leur permet de dégager une marge bénéficiaire. Si les manuels sont fournis en gros à un gouvernement ou à un partenaire au développement (PD), cette remise est soustraite du prix au détail. Si l'éditeur est tenu d'approvisionner directement les écoles, la marge bénéficiaire des libraires (de 10 à 15 %) doit être soustraite du

Tableau 8.1 Composantes du prix d'un manuel scolaire commercial

Composantes	% du prix
Frais généraux et bénéfices de l'éditeur[a]	27
Remise accordée aux libraires[b]	25
Frais de préparation de l'impression (incluant composition, conception, éléments artistiques, autres reproductions, etc.)	14
Matières premières	12
Fabrication	10
Droits d'auteur	7
Fret maritime	4
Frais bancaires	1

Remarque : a. Cette composante inclut le marketing, la recherche et l'édition, le personnel et l'administration, le financement et les coûts du crédit, des locaux, des équipements et les factures de services, etc.
b. Cela s'applique uniquement si les supports didactiques et pédagogiques (SDP) sont approvisionnés via la vente au détail du livre. S'ils sont approvisionnés via le ministère de l'Éducation (MdE) ou le district, le coût de distribution sera plus faible pour l'éditeur parce que ces derniers seront transférés au MdE ou aux districts.

Tableau 8.2 Composantes du prix d'un manuel scolaire édité par un État

Composante	% du prix
Frais de préparation de l'impression (incluant composition, conception, éléments artistiques, autres reproductions, etc.)	20
Matières premières	40
Fabrication	35
Droits d'auteur	5

prix indiqué. Pour les manuels importés d'éditeurs de pays développés, la composante du coût liée aux frais généraux est généralement plus élevée du fait que ces derniers sont plus élevés dans ces pays. Ainsi, passer d'une édition réalisée dans un pays développé à une édition réalisée localement aurait tendance à réduire la composante liée au frais généraux. De même, accélérer le paiement des éditeurs permettrait de réduire leurs emprunts bancaires et ainsi de réduire les coûts de financement, ce qui peut être une partie très importante des frais généraux en cas de retards de paiement importants ; il existe beaucoup d'exemples de ministères de l'Éducation (MdE) ou de gouvernements qui retardent ces paiements de deux ans ou plus.

Lorsque l'édition est réalisée par un État, la plupart des coûts figurant dans le tableau 8.1 ci-dessous semblent disparaître. Ainsi, les bénéfices ne sont pas nécessaires et les frais généraux d'édition sont souvent non inclus. Cela ne signifie pas que les frais généraux d'édition n'existent pas dans l'édition par un État; mais ils sont englobés au sein d'autres postes budgétaires tels que les salaires, l'entretien, et autres. De manière similaire, la charge liée à la distribution incluse dans la formule de tarification des éditeurs commerciaux peut être réduite ou supprimée du prix lorsque l'édition est réalisée par un État car elle est couverte (souvent de manière inadéquate) sous le couvert du budget de l'administration du district. L'édition par un État peut ne pas entraîner le paiement de redevances aux auteurs. Mais cela ne représente que rarement une véritable économie parce que des auteurs sous-rémunérés ont tendance à produire des supports didactiques et pédagogiques (SDP) de qualité inférieure. Les éléments susceptibles d'être communs aux deux systèmes de tarification, commerciaux et étatiques, sont les frais de préparation de l'impression, les matières premières et la fabrication. Le tableau 8.2 fournit une formule typique pour la tarification de l'édition par un État.

La publication par l'État donne l'illusion d'être moins chère que la publication commerciale. Certaines des composantes du coût donnent l'illusion d'avoir disparu alors qu'elles sont en fait dissimulées sous d'autres postes budgétaires des MdE ou des gouvernements. Ainsi, la grande variation de coûts unitaires évalués pour les manuels scolaires dans différents pays est en grande partie le résultat de différences entre ce qui est inclus ou pas dans les coûts indiqués. Cela rend les comparaisons directes entre coûts unitaires de manuels scolaires de pays différents très périlleuses, à moins qu'une information complète ne soit disponible.

Durée de vie du livre d'un an comparé à une durée de vie de quatre ans - Comparaisons des coûts

Le tableau 8.3 fournit des exemples de manuels scolaires du primaire et du secondaire avec des durées de vie spécifiées à un an et à quatre ans et plus, et les prix indiqués pour ces spécifications chez un important imprimeur de manuels scolaires à Mumbai, en Inde. Il s'agit des prix réels, fournis en septembre 2011, et non de prix inventés. Les livres d'une durée de vie de quatre ans ont un papier texte et une couverture de meilleure qualité et des reliures résistantes avec finition au vernis UV. Les spécifications d'un livre à durée de vie d'un an se caractérisent par un papier texte et une couverture de moindre qualité et des reliures bon marché et peu résistantes sans laminage ni finition au vernis UV. Hormis cela, les tirages, les formats et l'utilisation de la couleur sont identiques parmi les différentes comparaisons réalisées. Les spécifications pour les durées de vie de quatre ans et d'un an représentent typiquement les spécifications qu'un éditeur fournirait à un imprimeur pour obtenir la durée de vie souhaitée.

La comparaison entre les articles 1 et 2 compare les coûts d'un manuel scolaire de primaire de 96 pages imprimé en quatre couleurs. Les coûts de production d'une spécification pour quatre ans ne sont que 19 % plus élevés que ceux d'une spécification pour un an.

La comparaison entre les articles 3 et 4 compare les coûts d'un manuel scolaire de primaire de 96 pages imprimé en une seule couleur. Les coûts de production d'une spécification pour quatre ans ne sont que 29,5 % plus élevés que ceux d'une spécification pour un an.

La comparaison entre les articles 5 et 6 compare les coûts d'un manuel scolaire du secondaire de 144 pages imprimé en quatre couleurs. Les coûts de production d'une spécification pour quatre ans ne sont que 23 % plus élevés que ceux d'une spécification pour un an.

Tableau 8.3 Comparaison des prix de manuels scolaires pour des spécifications de durées de vie d'un an et de quatre ans

Article	Titre	Taille	Pages de couverture	Pages de texte	Couleurs pour la couverture	Couleurs pour le texte	Papier texte	Couverture	Style de reliure	Tirages	Prix FOB en $EU
1	MS du primaire	7,44 × 9,68"	4	96	4	4	62 gmc	180 gmc	Agrafage à cheval	75 000	0,464
2	MS du primaire	7,44 × 9,68"	4	96	4	4	80 gmc	250 gmc	Agrafage à cheval	75 000	0,553
3	MS du primaire	7,44 × 9,68"	4	96	1	1	62 gmc	180 gmc	Agrafage à cheval	75 000	0,381
4	MS du primaire	7,44 × 9,68"	4	96	1	1	80 gmc	250 gmc	Agrafage à cheval	75 000	0,540
5	MS du secondaire	7,44 × 9,68"	4	144	4	4	62 gmc	180 gmc	Sans coutures	20 000	0,788
6	MS du secondaire	7,44 × 9,68"	4	144	4	4	80 gmc	250 gmc	Section cousue	20 000	0,969
7	MS du secondaire	7,44 × 9,68"	4	144	1	2	62 gmc	180 gmc	Sans coutures	20 000	0,624
8	MS du secondaire	7,44 × 9,68"	4	144	1	2	80 gmc	250 gmc	Section cousue	20 000	0,780

Remarque : FOB = sans frais à bord ; gmc = grammes par mètres carrés ; MS = manuel scolaire.

Tableau 8.4 Comparaisons des prix pour des durées de vie d'un an et de quatre ans

Articles comparés	Prix pour 1 an	Prix pour 4 ans	Différentiel (%)
1 et 2	0,464	0,553	1,19
3 et 4	0,361	0,540	1,30
5 et 6	0,788	0,969	1,23
7 et 8	0,624	0,780	1.26

La comparaison entre les articles 7 et 8 compare les coûts d'un manuel scolaire du secondaire de 144 pages imprimé en deux couleurs. Les coûts de production d'une spécification pour quatre ans ne sont que 26 % plus élevés que ceux d'une spécification pour un an.

Le tableau 8.4 présente ces comparaisons. Il apparaît clairement qu'une extension à quatre ou cinq ans de la durée de vie d'un livre est significativement moins chère en termes de coûts annuels amortis qu'une spécification pour une durée d'un an.

Causes des variations des prix des manuels scolaires dans certaines listes de livres approuvés

En Ouganda, en 2007, il n'y avait pas de liste de manuels scolaires approuvés au niveau national et chaque école du secondaire constituait sa propre liste. Celles-ci étaient réalisées à partir des listes d'inventaire des libraires de Kampala. Très peu d'écoles avaient une idée précise de la gamme complète des titres disponibles et très peu étaient conscientes des atouts et des faiblesses d'un manuel donné en relation aux exigences du programme ou de l'examen. Aussi, du fait que la plupart des écoles du secondaire en Ouganda n'achetaient plus les livres elles-mêmes pour les prêter aux élèves, mais s'attendaient à ce que les parents achètent eux-mêmes les livres, l'importance du prix dans la construction de la liste était peu prise en compte. La plupart des écoles ne s'attendaient pas à ce que les parents achètent la liste de livres dans son intégralité ou même une partie significative de celle-ci. Ainsi, pour la plupart des écoles du secondaire, des élèves et des parents, la liste des manuels scolaires était devenue un symbole plus qu'une réalité. Pour les écoles du secondaire dans les régions éloignées ou les écoles privées les plus médiocres, il y avait peu d'espoir que les élèves achètent leurs propres manuels scolaires. Par conséquent, certains livres importés très coûteux, souvent très peu pertinents en relation avec le programme local, étaient inscrits sur les listes de livres des écoles. Dans une école en Ouganda, le manuel de biologie recommandé pour S5 et S6 était un manuel de biologie de premier cycle universitaire qu'il fallait importer au prix de près de 90 \$EU. Aucun élève de l'école n'avait acheté ce titre et l'école elle-même n'en avait pas de copie pour sa bibliothèque, en dépit du fait que c'était l'un des manuels présents sur sa liste de livres scolaires.

Le Lesotho utilisait une liste nationale des manuels scolaires approuvés à partir de laquelle les écoles étaient censées sélectionner des titres pour leurs propres listes de livres scolaires. Toutefois, les prix n'étaient pas pris comme facteur dans le processus d'approbation de la liste nationale et certains de ces manuels avaient des prix très élevés. Et, une fois de plus, du fait que la plupart des écoles n'achetaient plus elles-mêmes les manuels pour les prêter aux élèves, il y avait peu d'intérêt porté sur les prix dans l'élaboration des listes individuelles de livres scolaires.

Certaines listes de livres sont dominées par de très vieux manuels, utilisés par les enseignants lorsqu'ils fréquentaient l'école. D'autres listes se concentrent uniquement sur les manuels d'examens, sans tenir compte des manuels scolaires pour les années sans examen. Certaines écoles recommandaient aux élèves de première année de n'acheter que le manuel d'examen. En Ouganda, il n'était pas rare pour un étudiant de se voir recommander d'utiliser les mêmes manuels S4 pendant les quatre années du premier cycle du secondaire pour préparer l'examen permettant l'obtention du certificat d'éducation ougandais (Uganda Certificate of Education), sans accès à aucun autre livre fourni par l'école. Il était tout aussi commun que des listes de livres ne soient données qu'aux élèves de S1 et S5. Une liste de livres scolaires recommandait pour le cycle secondaire supérieur 13 titres différents (et non 13 choix de titres) de géographie et 5 titres différents de biologie. Dans de nombreux pays, dans les districts éloignés de la capitale ou des principales villes de province, peu d'écoles produisent des listes de livres recommandés. La majorité des écoles dans les zones rurales et éloignées reconnaissaient simplement que la plupart des parents n'avaient pas les moyens nécessaires pour envisager l'achat de manuels scolaires qui, de plus, n'étaient généralement pas disponibles à l'achat en dehors de la capitale.

Le Kenya avait probablement les prix des manuels scolaires du secondaire les plus bas des pays étudiés en 2007, en grande partie du fait qu'il existait un processus national d'approbation des manuels scolaires du secondaire et une liste nationale des manuels scolaires approuvés, et que le prix était l'un des facteurs prépondérants dans le processus d'évaluation et d'approbation. Ceci était également vrai au Ghana et au Togo, bien que le processus d'approbation des manuels scolaires ait fonctionné de différentes manières dans chaque pays. Dans ces situations, il existait une incitation positive pour les éditeurs à obtenir de bons prix car des prix bas permettaient d'atteindre des notes plus élevées dans les systèmes d'évaluation et un meilleur positionnement sur la liste des manuels scolaires approuvés. L'incapacité à obtenir le statut de membre de la liste des manuels approuvés peut être très grave pour les éditeurs. En conséquence, les éditeurs du secteur privé locaux ou multinationaux peuvent parfois s'opposer aux listes de manuels scolaires approuvés qui sont compilées sur une base concurrentielle dans laquelle le prix est l'un des facteurs inclus au processus d'évaluation.

Au Malawi, une liste de manuels scolaires approuvés a été introduite en 1999. Les critères originaux d'évaluation et d'approbation combinaient des facteurs de contenu, de conformité au programme d'enseignement, de qualité de présentation, de durabilité[2] et de prix afin de parvenir à des livres de qualité à bon prix. Mais le Malawi n'avait encore qu'un taux de scolarisation relativement faible dans le secondaire en 1999, en particulier au niveau du secondaire supérieur, et la nécessité de créer de nouveaux livres pour répondre aux nouvelles exigences des programmes d'enseignement a entraîné une augmentation des coûts unitaires.

Un autre facteur ayant une influence sur le coût des besoins en manuels scolaires du secondaire était la spécification de la production physique. Ainsi, en Éthiopie, les manuels du secondaire devaient être réalisés jusqu'à récemment, sur du papier journal 58g ou en partie sur du papier de pâte mécanique avec des couvertures ténues et des reliures réalisées en agrafage à cheval ou cousues sur le côté. Ces spécifications entraînaient des prix initiaux très bas, mais ne permettaient pas une bonne durée de vie des livres, particulièrement dans des environnements difficiles, de sorte que les manuels devaient être constamment remplacés et rachetés parfois plus d'une fois au sein d'une même année scolaire. Lorsque les spécifications sur la production physique sont établies à des niveaux très bas afin d'obtenir des prix peu élevés, un modèle typique tend à émerger dans lequel les manuels scolaires endommagés et détruits ne sont pas remplacés et les ratios manuel scolaire/élèves (RME) se détériorent régulièrement tout au long de l'année scolaire. Au Kenya, au Lesotho, au Malawi ainsi que dans la plupart des pays francophones, les spécifications de production physique[3] sont beaucoup plus élevées qu'en Éthiopie. Des spécifications plus élevées conduisent à une plus longue durée de vie, ce qui réduit le coût annuel amorti des fournitures. De bonnes spécifications de production et de longues durées de vie des livres créent également la possibilité de marchés de livres d'occasion, ce qui peut avoir un impact considérable sur les dépenses en fournitures des élèves. En général, de plus hauts niveaux de spécifications pour la production physique et de plus longues durées de vie entraînent des coûts annuels amortis beaucoup plus faibles. Certaines écoles du secondaire avec des niveaux élevés de soin et de conservation des livres peuvent atteindre des durées de vie des livres très étendues et donc de très faibles coûts annuels de fourniture.[4]

En Ouganda, malgré le récent développement de l'édition locale de manuels pour l'enseignement du premier cycle du secondaire, la majorité des manuels recommandés pour le second cycle sont toujours des manuels édités au Royaume-Uni, avec des normes de présentation et de production conçues pour le marché britannique ou international, à des prix qui dépassent de beaucoup la capacité financière moyenne des élèves de l'école secondaire en Ouganda. Ceci était également vrai pour de nombreux autres pays, aussi bien en Afrique anglophone que francophone. Bien entendu, le problème de base est que le nombre d'élèves du secondaire, encore relativement faible dans de nombreux pays et en particulier au niveau du secondaire supérieur, combiné au faible pouvoir d'achat de beaucoup de parents et à l'absence de gouvernement stable ou de financement de bailleurs de fonds, ne permet pas d'obtenir un marché qui attire des investissements dans le développement de nouveaux titres destiné à des pays spécifiques. Du fait de cette pénurie de titres locaux, en particulier en deuxième cycle du secondaire, conçus et développés dans le contexte de conditions, de programmes et de pouvoir d'achat à échelle locale, il ne reste que peu d'autre choix que de recommander des manuels importés. Dans certains cas, où il y a des manuels importés particulièrement populaires (par exemple, la Biologie de McKean), l'éditeur étranger peut créer une édition spéciale "tropicale", disponible avec des spécifications de production de qualité moindre, mais durables, et à des prix significativement inférieurs. Mais cela constitue encore l'exception plutôt que la règle. Il existe également des exemples similaires chez des éditeurs français, spécialement lorsque les titres sont spécifiquement adaptés pour les programmes transnationaux.

L'étude de 2005 du sous-secteur des écoles secondaires en Zambie mettait en avant le manque de manuels scolaires du secondaire rédigés spécifiquement pour le marché zambien à des prix abordables dans le contexte de la Zambie. Néanmoins, les programmes zambiens pour l'enseignement secondaire n'avaient pas changé de façon significative depuis le début des années 1980 et peu de financements gouvernementaux étaient prévus dans les écoles du secondaire pour l'achat de manuels scolaires. Il n'y avait également pas de tradition d'achat de manuels scolaires par les parents, le marché disponible réaliste était trop incertain pour attirer l'intérêt d'éditeurs.

L'imprévisibilité des ventes potentielles n'encourageait pas non plus une baisse des prix. Toutefois, la volonté d'éditeurs d'investir et de développer des manuels scolaires pour le secondaire afin de satisfaire les besoins d'un marché local lorsqu'une viabilité est jugée existante est clairement démontrée au Botswana, au Cameroun, en Côte d'Ivoire, au Ghana, au Kenya, au Malawi, au Nigéria, en Tanzanie et au Togo, entre autres.

La variable la plus significative dans le prix des manuels scolaires est peut-être le profil de la distribution locale. Au Soudan du Sud (Jones et Sayer, 2013), le coût de la consolidation et de la distribution entre Mombasa vers les écoles représentait 75 % du total des coûts combinés de fabrication et de livraison, et était trois fois plus élevé que les coûts totaux de production et de livraison à Mombasa en provenance de la République de Corée, où avait lieu la fabrication. Les coûts de distribution étaient élevés du fait que l'extrême difficulté des conditions de livraison. Le Soudan du Sud, alors en situation post-conflit, ne possédait qu'une seule route goudronnée pour tout le pays. Pendant la saison des pluies, une forte proportion des routes (plus de 65 %) étaient recouvertes d'eau et inutilisables. Dans ces circonstances, une longue durée de vie du livre, qui réduit le besoin de livraisons fréquentes, est un objectif important dans les stratégies de réduction des coûts. Des données plus précises issues du Système d'information de gestion de l'éducation (SIGE) permettront à l'avenir de réduire les coûts et les difficultés opérationnelles associées au stock de redistribution. La proportion des coûts liés à la distribution au Soudan du Sud peut être comparée avec celle du Kenya, où un secteur du livre national bien établi et un bien meilleur réseau routier interne permettent d'obtenir des coûts nationaux de distribution via le secteur du livre commercial à seulement 20 à 25 % du prix au détail comparé aux 75 % requis au Soudan du Sud. Ainsi, le profil de la distribution nationale doit être analysé afin de déterminer les sommes à allouer à cette activité. Aucune formule de calcul des coûts n'est applicable à toutes les situations.

Il convient également de noter que les pertes dans la distribution et dans le soin et la gestion des livres dans les écoles ont un impact significatif sur les coûts du système au fil du temps, et que la livraison de livres qui ne sont pas correctement utilisés, voire pas utilisés du tout, est un gaspillage important de ressources financières limitées. Ainsi, des investissements supplémentaires dans la formation au niveau des écoles sur le soin des livres, la gestion des stocks et l'utilisation des SDP, de même que l'encouragement à une supervision et une surveillance plus efficace, sont des composantes importantes de la création d'un système rentable et efficient en termes de coûts pour la fourniture de SDP.

Coût des manuels scolaires

Tant de variables influent sur les coûts des manuels scolaires qu'il est souvent difficile de déterminer un prix qui reflète au mieux leur valeur réelle, et tout aussi difficile de prescrire ce que serait un prix correct pour ce type d'ouvrage. Il est important de faire la distinction entre le coût des manuels et le coût de fourniture des manuels scolaires. Ainsi, un manuel peut être produit à un coût raisonnable, mais le programme d'enseignement peut présenter tant d'exigences relatives aux matières et aux manuels scolaires que le coût pour parvenir à fournir l'ensemble spécifié devient très élevé.

Les principaux facteurs[5] ayant une incidence sur les coûts unitaires des manuels scolaires sont

- Les tirages ;
- Le piratage (le piratage endémique réduit considérablement les tirages) ;
- Les extensions des manuels ;
- Les formats des manuels ;
- Le nombre de couleurs ;
- La complexité du graphisme et des illustrations ;
- La création de toutes pièces ou l'adaptation d'un matériel existant ;
- Les spécifications de la production physique ;
- Si les manuels sont importés ou développés localement (en général, les manuels importés sont conçus et tarifés pour un marché du monde développé et sont très coûteux pour une accessibilité locale ; les manuels conçus pour des conditions de marché locales sont généralement beaucoup moins onéreux, mais la motivation pour développer des livres aux conditions d'un marché local dépend de la taille du marché et de la fiabilité des sources de financement) ;
- Les lieux d'impression et la compétitivité des prix d'impression ;
- La rapidité des paiements (par exemple, au Ghana, les éditeurs peuvent avoir à attendre jusqu'à deux ans pour le paiement de grandes quantités fournies au MdE, ce qui doit être pris en compte dans la fixation des prix) ;
- L'utilisation du prix comme un facteur dans l'évaluation pour l'approbation des manuels scolaires ;
- Les coûts de distribution, sont-ils inclus dans le prix des manuels ? et
- Le niveau et la nature de la corruption, certains pays ont des coûts liés à la corruption beaucoup plus élevés que d'autres.

Les principaux facteurs qui ont une incidence sur les coûts liés au système sont

- Les spécifications du programme d'enseignement, spécifiquement le nombre de manuels et de guides pédagogiques requis et la densité des programmes, qui ont un impact sur l'étendue des besoins ;
- Les langues d'instruction, (LdI) (trop de LdI accroissent de manière significative les frais de préparation de l'impression, et peuvent fragmenter les tirages et donc augmenter les coûts) ;
- Le nombre de manuels approuvés (trop de manuels approuvés fragmentent les tirages) ;
- La nature et la quantité des autres SDP spécifiés ;
- Le ratio de fourniture manuel/élèves ;
- La durée de vie en classe ciblée ;
- Les taux de pertes et de dommages ;
- L'efficacité de la distribution ; et
- La gestion de l'école et l'efficacité de la conservation.

Une bonne conception du système peut avoir un impact majeur à la fois sur les coûts unitaires et les coûts liés au système. Ainsi, en 2002, lorsque le Département pour le développement international du Royaume-Uni (DfID) (Département pour le développement international du Royaume-Uni) soutenait les réformes du système des manuels scolaires du primaire en Ouganda, le coût unitaire des manuels a été réduit de 56% par le nouveau système d'évaluation et d'approbation tandis que les spécifications de production ont été mises à jour et le nombre de couleurs utilisées dans les manuels scolaires a été augmenté. Bien que la comparaison des prix des manuels scolaires au sein de différents pays soit une tâche complexe, il n'y a pas de raison pour que les manuels scolaires du primaire et du secondaire ne soient pas disponibles à des coûts raisonnables, à partir du moment où la conception du système est bien réalisée et que les tirages sont suffisamment importants pour atteindre des avantages raisonnables en termes de coûts. Sur cette base, des coûts unitaires de 2 à 3 $EU pour des manuels du primaire et de 4 à 6 $EU pour des manuels du secondaire devraient normalement être atteignables, mais ces chiffres ne peuvent pas forcément être obtenus dans tous les cas.

Coûts et tirages

Il existe parmi les gestionnaires de projets une supposition croissante que plus les tirages sont élevés, plus les coûts sont bas. La figure 8.1 démontre que les économies réalisées sur le coût d'un manuel scolaire connaissent un plafond et que, dans le cas d'ouvrages quatre couleurs, au-dessus de 35 000 à 50 000 exemplaires, les bénéfices en termes de coûts au niveau du tirage deviennent rapidement marginaux. Pour les manuels scolaires en une seule couleur, ce coût commence souvent à se stabiliser après 7500 à 10 000 exemplaires. Seuls les pays à faible population sont susceptibles de tirer d'importants avantages d'une

Figure 8.1 Courbe des bénéfices en termes de coût dans le cas de tirages élevés

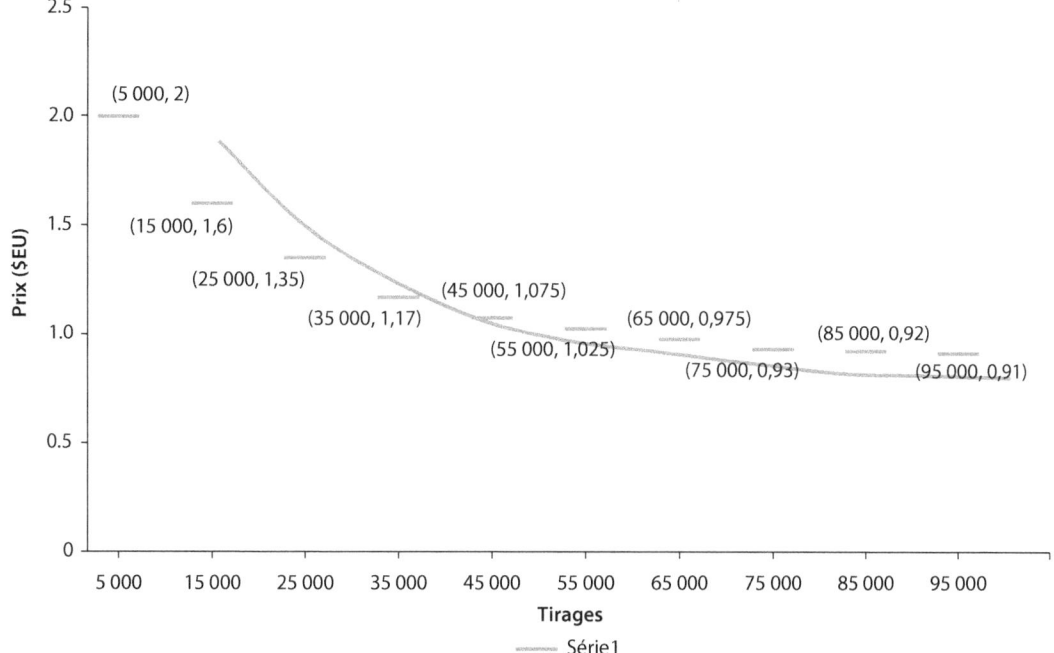

politique de monopole de réduction des coûts pour les manuels scolaires. La plupart des pays ont des taux de scolarisation suffisants pour assurer un certain choix de manuels scolaires alternatifs concurrents à des prix économiques.

Résumé des questions clés

- Les principales composantes des coûts concernant le prix au détail des manuels scolaires sont généralement les remises accordées aux libraires (ou les frais de distribution si les éditeurs fournissent leurs ouvrages directement, sans utiliser une chaîne du livre au détail) et les frais généraux des éditeurs, et ce sont les domaines où des économies en termes de coûts sont théoriquement possibles.
- Le coût annuel amorti pour un livre de durée de vie de quatre ans est beaucoup plus bas que le coût annuel d'un livre d'une durée de vie d'un an, et, dans la mesure du possible, il est plus logique, sur le plan financier, d'opter pour une longue durée de vie du livre.
- La technologie moderne d'impression permet de réaliser des économies d'échelle significatives à des niveaux de tirage relativement bas, environ 35 000 à 50 000 exemplaires dans le cas de livres quatre couleurs et 7500 à 10 000 exemplaires pour les livres en une seule couleur.
- De nombreuses variables influent sur les coûts des manuels scolaires et le coût de conception du système de provision, ce qui rend difficile, voire impossible, pour le non-spécialiste de comparer les coûts des manuels scolaires et leurs prix d'un pays à un autre.

Notes

1. Ces pourcentages sont tirés des coûts d'un véritable manuel scolaire de primaire de 96 pages, imprimé en quatre couleurs, avec des spécifications de production durables, destiné à la vente au détail et proposé par un éditeur de manuels africain de premier rang.
2. Parce qu'une longue durée de vie du livre est un facteur critique pour la réduction des coûts amortis, certains critères de la liste approuvée nécessitent des spécifications de production physique minimales pour veiller à ce que tous les titres aient des attentes similaires en termes de durée de vie du livre. Cette approche est fortement recommandée.
3. Les spécifications physiques comprennent le papier texte et la couverture, la finition de la couverture, le style de reliure et, parfois, le format du livre. Les spécifications de présentation comprennent normalement le type et la taille de police, le nombre de couleurs, le nombre et le type d'illustrations et, parfois, le format de livre. Les formats des livres sont parfois inclus dans les spécifications physiques parce que les livres de grande taille, en particulier dans les formats paysage, sont souvent considérés comme non durables. Formats paysage et formats A4 sont donc souvent expressément exclus.
4. Par exemple, le King's College à Budu en Ouganda avait un certain nombre d'ensembles de manuels datant de plus de 20 ans. Chaque livre avait été relié et régulièrement réparé, mais le coût annuel de provision était très faible parce que les manuels avaient été faits pour durer de nombreuses années. Bien sûr, il y a un revers à maintenir des manuels pendant de très longues périodes parce que le contenu peut devenir obsolète et non pertinent. Un équilibre raisonnable entre le coût et la longévité est souhaitable, et cibler une durée de vie du livre de six ans pour le secondaire semble raisonnable.
5. Ces facteurs sont différents des composantes des prix des manuels, ainsi que des maillons de la chaîne du livre.

Référence

Jones, B. et N. Sayer. 2013. Annual Review of the South Sudan Textbook Project. Juba : DfID.

CHAPITRE 9

Passation de marchés, soumission des offres, et évaluation

Recours à un fournisseur unique ou sélection de manuels au moyen d'un processus compétitif décentralisé

Ces dernières années, le recours à un fournisseur exclusif du secteur privé en situation de monopole est progressivement remplacé par des listes de manuels approuvés et une décentralisation au niveau des écoles du financement, de la sélection et des commandes. Il n'est donc plus nécessaire d'avoir recours à l'approvisionnement en gros de supports didactiques et pédagogiques (SDP) par appel d'offres concurrentiel, un domaine réservé aux ministères de l'Éducation (MdE) et souvent source de problèmes dans le passé. Le recours à des budgets scolaires en ce qui concerne le pouvoir d'achat théorique, plutôt qu'à des budgets de trésorerie, et à des commandes annuelles des écoles sur des bons de commande officiels sur lesquels les commandes sont groupées au niveau central par le MdE et communiquées aux éditeurs avec les calendriers de distribution en vigueur, ont révélé leur efficacité en éliminant les hausses de prix et les détournements de fonds. Le Rwanda est actuellement un bon exemple de système de ce type. Le Kenya, le Lesotho, le Malawi, et la Namibie figurent parmi une liste de pays où la fourniture et la distribution commerciales se sont développées avec d'assez bons résultats ces dernières années, même si certains problèmes subsistent dans la gestion, le suivi et le contrôle, problèmes qui doivent être surmontés. L'introduction de systèmes et de bases de données sophistiqués et informatisés pour la gestion des manuels et des supports didactiques et pédagogiques (SDP) au Rwanda et en Namibie indique que les problèmes opérationnels, en particulier en ce qui concerne la commande, la distribution, et la confirmation des livraisons, ne constituent pas une difficulté insurmontable.

Lorsque les écoles n'utilisent pas des budgets établis sur la base de pouvoirs d'achat indicatifs pour leur sélection et leurs commandes de manuels, il se trouvera toujours des chefs d'établissement qui n'hésiteront pas à demander de l'argent aux maisons d'édition en contrepartie de la commande de leurs ouvrages, ou aux libraires en contrepartie de la commande passée par l'école. Le gonflement des prix, voire même le détournement de fonds en facturant des matériels qui n'ont jamais été livrés continueront de poser problème dans certains systèmes. Il existe des cas bien documentés de responsables éducatifs de district rétribués pour changer les commandes de l'école en faveur d'un ou de deux éditeurs, ou de fonctionnaires de l'éducation de district qui établissent leurs propres librairies par l'intermédiaire de parents ; ils font ensuite pression sur les écoles pour commander les livres et manuels en passant par ces points de vente favoris. La solution à ces problèmes repose sur une inspection et une supervision régulières et minutieuses, ainsi que dans des contrôles réguliers des écoles. Au Kenya, en 2003 et 2004, lorsque le projet des manuels gratuits pour l'école primaire (*Free Primary Textbook Project*) fut lancé, le Département pour le développement international du Royaume-Uni (DfID) a fait appel à PricewaterhouseCoopers pour réaliser des contrôles aléatoires des écoles pendant les deux premières années. Les libraires et les éditeurs ont indiqué que, depuis les contrôles aléatoires, le système n'était plus exposé à la corruption et au détournement de fonds. Ce n'est que lorsque les contrôles aléatoires ont cessé et que les écoles et les districts se sont habitués peu à peu à une surveillance laxiste, et à de longs intervalles entre les contrôles, que le système s'est corrompu.

Bien que les systèmes compétitifs décentralisés soient en progression dans l'Afrique subsaharienne (ASS) anglophone, ils demeurent toujours peu fréquents dans l'Afrique francophone où les offres d'impression de manuels restent fréquentes. Les achats en gros centralisés peuvent subsister même au sein de systèmes de financement décentralisés lorsque les bailleurs de fonds bilatéraux ou les organisations non gouvernementales (ONG) décident de commander des titres (habituellement des suppléments ou des titres de lecteurs) en gros pour la distribution dans les écoles. La Banque mondiale et la Banque asiatique de développement (BASD) imposent des dossiers types d'appels d'offres pour couvrir ce type de transaction. Toutefois, bien qu'une réflexion et des efforts considérables aient été consacrés à l'élaboration dossiers types d'appels d'offres en matière de manuels, ceux-ci ne remplacent pas la nécessité d'un contrôle adéquat et détaillé des processus d'évaluation et d'attribution de marchés puisque c'est à ce niveau-là que les problèmes surviennent le plus fréquemment.

L'Éthiopie offre un exemple de problèmes susceptibles d'affecter la passation des marchés malgré l'utilisation de dossiers types et de systèmes modèles.

> Le non-respect par les maisons d'édition des délais contractuels de livraison et les retards prolongés dans le règlement et la clôture des contrats de fourniture de manuels sont apparus comme étant une source de préoccupation. Les facteurs suivants sont considérés comme étant les principales causes de retard :
>
> - Renouvellement fréquent des appels d'offres par le MdE. Par conséquent, la série pour les manuels de chimie pour les classes (de 9e à 12e année) n'a pas été attribuée dans le cadre de la soumission initiale de février 2010 ; elle a fait l'objet

d'un nouvel appel d'offres en décembre 2010, mais n'a pas été attribuée ; elle a encore fait l'objet d'un nouvel appel d'offres en 2011 et n'a pas été attribuée ; nouvel appel d'offres en janvier 2012, elle a finalement été attribuée en septembre 2012. Les manuels de science environnementale et de science intégrée ont fait l'objet d'un appel d'offres, qui a été annulé et suivi d'un nouvel appel d'offres, pour finalement être à nouveau annulé et remplacé par un approvisionnement sans concurrence auprès d'un fournisseur local ;
- Les contrats inclus dans les documents de l'appel d'offres n'étaient pas les contrats que les éditeurs devaient signer. Les modifications comportaient des changements dans les cahiers des charges de production et du transfert de droits d'auteur et de réimpression au MdE (Clause 18.2). La clause 32.3 confirmait pourtant que le droit des éditeurs relatif à la réimpression subsistait dans le contrat.[1] Les litiges concernant les modifications de contrats ont entraîné des retards dans la signature de ces contrats ;
- L'accord de réimpression des épreuves des éditeurs par le MdE faisait parfois l'objet de longs retards (dans certains cas, jusqu'à ce les délais contractuels de livraison soient dépassés) ;
- Le processus de dédouanement était soumis à de longs retards au port d'entrée ; on a signalé des retards de 4 à 5 mois entraînant des frais élevés d'entreposage. Les éditeurs ont fait valoir que le manque d'expérience du MdE en matière d'exigences de dédouanement était la principale cause du problème ;
- Litiges concernant l'achèvement des livraisons, ce qui amenait le MdE à suspendre la totalité des paiements et à ne pas conclure les contrats. Certains de ces litiges durent depuis longtemps et sont à l'origine de l'absence de signature de contrats. Les éditeurs indiquent que les litiges portent souvent sur des quantités relativement petites. Un éditeur a précisé que la livraison d'un stock sous contrat aux 628 bureaux de woreda pour l'éducation (WEO) avait été finalisée en 5 à 6 semaines, mais que des problèmes mineurs de livraison concernant une centaine d'ouvrages avaient entraîné le non-paiement de la tranche finale et donné lieu à un litige qui est toujours en cours. (Read 2013)

Évaluer et établir une liste approuvée de manuels et de SDP

L'élaboration d'une liste approuvée de manuels à partir de laquelle les écoles peuvent sélectionner les titres qu'elles souhaitent est la base de la quasi-totalité des systèmes décentralisés concurrentiels en matière de manuels. La règle générale veut que les éditeurs et leurs auteurs obtiennent un maximum d'informations afin de leur permettre de répondre aux exigences du MdE en matière de manuels et autres SDP. Ces informations doivent toujours inclure :

- Le cadre du programme scolaire national ;
- Les programmes d'enseignement pertinents ;
- Une liste des aptitudes, compétences, valeurs, et attitudes essentielles requises par le programme scolaire et par les sujets et niveaux individuels ;
- Toutes normes concernant le sujet qui doivent être satisfaites ;

- Toutes questions transversales doivent être incluses (par exemple, l'égalité des sexes, les questions environnementales, les concepts de la mondialisation, le VIH/sida, la santé maternelle en matière de procréation, etc.) ; et
- Les méthodologies d'enseignement et d'apprentissage souhaitées.

Le cahier des charges doit préciser quels sont les matériels soumis à une évaluation (par exemple, un manuel et le guide destinés à l'enseignant, ou un manuel, le guide de l'enseignant et des matériels auxiliaires accessibles sur un site internet. Des conseils pourraient être nécessaires en ce qui concerne des exercices, des activités, des approches méthodologiques, et des exigences en matière d'évaluation des offres. Ces points peuvent sinon être laissés à la discrétion des éditeurs individuels.

Il est souvent utile de communiquer aux éditeurs des exemples de plans de cours élaborés par des membres des groupes chargés des programmes scolaires/programmes d'enseignement, de manière à ce que les éditeurs puissent voir comment les informations sont associées aux activités et aux méthodologies de travail orientées vers les élèves, afin de développer les aptitudes et les compétences spécifiées par le programme scolaire.

Il existe deux vastes approches en matière d'évaluation :

- Une *évaluation de seuil*, dans laquelle tous les titres qui répondent aux normes minimum sont approuvés pour une sélection concurrentielle par les écoles individuelles.
- Une *évaluation concurrentielle*, dans laquelle un nombre prédéterminé de titres peut être approuvé si ceux-ci répondent aux normes minimum spécifiées. Le nombre de titres approuvés peut varier d'un seul (monopole de distribution) jusqu'à trois, quatre, voire même six (au Kenya). La liste des titres approuvés est entièrement déterminée par les notes de l'évaluation concurrentielle, les premiers titres qualifiés jusqu'au statut approuvé allant jusqu'à la limite établie.

L'évaluation de seuil entraîne souvent des problèmes lorsqu'un nombre trop important de titres est approuvé ; cela peut dérouter les enseignants, fractionner les tirages, et accroître les coûts unitaires en conséquence. Toutes les listes approuvées doivent être limitées dans le temps de manière à ce qu'elles fassent régulièrement l'objet d'un nouvel appel d'offres et qu'elles soient remises à jour avec de nouveaux titres plus recherchés. Cette approche empêche l'inertie de s'installer dans le système et permet aux éditeurs qui n'ont pas été retenus de perfectionner leurs soumissions et de réussir à l'avenir. Personne ne retire de bénéfices si les éditeurs sont exclus du marché pendant de longues périodes.

Il existe habituellement des exigences minimales dans l'évaluation des soumissions en ce qui concerne les listes approuvées. Ces exigences se rapportent souvent à la conformité au programme scolaire et à une note moyenne globale sur tous les critères. Par conséquent, il est fréquent d'exiger que tout manuel évalué et approuvé, en vue d'être utilisé dans les écoles, atteigne un minimum de 80 % en termes de conformité au programme scolaire national. Il est également courant que tous les autres critères soient notés à un niveau minimum de 60 % ou plus afin de s'assurer que toutes les composantes essentielles d'un manuel et du guide destiné à l'enseignant atteignent des normes minimales correctes.

Il existe habituellement trois dimensions en ce qui concerne les critères d'évaluation, comme suit :

Critères obligatoires

Ils couvrent la qualification et l'admissibilité à soumissionner, conformément aux règles de l'appel d'offres, ainsi que la réalisation des spécifications de production minimum énoncées dans les documents de l'appel d'offres et testées dans le cadre du processus d'évaluation. Les spécifications de production minimum physiques visent à s'assurer que chaque manuel approuvé aura le même niveau de viabilité. Tous les points obligatoires sont notés selon des critères simples d'acceptation ou de rejet. Les soumissions qui sont rejetées sur la base des points obligatoires ne sont pas retenues pour les autres étapes de l'évaluation.

Critères qualitatifs

À quelques variations près, les critères qualitatifs les plus courants sont :

- Conformité au programme scolaire ;
- Caractère approprié du contenu aux besoins des enseignants et des élèves ;
- Qualité de la rédaction et de l'édition et caractère approprié à l'âge et aux niveaux d'intérêt ;
- Qualité de la conception des pages et des illustrations et pertinence des illustrations par rapport au sujet ;
- Méthodologies, notamment l'utilisation d'exercices, d'activités et de travaux pratiques, qui encouragent le développement des aptitudes et des compétences ; et
- Guide destiné à l'enseignant et soutien à l'enseignant.

L'évaluation qualitative serait habituellement menée par une équipe d'évaluateurs formés qui seraient supervisés par un modérateur ou une chaire neutre qui ne donneraient pas de notation. Il existe des méthodologies, des instruments d'évaluation, et des systèmes de notation mis en place qui sont disponibles et peuvent être utilisés pour assurer une objectivité et une transparence maximum. Par exemple, on observe de plus en plus ces dernières années l'absence de couverture, de noms d'auteur, du nom ou d'identifiant de la maison d'édition dans les soumissions des maisons d'édition de façon à assurer que les évaluateurs procèdent à l'évaluation des soumissions sans connaître le nom de la maison d'édition ou celui des auteurs. Tous les titres qui réussissent à passer l'évaluation qualitative sont ensuite évalués en ce qui concerne la question du prix.

Évaluation du prix

L'art de la publication de manuels scolaires réside dans la recherche d'un bon équilibre entre les composantes qualitatives et le prix. L'expérience démontre qu'un prix qui représente 25 à 30 % des notes d'évaluation totales offre habituellement un juste milieu.

Grâce à une gestion prudente des évaluations, et à des évaluateurs et des modérateurs bien formés, ce système s'est révélé produire, dans de nombreux pays, d'excellents résultats en termes de contenu, de présentation, de viabilité et de prix compétitifs. Lorsque les critères d'évaluation pour l'élaboration d'une liste approuvée n'incluent pas de spécifications de production minimum physiques ou de prix, tant la viabilité que la compétitivité des prix risquent d'être compromises.

Au Rwanda et au Kenya, l'attribution d'un statut approuvé à un éditeur fait l'objet d'un contrat entre l'éditeur et le MdE qui spécifie les obligations de chaque partie. Un des articles du contrat interdit aux éditeurs de pratiquer des augmentations de prix à titre individuel et exige que toutes les demandes relatives aux augmentations de prix soient soumises par l'association des éditeurs et des libraires du Rwanda (*Rwanda Publishers and Booksellers Association*), qui doit fournir des preuves documentées concrètes de hausse de coût des intrants au-delà de 10 %, depuis la soumission des prix proposés par les éditeurs à des fins d'évaluation. Cette clause assure un niveau de contrôle des prix pour la période du statut approuvé d'évaluation des offres. Toute augmentation de prix à titre individuel qui n'est pas approuvée par le MdE peut donner lieu au retrait du statut de liste approuvée. D'autres types de SDP (par exemple, des livres de lecture, des dictionnaires, des atlas, et autres) requièrent différents types de programme d'évaluation.

La conception d'une méthodologie, de critères, d'instruments d'évaluation de SDP, et de systèmes de chiffrage ou de notation est une tâche spécifique qui nécessite les apports de consultants spécialisés et expérimentés. De bons exemples de documentation en matière d'approvisionnement de manuels auprès d'une source unique sont disponibles dans les documents de référence de la Banque mondiale relatifs aux passations de marchés des manuels. On peut trouver des exemples de bons documents de soumission d'offres pour la création d'une liste approuvée en tant que base d'approvisionnement concurrentiel décentralisé de manuels au Kenya, au Malawi, au Rwanda, et en Ouganda.

Contrôle des soumissions

Tandis que de bons exemples des différents types de documentation en passation de marchés sont disponibles, l'intrant le plus important dans l'obtention de bons résultats est le contrôle détaillé du processus par des spécialistes qui disposent de qualifications professionnelles. L'absence de contrôle peut entraîner des abus. L'existence d'un contrôle renforcera les attributions de marchés conformes aux normes, ainsi que l'obtention de prix corrects. Il convient de noter que la combinaison d'un système d'évaluation bien conçu et d'un contrôle strict en Ouganda en 2001 a abouti à des améliorations au niveau de la qualité, ainsi qu'à des réductions de prix importantes, allant au-delà de 45 %.

Résumé des questions clés

- Ces dernières années, l'ASS anglophone affiche une évolution vers des systèmes d'approvisionnement de manuels décentralisés, basés sur des listes approuvées par le MdE et un choix en fonction des écoles, selon des budgets scolaires d'achat par habitant. Cette évolution est moins prononcée en Afrique francophone.
- Toutes les soumissions d'approvisionnement suivant un appel d'offres doivent inclure des spécifications minimums de production physiques et de prix dans le cadre des critères d'évaluation. Le non-respect de cette précaution est source d'une durée de vie réduite des ouvrages et de coûts plus élevés.
- De bons exemples de documentation de soumission d'offres et de méthodologies, d'instruments, et de critères d'évaluation pour différents types de passation de marchés sont disponibles.
- Une bonne passation de marchés nécessite un contrôle professionnel de qualité.

Note

1. Les contrats d'approvisionnement actuels doivent être retravaillés pour les rendre cohérents.

Référence

Read, T. 2013. *Ethiopia: The Textbook Component in GEQUIP 1 and GEQUIP 2.* A World Bank Study. Washington, DC : Banque mondiale.

CHAPITRE 10

Distribution, entreposage et gestion

Conditions essentielles pour une distribution efficace de supports didactiques et pédagogiques

Les conditions essentielles pour le bon fonctionnement d'un système de distribution de supports didactiques et pédagogiques (SDP) sont bien connues. Elles s'appliquent aussi bien aux systèmes publics que marchands. Ces conditions sont les suivantes :

- Un financement approprié, rapide et prévisible des manuels et autres SDP ;
- Une information fiable sur la localisation des écoles, le nombre d'inscriptions par classe et les besoins en SDP ;
- Une administration efficace, disposant d'un personnel qualifié et expérimenté, utilisant des systèmes de gestion adéquats (de préférence informatisés)
- L'accès à des moyens de transport et d'entreposage appropriés ;
- Un suivi et une évaluation efficaces du processus ; et
- La volonté et la capacité d'agir de façon responsable et de corriger les erreurs rapidement, sans coût supplémentaire pour les écoles.

La plupart des systèmes publics de distribution de manuels scolaires s'intéressent surtout à la collecte d'informations sur les besoins, aux commandes aux éditeurs, à la répartition des matériels et fournitures entre les régions et les établissements scolaires, et à leur envoi rapide, dans de bonnes conditions, à des écoles très dispersées, en fonction des besoins de ces écoles. Théoriquement, les services publics de distribution de matériel scolaire pourraient sous-traiter au secteur privé la commande, le regroupement, l'entreposage et le transport de ce matériel, permettant ainsi aux institutions publiques de faire l'économie d'importants investissements. En fait, en Afrique, les services publics de distribution de manuels scolaires sous-traitent rarement à des entreprises privées spécialisées l'entreposage, le regroupement et le transport des manuels. Pendant longtemps, les gouvernements, souvent avec l'appui des partenaires au développement (PD), ont financé les entrepôts et les parcs de camions nécessaires au niveau central, régional et des districts ; mais les services publics de distribution de manuels sont rarement dotés d'experts en logistique qualifiés et expérimentés ou de systèmes de base nécessaires pour le contrôle et le transport des stocks. Le plus souvent, les cadres et le personnel des services de distribution sont des enseignants détachés par leurs écoles ou des bureaucrates recrutés pour de courtes périodes. En Afrique subsaharienne (ASS), la professionnalisation de la distribution n'est pas valorisée. Souvent, en Afrique, les informations de base sur les effectifs et les besoins des écoles ne sont pas disponibles à temps, ou sont inexactes ou obsolètes, en dépit d'importants investissements dans les systèmes d'information de gestion de l'éducation (SIGE).

L'argument Coca Cola[1]

Certains pensent que la distribution de manuels scolaires en ASS devrait être beaucoup plus facile et qu'il est urgent de démystifier ce processus. Selon cette thèse, qui perdure depuis sans n'avoir jamais fait l'objet d'une analyse sérieuse, la plupart des villages africains se procurent facilement du Coca Cola, des allumettes, du riz, des sardines, du concentré de tomates, des cahiers d'exercices, des stylos, etc.[2] S'il est donc possible de distribuer efficacement ces produits à l'échelle nationale et à un coût acceptable, les ministères de l'Éducation (MdE), les maisons d'édition, les distributeurs et les libraires devraient pouvoir suivre cet exemple et mettre en place des systèmes aussi fiables et complets.

Il est certain que la distribution de manuels en ASS devrait être beaucoup plus efficace, mais la distribution de manuels scolaires et celle de Coca Cola sont de nature très différente. Ce sont ces différences qui enlèvent toute validité à la thèse selon laquelle l'efficacité de la distribution d'un produit implique automatiquement qu'un autre produit peut être distribué de façon aussi efficace. En effet :

- Le Coca Cola est consommé tous les jours, alors que la demande de manuels scolaires est très saisonnière.
- La demande de Coca Cola subsiste, même si la distribution du produit est retardée, mais les ventes de manuels scolaires peuvent beaucoup diminuer si la distribution n'intervient pas à temps.
- Les consommateurs de Coca Cola achètent le produit très régulièrement, parfois plusieurs fois par jour ; les manuels scolaires ne sont achetés que sporadiquement, parfois une seule fois par an.
- Le Coca Cola est une dépense prioritaire pour les habitués qui peuvent même être en situation de dépendance ; l'achat de manuels est rarement prioritaire pour la majorité de la population.
- Les ventes de Coca Cola sont prévisibles ; les ventes de manuels sont généralement imprévisibles.[3]
- Parce que la vente de Coca Cola est jugée fiable, les petits commerçants sont prêts à opérer sur la base de commandes fermes, payées à la commande ; c'est

rarement le cas pour les ventes de manuels. Les distributeurs de Coca Cola n'ont pas de grave problème de crédit ; au contraire, l'accès au crédit est un problème majeur pour les distributeurs de manuels scolaires. Le résultat est souvent l'insuffisance des stocks de manuels, notamment dans les zones rurales ; comme les ventes de manuels sont incertaines et imprévisibles, peu de commerçants locaux sont en mesure d'effectuer les investissements nécessaires à la constitution de stocks adéquats.[4] De ce fait, les manuels sont souvent indisponibles, tout simplement parce que les stocks des librairies locales sont insuffisants. L'étude de cas sur l'Ouganda cite en exemple l'emploi de fonds affectés aux écoles en fonction du nombre d'élèves dans le but d'accroître l'achat de manuels par les lecteurs. En effet, parce que les stocks de livres de base des librairies locales sont insuffisants, une grande partie de ces fonds très importants n'est pas utilisée conformément aux objectifs envisagés.

- L'incertitude des financements publics n'affecte jamais les ventes de Coca Cola ; au contraire, dans la plupart des pays africains, le financement de manuels scolaires pour les écoles primaires dépend surtout des fonds du gouvernement ou des bailleurs de fonds. Le fait que de tels fonds soient insuffisants et aléatoires explique une grande partie des problèmes de distribution.[5]
- Coca Cola n'est pas obligé d'effectuer des livraisons coûteuses et peu rentables vers des zones difficiles d'accès, tandis que les livraisons de manuels scolaires doivent couvrir l'ensemble du pays, y compris les zones isolées et difficiles d'accès, souvent sans augmentation de prix pour compenser les frais supplémentaires.
- Coca Cola n'est pas obligé de desservir en même temps l'ensemble du territoire national ; l'efficacité du système de distribution des manuels est évaluée en fonction de sa capacité à couvrir rapidement tout le pays une seule fois par an, souvent pendant la saison des pluies, quand beaucoup de voies de communication sont impraticables.
- Les bouteilles et les cannettes de Coca Cola sont des biens durables qui ne sont pas détériorés par les intempéries ou l'entreposage ; les manuels sont des produits à base de cellulose (papier et couverture cartonnée), très vulnérables à l'eau, à l'humidité, aux champignons, à la poussière, aux insectes, à la lumière du soleil, et à la vermine, pendant l'entreposage et pendant leur utilisation.
- Coca Cola distribue trois ou quatre types de produits ; en ce qui concerne les manuels scolaires et les guides pédagogiques pour les écoles primaires, la commande d'une école peut comporter jusqu'à 100 titres différents, ce qui complique beaucoup l'enregistrement des stocks, ainsi que la préparation des commandes et l'emballage des livres.
- Les consommateurs de Coca Cola n'ont pas besoin de conserver le produit longtemps, de le réparer et de le protéger contre pertes et dégâts ; toutes ces opérations sont essentielles pour que les manuels scolaires restent à un prix abordable.
- Coca Cola est une entreprise rentable, dont le personnel est bien formé et supervisé ; la distribution de manuels ne bénéficie d'aucun de ces avantages.

- La distribution du Coca Cola n'est pas affectée par l'évolution des politiques nationales ; les politiques relatives à la distribution des manuels scolaires font l'objet de fréquents changements (voir ci-dessous l'étude de cas de la Guinée).

La distribution de manuels en ASS est un problème très particulier, dont la solution doit être basée sur une bonne compréhension de la situation de chaque pays (même si les difficultés rencontrées dans plusieurs pays différents peuvent avoir des causes communes).

Les performances des systèmes de distribution en ASS—Quelques études de cas

Dans beaucoup de pays d'ASS, l'étendue des pertes annuelles dans la distribution des manuels scolaires est souvent mal connue des gouvernements et des bailleurs de fonds. En 1991, un rapport résumant les conclusions de neuf études sectorielles sur le livre en Afrique affirmait :

> La plupart des pays étudiés ont été incapables de mettre en place un système économique de distribution garantissant l'efficacité et la fiabilité de la livraison et de l'entretien des livres. (Buchan, Denning et Read 1991)

En 2001, selon Amadou Waziri (Waziri 2001a) :

> Dans tous les pays du Sahel, l'inefficacité des systèmes de distribution des livres entraîne des pertes très importantes de stocks, de temps et d'argent. Le plus souvent, la distribution des manuels est assurée par l'État, qui dispose rarement des compétences et des ressources humaines, matérielles et financières nécessaires pour remplir cette fonction de manière adéquate. En outre, comme les gouvernements confient la distribution à des agents de l'État, ils sous-estiment son coût, qui est intégré dans leur masse salariale. (*Read, Denning et Bontoux 2001*)

C'est ainsi que les études de cas évaluent les pertes de manuels durant le transport et l'entreposage à 67 % en Guinée, à 50–60 % au Niger et à près de 50 % au Tchad. Aucun système éducatif ne peut se permettre de telles pertes. Les principales causes sont les suivantes :

- Des retards de plusieurs mois pour le transfert des stocks des services centraux aux districts et aux écoles,
- Une planification et une gestion déficientes (par exemple, l'absence d'un système de contrôle des stocks et de leurs mouvements)
- L'inégalité des approvisionnements des zones rurales et urbaines
- Des fonds insuffisants pour financer des moyens de transport adéquats
- Une sécurisation insuffisante du transport et de l'entreposage
- Un entreposage inadéquat dans les districts et les écoles, sans mesures de sécurité ni d'imperméabilisation.
- L'absence de fonds dans les écoles pour la collecte des livres dans les districts

- L'absence d'information aux écoles lorsque les stocks de manuels arrivent dans les districts
- La coïncidence de la principale période de distribution avec la saison des pluies
- Le manque de personnel qualifié et formé
- Un système sans supervision
- L'importance des vols, de la corruption et de la revente des manuels aux écoles privées

En 1998, l'Agence canadienne pour le développement international (ACDI) (Fearnley 1998) a commandé un rapport sur les activités de distribution de l'Unité des fournitures scolaires (SSU) du Malawi, après que ce service a exécuté une importante livraison de manuels pour l'enseignement primaire. On trouvera ci-dessous des extraits de ce rapport :

> Les cartons utilisés sont des cartons ondulés à simple cannelure, inadéquats pour l'exportation. Cinq pour cent des stocks sont endommagés du fait de la mauvaise qualité des cartons. Transportés en vrac dans des conteneurs, les stocks sont ensuite transférés manuellement aux écoles ; le transfert peut nécessiter jusqu'à dix opérations de manutention. Pendant la saison des pluies, l'eau endommage les cartons soit dans les entrepôts (mal isolés), soit pendant le transport, occasionnant ainsi 5% des dommages. En raison d'une pénurie de cartons, certaines écoles n'ont pas reçu la totalité des livres dont elles ont besoin et doivent assumer la responsabilité de ce manque. Tout au long du processus, le système fonctionne très mal. Le principal problème est l'entrepôt de Blantyre. Cet entrepôt est loué, et les problèmes de trésorerie du ministère de l'Éducation sont une cause de tension permanente entre bailleur et locataire, avec pour conséquence des coûts supplémentaires d'entreposage et de transport. L'entrepôt peut recevoir en même temps 2 ou 3 conteneurs. Quand d'importantes livraisons dépassent la capacité de l'entrepôt, les livres ne peuvent pas être entreposés et les transporteurs facturent des charges supplémentaires de surestaries. Des livres fournis par l'ACDI sont arrivés en décembre 1996, mais l'entrepôt de Blantyre a ensuite mis 17 mois pour traiter cet arrivage. L'entrepôt principal n'a pas l'équipement et le personnel nécessaires pour faire face au volume actuel des livraisons... La gestion des stocks est inadéquate et repose uniquement sur des fiches de stock rarement remplies le jour même de la livraison. Le manque d'équipement de base des entrepôts et de moyens de transport ralentit considérablement la redistribution vers les quatre entrepôts régionaux. Des retards supplémentaires sont imputables au non-paiement de l'entreprise de transport. L'entrepôt appartient à l'entreprise de transport, qui en refuse souvent l'accès au MdE tant qu'elle n'a pas été payée. C'est à ce niveau que se situe le principal goulet d'étranglement... Le manque d'installations d'entreposage complique aussi les livraisons aux districts... On compte 31 districts et approximativement 315 zones (une zone comprend 10 à 20 écoles)... Les livraisons aux zones nécessitent aussi des financements et des moyens d'entreposage et de transport, qui sont insuffisants... La dernière étape, rudimentaire, est la collecte des livres par les écoles auprès des zones... Les livres fournis par l'ACDI (54 conteneurs) sont arrivés au

Malawi en décembre 1996. Dix conteneurs ont été déchargés en août 1997, 10 autres en septembre, 2 en octobre, et les derniers en avril/mai 1998. Six dollars EU de surestaries ont été facturés par jour et par conteneur. (Source : Unité des fournitures, 17/7/98).[6] De toute évidence, le système est inefficace.

Ces problèmes de distribution des manuels ne sont pas des cas isolés. Un rapport de 2007 sur la distribution de manuels à Zanzibar (Read et Ibale 2007) fait état de graves déficiences des systèmes d'entreposage et de distribution. Pourtant, Zanzibar est l'un des pays d'ASS où la livraison de manuels est la plus facile.

L'entreposage de manuels est géré par un magasinier formé à la gestion d'entrepôts, assisté par deux salariés qui n'ont reçu aucune formation à cet effet. Les entrepôts ne sont pas adaptés à l'entreposage de manuels, et sont en outre très mal organisés, sans rayonnages, sans éclairage approprié, mal aérés, et sans système de classement et d'entretien. Les mêmes entrepôts sont aussi utilisés pour stocker d'autres fournitures : des matelas, des chaises roulantes, etc. Il y a dix ans, une inspection a signalé le mauvais état des entrepôts, ainsi que la mauvaise gestion et le manque d'entretien, mais il semble que peu de changements soient intervenus depuis cette date. Les manuels y sont entreposés avant d'être distribués aux écoles. Les entrepôts conservent encore beaucoup de manuels périmés depuis la modification des programmes d'enseignement. Les entrepôts sont humides, donc mal adaptés à l'entreposage de livres[7]. Par conséquent, beaucoup de manuels sont endommagés, du fait notamment que l'encre et le vernis des couvertures les ont collés ensemble. En outre, beaucoup de manuels sont poussiéreux et gondolés, n'ayant pas été emballés après avoir été retirés des caisses. Plusieurs caisses sont par terre ou empilées les unes sur les autres, sans système permettant d'identifier les titres des ouvrages. L'espace manque pour circuler à l'intérieur de l'entrepôt et aucun espace n'est réservé à l'emballage, qui par conséquent se fait principalement à l'extérieur. Selon le magasinier, il n'existe pas d'horaire prévu pour les livraisons, qui sont traitées au fur et à mesure de leur arrivée. Si plusieurs livraisons arrivent en même temps, leur traitement est difficile, puisque le plus souvent, une seule personne exécute l'ensemble des tâches : identifier les titres, compter les livres, remplir les bordereaux de livraison, mettre à jour le registre des stocks, emballer les livres, etc.. Il est actuellement impossible d'évaluer le volume moyen des pertes et des dégâts sur les livres entreposés, mais il est certainement considérable.

En 2010, une enquête de suivi de la distribution au Ghana (GNECC 2010) indiquait que 29 % du stock de manuels pour l'enseignement de l'anglais dans les écoles primaires était introuvable. Pour les manuels d'anglais 3 du primaire (*English Book* 3) les pertes atteignaient 57%. Le rapport d'enquête notait en particulier :

- L'insuffisance des financements au niveau des districts pour transporter les stocks jusqu'aux écoles ;
- La mauvaise qualité de l'entreposage au niveau des districts sur le plan de la sécurité et de la protection contre l'humidité ;

- Un système comptable défaillant ;
- Le manque de supervision ;
- L'intervention des ONG et des Églises en faveur de leurs propres écoles en s'appropriant une partie du stock destiné à d'autres écoles, généralement les plus éloignées ;
- La vente de manuels gratuits par les responsables de district pour l'éducation (DEO – *District Education Officer*) et les chefs d'établissement à des écoles privées, qui souvent appartiennent à ces DEO ou à de hauts responsables du district ;
- Le coût élevé des transferts à partir des districts à destination d'écoles éloignées et difficiles d'accès ; et
- Les disparités entre écoles urbaines et rurales, en ce qui concerne les coûts de la collecte et les quantités fournies.

Cette enquête reprenait les principales observations déjà présentées dans une étude faite par l'Office national d'audit du Ghana en 2005. L'enquête de 2010 montrait que le système s'était détérioré depuis 2005.

Au Soudan du Sud, la fourniture de manuels a été interrompue en 2008[8] (Jones et Sayer 2013), à la suite d'une tentative de corruption visant à influencer les résultats d'un appel d'offres pour la fourniture de manuels sur financement de la Banque mondiale. Ce scandale a incité la Banque mondiale à affecter à la construction d'écoles les fonds destinés aux manuels scolaires. De ce fait, 1,9 million d'enfants du Soudan du Sud n'ont pas reçu leurs manuels en 2009, 2010 et 2011. Le recensement scolaire de 2010 estimait que le manque de manuels était l'une des principales causes du décrochage scolaire. Même des manuels fournis en 2008 n'ont pas été reçus par les écoles ; ils ont été entreposés, souvent dans de mauvaises conditions, au niveau des districts, en l'absence des fonds nécessaires pour financer le transport des manuels des districts vers les écoles. En 2011, le Département pour le développement international du Royaume-Uni (DfID) a financé la fourniture de manuels, sur la base d'un ratio manuel scolaire/élève (RME) de 1:1 pour les trois premières années de l'école primaire, et de 1:3 pour les classes supérieures. Comme le gouvernement n'avait ni les moyens financiers ni les systèmes de gestion nécessaires pour gérer la distribution, le DfID a accepté de financer la distribution des manuels aux écoles par un distributeur privé sélectionné par appel d'offres.

La situation de post-conflit du pays, le mauvais état du réseau routier rural et une forte saison des pluies entravant les transports à destination de plusieurs régions, les coûts de distribution au Soudan du Sud resteront très élevés encore longtemps. Dans le cadre du projet du DfID, le coût du regroupement et de la distribution des manuels de Mombasa (au Kenya)[9] aux écoles du Soudan du Sud représentait 75 % du coût total, soit trois fois plus que la fabrication et le transport des manuels depuis la République de Corée (lieu de fabrication) jusqu'à Mombasa. Dans ces conditions, allonger la vie des livres, et par conséquent réduire la fréquence des livraisons, est un objectif important dans les stratégies de réduction des coûts du Soudan du Sud. Améliorer la fiabilité des données du

SIGE réduirait les coûts et limiterait les problèmes résultant de la surestimation des inscriptions scolaires, qui nécessite une redistribution des stocks après la livraison. Le fait que la distribution au Soudan du Sud coûte trois fois plus cher que la fabrication montre bien dans quel domaine il convient de concentrer les efforts de réduction des coûts.

Il faut également souligner que les pertes liées à la distribution, à l'entretien et à la gestion des livres ont une grande influence sur le coût du système, et que la fourniture de livres mal utilisés, voire non utilisés est un gaspillage de ressources financières limitées. Par conséquent, investir davantage au niveau des écoles dans la formation à l'entretien des livres, à la gestion des stocks et à l'emploi des SDP, et encourager une supervision et un suivi plus efficaces sont des composantes importantes de tout projet visant à créer des systèmes plus économiques et efficaces de fourniture de SDP.

En Éthiopie, les éditeurs livrent les manuels directement à 628 Bureaux de l'éducation au niveau des districts (Woreda), mais on ne dispose d'aucune information sur ce que devient le stock après son arrivée aux districts. Les consignes d'emballage figurant dans les dossiers d'appel d'offres stipulent clairement que les éditeurs ou imprimeurs doivent livrer leur stock en vrac aux districts ; par conséquent toutes les livraisons faites par les éditeurs doivent être ré-emballées pour constituer des lots affectés à chaque école. En 2010, l'évaluation des compétences les plus élémentaires en lecture (EGRA – *Early Grade Reading Assessment*) (Piper 2010) a révélé d'importantes disparités régionales en ce qui concerne la disponibilité de manuels en langue locale, avec des taux de 95 % dans les régions Tigré et Harar, mais seulement 43 % dans la région Somali. Ces données suggèrent que la distribution des livres ou la gestion des écoles fonctionnent moins bien dans certaines des régions. On sait que dans presque tous les pays d'ASS, l'étape la plus problématique du processus de distribution est le transfert des districts aux écoles. Les fonds affectés par les gouvernements à la distribution des manuels sont généralement insuffisants, particulièrement au niveau des districts et des écoles, qui font souvent face aux mêmes problèmes d'entreposage et de livraison. Le ministère de l'Éducation avait assuré aux maisons d'édition qui, en Éthiopie, approvisionnent les districts, qu'elles trouveraient dans tous les districts des entrepôts opérationnels et des magasiniers qualifiés pour la réception des livraisons. Sauf dans les régions les plus éloignées où il n'est pas facile de contacter un responsable, les éditeurs rapportent qu'ils n'ont pas trop de mal à trouver dans les districts des agents capables de réceptionner les livraisons et de signer les bordereaux. Cependant, du fait de la rotation très rapide du personnel dans les districts, il sera peut-être difficile de conserver un personnel bien formé, et donc des systèmes efficaces.

Ces études de cas mettent en évidence un certain nombre de problèmes communs :

- Le financement insuffisant des systèmes de distribution, particulièrement au niveau des districts

- Le manque d'entrepôts adaptés et bien entretenus dans les districts
- L'insuffisance des systèmes de contrôle des stocks, de leurs mouvements et de leur gestion, à tous les niveaux
- Le manque de personnel qualifié pour l'entreposage et la distribution, particulièrement au niveau des districts
- Le manque de suivi et de supervision des opérations
- L'absence d'audit
- Le manque de données fiables et actualisées concernant le nombre d'écoles, leur localisation, et le nombre d'élèves inscrits par classe nécessitant des SDP
- Le manque de redevabilité : dans les exemples cités précédemment les bureaux des districts ne sont pas réellement incités à organiser des livraisons équitables dans les délais, ni à corriger d'éventuelles erreurs
- L'importance des pertes et dégâts causés par le manque de sécurité et d'imperméabilisation
- La fréquence des vols pendant le transport, l'entreposage au niveau des districts, ainsi que des vols commis par les directeurs d'école ; ces vols sont le plus souvent liés à la revente des manuels gratuits aux écoles privées dans le pays ou dans les pays voisins
- L'absence de système efficace de gestion des SDP[10]

La distribution des manuels n'est pas partout inadéquate ; il existe des exemples de réussite dans certains pays d'ASS, notamment au Kenya, au Lesotho, en Ouganda, et plus récemment au Rwanda.

Le système de location de manuels scolaires et le fonds renouvelable pour l'achat de manuels scolaires (SLM/TRF) du Lesotho datent de 1982 ; il a été lancé en 1983 dans un district pilote en zone montagneuse où la distribution était très problématique avant d'être étendu à l'ensemble du pays en 1984. Le Lesotho est un petit pays, mais ces hautes montagnes, des rivières difficilement franchissables combinées à une absence de ponts, et des hivers rigoureux sont des obstacles importants à la distribution. Malgré ces contraintes, le SLM/TRF a bien fonctionné, fournissant des manuels à tous les élèves, dans toutes les matières et dans toutes les classes, jusqu'en 2005, quand le programme a été remplacé par un système de distribution gratuite des manuels du primaire financé par la Banque mondiale. Tout au long de sa durée, le SLM/TRF a fourni chaque année, plus ou moins dans les délais, des manuels scolaires à tous les élèves de toutes les écoles primaires du pays à des prix abordables pour les parents. La réussite du Lesotho s'explique de la manière suivante :

- De solides systèmes de gestion et de suivi ont été mis en place et évalués de façon périodique ; les modifications nécessaires ont été apportées pour maintenir cette efficacité.
- Un personnel bien formé, sous une direction compétente, est resté suffisamment longtemps en poste pour bien connaître ses fonctions et responsabilités.

- Les performances du système faisaient l'objet d'une auto-évaluation périodique, les problèmes étaient identifiés, des solutions proposées.
- Tous les trois ou quatre ans, une évaluation externe indépendante étudiait les progrès réalisés et l'efficacité du système ; des mesures énergiques étaient prises sur la base de ces recommandations
- Les enseignants, les gérants d'écoles (essentiellement des églises), les directeurs d'école, et les parents étaient régulièrement consultés, et leurs critiques et suggestions étaient prises en compte.
- Sur le terrain, un groupe de responsables faisait des rapports périodiques sur la situation réelle des écoles, attirant l'attention de de l'Unité de fournitures scolaires sur les vrais problèmes de ces écoles.

Tout ceci a permis de maintenir le prix des locations à un niveau suffisant pour financer les remplacements nécessaires, de rationaliser les méthodes de distribution, d'étudier continuellement les moyens d'améliorer le retour d'information des écoles, et d'obtenir des taux élevés de recouvrement. Le tableau 10.1 ci-dessous montre que dès que le taux de recouvrement commençait à baisser, des solutions nouvelles étaient mises en place pour les ramener à des niveaux acceptables. Les résultats de l'expérience du Lesotho contrastent avec ceux d'un programme similaire de location et de fonds de roulement en Gambie, qui n'a pas réévalué les frais de location en fonction de l'inflation et de l'évolution des coûts de remplacement, et n'a pas réussi à prévenir la chute des taux de recouvrement. Le fonctionnement du fonds de roulement de la Gambie s'est détérioré, les remplacements nécessaires n'ont pas été faits, et le programme n'a pas réussi à se développer.[11]

Au Kenya, de 1997 à 1999, l'Ambassade royale des Pays-Bas a financé un projet pilote de fourniture décentralisée de manuels scolaires, qui octroyait des subventions décentralisées proportionnelles au nombre d'élèves aux écoles

Tableau 10.1 Taux de recouvrement annuel des frais de location de manuels au Lesotho

Année	Recouvrement, en % des montants facturés
1983	85,5
1984	84,7
1985	87,4
1986	92,5
1987	87,3
1988	86,2
1989	93,4
1990	80,4
1991	79,6
1992	89,4
1993	90,2

primaires des districts de Laikipia et Machakos. Trois modes de financement décentralisé ont été testés :

- Des transferts directs aux comptes bancaires des écoles ;
- Des bons de commande locale ; et
- La décentralisation des commandes, au moyen de bons de commande émis par les écoles, suivie par la centralisation du regroupement et de l'appel d'offres.

Le système de distribution est basé sur l'intervention du réseau de libraires privés, un vaste réseau exceptionnellement solide par son expérience, son professionnalisme, sa solvabilité et sa présence sur tout le territoire national. Malheureusement, des conditions aussi favorables se retrouvent rarement dans les autres pays d'ASS. Les résultats du projet pilote sont très encourageants ; dans le cadre du Projet pour l'enseignement primaire gratuit (FPE – *Free Primary Education*) lancé en 2004 sur financement de la Banque mondiale, le ministère de l'Éducation, des Sciences et de la Technologie (MOEST) a choisi un mode de financement décentralisé par transfert électronique sur des comptes bancaires servant uniquement au financement de manuels scolaires pour les écoles primaires. Ce choix est basé sur les résultats du projet pilote (Read et Mugiri 1999). En 2011, un rapport intérimaire sur le projet évaluait ainsi la performance des libraires. (Buchan et coll. 2001)

> De grandes librairies établies depuis longtemps et de petits libraires ambulants desservent les différents districts… Certaines librairies sont spécialisées dans l'approvisionnement d'écoles situées dans des zones isolées et difficilement accessibles. Par exemple, Dol International, dont le siège se trouve dans le district d'Isiolo, dessert des écoles de district et des écoles nomades saisonnières situées dans des zones isolées, parfois dangereuses, où aucun autre libraire ne souhaite se rendre… La plupart des libraires proposent aux écoles des rabais de 10 %. Quelques libraires ont d'abord proposé des rabais de 15 % avant de revenir aux 10% quand ils ont mieux connu les coûts réels. Un libraire obtenait beaucoup de contrats en proposant des rabais variables de 6 à 15 % selon la valeur de la commande et l'éloignement de l'école. Certains libraires proposaient de faibles rabais, mais offraient d'autres incitations, des articles de papeterie, par exemple. Il est impossible d'évaluer la valeur des rabais sur la papeterie, les équipements sportifs, etc., aucun de ces articles n'ayant un prix fixe (contrairement aux livres figurant sur la liste approuvée)… Certains directeurs d'école et certains membres des comités de gestion scolaire exigent des libraires des paiements personnels, en échange de contrats. Un rapport de suivi récent sur le financement de manuels dans le cadre du SPRED 3 (projet d'appui à l'enseignement primaire financé par le DfID et de la Banque mondiale) cite le cas d'un libraire qui a reconnu que certaines écoles conditionnaient l'octroi de contrats par des rabais accordés en partie en numéraire, et en partie en manuels… la compétition pour obtenir les commandes des écoles pousse la majorité des libraires à offrir des rabais excessifs. Cette situation favorise les petits libraires ambulants, dont les frais généraux sont minimes, et qui sont mieux placés que les libraires bien établis pour obtenir les commandes des écoles. De telles pratiques ne

favorisent pas le développement à long terme du commerce de livres au Kenya. Le transport des livres jusqu'aux écoles est une composante essentielle de la commercialisation du produit. La livraison gratuite des livres peut être très importante pour les écoles situées dans les zones isolées.

Même dans les zones isolées, rien n'indique que les libraires demandent des prix supérieurs aux prix indiqués. La plupart des libraires proposent des livraisons gratuites aux écoles. Néanmoins, la livraison des livres peut absorber la plus grande partie des profits des libraires, surtout s'il faut effectuer plusieurs transports (par exemple, s'il n'y a personne pour signer le bordereau de livraison). Il est souvent impossible aux libraires de fixer par téléphone la date de livraison. Conséquence : certains libraires qui avaient proposé une livraison gratuite, ne l'ont pas fait.

Certains libraires ont déclaré que les paiements des écoles pouvaient être en retard de 2 mois. Ces retards sont parfois dus au fait que les écoles ont placé leurs commandes de manuels avant de disposer des crédits correspondants (dans certains cas, les écoles ont effectué les commandes un mois avant que les fonds apparaissent sur leur compte bancaire).

Le suivi du projet est assuré par PricewaterhouseCoopers (PwC), qui affirme que la plupart des écoles ont reçu leurs commandes dans des délais raisonnables et en bon état. Les écoles et les libraires ont appliqué toutes les dispositions prévues. Toutefois, beaucoup d'écoles primaires ont du mal à comprendre comment tenir un livre de caisse. Globalement, les écoles sont très satisfaites des services rendus par les libraires, très supérieurs aux livraisons effectuées auparavant par l'administration. Elles apprécient notamment le fait qu'elles sont responsables de la sélection et peuvent négocier les termes et conditions des livraisons. Elles apprécient aussi le fait que les libraires acceptent généralement de livrer sur place les livres commandés, et corrigent rapidement et efficacement les erreurs faites et les dégâts. Le succès de la distribution des manuels par les librairies au Kenya s'explique par les facteurs suivants :

- Des systèmes de gestion simples et solides, destinés à créer des pistes d'audit vérifiables et claires pour le suivi du programme
- Une formation complète dans tous les domaines appropriés pour les responsables de district pour l'éducation (DEO), les inspecteurs scolaires de zone (ZIS – *Zonal Inspectors of Schools*), les Centres de conseil pédagogique (TAC – *Teachers' Advisory Centres*), les écoles, les maisons d'édition, et les libraires.
- La mise à la disposition de manuels sur les principes de base de la gestion du système pour les écoles et les libraires
- Un suivi externe rigoureux (par PwC), basé sur des sondages, dont le but est d'assister les DEO et des services centraux et de les former au suivi du système
- Le déblocage rapide des fonds décentralisés
- Le paiement des libraires *après* livraison, qui encourage les bonnes performances ; au contraire, les financements prévus dans le projet d'équipement

scolaire du Kenya étaient inadéquats et ne comportaient pas d'incitation à la bonne performance.
- La qualité du commerce des livres au Kenya et sa couverture nationale.

Certaines difficultés sont apparues, notamment l'absence d'audits efficaces au niveau des districts. Il y a eu des cas de corruption : des DEO et des directeurs d'école (ou leur famille) ont ouvert des librairies et fait pression sur les écoles pour obtenir leurs commandes. Globalement, cependant, la performance des libraires a été efficace et les écoles et le MOEST l'a jugée satisfaisante. Les libraires ont continué d'assurer de façon satisfaisante la distribution des SDP jusqu'en 2009, date à laquelle des détournements massifs de fonds affectés aux manuels scolaires ont été signalés. Un certain nombre de responsables du MdE ont été arrêtés, tous les partenaires au développement ont cessé de financer les manuels scolaires et le système efficace de distribution de manuels s'est effondré.

En Ouganda, le MOES a adopté une méthode différente pour la distribution des manuels scolaires, organisant des appels d'offres pour les opérations de regroupement et de distribution. Le système a généralement bien fonctionné jusqu'au niveau des districts, mais dans certains cas, les livraisons ont été fournies au niveau des districts, à charge aux écoles de venir les retirer, perpétuant ainsi les blocages souvent associés aux systèmes de distribution gérés par les services publics.

Problèmes de planification et de gestion

Le Libéria a mis en place une base de données pour planifier et contrôler la distribution des manuels, mais une série de problèmes de gestion des ressources humaines a nui à l'efficacité du système. Le rapport d'un expert en distribution de livres a identifié un grand nombre de problèmes de planification et de gestion, que l'on retrouve dans de nombreux systèmes de distribution en ASS (Burchell 2010).

> Le MdE reconnaît que l'application du programme est compliquée par la compétence limitée des responsables. Plusieurs de ces responsables n'ont pas (ou peu) d'expérience et d'expertise en matière de gestion. La communication médiocre entre les trois directions du MdE est l'une des principales causes de la mauvaise performance... Environ 140 450 manuels et guides pédagogiques restent dans les stocks... un bon indicateur de la qualité de l'information sur les effectifs scolaires fournie par le SIGE... Le personnel du ministère chargé des appels d'offres et de l'entreposage n'a pas reçu de formation en matière de gestion de manuels scolaires. Quand le personnel responsable de la gestion des stocks n'est pas formé de façon adéquate, le désordre s'installe rapidement dans les entrepôts. La rotation rapide du personnel des DGE et des DEO nuit à la continuité. Les informations diffusées dans les ateliers de formation se perdent. L'analyse du calendrier des BCL (bordereaux de confirmation de livraison)[12] montre que plusieurs responsables de l'éducation

n'appliquent pas les procédures d'enregistrement des livraisons, rendant ainsi impossible le suivi de la performance des écoles de leur juridiction. De la même façon, les responsables de l'éducation n'ont pas tous un fichier [des matériels pédagogiques], et donc n'ont pas tous les documents relatifs à la distribution... Faute de logements adéquats dans les districts et de crédits de carburant pour leurs motos, les DGE sont plus souvent à Monrovia. Les DEO passent rarement plus de trois jours par semaine dans leurs districts... comme beaucoup d'écoles sont rarement visitées par leurs DEO, personne ne sait ce qui s'y passe.... La situation des écoles est très incertaine, les normes et les performances des écoles varient beaucoup au sein d'un même district. La rotation rapide des directeurs d'école... est souvent citée comme la raison pour laquelle les directives et procédures précisées dans l'IMMH (Guide pour la gestion des matériels pédagogiques) ne soient pas appliquées ; pourtant tous les directeurs d'école ont reçu cette formation. Un examen des bordereaux de confirmation de livraison (BCL) montre l'existence de pénuries et de surplus. Trois cents manuels manquaient dans une école, mais comme aucune des écoles de ce département n'envoie des BCL, le ministère n'est pas informé d'une telle situation.

En 2010, le Rwanda a mis en place une base de données conçue spécialement pour la gestion des SDP, qui comprend des informations détaillées sur les inscriptions par classe pour toutes les écoles du pays, sur tous les manuels et guides pédagogiques approuvés, sur les autres matériels, et sur les budgets affectés à l'achat de SDP au niveau des écoles. Ce système a permis de suivre les commandes par école et de comparer ces commandes avec les budgets prévus par élève, d'identifier par titre d'ouvrage toutes les commandes des écoles, et de fournir aux maisons d'édition un calendrier de distribution basé sur la signature et l'estampillage par chaque école des bordereaux de confirmation de livraison (BCL), prouvant que la livraison a été effectuée. Le système enregistre également les inventaires des SDP par école et établit des prévisions sur cinq ans pour les financements annuels nécessaires en vue de réaliser les objectifs officiels en matière de SDP. Si ces prévisions ne sont pas finançables, le système permet au gouvernement de revoir ses objectifs et de réduire le budget annuel à un niveau acceptable. En tenant les fichiers d'inventaire par école également au niveau des inspections et en demandant aux inspecteurs de remplir (en cinq minutes) un bref questionnaire lors de visites, la base de données permet de calculer les taux de pertes et de dégâts et d'identifier les problèmes d'entreposage et d'emploi au niveau des écoles. En 2012, Read a fait les observations suivantes :

- Le système rwandais de fourniture des SDP appuie les objectifs du programme d'enseignement en garantissant la fourniture des manuels, guides pédagogiques et autres SDP nécessaires.
- Les choix et les commandes de SDP sont faits par les écoles.
- Le système imprime et fournit aux écoles des bons de commande, précisant les crédits dont elles disposent, calculés par le système en fonction du nombre d'élèves.
- La capacité de gestion du système de SDP progresse.

- Le ministère de l'Éducation du Rwanda (MINEDUC) dispose à présent d'informations détaillées sur les fournitures de SDP dans chaque école du Rwanda.
- Le MINEDUC peut prévoir sur cinq ans les besoins de financement des SDP.
- Dans le premier cycle, 98,6% des commandes et 98,3% des livraisons prévues ont été effectuées sans coûts supplémentaires pour les écoles, même dans les écoles situées dans des zones éloignées et difficilement accessibles, où les livraisons ont dû être effectuées par portage sur tête. Cette bonne performance est due au fait que les maisons d'édition ne sont payées qu'après la livraison. Cette réussite tranche avec des années de distribution publique inefficace.
- L'approbation des commandes est liée au contrôle des prix pendant cinq ans.
- La conformité de tous les SDP aux spécifications prévues est testée tous les ans.
- La saisie des données est effectuée avec succès au niveau des districts.

En 2013, le MdE de Namibie a souhaité pouvoir disposer d'un système similaire. Ce système est financé par le bureau de Windhoek de la Millenium Challenge Corporation (MCC) et sera pleinement opérationnel en 2014.[13]

Résumé des questions clés émergentes

On peut retrouver dans la majorité des pays d'ASS, anglophones ou francophones, tous les principaux problèmes identifiés dans les brèves études de cas et de pays mentionnées ci-dessus. Les pertes de stocks rapportées dans ces études ne sont pas nécessairement des phénomènes exceptionnels. Tels sont donc les principaux problèmes :

- Nombreux sont les systèmes de distribution de livres scolaires et de manuels éducatifs et pédagogiques qui fonctionnent très mal, avec pour conséquence des pertes et des dégâts considérables.
- Ces pertes et dégâts ont une incidence directe sur les ratios manuel/élèves, qui sont inadéquats dans la majorité des pays ASS.
- À cause de mauvais systèmes d'information, la plupart des gouvernements et des partenaires au développement ignorent l'étendue des pertes causées par l'inefficacité des systèmes nationaux de distribution.
- Malgré les graves conséquences d'une distribution inadéquate, les projets comprennent peu d'interventions correctement planifiées et durables visant à renforcer les capacités et à améliorer la performance des pays en matière de distribution de manuels.
- Dans de nombreux pays, c'est encore l'État et les ministères de l'Éducation qui sont responsables de la distribution des manuels ; or les ministères ont rarement les moyens financiers, les infrastructures, l'équipement, les connaissances et les qualifications nécessaires pour exercer cette fonction.
- Dans la plupart des pays, l'intervention des commerçants du livre est limitée par l'absence de magasins solvables de gros et de détail en zone rurale et dans les régions isolées.

- Le financement de la distribution par les gouvernements est insuffisant, notamment à l'échelon (essentiel) des districts, qui, dans la plupart des pays ASS, rencontrent les mêmes problèmes d'entreposage et de livraison aux écoles.
- Une planification efficace est entravée par des données périmées et erronées ; plusieurs pays ne sont même pas sûrs de connaître le nombre des écoles et leur localisation.
- La gestion de la distribution nécessite la mise en place de bases de données et de systèmes de gestion informatisés bien conçus et un personnel capable d'utiliser ces instruments. En fait, la gestion des SDP est généralement faible. La création de systèmes adéquats de gestion de l'information améliorerait considérablement la situation dans la plupart des pays.
- Ce qui manque, ce sont des systèmes simples et professionnels de gestion et de suivi s'assurant que les écoles reçoivent et conservent les fournitures dont elles ont besoin.
- La majorité du personnel chargé de la distribution n'a pas reçu la formation nécessaire. L'organisation de formations est compliquée par la rotation rapide du personnel dans les écoles, les districts et les services centraux chargés de gérer la distribution.
- Dans la plupart des pays, les systèmes de supervision et d'inspection sont inefficaces.

La liste des problèmes identifiés ci-dessus peut paraître décourageante. On trouve cependant dans les pays d'ASS des systèmes de gestion de distribution qui fonctionnent, et il n'y a aucune raison de penser qu'on ne puisse pas améliorer efficacement la distribution dans la plupart de ces pays, à condition qu'ils acceptent de recevoir l'appui de professionnels expérimentés pour l'analyse, la conception des systèmes, la formation, la supervision, la mise en œuvre initiale et l'évaluation correcte des coûts réels de la distribution. Plusieurs partenaires au développement ont financé des entrepôts sans investir dans la conception de bons systèmes et sans envisager d'autres solutions que la gestion publique. Trois options doivent toujours être considérées :

- Utiliser le commerce de gros et de détail existant, s'il a la capacité nécessaire, couvre l'ensemble du territoire et dispose des moyens financiers et professionnels appropriés.
- Demander aux maisons d'édition d'inclure dans leurs offres le coût de la distribution aux écoles et transférer à ces maisons la responsabilité de la distribution.
- Offrir la distribution au niveau des écoles à des entreprises de transport compétentes.

Pour que l'une ou l'autre de ces trois solutions fonctionnent, il faut que les ministères de l'Éducation puissent transmettre de bonnes informations aux sous-contractants et disposent de systèmes de gestion et de suivi permettant de vérifier que la performance des sous-contractants est adéquate. Un paiement après confirmation de la livraison est l'une des plus puissantes incitations à la bonne performance.

Notes

1. Extrait de Read 2001.
2. Il s'agit là de biens de consommation prioritaires, dont la vente quotidienne, très prévisible, est virtuellement garantie dans tous les pays ASS.
3. Au Kenya, en janvier 2000, les ventes saisonnières de manuels scolaires ont été brutalement interrompues deux mois trop tôt à cause d'un débat public déclenché par la publication d'un rapport relatif à l'éventuelle adoption d'un nouveau programme scolaire. Bien que la réforme de ce programme ne devait intervenir que deux, voire trois ans plus tard, le public a eu peur d'acheter des manuels obsolètes et les ventes se sont immédiatement interrompues. Les libraires et maisons d'édition ont demandé au gouvernement kényan de faire des déclarations positives pour éliminer ces incertitudes, sans effet notable, avec pour conséquence des pertes substantielles pour les commerçants.
4. Citons l'exemple d'une école primaire villageoise de 400 élèves. Au départ, une telle école aura besoin de 2400 livres (six manuels par élève) au coût unitaire de 3 $EU. Pour satisfaire les besoins d'une école villageoise moyenne, un commerçant local devra investir dans l'achat d'un stock valant 7200 $EU (5400 $EU après une réduction de 25%). Le revenu moyen d'un commerçant de village n'est que de 300 à 400 $EU par an. Il est évident qu'un tel investissement (ou même un investissement égal au dixième de ce montant) n'est pas à la portée de ce commerçant local mal financé, même sans tenir compte des risques que comporte une commande ferme de manuels. À l'inverse, un commerçant de village peut acheter toutes les semaines six caisses de Coca Cola (144 bouteilles ou cannettes), investissant en moyenne 0,25 $EU par cannette, soit au total 36 $EU. Sur la base de l'expérience passée, le commerçant sait que tout son stock sera vendu en une semaine. Avec un profit de 0,05 $EU par cannette, le commerçant récupère son investissement initial, fait un bénéfice de 7,20 $EU et est prêt à réinvestir dans l'achat d'un nouveau stock pour la semaine suivante. Cette activité permet au commerçant de compter annuellement sur un revenu de 374,40 $EU. Cet exemple montre de façon spectaculaire combien il est absurde de comparer le commerce du Coca Cola et la distribution de manuels scolaires. Le commerçant est certain de vendre rapidement son Coca Cola et son investissement est à la fois abordable et sûr. Au contraire, même s'il peut emprunter les fonds nécessaires pour financer son achat, un commerçant n'a aucune idée du temps qu'il faudra pour vendre son stock de manuels (ni même si le stock sera vendu) ; en outre il est rare qu'il soit possible d'emprunter les sommes nécessaires. Cet exemple montre bien le rôle critique que jouent le crédit, le financement des stocks, et le risque dans le développement des réseaux commerciaux de distribution de manuels. Il montre en outre les avantages de petites ventes quotidiennes ou hebdomadaires, par rapport à des ventes limitées à une courte saison annuelle.
5. Par conséquent, un investisseur ayant investi dans un réseau de distribution desservant les 14 districts du projet RNE de manuels primaires au Kenya aurait beaucoup perdu si, au bout d'un an, malgré des résultats très encourageants, le projet avait été prématurément annulé par le donateur.

6. Le total des charges de surestaries est estimé à environ 200 000 $EU.
7. Le papier absorbe l'eau, y compris celle contenue dans l'atmosphère ; il est donc essentiel qu'une librairie soit bien aérée.
8. Cette section est tirée de Jones et Sayer 2013.
9. Mombasa était le port d'entrée pour l'approvisionnement du Soudan du Sud, pays enclavé.
10. En Guinée, le manuel *Horizon d'Afrique*, dont de nombreux exemplaires ont été donnés par l'Agence Internationale de la Francophonie (AIF), devait être vendu au tiers de son prix (soit 2 $EU). Très vite, le manuel n'a plus été disponible en Guinée, mais on le trouvait en abondance chez les libraires de rue des pays voisins, au prix de 6,50 $EU.
11. Des études de cas sur le Lesotho et le fonds de roulement de Gambie peuvent être trouvées dans Da Cruz et coll. 1998.
12. Bordereau de livraison confirmée.
13. Il convient de noter que même si le système namibien de gestion des supports didactiques était basé sur celui du Rwanda, les deux systèmes étaient différents dans la mesure où les 16 modules du système rwandais sont devenus 21 modules en Namibie pour tenir compte des besoins spécifiques du pays. C'est la preuve que malgré la présence d'éléments communs dans la structure de systèmes de gestion informatisés de pays différents, il est peu vraisemblable qu'un système conçu et exécuté avec succès dans un pays donné puisse ensuite être "parachuté" sans changement dans un autre pays.

Références

Buchan, A., V. Bontoux, C. Denning, E. Mugiri et T. Read. 2001. "Towards a National System of Instructional Materials Provision in Kenya." DfID – Afrique de l'Est pour MOEST, Nairobi.

Buchan, A., C. Denning et A. Read. 1991. *African Book Sector Studies Summary Report*. Windsor, Royaume uni: International Book Development pour la Banque mondiale, Conférence des ministres de l'Éducation africains.

Burchell, K. 2010. *An Evaluation of the Distribution of Primary Textbooks in Liberia*. Monrovia : Open Society Foundation pour MOE.

Da Cruz, A. J., T. A. George, F. Z. Gnahare, F. Z. Kouakou, P. Mendonca, C. Schlabi, M. Simao et A. Read. 1998. *Financing Textbooks and Teacher Training Materials*. Collection "Perspectives sur le développement du livre africain". Paris : Groupe de travail sur les livres et le matériel éducatif, Association pour le développement de l'éducation en Afrique.

Fearnley, R. 1998. *Primary Textbook Distribution in Malawi*. Lilongwe : International Book Development pour l'Agence canadienne pour le développement international (ACDI).

GNECC (Ghana National Education Campaign Coalition). 2010. Tracking Survey for Textbooks, School Uniforms, Capitation Grants, School Infrastructure and Teachers. Accra : GNECC.

Jones, B. et Sayer, N. 2013. *Annual Review of the South Sudan Textbook Project*. Juba : DfID.

Piper, B. 2010. *Ethiopia Early Grade Reading Assessment: Data Analysis Report*. Research Triangle Park, NC : RTI International pour USAID.

Read, N. 2012. *Interim Report on the TLM Reform Project*. Windsor, Royaume-Uni : International Education Partners pour UNICEF and CNDP.

Read, T. 2001. "Introductory Essay." Dans *Upgrading Book Distribution Systems in Africa*, direction par T. Read, C. Denning et V. Bontoux. Paris : ADEA.

———. 2010. Ghana Learning and Teaching Materials Policy Review. Accra : DfID pour MOE.

Read, T., C. Denning et V. Bontoux. 2001. *Upgrading Textbook Distribution in Africa*. Paris : ADEA, 174–75.

Read, T. et A. Ibale. 2007. *Zanzibar Textbook Policy and Financing Study. A World Bank Study*. Washington, DC : Banque mondiale pour MOEVT.

Read, T. et E. Mugiri. 1999. Final Report of the Decentralized Textbook Provision Pilot Project in Laikipia and Machakos Districts. Nairobi : Ambassade royale des Pays-Bas.

Sow, M. A. E. Brunswic, et J. Valerian. 2001. "Guinea Case Study." Dans *Upgrading Book Distribution Systems in Africa*, direction par T. Read, C. Denning et V. Bontoux. Paris : ADEA.

Waziri, A. J. P. Leguere et G. Stern. 2001a. "Niger Case Study." Dans *Upgrading Book Distribution Systems in Africa*, direction par T. Read, C. Denning et V. Bontoux. Paris : ADEA.

———. 2001b. "Chad Case Study." Dans *Upgrading Book Distribution Systems in Africa*, direction par T. Read, C. Denning et V. Bontoux. Paris : ADEA.

CHAPITRE 11

Gestion et utilisation des supports didactiques et pédagogiques dans les écoles

Entreposage dans l'école et en classe

Dans beaucoup d'écoles d'Afrique subsaharienne (ASS), les installations de stockage des livres sont de piètre qualité. Les conditions sont généralement pires dans le primaire qu'au secondaire, et plus graves dans les zones rurales et reculées que dans les villes, bien que les bidonvilles urbains puissent avoir des conditions de stockage encore plus mauvaises que dans bon nombre de zones rurales ou reculées. Le magasin est habituellement non sécurisé et exposé au vol ; mal géré et en désordre, ce qui entraîne des pertes et dégradations ; exposé aux intempéries et donc aux dommages causés par la pluie et la poussière ; ou infecté par des champignons, de la vermine et des insectes. Les souris, termites, poissons d'argent et autres peuvent causer de graves dégâts et même détruire les stocks de livres, s'ils ne sont pas régulièrement contrôlés. Il est impossible de généraliser le niveau de pertes et dégradations lié à un stockage et un entretien inappropriés des livres, mais 10 % de pertes annuelles du stock de SDP ne sont pas inhabituels dans les écoles des pays de l'ASS, et 30 à 50 % ont même été enregistrés dans des écoles primaires de certains d'entre eux.

Dans les écoles primaires, les livres sont généralement entreposés dans le bureau du directeur ou dans une pièce contiguë. Dans les écoles où le directeur est très souvent absent, les enseignants peuvent ne pas avoir accès au stock parce que le directeur en a emporté les clés avec lui. Les manuels et autres SDP peuvent donc ne pas être utilisés pendant plusieurs jours, semaines, ou même mois, simplement faute d'accès. Au Ghana en 2010, des visites dans les écoles ont permis de constater des différences considérables dans les niveaux des stocks, d'utilisation, d'entretien et de conservation des SDP. Une prestigieuse école secondaire établie de longue date maintenait son stock de manuels scolaires et sa bibliothèque en bon état, suivait de bonnes procédures de gestion et appliquait de bonnes techniques de conservation de base pour rapidement identifier les manuels ou livres de la bibliothèque endommagés et les réparer avant qu'ils ne soient irrémédiablement abîmés. Les livres de la bibliothèque étaient systématiquement recouverts d'épaisses couvertures en plastique. Par contre, une relativement neuve école secondaire rurale située à proximité entreposait ses manuels de façon tout à fait inadéquate et utilisait des systèmes de gestion et de conservation médiocres ou inexistants, si bien que les manuels étaient en nettement moins bon état et avaient, par conséquent, une durée de vie utile beaucoup plus courte. Ces deux écoles utilisaient néanmoins réellement les SDP qu'elles avaient reçus. Dans trois écoles primaires visitées, les manuels étaient entreposés dans le bureau du directeur, et dans l'une d'elles, la qualité du magasin était si mauvaise qu'on pouvait observer de sérieux dégâts causés par l'eau sur bon nombre des manuels qui y étaient conservés (Read, 2010).

Un autre problème est le manque généralisé de placards dans les salles de classe des écoles primaires. Dans les pays d'ASS, peu de classes primaires disposent de placards fermant à clé permettant un entreposage sécurisé des manuels scolaires et des livres de lecture à utiliser quotidiennement. De nombreux enseignants du primaire hésitent à laisser les enfants des petites classes primaires emporter les livres à la maison par crainte des pertes et dégradations. En même temps, la charge d'aller quotidiennement chercher les manuels dans le magasin central pour les amener en classe et ensuite les rapporter en fin de journée est pesante, et beaucoup d'enseignants cessent d'utiliser régulièrement les SDP en classe, surtout lorsque les absences fréquentes du directeur rendent impossible l'accès au magasin. Des placards fermant à clé dans les classes amélioreraient grandement l'accès aux manuels scolaires et encourageraient une utilisation plus fréquente des SDP, en particulier des livres de lecture. Malheureusement, même en 2014, la majorité des modèles de salles de classe conçus par les services des travaux publics (STP) et les partenaires au développement (PD) ne prévoient aucun placard fermant à clé.

Problèmes de gestion des SDP

La gestion des stocks de SDP dans les écoles est, elle aussi, gravement insuffisante et fréquemment inexistante. Cela signifie souvent que les écoles ne tiennent aucun registre pour les stocks distribués (ou le font mal) et n'ont, par conséquent, aucun moyen de récupérer les SDP à la fin du terme ou de l'année. Le rapport sur le Libéria cité au chapitre 10 confirme ces problèmes fondamentaux de gestion des SDP.

> Aucune école visitée ne savait comment utiliser le registre d'inventaire ni celui des sorties de stock. Fréquemment, aucun d'entre eux n'était disponible pour inspection. Les écoles qui utilisaient les registres ne les tenaient pas correctement. Un certain nombre de directeurs d'écoles avaient avoué que "l'administration de l'école" n'était pas leur point fort et qu'ils avaient besoin d'une formation supplémentaire. (Burchell, 2010)

La même situation existe probablement dans une majorité d'écoles primaires et même secondaires de l'ASS. Elle provient en partie de la rotation rapide du personnel d'encadrement dans les écoles et de l'absence d'une période de transition appropriée entre les directeurs et adjoints sortants et nouvellement nommés. Ces derniers n'ont donc souvent pas connaissance des systèmes de base utilisés avant eux. L'expansion rapide de l'enseignement, tant primaire que secondaire, a également joué un rôle, en raison du très nombreux personnel d'encadrement requis pour gérer les écoles nouvellement créées. En 2007, les proviseurs des écoles secondaires du Kenya ont affirmé n'avoir reçu aucune formation avant leur nomination, dans le domaine de la gestion des stocks et de la tenue des comptes de l'école (Read et Read, 2008).

Un problème connexe est la rareté des inspections et audits scolaires, en particulier au primaire dans les zones rurales et reculées. À moins d'être suivis, les systèmes tombent inévitablement en désuétude, et en absence de contrôle, les pertes augmentent. Une école du Ghana avait signalé 50 % de pertes dans le stock des nouveaux manuels scolaires en un seul trimestre, parce que les élèves n'avaient pas rendu les manuels qu'ils avaient reçus. Lorsque l'école avait essayé d'appliquer des pénalités, les parents s'étaient plaints auprès du responsable de district pour l'éducation (DEO), qui avait décidé qu'aucune sanction ne devrait être imposée. Depuis, l'école ne prête plus de manuels, en dépit des recommandations de la politique de l'État (Read, 2010).

Une fois de plus, il est impossible de chiffrer, même approximativement, l'ampleur des pertes de stock dues à la mauvaise gestion par les écoles. Certaines écoles sont bonnes et d'autres mauvaises, et déterminer une moyenne applicable aux différents systèmes nationaux est impossible sans une vaste enquête. Il y a un besoin évident de fournir à toutes les écoles primaires quelques directives élémentaires sur la gestion, la conservation et l'utilisation des SDP, afin d'assurer un rendement correct des sommes importantes investies dans les SDP. Mais ni la formation ni des guides ne produiront de résultats s'il n'y a aucun suivi régulier des systèmes de gestion par un personnel de supervision expérimenté. Il requiert un nombre suffisant d'inspecteurs, une formation adéquate de ceux-ci, la disponibilité éventuelle de moyens de déplacement vers les écoles, et une capacité de suivi là où des installations et systèmes insuffisants sont identifiés.

Modèles d'utilisation des SDP dans les classes

Même lorsque les écoles disposent de stocks suffisants de supports didactiques et pédagogiques, rien ne garantit qu'ils soient efficacement utilisés dans les classes. Une étude menée par l'Agence suédoise pour le développement international dans le cadre du projet pilote en faveur de l'édition en Tanzanie a découvert de grandes disparités entre la disponibilité de bons ensembles de manuels scolaires dans les écoles et leur utilisation dans les classes. Une enquête nationale réalisée en 1999 a révélé que, bien que près de 40 % des écoles sondées disposaient de manuels pour chaque classe, seuls 4 % d'entre elles les utilisaient réellement. Dans de nombreux pays d'ASS, le manque de disponibilité a conditionné les enseignants à travailler sans manuels scolaires, et beaucoup préfèrent ne pas les distribuer, de peur que leurs élèves aient autant de connaissances qu'eux. Il est avéré qu'un bon nombre d'enseignants ont oublié (ou jamais appris) comment utiliser les manuels et autres SDP. Par exemple, au Cameroun en août 2013 :

> L'UNICEF et d'autres sources signalent que dans certaines zones de la région de l'Extrême-Nord, des écoles primaires ne disposent d'aucun manuel scolaire, et n'en ont pas depuis si longtemps qu'aucun élève n'a jamais utilisé de livre. Les enseignants de ces écoles se sont habitués à ne pas employer de manuel et ignorent, par conséquent, la manière de les utiliser en classe. (Buchan, 2013)

Une situation similaire a été signalée au Soudan du Sud :

> De nombreux enseignants ont fonctionné sans livres pendant si longtemps qu'ils ne savent plus comment les utiliser efficacement. Le pourcentage élevé d'enseignants non formés, estimés à 14 000 sur un total de 26 000 enseignants (54 %), plus une proportion importante d'enseignants seulement partiellement formés, appelle une assistance dans les compétences d'utilisation de base. Environ 70 % des enseignants sont plus habitués à enseigner en arabe qu'en anglais, et des ONG locales ont adopté une approche fragmentée de la formation des enseignants. Il est signalé que certains enseignants sont réticents à distribuer des manuels aux élèves parce qu'ils craignent de se voir poser des questions à propos d'une langue qu'ils maîtrisent mal, auxquelles ils ne pourraient répondre. (Jones et Sayer, 2013)

Au cours des deux ou trois dernières années, des rapports similaires sur la faible utilisation des manuels dans les classes et la réticence à même les distribuer aux élèves ont été faits pour la République démocratique du Congo, l'Éthiopie, le Ghana, la Guinée, la Namibie, le Rwanda, la Sierra Léone, et l'Ouganda, mais ils sont caractéristiques de beaucoup d'autres pays d'ASS depuis au moins les 15 ou 20 dernières années. Dans ces conditions, un cours intensif accéléré sur les techniques d'utilisation, ou au moins un simple guide d'utilisation pour les enseignants, pourrait présenter des avantages.

Parce que beaucoup d'enseignants ne savent plus comment utiliser les manuels pour en tirer le meilleur effet, ils copient souvent au tableau le contenu de leur propre manuel (ou parfois le dictent simplement), et les élèves l'écrivent dans leurs cahiers (quand ils en ont). Cela signifie que les coûteuses illustrations, la couleur et la mise en page employées par les éditeurs et les auteurs pour aider les élèves ne sont pas souvent vues par eux.

> Beaucoup d'enseignants [...] recopient simplement le manuel au tableau pour que les enfants l'écrivent dans leurs cahiers, sans autre explication. Le plus gros problème est que les enfants n'apprennent pas à lire et à écrire correctement, si bien que quand ils passent des examens, même s'ils connaissent les réponses, ils ont du mal à lire la question ou à écrire la réponse. (Coughlan, 2014)

Même lorsque les manuels scolaires et autres SDP sont correctement livrés dans les écoles et y sont raisonnablement bien conservés, un problème courant en Afrique subsaharienne est le fait que de nombreux enseignants ne distribuent pas les supports à leurs élèves. Une étude de 2013, menée par la Banque mondiale en Ouganda, rapporte que :

> Aucun manuel n'était utilisé par les élèves dans 86 % des classes des écoles publiques. Malgré la très faible utilisation des manuels (14 %) observée dans les écoles publiques, contrairement à toute attente, celles-ci faisaient mieux que les écoles privées, où l'utilisation était pratiquement inexistante (3 %).[1] (Wane et Martin, 2013)

Les raisons de cette absence de distribution des manuels ne sont pas faciles à identifier, et de nombreuses causes ont été avancées au cours du temps ; il est probable que tous les facteurs énumérés ci-dessous peuvent se retrouver dans certaines écoles de nombreux pays. À savoir :

- La distribution des livres au début du cours et leur récupération par la suite représentent une charge pour beaucoup d'enseignants, en particulier lorsque la salle de classe ne dispose d'aucun espace de stockage adéquat, et que les livres doivent être cherchés et ramenés tous les jours dans un magasin scolaire central, qui n'est pas forcément, ni même souvent, ouvert quand il le faut.
- Les écoles hésitent souvent à distribuer les SDP aux élèves par crainte de pertes, détériorations et vols. Le problème se pose en particulier dans les classes soumises aux examens de fin de scolarité.
- Les enseignants sont réticents à distribuer les livres aux élèves lorsqu'ils sont susceptibles d'être tenus pour responsables des pertes et dommages. De même, les parents peuvent ne pas souhaiter que des manuels soient remis à leurs enfants, s'ils sont susceptibles d'être tenus pour financièrement responsables des pertes et dommages.
- L'incapacité d'atteindre des ratios manuel scolaire/élèves (RME) raisonnables. Beaucoup d'enseignants semblent trouver l'utilisation des manuels difficile avec des RME inférieurs à 1:1, en dépit du fait que des recherches indiquent que des résultats acceptables peuvent être obtenus avec un ratio de 1:2 ou même 1:3.
- Les enseignants préfèrent souvent utiliser un exemplaire d'un manuel comme leur copie personnelle et ne pas distribuer les autres exemplaires aux élèves. Ce comportement est largement signalé comme associé à la crainte des enseignants que leurs élèves acquièrent autant de connaissances qu'eux-mêmes, voire plus, si les manuels sont mis à leur disposition.
- Les enseignants peuvent ne pas comprendre entièrement tout le contenu des manuels et ne les donnent, par conséquent, pas aux élèves pour éviter de se voir poser des questions auxquelles ils ne peuvent répondre. Le problème a tendance à être courant en mathématiques et sciences ou même en langue seconde, pour laquelle les enseignants ne sont pas sûrs de leurs compétences.
- Les enseignants ne savent plus comment utiliser efficacement les manuels en classe et, par conséquent, ne les distribuent pas aux élèves.
- Les enseignants ne sont pas certains que les stocks existants de manuels scolaires seront remplacés de manière fiable et acquièrent ainsi un esprit de

thésaurisation, qui les amène à entreposer les manuels au lieu de les distribuer aux élèves.
- Dans le cadre de leur formation initiale, les enseignants ne sont pas formés à l'utilisation efficace des SDP.

Même lorsque les manuels scolaires et autres SDP sont distribués aux élèves pour être utilisés en classe, il peut encore y avoir des problèmes d'efficacité de cette utilisation. Un examen des pratiques en classe, réalisé au Soudan du Sud en 2014, a relevé que :

> Les inscriptions tardives, le défaut d'inscription et les abandons scolaires sont courants au Soudan du Sud. Sur 100 enfants en âge d'école primaire, seulement 62 y sont inscrits. Parmi ceux-ci, 21 abandonnent l'école avant la 2e année, et seuls 17 poursuivent leurs études jusqu'en 8e année. [...] Paradoxalement, les enseignants sont incapables d'assumer les coûts de scolarité de leurs propres enfants et occupent donc des emplois supplémentaires, qui contribuent à l'absentéisme des enseignants (Banque mondiale, 2012). Très peu d'enseignants consacrent leur temps à enseigner. La plupart corrigent les cahiers des élèves dans la salle des professeurs. En classe, ils passent l'essentiel de leur temps à recopier les manuels au tableau et demandent aux élèves de mémoriser le texte en l'écrivant dans leurs cahiers, qui sont ensuite collectés pour correction. Selon eux, cette dernière activité les occupe jusqu'à 15 heures par semaine. Une récente distribution gratuite de manuels scolaires et de livres de lecture supplémentaires, qui a fait baisser le ratio manuel scolaire/élèves de 1:60 à plus ou moins 1:2, n'a en rien modifié la pratique en classe, parce que la plupart des enseignants préfèrent garder les manuels à l'abri dans le magasin plutôt que de les distribuer aux élèves. Personne ne remet en question la pratique actuelle ni ne conçoit des approches pédagogiques plus efficaces. Les directeurs d'école consacrent leur temps au travail administratif et à la communication de données statistiques aux superviseurs scolaires, qui, au mieux, offrent aux écoles un service de liaison plutôt qu'un encouragement pédagogique. Leur principale tâche semble être la transmission de circulaires aux écoles et la collecte de données pour le SIGE. Les autorités locales essayent de gérer le système éducatif de 60 écoles, mais sans véhicules ni budgets de fonctionnement, ainsi que les exigences des partenaires au développement et de l'État. (Mikulska, 2014)

Dans un récent atelier de formation à l'utilisation efficace des manuels scolaires et SDP en Namibie (Hiddleston et Hovelmann, 2013), les styles suivants d'utilisation courante des manuels scolaires en classe ont été signalés par des responsables de l'éducation, des enseignants-conseillers spécialistes de matières, et des enseignants spécialistes de matières ordinaires.

- Certains enseignants lisent un passage du manuel et l'étudient ensuite avec la classe, phrase par phrase, en expliquant sa signification. Les élèves doivent ensuite effectuer la tâche indiquée dans le manuel, souvent sans autre préparation que l'énoncé qui y est donné.

- Certains enseignants lisent le manuel à la maison et résument la leçon. Ils demandent aux élèves d'ouvrir leurs livres et de copier le vocabulaire dans leurs cahiers. Ils font réaliser en classe une tâche différente de celle fournie dans le manuel, puis donnent celle-ci comme devoir à domicile.
- Certains enseignants demandent aux élèves de lire silencieusement en classe un chapitre du manuel. Ils leur posent ensuite des questions auxquelles ils doivent répondre en se basant sur cette lecture silencieuse.
- Les élèves sont parfois invités à lire le manuel à haute voix en classe.
- Certains enseignants écrivent des questions au tableau. Les élèves doivent lire un passage dans le manuel pour y trouver les réponses.
- Les élèves doivent résumer le contenu de la leçon présenté dans le manuel.
- Certains enseignants encouragent les élèves à identifier les mots difficiles dans la leçon, puis à en trouver le sens et la prononciation correcte.
- Immédiatement après son arrivée en classe, un enseignant dit "Allez à la page…", puis il commence à lire le manuel littéralement.
- Certains enseignants exposent aux élèves une leçon préparée à l'aide du manuel. Ils leur demandent ensuite d'ouvrir le manuel à une certaine page pour faire un exercice.
- Certains enseignants viennent en classe avec un résumé tiré du manuel.
- Certains enseignants demandent à la classe de mémoriser un chapitre en tant que devoir à domicile, puis les soumettent à un test le lendemain.

Les maîtres formateurs de l'atelier ont conclu que la plupart des exemples d'utilisation des manuels scolaires par les enseignants cités ci-dessus étaient inadéquats, avec un impact négatif sur les résultats d'apprentissage des élèves, et qu'ils montraient peu de signes d'une utilisation créative des manuels et SDP supplémentaires en vue d'atteindre les objectifs du programme d'apprentissage. Les maîtres formateurs ont également noté que la plupart des enseignants ne préparaient pas les leçons avant de les donner et comptaient sur le seul manuel pour dispenser des leçons non préparées, et que les guides pédagogiques destinés aux enseignants n'étaient pas suffisamment utilisés dans la préparation des leçons. À l'appui de ce point de vue, l'une des principales éditrices de manuels scolaires destinés à l'ASS a récemment déclaré dans une discussion sur les SDP qu'elle n'avait jamais rencontré un enseignant utilisant un quelconque guide pédagogique conçu pour accompagner et soutenir les manuels des élèves. Les maîtres formateurs ont également relevé que l'acquisition de faits par les élèves préoccupait de loin plus les enseignants que celle de savoir-faire et compétences, pourtant cités comme d'importants résultats cibles de l'apprentissage, tant dans les programmes de cours que dans les manuels. Une partie importante du problème a été associée au manque de confiance des enseignants dans leur propre connaissance de la matière et des savoir-faire et compétences spécifiés dans le plan de cours. Quand les manuels étaient utilisés en classe, l'enseignant s'en servait ainsi le plus souvent pour *masquer* son manque de connaissance de la matière, de compétences et de savoir-faire, qui à son tour produit de médiocres résultats d'apprentissage, démotive les élèves, rend les classes passives, et engendre rapidement un manque d'enthousiasme pour l'école et l'apprentissage.

La Namibie n'est pas le seul pays à connaître ces types de problèmes, et il est évident que toutes les écoles et tous les enseignants n'utilisent pas les SDP en classe de manière erronée, même si les pratiques d'utilisation des manuels décrites ci-dessus sont probablement répandues dans une majorité des écoles de l'ASS. Le double problème de l'absence de distribution aux élèves des manuels et autres SDP et de leur mauvaise utilisation dans les classes, quand ils *sont* distribués, compromet l'efficacité des coûts des systèmes de fourniture des manuels et SDP. La mise en place de systèmes simples, mais efficaces de gestion des SDP par les écoles, une formation plus rigoureuse et régulière des écoles et enseignants à la gestion et à l'utilisation des SDP, [2] plus une supervision et un suivi efficaces et réguliers de ce qui se passe dans les écoles sont des solutions évidentes. La distribution gratuite à toutes les écoles de registres d'inventaire et registres des sorties de stock favoriserait la mise en place d'un système national de gestion commun et l'amélioration des pratiques de gestion au sein des écoles, et constituerait largement un investissement judicieux et rentable.

Le rapport de la Namibie mentionné ci-dessus commente également le manque d'harmonisation entre les objectifs des programmes et plans de cours, souvent mal définis, et le contenu et l'approche des manuels. Il estime donc que les spécifications des manuels scolaires devraient être plus détaillées dans les appels à propositions invitant les éditeurs à soumissionner pour évaluation et sélection. Il ne s'agit pas simplement de se préoccuper de la rédaction et de la publication des manuels scolaires, mais du réalisme et de la spécificité des objectifs des programmes de cours. Un point particulièrement préoccupant est la grande diversité des heures de contact élèves-enseignants existant entre les écoles de nombreux pays d'ASS. Elle n'est presque jamais officiellement reconnue par les concepteurs des programmes de cours, les ministères de l'Éducation (MdE) ou les partenaires au développement, si bien que des indications ne sont presque jamais fournies sur la façon dont les auteurs et éditeurs devraient aborder la conception et le contenu de leurs manuels et guides pédagogiques pour prendre en compte ces différences dans les heures de contact ainsi que les nombreuses autres disparités dans les enseignants formés, le matériel, l'équipement, l'alimentation électrique, la connexion à Internet, le mobilier, etc.

Beaucoup de manuels approuvés pour utilisation dans les écoles en particulier secondaires, où l'apprentissage en langue seconde (L2) domine, sont probablement rédigés dans un langage trop difficile pour de nombreux enseignants et élèves, surtout ceux ayant des difficultés en L2. Le professeur John Clegg, un expert du contenu et de l'acquisition des concepts par les élèves étudiant en langue seconde, a commenté ces problèmes pédagogiques et didactiques potentiels :

> Du point de vue cognitif, les élèves qui apprennent en L2 font plus de choses qu'ils n'en feraient s'ils étudiaient dans leur langue maternelle. Ils acquièrent non seulement la matière, des savoirs et savoir-faire, mais, en même temps, la langue servant

de véhicule à l'apprentissage de la matière. Cela signifie qu'ils disposent d'une capacité de traitement mentale moindre que s'ils apprenaient en L1 (langue maternelle). Ils ne peuvent donc effectuer sans aide certaines activités de classe. Lorsque nécessaire, les enseignants peuvent la leur apporter soit en simplifiant l'aspect conceptuel de la tâche pour que les élèves puissent davantage se concentrer sur la langue, soit en simplifiant l'aspect linguistique pour que les élèves puissent mieux se concentrer sur les concepts. Ce n'est pas une bonne idée de rendre très souvent les tâches conceptuellement plus faciles : les élèves, et d'autres intervenants tels que les parents et les enseignants, peuvent en arriver à penser que l'EMILE (enseignement d'une matière intégré à une langue étrangère) est trop facile et moins bon que la version en L1. Les enseignants doivent donc apprendre comment et quand fournir un appui linguistique pendant les leçons. (Clegg, 2013)

De nombreux enseignants n'ont malheureusement ni le savoir-faire en L2, ni la connaissance du contenu et le savoir-faire en matière de compétences suffisants pour fournir aux élèves étudiant en L2 l'aide supplémentaire dont ils ont besoin. La responsabilité de la résolution de ce problème est donc généralement reportée sur les auteurs et éditeurs des manuels, alors que les concepteurs des programmes et les MdE leur fournissent très rarement des indications adéquates sur la manière d'apporter une aide supplémentaire aux apprenants en L2 en rédigeant les manuels dans un langage approprié.

Clegg (2013) recommande que les enseignants EMILE inculquent explicitement les stratégies d'apprentissage et comportements d'étude les plus importants et attendent des étudiants qu'ils les appliquent régulièrement. Cela comprend la prise de notes, l'utilisation de dictionnaires et de cartes, la réalisation de recherches, la planification de l'écriture et l'acquisition du vocabulaire des SDP à travers un apprentissage et une utilisation continue des nouveaux mots. Il a été suggéré que les programmes de cours et les manuels destinés aux élèves et enseignants en L2 prêtent plus d'attention à l'utilisation régulière de ces comportements d'apprentissage de base.

De la brève analyse qui précède, il ressort clairement qu'un considérable travail conceptuel reste à faire dans les pays d'ASS pour harmoniser réellement les manuels, les guides pédagogiques, les supports supplémentaires et leur utilisation dans les classes, les programmes et plans de cours, l'évaluation, les heures de contact, et les compétences linguistiques.

Conservation et réutilisation

Il semble que les normes de conservation des livres se soient sérieusement détériorées dans les écoles des pays d'ASS au cours des 40 à 50 dernières années. Par exemple, dans les années 1960 et 1970, presque chaque école primaire et secondaire d'Afrique insistait pour que les manuels distribués aux élèves soient correctement recouverts d'un solide papier brun et maintenus en bon état par les élèves. Aujourd'hui, dans beaucoup d'écoles, les manuels sont rarement recouverts et les normes de base de soin et de conservation des livres, y compris leur réparation, sont pratiquement inexistantes. L'objectif principal d'une politique de conservation des livres scolaires est de les garder en bon état, afin qu'ils résistent pendant toute la durée de vie ciblée et contribuent ainsi à maximiser l'amortissement des coûts et à minimiser les coûts du système des SDP. Des livres maintenus en bon état sont également plus agréables à réutiliser par les élèves suivants.

Pour encore simplifier, l'objectif peut-être le plus important est de préserver la couverture des manuels pour protéger l'ensemble des pages. Des inspections régulières des manuels par les enseignants permettent souvent d'identifier des dommages à un stade précoce afin que des mesures réparatrices puissent être prises. Une liste de pratiques simples d'entretien et de conservation des livres est fournie plus loin. La charge des activités de conservation requises pouvant être trop lourde pour les enseignants, il est suggéré que les écoles essayent d'impliquer les groupes de parents dans le maintien en bon état et la réparation régulière des livres. Tous les dégâts ne peuvent pas être remis en état à l'école, mais une série de réparations simples, tout à fait dans les cordes des enseignants et parents, doivent être bien connues de tous les enseignants et communiquées aux parents.

Lorsque des manuels sont prêtés aux élèves, une politique claire de pertes et dommages est nécessaire. Certains systèmes estiment que tout type de pénalité infligée pour des pertes et dommages risque de décourager une utilisation efficace des manuels.[3] D'autres systèmes et écoles imposent des amendes assez sévères pour garantir le maintien des manuels en bon état. La solution recommandée est la mise en place d'une politique nationale de pertes et dommages pour les manuels scolaires, discutée et convenue avec les représentants des groupes d'enseignants et de parents.

Résumé des questions clés émergentes

La gestion et l'utilisation des SDP au niveau des écoles sont gravement inférieures aux normes dans bon nombre de pays d'ASS et sont responsables des pourcentages élevés de pertes et dommages qui réduisent l'efficacité des SDP dans les écoles et augmente les coûts de leur fourniture efficace.

Les actions suivantes sont proposées pour réduire les niveaux de pertes des SDP fournis aux écoles et veiller à leur bonne utilisation :

- Mettre les installations de stockage des écoles en conformité avec des critères minimaux de a) sécurité, b) protection contre les intempéries, etc.) propreté, autrement dit à l'abri de la vermine, des insectes[4], et des champignons.
- Prévoir un espace d'entreposage dans les classes primaires, en particulier des premières années (P1 à P3).
- Concevoir pour les écoles, des systèmes simples de gestion des SDP utilisant des registres d'inventaire et registres des sorties de stock, à distribuer gratuitement chaque année aux écoles, à l'instar des registres de présence des élèves fournis dans de nombreux systèmes scolaires.

- Produire et diffuser dans toutes les écoles des directives en matière de pertes et dommages.
- Produire et fournir un manuel de gestion des SDP à tous les établissements, enseignants en formation, responsables de district pour l'éducation (DEO) et à l'inspection.
- Produire un guide simple pour une utilisation efficace de tous les SDP dans les classes.
- Fournir une formation initiale et en cours d'emploi aux enseignants et inspecteurs pour l'utilisation des SDP en classe et des systèmes de gestion des SDP dans les écoles.
- Veiller à ce que l'examen des systèmes de gestion des SDP figure parmi les exigences de toutes les visites d'inspection dans les écoles.
- Lorsque des mécanismes de financement décentralisés sont utilisés pour les SDP, s'assurer que les comptes des écoles sont régulièrement vérifiés.
- Entreprendre des enquêtes régulières (tous les trois ou quatre ans ?) sur la disponibilité des SDP dans les écoles, pour s'assurer que les objectifs de fourniture sont atteints et maintenus, et prendre, au besoin, des mesures correctives en fonction des résultats des enquêtes.
- Fournir des spécifications meilleures et plus précises pour les manuels scolaires et SDP lorsque les éditeurs sont invités à soumissionner pour évaluation et approbation. Elles devraient comprendre des définitions claires et sans ambiguïté des normes, concepts, aptitudes et compétences requis, ainsi que des indications sur la façon dont ils sont mesurés et évalués.
- Rendre les mécanismes d'évaluation des manuels scolaires plus rigoureux avant leur approbation pour utilisation dans les écoles.
- Réexaminer la question de l'aide supplémentaire requise pour les élèves acquérant la matière et des compétences en langue seconde (L2).
- Fournir des directives claires aux éditeurs sur la façon de gérer la diversité des heures de contact élèves-enseignants dans et entre les pays.

Règles d'entretien des livres à l'attention des élèves

1. Assurez-vous toujours que les livres sont correctement recouverts.
2. Gardez les livres à l'abri de l'eau et de l'humidité.
3. Transportez toujours les livres vers ou depuis l'école dans un cartable protégeant de l'eau et de la poussière, suffisamment grand pour les livres que vous transportez. Même un sac en plastique offre une certaine protection et est mieux que rien.
4. Prenez soin de ne pas mettre trop de livres dans un même sac. Les manuels à couverture papier peuvent être solides et durables, mais risquent d'être endommagés s'ils sont poussés brutalement dans des cartables surchargés.
5. Ne pliez jamais les livres et ne les forcez pas dans des cartables trop petits.

suite de l'encadré page suivante

Règles d'entretien des livres à l'attention des élèves *(suite)*

6. Gardez vos livres propres. La plupart peuvent avoir des couvertures vernies ou plastifiées qui peuvent être nettoyées avec un tissu légèrement humide (mais pas mouillé).
7. Manipulez toujours vos livres avec des mains propres et sèches. La poussière, la saleté ou la sueur endommageront les pages, si vous ne lavez pas vos mains avant d'utiliser les livres. Le papier est facilement abîmé par l'eau et l'humidité, éviter donc d'utiliser un livre avec des mains mouillées ou moites.
8. Ouvrez toujours les livres soigneusement en utilisant le bord supérieur extérieur de la page pour éviter les déchirures.
9. Ne pliez jamais le dos des livres.
10. N'appuyez jamais sur la reliure pour ouvrir le livre à plat.
11. N'utilisez jamais les livres comme armes ou projectiles.
12. N'écrivez jamais dans vos manuels.
13. Si votre manuel est endommagé de quelque manière que ce soit, montrez-le à votre enseignant pour qu'il puisse être réparé avant que les dégâts s'aggravent.

Notes

1. Cette étude a également fait état d'un ratio moyen de 1 manuel pour 14,4 élèves. En 2006, après 12 années de réformes dans la fourniture des supports pédagogiques, financées par l'USAID, la Banque mondiale, le Département pour le développement international (DfID) et l'Ambassade royale des Pays-Bas, le RME moyen du primaire était de 1:2, et les donateurs et MdE espéraient atteindre 1:1 (Voir Ward, Penny et Read, 2006). Il serait instructif de comprendre la raison d'un effondrement aussi considérable du RME en Ouganda en 2013, après les remarquables résultats des réformes enregistrés en 2006.
2. Beaucoup de programmes de formation initiale des enseignants ne prévoient aucune formation à la gestion des SDP ni à leur utilisation en classe. L'Université de Namibie (UNAM) a toutefois désormais intégré le matériel de formation à l'utilisation des manuels et SDP initialement prévu pour la formation continue des enseignants dans ses programmes de formation préalable des enseignants.
3. En Guinée, les sanctions imposées en cas de pertes et de dommages aux manuels scolaires ont amené des parents à refuser que leurs enfants les utilisent.
4. La peinture anti-termites est largement disponible et bon marché et offre une bonne protection pendant une période raisonnable, à condition d'être appliquée sur une hauteur de 30 centimètres au-dessus du sol sur les murs et les pieds des bibliothèques et armoires servant à l'entreposage des SDP.

Références

Banque mondiale. 2012. *Education in the Republic of South Sudan: Challenges for a New System.* Washington, DC : Banque mondiale.

Buchan, A. 2013. *Cameroon Textbook Sub-Component Report: Cameroon Equity and Quality for Improved Learning Project Pre-Appraisal Document.* Windsor, Royaume-Uni : International Education Partners pour le compte de la Banque mondiale.

Burchell, K. 2010. *An Evaluation of the Distribution of Primary Textbooks in Liberia*. Monrovia : Open Society Foundation le compte du MdE.

Clegg, J. 2013. *Providing Language Support in CLIL*. jclegg@lineone.net.

Coughlan, S. 2014. "*Tackling Uganda's Lack of School Places.*" BBC News, 8 janvier.

Hiddleston, P. et W. Hovelmann. 2013. Master Trainers Training Workshops for Textbook Use for Maths, Science, and English. Windhoek : MCA-Namibie.

Jones, B. et N. Sayer. 2013. *Annual Review of the South Sudan Textbook Project*. Juba : DfID.

Mikulska, A. 2014. "School Teaching and Learning: The Challenge of Education in South Sudan." *NORRAG News*, juin.

Read, T. 2010. Ghana Learning and Teaching Materials Policy Review. Accra : DfID pour le compte du MdE.

Read, T. et N. Read. 2008. *Free Day Secondary Education in Kenya: Tuition Vote Management Training and Research Report*. Windsor, Royaume-Uni : International Education Partners pour le compte de la Banque mondiale et du MOEST du Kenya.

SIDA (Agence suédoise pour le développement international). 2000. *Textbook Usage in Tanzanian Schools: The Results of a National Survey*. Projet pilote en faveur de l'édition.

Wane, W. et G. H. Martin. 2013. *Education and Health Services in Uganda: Data for Results and Accountability*. Une étude de la Banque mondiale. Washington, DC : Banque mondiale et Consortium pour la recherche économique en Afrique.

Ward, M., A. Penny et T. Read. 2007. Education Reform in Uganda—1997 to 2004 : Reflections on Policy, Partnership, Strategy and Implementation. Londres : DfID.

PARTIE 3

Alternatives numériques aux manuels scolaires imprimés

CHAPITRE 12

Impact potentiel des technologies de l'information et de la communication (TIC) sur la fourniture de manuels scolaires

Les technologies de l'information et de la communication utilisables dans l'éducation sont-elles en compétition avec les manuels d'enseignement et d'apprentissage imprimés sur papier ?

La montée des frustrations dues aux difficultés rencontrées dans la plupart des pays d'Afrique subsaharienne dans la fourniture de manuels scolaires abordables et durables (ainsi que des autres supports didactiques et pédagogiques (SDP) essentiels) a conduit de nombreux ministères de l'éducation (MdE) et de partenaires au développement (PD) à considérer une éventuelle utilisation d'alternatives numériques aux solutions traditionnelles d'impression sur papier. Les solutions numériques proposées vont de l'utilisation d'équipements d'impression numérique à la demande (DPOD – *Digital print on demand*) installés dans des bureaux au niveau régional ou dans des districts, destinés à imprimer les manuels scolaires provenant de sources en ligne au format PDF, jusqu'à l'utilisation de liseuses numériques comme outil de remplacement des manuels scolaires (Kindle et autres), l'utilisation de tablettes numériques et d'ordinateurs portables à faible coût, l'utilisation accrue des ordinateurs existants en milieu scolaire et le futur rôle des technologies de la téléphonie mobile et des assistants numériques personnels (PDA – *Personal Digital Assistant*).

L'apparition dans de nombreux systèmes éducatifs et dans les écoles d'Afrique subsaharienne d'une ligne budgétaire majeure consacrée aux technologies de l'information et de la communication (TIC) est une composante supplémentaire des budgets de l'éducation, budgets déjà généralement très dispersés. Comme il semble que la fourniture de TIC pourrait résoudre les problèmes de fourniture des SDP, il existe donc une possibilité pour que les TIC et les SDP imprimés puissent à l'avenir concourir au même financement. C'est pourquoi il est important de comprendre la nature de la prestation des TIC dans de nombreux pays d'Afrique subsaharienne et les bénéfices et contraintes potentiels liés aux TIC utilisées actuellement dans les écoles.

Les problèmes actuels rencontrés par les SDP et créés par l'apparition des TIC dans les systèmes d'enseignement des économies développement et en transition sont assez bien connus et sont résumés dans l'annexe B qui détaille les informations relatives aux TIC, ainsi que la performance des élèves, le coût total de possession (CTP), les contraintes actuelles de l'utilisation des TIC et l'examen de l'initiative "Un portable par enfant" (OLPC – *One Laptop per Child*).

Alternatives numériques à la fourniture de manuels scolaires

Utilisation de l'impression numérique à la demande (DPOD) pour la fourniture des manuels scolaires

Il a été suggéré qu'un approvisionnement plus économique en manuels scolaires dans les pays d'Afrique subsaharienne pourrait être fourni en installant des équipements DPOD dans les bureaux des districts et en imprimant les manuels scolaires monochromes à partir de fichiers au format PDF disponibles en ligne.

Les caractéristiques des équipements de DPOD peuvent être aussi simples que celles d'un photocopieur relié à un ordinateur portable. D'un autre côté, il existe également des équipements sophistiqués d'impression coûtant entre 15 000 et 50 000 $ EU et plus.[1] La spécification exacte de l'équipement dépendra du volume d'impression, de la vitesse d'impression et des exigences de reliure requises. Mais la nature même des équipements numériques de DPOD doit également être prise en compte. Ces équipements sont conçus pour imprimer un nombre limité d'exemplaires à un coût fixe par copie, indépendamment du volume de la commande d'impression. C'est pourquoi le prix unitaire de chaque exemplaire physique imprimé est toujours plus élevé, et souvent nettement plus élevé, que l'impression offset des moyens à gros tirages, alors que le coût moyen est plus faible pour les très petits tirages car les coûts initiaux de l'impression offset sont beaucoup plus élevés. Le contrôle de la qualité avec les équipements de DPOD est également considéré comme moins rigoureux que l'impression offset ou typographique. Cependant, et en complément au faible coût des petits tirages, les équipements de DPOD ont d'autres avantages :

- L'installation technique est généralement plus rapide que l'installation d'un équipement d'impression offset.
- Des volumes importants de livres ou de fournitures d'impression ne doivent pas être conservés en stock, réduisant ainsi les coûts de stockage et de manutention et les coûts des inventaires comptables.
- Il n'y a que peu ou pas de pertes dues aux produits invendus.

Le coût unitaire de l'impression numérique à la demande sera toujours supérieur à l'impression offset ou typographique chaque fois que de grands tirages seront nécessaires et même les volumes dont auront généralement besoin les districts de la plupart des pays d'Afrique subsaharienne rendront les équipements de DPOD non rentables par rapport à l'impression traditionnelle. Par exemple, dans un district de 50 écoles dont l'effectif moyen est de 500 élèves par école, avec une demande moyenne de huit manuels scolaires par élève, le nombre total de manuels nécessaires sera de 400 000 exemplaires pour un ratio correspondant au ratio manuel scolaire/élève (RME) de 1:1, ou 130 000 exemplaires pour un RME de 1:3. Cet ordre de grandeur fait que l'impression numérique à la demande n'est pas rentable comparée à l'impression traditionnelle, en particulier lorsque tous les besoins en manuels scolaires des districts peuvent être regroupés dans de grands tirages nationaux, pour atteindre ainsi un coût de fabrication le plus bas possible.

En complément à ces problèmes de coût, les points suivants doivent être pris en considération :

- Il n'y aura aucune économie réalisée sur les coûts de distribution car la quantité de papier (et de toner) suffisante devra être transportée vers les bureaux des districts et le coût de distribution des manuels scolaires reste toujours directement lié au poids du papier.

- Le coût du papier sera plus élevé parce que le papier utilisé devra être livré en rames prédécoupées plutôt qu'en grandes feuilles ou en bobines.

- Les documents imprimés par DPOD nécessitent un certain type de reliure, ce qui complique les caractéristiques des équipements d'impression ainsi que les coûts unitaires de prestation. Des classeurs à anneaux pourraient être utilisés de façon alternative, mais ceux-ci sont beaucoup plus chers que la reliure traditionnelle des manuels durables. L'absence d'un moyen de protection des pages imprimées pourrait conduire à des pertes importantes dans leur distribution en aval, leur stockage et leur utilisation dans les écoles. Le résultat serait alors une très courte durée de vie des livres, entraînant alors des coûts supplémentaires.

- L'impression des manuels scolaires dans les bureaux des districts a pour conséquence que ces manuels devront être envoyés de ces bureaux vers les écoles et il est largement reconnu que le transport est, dans la plupart des pays d'Afrique subsaharienne, l'étape la plus problématique de la chaîne de distribution.

- Bien que les besoins en formation pour l'utilisation des équipements de DPOD soient beaucoup moins exigeants que pour les procédés traditionnels d'impression, des problèmes de maintenance subsisteront toujours et nécessiteront l'achat d'onéreuses pièces de rechange et la disponibilité de techniciens de maintenance spécialisés sur ces équipements, et qui pourraient ne pas résider dans le pays. La plupart des bureaux d'éducation des districts souffrent de budgets opérationnels insuffisants et des problèmes de règlement des opérations de maintenance nécessaires pourraient apparaître et donc altérer l'opérationnalité des équipements de DPOD.

- L'impression des manuels scolaires nécessaires à chaque district devrait normalement être concentrée pendant les quelques semaines précédant le début de l'année scolaire. Par la suite, il est peu probable que beaucoup de districts, en particulier dans les zones rurales, aient, pendant le reste de l'année, des besoins justifiant l'investissement en capital. La période relativement courte pendant laquelle devront être imprimés les manuels scolaires et la spécificité des travaux de maintenance à réaliser sur les équipements d'impression numérique sophistiqués pourraient être de sérieux problèmes (une durée de deux à trois semaines d'arrêt n'est pas exceptionnelle, même lorsque les pièces de rechange et les ingénieurs spécialisés sont disponibles).

- L'exploitation en poste unique et l'absence de demande venant des districts, à l'exception des manuels scolaires, réduisent l'impact de l'amortissement du matériel, et donc augmentent le coût global de l'impression numérique à la demande, rendant la comparaison de celle-ci avec l'impression traditionnelle des manuels scolaires encore plus défavorable.

Considérant les facteurs énumérés ci-dessus, il est peu probable que la solution des équipements d'impression numérique à la demande installés dans les districts soit plus économique ou plus efficace que les méthodes traditionnelles d'impression. Par ailleurs, elle ne résoudrait pas les problèmes associés à l'efficacité et aux coûts de la distribution des manuels scolaires.

Liseuses numériques

En 2012, l'écran du Kindle standard d'Amazon mesurait 6" de diagonale et utilisait la technologie E Ink pour créer un papier électronique. L'écran de 600 × 800 pixels bénéficiait d'une résolution de 167 pixels par pouce (ppi) et utilisait quatre niveaux de gris. Les dimensions de la liseuse étaient de 7,5" × 5,3" pour une épaisseur de 0,7" et un poids de seulement 10,3 onces. Sa capacité de stockage interne était de 256 Mo, mais un emplacement pour une carte mémoire SD (*Secure Digital*) était prévu et acceptait les cartes SD d'une capacité de 4 Go. Des versions aux caractéristiques supérieures sont maintenant disponibles, mais à des prix plus élevés.

Le Kindle de base dispose d'un écran d'affichage en noir et blanc qui simule la lisibilité et l'apparence physique des documents imprimés. L'indice de réflexion de la lumière sur l'écran est identique à celui du papier ordinaire. L'écran n'est pas rétro-éclairé, il n'y a donc pas de risque d'éblouissement et il est aussi facile à lire en plein soleil qu'à l'intérieur. Les lecteurs peuvent passer d'une page à l'autre grâce à l'affichage vertical pleine page et aux boutons "tourne-page" situés des deux côtés de la liseuse. Les utilisateurs gauchers comme droitiers peuvent naviguer et utiliser confortablement la liseuse d'une seule main. La dernière version du Kindle est audio et est équipée d'un rétro-éclairage permettant la lecture dans l'obscurité. Le Kindle est plus mince et plus léger qu'un livre de poche standard. Jusqu'à 3 000 titres peuvent être stockés sur un Kindle et l'ajout d'une carte mémoire SD permet d'accéder à beaucoup plus d'ouvrages.

La taille du texte peut être facilement ajustée à la taille désirée grâce à un bouton, mais, pour les manuels scolaires, une taille supérieure des caractères réduit la vue complète de la page. L'utilisation par les enfants d'une liseuse numérique éviterait le transport de plusieurs manuels scolaires et livres de lecture de leur domicile à l'école et retour. Dans le même temps, la possession d'un équipement informatique coûteux pourrait transformer les écoliers des pays pauvres en cibles potentielles d'agression.

Worldreader utilise le Kindle d'Amazon dans ses projets pilotes, mais il existe d'autres liseuses numériques moins chères (et plus petites) actuellement disponibles et d'autres apparaîtront prochainement sur le marché. La France a développé sa propre liseuse, le FNAC Book qui a un écran encore plus petit que le Kindle. Au moment de la rédaction, il n'y a pas d'information sur des tests pilotes de liseuses numériques en Afrique francophone. Les problématiques rencontrées avec les liseuses numériques et qui devront être examinées et résolues peuvent se résumer comme suit :

1. *Connectivité Wifi*—Quelle sera l'efficacité du Kindle pour accéder à de nouveaux contenus dans les zones rurales ? Limiter l'utilisation du Kindle aux zones urbaines ne ferait qu'accroître la fracture numérique nationale. Une version plus coûteuse du Kindle permet un accès via le réseau de téléphonie mobile de troisième génération (3G), ce qui est évidemment plus adapté aux salles de classe africaines pour le téléchargement de contenus via Internet, mais il n'existe pas à ce jour d'informations disponibles quant à la durée des téléchargements dans les zones rurales quand la bande passante est limitée ou interrompue. C'est pourquoi la plupart des utilisateurs de téléphones mobiles des zones rurales de l'Afrique subsaharienne utilisent les modèles très basiques avec forfait et ne sont pas encore en mesure de s'offrir les différents modèles 3G permettant d'accéder à de nouveaux contenus. Des tests pilotes dans les conditions de l'Afrique subsaharienne de liseuses numériques au contenu rechargeable et avec accès à de nouveaux contenus n'ont pas encore été rapportés au moment de la rédaction.

2. *Besoin d'une alimentation électrique*—Bien que le Kindle n'utilise que peu de puissance, il doit encore être rechargé à intervalles réguliers[2], ce qui peut limiter son utilisation dans certaines zones rurales où l'alimentation électrique est un problème. Cependant, le projet pilote Worldreader au Ghana a mentionné que la recharge n'avait pas posé de problème significatif, peut-être parce que le projet pilote se situait dans des zones où l'accès à l'alimentation électrique était facile.

3. *Durabilité*—Les tests de durabilité sur le terrain fourniront des informations sur la façon dont le Kindle fonctionne et dure dans les milieux ruraux difficiles. Ce fut un problème lors de l'extension des TIC dans les zones rurales et cela pourrait également limiter l'usage du Kindle. Le projet pilote Worldreader au Ghana a noté que le bris avait été un problème et que des spécifications plus élevées

de robustesse de la liseuse étaient nécessaires.³ Trucano (2014) rapporte l'exemple d'un nombre disproportionné de liseuses endommagées parce qu'il avait été demandé aux étudiants de les conserver propres et qu'ils avaient par conséquent décidé de les laver dans la rivière locale. La nécessité d'amortir les coûts élevés d'investissement sur la plus longue durée possible avant remplacement souligne la nécessité d'établir des paramètres réalistes de durabilité.

4. *Coûts d'investissement*—Le moins cher des Kindle version WiFi coûte actuellement autour de 90 $EU au détail aux États-Unis, et la version 3G environ 200 $EU au détail, plus un coût supplémentaire pour l'étui de transport. Dans l'hypothèse où la liseuse devrait être utilisée pendant une durée de vie ciblée de cinq ans, la version de base représente toujours un coût d'investissement annuel de 16 $EU par étudiant et par an, ce qui est environ le double de la moyenne annuelle du coût d'amortissement par élève de la fourniture de manuels scolaires telle que calculée au chapitre 3, Coûts unitaires des manuels scolaires aux niveaux primaire et secondaire inférieur/supérieur dans 11 pays d'Afrique subsaharienne. Si la durée de vie moyenne prévue est réduite à trois ans, alors le coût annuel d'investissement sera d'environ 30 $EU par étudiant et par an. Même les liseuses les plus simples assorties de généreuses hypothèses de durabilité consomment la presque totalité des dépenses éducatives par enfant (en excluant les salaires des enseignants) des pays les plus développés d'Afrique subsaharienne. Leur coût annuel pourrait même dépasser la totalité des dépenses par enfant, y compris le salaire des enseignants, dans les pays les plus pauvres. Les coûts du Kindle devraient continuer à baisser, mais la petite taille de l'écran actuel milite contre son utilisation pour les manuels scolaires où la présentation correcte et agréable des informations transmises exige un plus grand format de page. Il se peut également qu'il y ait une demande pour des manuels scolaires en couleurs. Par conséquent, la demande pour de plus grands formats de liseuses numériques en couleurs comme support approprié des manuels scolaires aura tendance à faire augmenter les coûts de ces liseuses alors que d'autres facteurs les feront baisser.

5. *Coût du contenu*—Le coût d'achat du contenu destiné à être enregistré sur la liseuse numérique doit être ajouté au coût d'acquisition de la liseuse⁴. Bien que le téléchargement d'un livre soit moins cher que le livre imprimé, les contenus actuellement commercialisés se développent encore, avec, pour orientation, l'international et avec des coûts situés entre la moitié et les deux tiers (sur une base moyenne aléatoire) des prix des titres originaux publiés. Dans l'hypothèse d'une réduction des coûts de 50 % pour la fourniture de manuels scolaires, le coût par élève du niveau primaire pour six manuels scolaires mis à disposition sur Kindle serait encore de 7,50 $EU, auquel s'ajouterait le coût d'investissement du matériel. Le contenu d'une valeur de 7,50 $EU nécessiterait donc un investissement de 150 $EU plus un véhicule de livraison. La fourniture des manuels scolaires via des liseuses numériques ne serait alors rentable que si elle est combinée à d'autres supports de lecture supplémentaires,

qui augmenteraient à leur tour le coût du contenu. Deux cents livres ajoutés aux manuels scolaires pourraient coûter la somme supplémentaire de 100 $EU. Sur cette base, une tarification spéciale est nécessaire pour rendre abordable le coût du contenu pour l'Afrique subsaharienne et un contenu spécial devrait être élaboré par les éditeurs africains pour les écoles primaires et secondaires (et peut-être même dans les dialectes locaux) avant que le Kindle et son contenu puissent être considérés comme tout à fait appropriés et abordables. Les projets pilotes Worldreader au Ghana, au Kenya et au Nigéria semblent néanmoins avoir démontré la capacité du Kindle à proposer un contenu pertinent en téléchargeant un manuel scolaire adapté au niveau local et d'autres supports de lecture réalisés avec le soutien des éditeurs locaux.

6. *Accès au contenu*—Tout le contenu doit être soit préchargé, son coût inclus dans le prix d'achat initial, soit payé par carte de crédit lors d'une mise à niveau après achat. Cela risque de poser un gros problème dans la plupart des pays de l'Afrique subsaharienne. Très peu d'écoles disposent de cartes de crédit (ce qui constitue également la principale cause de l'absence de logiciels antivirus sur les ordinateurs). Une bibliothèque de classe primaire composée de 50 livres de lecture différents (pour un coût d'environ 50 $EU) dispose des outils de lecture suffisants pour que chaque enfant puisse lire un livre différent chaque semaine pendant un an et, en y prêtant suffisamment d'attention, les livres de lecture pourraient être réutilisés pendant quatre à six ans. Le coût d'investissement de la fourniture d'un Kindle à chaque enfant d'une classe de 50 élèves s'élèverait à 5 000 $EU, coût du contenu non compris.

7. *Taille de l'écran*—La taille de l'écran actuel est plus petite que celle d'un livre de poche standard et le modèle standard n'affiche les images que d'une seule couleur, bien que des liseuses numériques en couleurs soient disponibles, mais à un coût nettement plus élevé (le FNAC Book a un écran encore plus petit). La taille de l'écran nuit à une utilisation efficace et régulière du Kindle en tant que manuels scolaires et cette petite taille signifie que la conception des livres de lecture adaptés aux jeunes enfants ne peut pas être envisagée. La petite taille de l'écran et les limites de la présentation en une seule couleur signifient probablement que le Kindle, tel qu'actuellement commercialisé, serait principalement plus approprié comme support de textes.

Des équipements de type Kindle ont été testés dans les zones rurales du département des Landes, dans le sud-ouest de la France, et ont été abandonnés en raison de problèmes de durabilité et de coût. Les tentatives d'utilisation du Kindle via un projecteur pour la lecture de toute une classe ont été considérées comme contre-productives par les enseignants et les élèves. Les prix des liseuses numériques vont certainement baisser, mais elles devraient idéalement être d'un plus grand format et bénéficier de la couleur pour pouvoir être utilisées comme supports des manuels scolaires. Mais ces deux caractéristiques entraîneront alors un prix plus élevé. Le Kindle Fire à un prix d'environ 150 $ EU propose un écran couleurs, une connexion Internet 3G/4G et WiFi, une durée de vie de la batterie de huit heures et donne accès à des films, jeux, musique, applications et livres.

Des tests pilotes complets et soigneusement conçus et un calcul précis des implications financières sont indispensables avant de réaliser tout investissement important dans une technologie non éprouvée et où subsistent de nombreuses questions auxquelles il faut répondre. En Afrique subsaharienne, des projets pilotes d'utilisation de liseuses numériques sont en cours au Ghana, au Kenya et au Nigéria et sont à l'étude en Afrique du Sud. Il existe un potentiel évident pour les liseuses numériques utilisées comme supports d'une large gamme de SDP, mais le coût du matériel devra baisser avant qu'elles ne constituent une solution rentable. De plus, la petite taille de l'écran et l'affichage en une seule couleur ne sont pas des caractéristiques idéales, d'autant plus que de plus grands formats et la couleur seraient préférables pour les manuels scolaires et les livres d'enfant illustrés à l'attention des jeunes écoliers. Dans les zones urbaines d'Afrique, tous les enfants sont maintenant complètement sensibilisés à l'utilisation de la couleur dans la présentation des idées et des informations à travers la télévision, les vidéos, les jeux sur ordinateur, le cinéma, les affiches publicitaires, les emballages, les journaux, les magazines, etc. La présentation monochrome des manuels scolaires courrait le risque de les rendre moins attrayants. La durabilité du matériel est également un facteur critique dans les prévisions de coûts. Même les plus ardents défenseurs de l'utilisation des liseuses numériques dans les pays d'Afrique subsaharienne reconnaissent qu'il reste beaucoup de problèmes à surmonter et qu'une infrastructure complète de support doit être construite avant que les liseuses numériques puissent être considérées comme une alternative pratique et rentable aux solutions actuelles d'impression sur papier. Il est également tout à fait probable que les coûts continuent de diminuer avec l'apparition d'une nouvelle génération de tablettes PC bénéficiant de la couleur et d'une plus grande taille d'écran et qui pourraient avoir un rôle à jouer dans la présentation des manuels scolaires et des livres illustrés pour enfants dans les formats numériques. L'iPad2, avec un écran plus grand (9,7 pouces, comparé aux 7 pouces du Kindle), une connexion Internet 3G et WiFi, une autonomie de batterie de près de huit heures, une capacité allant jusqu'à 64 Go et des caméras avant et arrière coûte actuellement près de 600 \$EU (2014).

En dépit des questions soulevées ci-dessus, une récente étude mentionne que

> la meilleure preuve de l'évolution des résultats de l'apprentissage et des pratiques scolaires est apportée par l'utilisation des dispositifs mobiles (tels que les liseuses numériques). (Power et coll. 2014).

Dans une étude des liseuses et tablettes numériques utilisées en support de l'alphabétisation, plusieurs rapports de recherche ont rapporté que

> plusieurs programmes ont démontré de meilleurs résultats d'apprentissage (en termes d'augmentation de la fluidité de la lecture dans la langue maternelle ou en anglais) en combinant la fourniture de liseuses et livres numériques pour les élèves des programmes TD avec l'alphabétisation à base de phonétique. (Power et coll. 2014).

Cependant, aucune de ces études n'a examiné l'accessibilité économique et la rentabilité financière de l'utilisation des liseuses numériques sur une échelle nationale, ce qui est évidemment une question cruciale dans toute décision d'élargir considérablement l'utilisation à une échelle nationale des liseuses numériques en tant qu'outils permettant un meilleur accès aux livres de lecture. Le guide du DfID *Educational Technology Topic Guide (2014)* note que

> l'analyse du rapport coût/avantages optimal (VFM – *Value For Money*) est absente de la plupart des études.

et recommande que les analyses VFM et coût-efficacité soient menées dans le cadre de la conception et l'évaluation de tout projet. De son côté, l'initiative PRIMR (*Primary Math and Reading*) au Kenya a mis en œuvre et comparé l'efficacité et les coûts de trois approches différentes : des tablettes numériques pour les formateurs d'enseignants, des tablettes pour les enseignants et des liseuses numériques pour les étudiants. Des gains similaires dans les résultats d'apprentissage des étudiants ont été relevés pour les trois approches, sans différence statistiquement significative entre les variantes. L'étude a cependant démontré que, bien que les résultats soient similaires, le coût des tablettes pour les enseignants ou leurs formateurs était beaucoup plus faible que le coût des liseuses pour l'ensemble d'une classe, rendant le rapport coût-efficacité des tablettes pour les enseignants ou leurs formateurs d'un ordre de grandeur supérieur par rapport aux liseuses (Piper et Kawumba 2014).

Téléphones mobiles, téléphones intelligents (Smartphones) et Assistants numériques personnels (PDA – Personal Digital Assistant)

De nombreux projets d'équipements et d'applications à base de téléphonie mobile ont été menés dans les pays pauvres pour améliorer l'accès à l'information des écoles et des étudiants. Aux Philippines, le projet Text2Teach (sponsorisé par Nokia) utilise des téléphones mobiles et des forfaits mensuels prépayés fournis respectivement par Nokia et Globe, afin de permettre l'accès par les écoles publiques à une vidéothèque de sciences, d'anglais et de mathématiques fournie par Pearson et SEAMEO-Innotech. Chaque vidéo vient en support d'une leçon ciblée intégrant exercices et activités déjà liés au programme scolaire. Le projet demande à chaque école désirant rejoindre le projet un paiement initial de 100 000 PHP (2 500 $ EU). Les vidéos peuvent être téléchargées à partir d'un téléphone mobile sur les ordinateurs de l'école puis mises à la disposition des élèves par l'intermédiaire de vidéoprojecteurs ou de téléviseurs installés en classe. L'accès effectif aux informations numériques nécessite donc un investissement significatif en TIC.

En Afrique du Sud, Nokia a parrainé les réseaux sociaux MobilEd et MXit. Dans MobilEd, les étudiants peuvent envoyer des messages sous forme de SMS à faible coût à un certain nombre de numéros et des textes de commande qui peuvent être transformés en message vocal transmis par le téléphone mobile en utilisant le logiciel Nokia Text to Speech. Le réseau MXit est un réseau spécialisé intégrant des salons de discussion (*chat rooms*) où les étudiants peuvent discuter des questions de formation avec d'autres étudiants et demander de l'aide à des groupes de référence. En étroite relation avec le réseau MXit, le programme "Dr. Math" fournit les contacts par téléphonie mobile et un support entre les étudiants et les professeurs de mathématiques. Au Pakistan, les téléphones mobiles ont été utilisés pour fournir aux élèves du secondaire supérieur des tests en relation avec l'enseignement et constitués de questions objectives à choix multiples (OMC – *Objective Multiple Choice*).

Au Bangladesh, le programme "L'anglais en action" (EIA – *English in Action*) a mentionné les effets positifs de l'utilisation des téléphones mobiles en support des enseignants de la langue anglaise sur les résultats de la formation des élèves et de la pratique en salle de classe. Les téléphones mobiles permettent d'accéder à des ressources audio qui sont utilisées en salle de classe, en particulier pour les enseignants du primaire. Les mobiles sont également utilisés pour donner accès à des outils de perfectionnement des enseignants, y compris des vidéos d'enseignement en classe. Ces ressources ne sont pas diffusées ou téléchargées, mais sont fournies sous la forme d'une bibliothèque de ressources numériques enregistrées sur une carte mémoire. Comparée aux études de référence (EIA 2012), l'observation de la pratique en classe a montré une augmentation significative du temps de parole des élèves (y compris les discussions entre élèves et groupes) et de l'utilisation de l'anglais (langue cible) par les élèves et les enseignants.

En Tanzanie, le programme "BridgeIT" a démontré l'amélioration des résultats scolaires suite à l'utilisation par les enseignants de smartphones permettant de diffuser en classe des leçons vidéo sur des téléviseurs à écran plat ou par l'intermédiaire de projecteurs vidéo. Les enseignants disposaient également de manuels d'activité destinés à accompagner ou élargir les leçons vidéo. Les élèves des groupes de contrôle ont obtenu des gains moyens compris entre 10 et 20 % en mathématiques et en sciences. Cependant, et alors que certains groupes d'élèves ont excellé, d'autres ont enregistré, lorsqu'il y en avait, des gains modestes. (Enge 2011).

Dans les pays développés, l'utilisation dans les écoles des téléphones mobiles aux caractéristiques plus raffinées, plus communs, est également plus sophistiquée.

> (Les téléphones mobiles) sont utilisés comme des ordinateurs mobiles. Utilisés en salle de classe, ils ont un gros avantage sur les ordinateurs portables car ils sont moins chers, plus légers et presque aussi sophistiqués. En utilisant l'appareil photo du téléphone, les élèves développent leurs connaissances en prenant en photo les images, en les commentant et en les envoyant par e-mails à leurs amis, familles et enseignants. Dans d'autres variantes... les étudiants reçoivent le programme de l'enseignant par le biais de ces appareils et enregistrent la preuve de leur travail.... Une des principales justifications du projet est que les étudiants utilisent une technologie qu'ils apprécient et avec laquelle ils se sentent en confiance.... De nombreux éducateurs considèrent ces téléphones comme un grand divertissement, la source de terribles perturbations et l'outil du diabolique "Snapparazi". Mais, comme pour tous les outils d'enseignement, les appareils mobiles auront un rôle à jouer une fois l'objectif établi.... Le directeur d'une école participante recherchait quelque chose

qui exciterait les élèves démotivés et a été "submergé par l'enthousiasme résultant" lorsque les projets ont intégré des téléphones cellulaires. Et pour les élèves réticents à poser un stylo sur du papier, les téléphones semblent ouvrir la porte à l'alphabétisation car ils sont utilisés pour écrire des histoires. Le projet utilise 20 téléphones high-tech fournis par Nokia en Finlande. Ils intègrent un appareil photo de 10 méga pixels et peuvent enregistrer jusqu'à 10 minutes de vidéo. Ils peuvent accéder à Internet, ont 8 Mb de mémoire et les élèves peuvent passer des appels (Hartnell-Young 2005).

Un examen de leurs possibilités montre des centaines (peut-être des milliers) d'utilisations potentielles des téléphones mobiles comme outils d'enseignement en classe et en dehors de l'école. Dans les pays développés, une plus large utilisation des téléphones mobiles dépend largement des spécifications techniques avancées telles que la photographie en haute définition, les performances vidéo, la possibilité de connexion à Internet, le téléchargement, l'enregistrement et l'impression (si les applications logicielles correspondantes sont chargées). Amazon peut maintenant télécharger directement des livres électroniques sur les iPhones de ses clients ainsi que sur leurs ordinateurs portables.

Hartnell-Young (Hartnell-Young et Heym, 2008) a listé en 2008 les utilisations potentielles suivantes des téléphones mobiles dans les écoles du Royaume-Uni :

- Tester la durée avec un chronomètre,
- Photographier les dispositifs et les résultats des expériences pour intégrer dans les rapports, Photographier les phases de développement des modèles de conception pour les portfolios en ligne,
- Photographier des textes ou des tableaux pour un futur examen,
- Échanger par Bluetooth les éléments d'un projet entre les membres d'un groupe,
- Recevoir par SMS et e-mail les rappels des enseignants,
- Synchroniser les agendas et les plannings, enregistrer des rappels,
- Se connecter à distance sur la plate-forme d'enseignement de l'école,
- Enregistrer un enseignant lisant un poème pour une future révision,
- Accéder aux sites de révision sur Internet,
- Créer de courts films narratifs,
- Télécharger et écouter des podcasts en langue étrangère,
- Se connecter au système de courrier électronique de l'école,
- Utiliser le GPS pour identifier les emplacements,
- Transférer des fichiers entre l'école et la maison.

En 2011, des discussions avec des enseignants du Royaume Uni ont mentionné des exemples très similaires d'utilisation courante des téléphones mobiles dans l'enseignement, en classe et à la maison :

- Utiliser le téléphone mobile pour prendre des vidéos qui seront utilisées dans des projets et des présentations,

- Enregistrer des conférences ou des cours à des fins de révision avant examen,
- Prendre des notes pendant les leçons à l'aide des SMS (En 2011, la plupart des étudiants enregistraient des SMS plus vite qu'ils n'écrivaient),
- Lire des livres achetés sur Amazon et téléchargés directement sur iPhone,
- Enregistrer des manuels scolaires à des fins de révision,
- Rédiger des essais à l'aide des applications et du logiciel Speech-to-Text,
- Utiliser le téléphone mobile dans l'apprentissage d'une langue étrangère afin d'en améliorer la prononciation,
- Accéder aux informations de l'environnement d'apprentissage virtuel (EAV) de l'école pour les devoirs à la maison,
- Communiquer via SMS avec les élèves ou même les enseignants pour répondre ou résoudre des questions.

La plupart des enseignants consultés avaient des positions ambivalentes au sujet de l'utilisation des téléphones mobiles dans l'enseignement. Alors que la plupart considéraient l'utilisation des téléphones mobiles comme potentiellement bénéfique dans des situations contrôlées, l'utilisation incontrôlée des technologies mobiles, en particulier à l'école et en classe, était considérée comme génératrice de perturbations et un obstacle à un bon apprentissage et au développement de la concentration sur la tâche à accomplir. La plupart des enseignants ont également émis de fortes réserves quant à l'utilisation excessive des téléphones mobiles pour la lecture des manuels scolaires et d'autres livres pour deux raisons : les conséquences de cette utilisation sur la vue des élèves, et la baisse de précision des photographies et illustrations. De nombreux éditeurs de manuels scolaires ont été contactés pour qu'ils accordent des licences individuelles des versions numériques de leurs manuels scolaires, mais ils n'ont généralement accordé les licences de ces versions numériques qu'aux écoles et non aux particuliers. Les frais de licence sont considérés trop élevés par de nombreuses écoles et les licences doivent être rachetées lorsque de nouvelles éditions sont publiées. Cependant, de nombreux sites Internet localisés en Inde ont réalisé des copies illégales de livres anglais au format PDF, celles-ci étant ensuite revendues aux étudiants européens et américains, souvent directement sur leurs téléphones mobiles pour être ensuite téléchargées sur les PC à la maison ou sur les ordinateurs portables. Les enseignants ont également noté que les étudiants préfèrent les téléphones mobiles aux ordinateurs portables pour travailler à l'école car ils sont plus légers et plus faciles à transporter. Quoi qu'il en soit, la plupart des écoles du Royaume-Uni ont un parc suffisant de stations de travail à l'école, ce qui rend redondant le transport des ordinateurs portables de la maison à l'école lorsque les téléphones mobiles proposent des dispositifs d'enregistrement et de stockage.[5]

L'utilisation du téléphone mobile s'est rapidement répandue, même en Afrique rurale, et des connexions sponsorisées peuvent fournir dans les zones rurales un accès à faible coût à l'information. La détention d'un téléphone mobile est très répandue pour les élèves du secondaire, mais est beaucoup plus limitée pour les élèves des zones rurales en primaire. Aujourd'hui, les téléphones mobiles sont vendus généralement avec forfait prépayé, le type le plus basique. Dans le contexte de la mise à disposition de manuels scolaires et de livres de lecture, le problème majeur lié à l'utilisation des téléphones mobiles et des PDA est la petite taille de l'écran, ce qui rend leur utilisation prolongée et la lecture des manuels scolaires problématiques, inconfortables et potentiellement préjudiciables à l'acuité visuelle des élèves. Ils nuisent également aux progrès éducatifs réalisés ces dernières cinquante années grâce à l'utilisation de pages de grand format, de la couleur et d'une conception et d'une mise en page professionnelles dans la présentation des informations et des idées. Les téléphones mobiles de base peuvent cependant être utilisés pour commander les SDP ou pour accéder aux informations et conseils vocaux, mais l'accès à une présentation visuelle correcte et efficace dépendra normalement de la capacité à la télécharger sur un PC pour l'imprimer[6] ou la visualiser. Ainsi, alors que la technologie mobile propose aujourd'hui et proposera prochainement de nombreuses applications dans le domaine de l'enseignement, elle est actuellement peu adaptée à la fourniture d'un accès adéquat aux manuels scolaires hors connexion 3G des téléphones mobiles et des PC ou accès à une imprimante. La technologie des téléphones mobiles et des smartphones haut de gamme est chère. Les modèles de Nokia et de BlackBerry capables d'accéder à des informations visuelles et de les utiliser ont habituellement un prix de détail compris entre 150 et 600 $EU (2014). Il convient également de noter que l'impression volumineuse des manuels scolaires et des livres de lecture par les écoles qui utilisent des photocopieurs et du papier de format A4 est beaucoup plus coûteuse et beaucoup moins durable que l'achat des manuels imprimés, reliés et finis professionnellement.

La plupart des partisans de l'enseignement numérique le perçoivent actuellement comme un outil complémentaire et utile plutôt qu'un outil majeur du processus d'apprentissage.

Manuels scolaires numériques "Plus"

Apple a annoncé en janvier 2012 le lancement aux États-Unis d'une série de manuels scolaires numériques multimédia et entièrement interactifs, développés en association avec les éditeurs traditionnels de manuels et destinés à être utilisés sur l'iPad d'Apple. Les revues spécialisées étaient alors généralement très enthousiastes vis-à-vis de ces nouveaux manuels scolaires numériques largement décrits comme devant "changer la donne dans l'enseignement". Les préoccupations étaient alors presque toutes orientées vers le coût d'acquisition de l'appareil et le coût des manuels scolaires eux-mêmes.

Avant le lancement d'Apple, un certain nombre d'éditeurs des pays développés avaient adopté une stratégie "d'apprentissage mixte" dans laquelle les manuels sur papier étaient étroitement liés à des documents numériques complémentaires disponibles soit sur disque soit en ligne. Les bonnes écoles disposant d'infrastructures TIC développées et d'enseignants bien formés jugeaient généralement de façon positive les approches d'apprentissage mixte.

D'autres économies en développement ou en transition ont également investi dans le développement de leurs propres manuels scolaires numériques avec de larges variations dans l'approche et la qualité. Au plus bas niveau, les manuels numériques ne sont que la version numérisée des manuels existant sur papier avec peu d'interactivité. D'autres peuvent être beaucoup plus sophistiqués, mais sont souvent développés sans test pilote correct et prennent rarement note des approches réussies développées par ailleurs. Beaucoup d'enseignants semblent encore être plus à l'aise avec les manuels imprimés traditionnels qu'avec les manuels au format numérique.

Il semble évident que les manuels scolaires numériques seront bientôt des outils pédagogiques standard, mais l'introduction rapide et généralisée de manuels numériques en tant qu'outil d'apprentissage standard sera toujours contrariée dans les pays en développement par les contraintes associées en termes d'infrastructure, de coûts d'acquisition des matériels et des logiciels, de frais de maintenance et de remplacement et de coûts opérationnels récurrents non négligeables, qui, à leur tour, auront tendance à augmenter la fracture numérique à la fois nationale et internationale dans les systèmes d'enseignement et de formation.

Résumé des questions clés émergentes

Il est évident que les investissements réalisés dans la fourniture des services TIC aux systèmes d'enseignement de l'Afrique subsaharienne ont rapidement augmenté, en particulier à partir de 2003/2004. La motivation de ces investissements croissants semble souvent être plus politique que pédagogique, avec des chefs de gouvernement étroitement associés à la promulgation de déclarations politiques et à la fixation d'objectifs de prestation. La nature des investissements est presque universellement perçue comme des investissements dans le matériel et largement considérée comme une fin en soi bénéfique. Les avantages éducatifs de la fourniture de TIC sont généralement exprimés en généralités et la vision claire de la façon dont les TIC seront effectivement utilisées dans les écoles ainsi que les bénéfices pédagogiques précis qui en découleront sont généralement absents. Lorsque des bénéfices sont spécifiés, ils ont plutôt tendance à être définis en termes d'attitude et de comportement plutôt que mesurés par des performances. Cela n'est pas surprenant car les décideurs sont presque universellement d'une génération n'ayant aucune expérience personnelle précise des technologies de l'enseignement et de leur utilisation dans le cadre des processus d'enseignement et d'apprentissage dans une salle de classe. De leur côté, les enseignants, qui n'ont pas eu de formation adéquate et bien ciblée et qui n'ont ni confiance dans le système ni le temps d'apprentissage nécessaire à l'utilisation des matériels et des logiciels fournis, sont laissés sans directives claires sur la façon d'utiliser efficacement les TIC dans leurs classes.

Il n'est pas surprenant de remarquer que les progrès dans les systèmes d'enseignement et les économies des pays sont étroitement liés à l'accès et à l'usage des ordinateurs et autres technologies numériques au niveau national. Les ordinateurs sont une part importante et croissante de tous les aspects de la vie moderne et aucun pays ne peut se permettre de ne pas avoir de politique nationale claire sur les TIC et l'éducation, qui à son tour vise souvent à assurer à tous les étudiants un accès universel aux services TIC. Il a été estimé qu'au cours des 20 prochaines années, près de 75 % des emplois dans les pays développés nécessiteront un certain niveau de compétence en informatique. La demande de politiques nationales des TIC et de fourniture nationale de services TIC provient probablement de tous les parents et de tous les élèves, mais en aucun cas des enseignants. De plus en plus souvent, l'avis général est que l'accès aux ordinateurs est un point fondamental pour obtenir de meilleures possibilités d'emploi et, par conséquent, un bon emploi et une vie meilleure. Pour les jeunes, le lien unissant les ordinateurs, les jeux, les téléphones mobiles, la communication et le statut entre amis et groupes tient également une part importante dans l'augmentation de la demande de la population à disposer d'un accès à des installations informatiques dans les écoles. Les politiciens sont très conscients des aspirations des parents et des élèves, d'où le fort accent politique présent dans le développement des politiques et des objectifs nationaux.

Il est cependant évident que fournir ces matériels (et logiciels) et les utiliser efficacement à des fins pédagogiques sont deux choses différentes.

> La technologie en elle-même ne favorise pas l'apprentissage ! Cela dépend de la façon dont la technologie est conçue et mise en œuvre, de la façon dont les enseignants sont formés à son utilisation, de la façon dont les résultats sont mesurés et quelles sont les communautés présentes pour la soutenir.[7]

Les programmes efficaces d'EdTech se caractérisent par :

- **un objectif clair et précis de cursus scolaire** (par exemple, l'apprentissage de la conversation dans une langue étrangère, l'alphabétisation précoce ou la remise à niveau en mathématiques),
- **l'utilisation de supports pédagogiques pertinents** (moyens audio et/ou vidéo en salle de classe, livres électroniques, ressources de recherche, programmes radio),
- l'accent mis sur le développement et la pédagogie des enseignants,
- **des mécanismes d'évaluation qui vont au-delà des réalisations** en regardant les résultats en termes de changements des pratiques d'enseignement et d'apprentissage ou de résultats d'apprentissage (Power et coll. 2014).

Malheureusement, de très gros montants pris dans les trop maigres ressources de nombreux pays d'Afrique subsaharienne sont de plus en plus consacrés à l'acquisition du matériel qui, à son tour, a tendance à être mal entretenu, sous-utilisé, mal utilisé ou même, dans le pire des cas, pas utilisé du tout parce que les services de soutien de base les plus fondamentaux n'ont pas été mis à la disposition des écoles et des enseignants. Ces services de soutien essentiels incluent :

- Le support financier adéquat en termes de budgets de fonctionnement adaptés au niveau de l'école pour soutenir l'utilisation efficace du matériel livré.

- La formation des enseignants, tant initiale que continue. Le plus grand problème actuel de la formation des enseignants est peut-être qu'elle se concentre sur les enseignants en poste pour leur permettre de se familiariser au minimum avec les ordinateurs, ceci se combinant à l'absence, dans les instituts de formation des enseignants, de toute politique cohérente à l'égard des TIC, de sorte que de nombreux nouveaux enseignants rejoignent leur premier poste avec des compétences insuffisantes en matière de TIC. La plupart des pays prônant une application des TIC dans l'éducation n'investissent pas assez pour s'assurer que tous les enseignants, ou même les enseignants des classes et des matières prioritaires et ciblées, disposent des compétences suffisantes en TIC directement liées à leur domaine, ont suffisamment confiance et utilisent une véritable approche opérationnelle des possibilités d'utilisation des TIC en classe.

- La fourniture d'une alimentation électrique fiable. Ceci est encore un problème dans de nombreuses zones rurales pour toutes les raisons énumérées ci-dessus.

- La connexion à Internet mise à disposition de nombreuses écoles des zones rurales et isolées d'Afrique subsaharienne n'est pas toujours fiable et son utilisation, quand elle est disponible, est parfois trop coûteuse. Il est également admis qu'il existe une différence significative en termes de fonctionnement entre la connexion à Internet et l'accès *effectif* à Internet (qui permet de télécharger facilement des données utiles à partir d'Internet ou des portails spécialisés des MdE).

- L'accès aux services efficaces, professionnels et abordables de maintenance et de support. Ce point est un problème qui a de fortes incidences urbaines et rurales. Dans les zones urbaines, les services de maintenance sont généralement rendus de façon plus professionnelle par du personnel compétent, sont plus accessibles et moins coûteux (en raison des distances à parcourir). La maintenance dans les zones rurales et éloignées est souvent réalisée de façon moins professionnelle et est beaucoup plus chère (en raison des distances à parcourir). En conséquence, ces services sont donc beaucoup moins abordables et accessibles pour les écoles des zones rurales et éloignées, avec pour résultat inévitable que la maintenance du matériel est plus difficile et plus coûteuse et donc que les temps d'arrêt de ce matériel sont beaucoup plus longs. Beaucoup d'écoles dans les zones rurales reconnaissent de plus que le matériel fragile risque de subir des dommages supplémentaires pendant son transport sur de mauvaises routes vers le centre de maintenance le plus proche.

- Un programme d'études et des plans de cours définissant clairement les rôles et les possibilités des TIC à différents niveaux et dans différentes matières. Ils définissent également le cadre en termes de planning et de durée des cours pour un développement progressif des TIC à la fois comme matière, mais aussi comme outil d'enseignement et d'apprentissage dans les autres matières.

- Un système d'évaluation qui reconnaît et identifie les compétences et les résultats requis en TIC et définit comment les tester. Les échecs enregistrés dans l'examen des compétences en TIC pendant les concours de haut niveau sont un facteur qui dissuade les enseignants d'utiliser les TIC dans leurs classes.

- Un logiciel et un environnement d'apprentissage appropriés qui apportent à l'enseignant des outils conviviaux et adaptés (y compris les manuels scolaires numériques) dans les langues appropriées.

- Des directives claires pour la gestion efficace des TIC dans les écoles. L'absence généralisée de logiciels antivirus, le manque de dispositifs de protection électrique (UPS), l'échec de la création de réseaux scolaires, l'absence de politique sur l'usage par les élèves des mémoires flash et l'incapacité à établir des mots de passe et une protection suffisante pour les travaux des élèves sont autant d'exemples du manque endémique de connaissances et de conseils sur la façon de gérer les TIC dans les écoles.

La fourniture de TIC à une échelle raisonnable est coûteuse pour tout système éducatif. Des investissements dans les TIC ont été et continuent d'être réalisés dans la plupart des pays de l'Afrique subsaharienne, sans idée claire des implications récurrentes en termes de budget de fonctionnement, de coût de remplacement (dépréciation) et de coûts associés (formation des enseignants, réforme des programmes et des examens, services de soutien, supervision et contrôle, développement des outils numériques, etc.). En conséquence, les bénéfices éducatifs obtenus jusqu'ici suite aux investissements dans les TIC sont probablement, et au mieux, plutôt minces. La formation des compétences en TIC s'est probablement améliorée suite à la fourniture de matériel (bien que cela dépende à son tour d'une série de questions annexes telles que la conception des programmes, la formation et la connaissance des enseignants en TIC, le temps passé par les élèves sur leurs travaux, l'évaluation, etc.), mais l'utilisation des TIC comme outil d'enseignement et d'apprentissage dans d'autres matières a certainement fait peu de progrès en dehors de certaines écoles et peu de preuves que des investissements dans les TIC aient un impact sur la performance des élèves. En fait, il y a autant peu de preuves que de nombreuses questions pour établir ou même mesurer un tel lien.

> Il existe des exemples d'investissements à grande échelle dans l'EdTech, en particulier des ordinateurs à l'usage des élèves, qui n'ont apporté que des résultats scolaires limités. (Power et coll. 2014)
>
> Plusieurs études ont montré qu'un meilleur accès des étudiants aux ordinateurs n'a en soi que peu d'impact sur les pratiques d'enseignement ou d'apprentissage. (Power et coll. 2014). Ainsi,
>
> - Les ordinateurs ne sont pas souvent utilisés à des fins d'enseignement et d'apprentissage. (EdQual 2011)
> - Bien que 98 % des écoles publiques aidées au Chili aient un accès accru, "les TIC ne sont pas fréquemment utilisées à l'école." (Hinostroza et coll., 2011)

- Bien que le Nouveau Partenariat pour le développement de l'Afrique ait équipé les écoles avec 20 ensembles d'ordinateurs de bureau, la connexion par satellite, des réseaux sans fil, des tableaux Smartboard et des logiciels de santé, "les enseignants en général n'utilisent pas le logiciel Healthpoint à des fins de promotion de la santé." (Rubugiza et coll. 2011)

En 2014, un audit national des TIC et les calculs de CTP au Rwanda (Read 2014) ont conclu comme suit l'analyse des coûts actuels et projetés des TIC dans les écoles primaires et secondaires :

> Le programme ICT4E (TIC pour l'éducation) est coûteux. L'audit actuel des TIC et les calculs de CTP donnent une bonne idée du CTP (63 138 165 588 RWF – environ 93 millions et demi de $ EU) que pourrait atteindre la fourniture durable des services, projetée sur 5 ans et basée sur les hypothèses politiques existantes, pour simplement maintenir le niveau d'acquisition en matériel atteint au Rwanda jusqu'en octobre 2013. Si l'on considère que la politique du gouvernement du Rwanda est de fournir à chaque enfant dans la période P4-6 un appareil OLPC jusqu'en 2020, environ 810 000 machines XO devront être acquises pour un coût actuel d'environ 162 millions de dollars EU et le coût opérationnel de maintien du matériel pourrait être quatre fois plus élevé que les coûts opérationnels existants. Si le coût de l'augmentation de l'équipement des écoles secondaires est ajouté au futur programme d'investissement OLPC, les coûts annuels d'investissement en capital, les coûts opérationnels et les coûts nécessaires d'infrastructure pour ICT4E au Rwanda seront naturellement et significativement beaucoup plus élevés.

Il est également devenu évident que les systèmes éducatifs du monde entier sont de plus en plus la cible des importants efforts de marketing déployés par les fabricants de matériels et de logiciels et que le nombre et la variété des nouveaux "kits" augmentent chaque année. La tentation est forte pour les gouvernements, les MdE et les services ordonnateurs des TIC d'investir dans de nouveaux équipements et de nouvelles approches de l'enseignement et de l'apprentissage, en particulier si ces investissements semblent placer le pays et son système éducatif à la pointe des nouvelles technologies dans l'éducation. Il subsiste encore souvent des incertitudes, même dans les pays développés, sur les bénéfices qui résulteront ou pourront résulter de ce type d'investissement.

Les bailleurs de fonds doivent également prendre leur part de responsabilité. Peu de données des projets des partenaires du développement traitent de l'ensemble des problèmes politiques et opérationnels qui devront être résolus et qui assureront le succès des investissements en matériel réalisés jusqu'à présent. La conception faite par les bailleurs de fonds de la composante TIC est aussi fréquemment guidée par le matériel et est le plus souvent absente des coûts récurrents dans les projections nationales. Lorsque les investissements des partenaires du développement ont porté sur la formation des enseignants ou le développement des outils numériques, il n'existe pas, de façon générale, une coordination avec les autres partenaires du développement fournissant des intrants similaires. Une enquête réalisée sur la formation aux TIC des enseignants a révélé de multiples chevauchements des activités des bailleurs de fonds et des ONG dans la formation des enseignants, sans aucun signe de coordination efficace entre les bailleurs de fonds et/ou les MdE. Comme le rythme des investissements en TIC s'accélère, il y a un besoin urgent d'officialiser l'approche de la conception de la composante TIC des projets, peut-être par la définition d'une liste de contrôle et de lignes directrices de la politique nationale pour les éléments de base et essentiels de la conception des projets et de l'élaboration des politiques nationales. Le développement d'une "Stratégie des TIC dans l'éducation nationale de base" peut être un point de départ.

La conclusion la plus importante est peut-être l'impérieuse nécessité de clairement articuler *en premier* les priorités et les exigences de l'enseignement comme base des stratégies nationales de développement et d'investissement dans les TIC. Jusqu'à présent, il est clair que les besoins de l'enseignement ont suivi les investissements nationaux en équipements (et, dans une moindre mesure, en logiciels), investissements plus souvent guidés par des considérations politiques et commerciales plutôt qu'éducatives. Trop souvent, le matériel est livré sans aucun des mécanismes de soutien nécessaires qui permettraient l'utilisation de ce matériel par les enseignants et les étudiants.

> Une des difficultés constantes d'utilisation des technologies dans l'éducation est que les planificateurs de l'éducation et les défenseurs de la technologie pensent tout d'abord technologie et n'étudient que plus tard les applications pédagogiques de cette technologie… On pense que l'utilisation spécifique des TIC peut avoir des effets positifs sur les résultats des élèves lorsque les TIC sont utilisées de façon appropriée en complément de la philosophie pédagogique des enseignants… Les TIC sont considérées comme moins efficaces (ou inefficaces) lorsque les objectifs de leur utilisation ne sont pas clairs. Alors qu'une telle déclaration semble être évidente, les objectifs spécifiques d'une utilisation des TIC dans l'éducation sont, dans la pratique, souvent définis de façon très large ou de façon plutôt vague. (Trucano 2005)
>
> La fourniture des TIC dans les écoles n'est que la première étape. Pour que les TIC deviennent un outil d'amélioration de l'enseignement et de l'apprentissage… ils doivent être complétés par le développement professionnel des enseignants. (EdQual 2011)
>
> L'utilisation efficace de toute technologie d'apprentissage est liée à la pédagogie, aux programmes, aux objectifs, aux rôles et aux activités. Si les nouvelles technologies sont introduites sans que les autres aspects soient modifiés, rien ne changera… Historiquement, les programmes qui intègrent l'EdTech ont mis l'accent sur la distribution d'équipements et les évaluations des programmes ont mesuré le nombre d'appareils entre les mains des enseignants ou des élèves. Cette approche est très limitée. Elle ne parvient pas à évaluer dans quelle mesure l'EdTech a modifié le processus d'enseignement et d'apprentissage ou son impact sur les résultats de l'apprentissage et ne permet pas aux décideurs d'évaluer l'efficacité et le rapport coût-efficacité de l'EdTech. Les programmes qui vont au-delà de la fourniture de matériels, à la fois lors de la conception et pendant l'évaluation, sont encore

relativement rares. De même, peu d'évaluations de programmes se concentrent sur la mesure de l'amélioration des processus d'enseignement et d'apprentissage ou de l'amélioration des résultats d'apprentissage. (Power et coll. 2014)

Les systèmes d'enseignement doivent encore résoudre des questions fondamentales. Quelle est la part de TIC que nous voulons ou dont nous avons besoin dans le système d'enseignement ? Quel est l'équilibre acceptable entre les TIC comme matière et les TIC comme outil d'enseignement et d'apprentissage ? Quel genre d'enseignement les TIC doivent-elles supporter ? Quel est l'impact des TIC sur les performances et le comportement des élèves ? Comment pouvons-nous mesurer et évaluer les compétences en TIC en tant que matière et en tant que partie du processus d'apprentissage dans d'autres matières et domaines de connaissance ? Quelle est l'importance de l'accès à l'information ? Quels genres de programmes et de cursus supportent l'utilisation efficace des TIC dans l'enseignement ? Quel est le niveau de formation nécessaire des enseignants et à quelle périodicité pour assurer une utilisation efficace des matériels fournis ? Quels sont les coûts d'opportunité des TIC ? Quelle doit être la part du budget de l'éducation nationale consacrée aux TIC ? Jusqu'où préférons-nous que nos enfants regardent plutôt qu'ils fassent ? Combien cela coûterait-il de réaliser correctement un programme ICT4E et comment peut-on en assurer le coût ?

Les systèmes éducatifs doivent initier le processus de réponse aux problèmes évoqués ci-dessus. S'il n'est pas nécessairement possible de les résoudre avant d'engager d'importants investissements dans les TIC, la réflexion concernant ses problèmes devrait être un élément majeur de l'élaboration des stratégies nationales. Cela ne se produit pas dans de très nombreux pays d'Afrique subsaharienne et jusqu'à ce que ces questions soient abordées et résolues, il ne faut pas supposer que les TIC puissent représenter une alternative abordable, durable ou efficace, et certainement pas moins chère, que les supports pédagogiques et didactiques imprimés.

Notes

1. Si des presses à bobines (pour augmenter la vitesse) et une ligne de reliure et de finition (pour la durabilité) sont spécifiées, les coûts seront très supérieurs à 50 000 $EU.
2. Une recharge d'une heure est censée fournir deux à trois semaines de temps de jeu normal.
3. En 2012, le projet pilote au Ghana a signalé que 50 % des liseuses numériques ont été brisées pendant le projet pilote. Si le coût de chaque lecteur est de 100 $EU dans la région, cela représente un investissement de 3 000 $ EU pour une classe de 30 élèves. Un taux de 50 % de bris par an entraîne un budget annuel de remplacement de 1 500 $EU par an, ce qui rend le soutien à la lecture très cher.
4. Les titres gratuits actuellement proposés sur les liseuses numériques du commerce sont pour la plupart des titres exemptés de droit d'auteur. Aucun manuel ou livre complémentaire pertinent n'est susceptible d'être exempté de droit d'auteur et ces ouvrages devront donc être achetés.

5. Extrait de conversations avec les enseignants au Royaume-Uni sur l'utilisation des téléphones mobiles dans l'enseignement.
6. Les smartphones équipés d'un logiciel approprié sont nécessaires pour imprimer directement à partir d'un téléphone mobile.
7. http://tel.ac.uk/about-3/2014.

Références

EdQual. 2011. *Implementing Educational Quality in Low Income Countries: Final Report.* Bristol, Royaume-Uni : Université de Bristol. http://r4d.dfid.gov.uk/PDF/Outputs/ImpQuality_RPC/EdqualFinalReport.pdf.

EIA (English in Action). 2012. *The Classroom Practices of Primary and Secondary School Teachers Participating in English in Action.* Dhaka : EIA, http://r4d.dfid.gov.uk/pdf/outputs/misc_education/Large-scale_quantitative_Study_2a2_14_03_2013.pdf.

Enge, K. 2011. *Elimu kwa Teknolojia: Summative Evaluation.* International Youth Foundation.

Hartnell-Young, E. 2005. "What's in a Name? Why We Can't Teach with Mobile Phones" *Professional Educator* 4 (3) : 18–21.

Hartnell-Young, E. et Heym, N. 2008. *How Mobile Phones Help Learning in Secondary Schools.* Londres: BECTA.

Hinostroza, J. E., C. Labbe, M. Brun et C. Matamala. 2011. "Teaching and Learning Activities in Chilean Classrooms: Is ICT Making a Difference?" *Computers and Education* 57 (1) : 1358–67. http://www.sciencedirect.com/science/article/pii/S0360131511000376.

Piper, B. et D. Kawumba. 2014. *Kenya Primary Math and Reading Initiative (PRIMR): Endline Report.* Research Triangle Park, NC : RTI International pour USAID.

Power, T., R. Gater, G. Grant et N. Winters. 2014. *Educational Technology Topic Guide.* Londres : HEART pour DfID.

Read, N. 2014. *Calculating the TCO of ICT4E in Rwanda.* Londres : Capacity Development Fund pour DfID.

Rubugiza, J., E. Were et R. Sutherland. 2011. "Introducing ICT into Schools in Rwanda: Educational Challenges and Opportunities." *International Journal of Education Development* 31 (1) : 37–43. http://www.sciencedirect.com/science/article/pii/S0738059310000866.

TEL (Technology Enhanced Learning). 2014. "About." http://tel.ac.uk/about-3/2014.

Trucano, M. 2005. "Knowledge Maps: ICT in Education." *Edutech* (blog), Washington, DC. http://www.infodev.org/en/Publication.8.html.

———. 2014. "In Search of the Ideal Educational Technology Device for Developing Countries." *Edutech* (blog), 11 janvier.

PARTIE 4

Enjeux et options des politiques en matière de supports didactiques et pédagogiques

CHAPITRE 13

Options pour l'élaboration de politiques nationales en matière de supports didactiques et pédagogiques

Producteurs de manuels scolaires : secteur parapublic ou secteur privé

La fourniture de manuels scolaires par l'État a eu dans la plupart des pays un impact négatif sur les réseaux de librairies commerciales, la viabilité des maisons d'édition éducatives privées et les activités des imprimeries commerciales locales. Celles-ci ont souvent dû se convertir à l'impression commerciale de travaux "de ville" parce que le gros du travail d'impression de livres était réservé aux entreprises publiques. Le bilan de la fourniture de manuels par l'État via des sociétés publiques d'édition, d'impression et de distribution n'est pas positif ; à la fin des années 1980, la plupart des systèmes de ce type connaissaient de graves difficultés. Depuis les années 1990 jusqu'à aujourd'hui, les systèmes de fourniture de manuels scolaires par l'État ont largement été supplantés par la participation du secteur privé, notamment dans l'édition. Revaloriser la vente de livres par le secteur privé s'est avéré beaucoup plus difficile que l'édition, et à l'exception du Kenya, du Nigéria et de l'Afrique du Sud, la compétitivité de l'impression privée nationale reste encore à prouver.

Les principaux échecs largement identifiés sont les suivants :

- La médiocre qualité des manuels ;
- L'inertie ;
- Les standards médiocres en termes de production physique ;
- La distribution irrégulière, inexacte et inefficace des livres ;
- Les plaintes des écoles et
- La médiocre gestion financière.

Dans de nombreux pays en développement, les éditeurs privés de manuels scolaires ont démontré leur capacité à utiliser les profits qu'ils retirent de ces manuels pour l'édition de livres pour enfants ou pour le grand public. Ainsi, les éditeurs appuient activement le développement de la culture locale et apportent un soutien à la littératie dans les langues locales, régionales et internationales. L'existence de plusieurs maisons d'édition locales diverses représente également une opportunité pour l'expression de différents points de vue politiques, économiques et sociaux, qui sous-tend toute démocratie active. Lorsque la publication de manuels scolaires est confiée à une maison d'édition unique qui appartient à l'État, il est rare que cette dernière investisse dans l'édition de livres pour enfants, et offre la même pluralité de point de vue que le secteur privé.

Centralisation ou décentralisation

Dans sa forme la plus simple, l'approvisionnement centralisé est associé à des systèmes monopolistiques (soit commerciaux, soit publics) de fourniture de manuels scolaires et repose sur la décision par une autorité centrale sur le nombre de titres et d'exemplaires dont chaque école du pays a besoin. Il est évidemment impossible qu'une autorité centrale connaisse la situation actuelle de l'approvisionnement dans toutes les écoles du pays et par conséquent, ce type d'approvisionnement tend à se caractériser par une inexactitude considérable et donc par le gaspillage de ressources limitées. De nombreux Systèmes d'information de gestion de l'éducation (SIGE) s'efforcent de recueillir des données sur les stocks de manuels scolaires, mais l'expérience pratique montre que ces données sont rarement exactes et laissent place à une interprétation considérable. En outre, la contrainte en termes de coût et de gestion que représente le maintien de registres de stock pour chaque école au niveau central peut être importante.

L'approvisionnement décentralisé a tendance à être associé à la concurrence entre plusieurs sources de manuels scolaires, et à la sélection et la commande par les écoles (même si celles-ci peuvent aussi se réaliser si les manuels sont fournis par un éditeur en situation de monopole). Il implique que chaque école commande ce dont elle a besoin, dans les limites d'un budget annuel d'achat par élève. Il est arrivé qu'aucune limite ne soit fixée sur le nombre de titres et les quantités que les écoles pouvaient commander (par exemple, dans le cadre de l'approvisionnement de manuels scolaires dans l'ex-Union soviétique, jusqu'à 1985 environ). Toutefois, dans la plupart des économies en développement ou en transition, les ressources financières sont suffisamment limitées pour que certaines restrictions soient imposées, que ce soit sur la dotation budgétaire destinée aux achats au niveau central ou sur les budgets annuels par élève pour chaque école.

En règle générale, la commande décentralisée par les écoles tend à refléter plus exactement les besoins de celles-ci et à moins gaspiller des ressources limitées. La commande et l'approvisionnement décentralisés exigent des systèmes de distribution responsables, dans le cadre desquels les distributeurs sont payés sur présentation de preuves de la livraison complète. Dans le cas contraire, les avantages de la commande décentralisée peuvent être neutralisés par un système de distribution incapable de livrer les matériaux commandés par les écoles.

Alphabétisation et politiques relatives aux langues locales

Il est généralement admis que les enfants obtiennent de meilleurs résultats et apprennent plus vite si l'enseignement précoce est dispensé dans une langue familière, même si la question n'est pas aussi simple qu'il n'y paraît. Il est donc essentiel d'apporter un soin considérable à l'élaboration d'une politique efficace et pratique en vue de la sélection, de l'utilisation et du développement des langues locales dans le programme d'enseignement primaire. Une mauvaise qualité de l'enseignement de la lecture dans la langue locale du fait d'un manque de formation des enseignants dans l'enseignement de la lecture ou de leur manque de connaissances de la langue locale, ou du fait d'un manque de supports didactiques et pédagogiques adaptés (par exemple, des livres de lecture dans la langue locale), est lourde de conséquences : elle peut compromettre les progrès dans l'acquisition des connaissances de base en lecture et en écriture, l'apprentissage d'autres matières, et à terme, les connaissances voulues de lecture et d'écriture dans la langue nationale officielle avec pour résultat de rendre plus difficile l'accès aux dernières années du primaire et à l'enseignement secondaire. Dans les petits pays, l'utilisation de langues locales comme langues d'instruction peut entraîner de très petits tirages et donc des coûts potentiellement élevés si une reproduction de haute qualité est exigée (par exemple au Botswana et en Namibie).

Dans beaucoup de pays, les langues d'instruction pourraient être nombreuses et les choix de langue d'instruction parmi les langues locales dans les premières années du primaire vont avoir des conséquences pour l'élaboration des politiques en matière de langues locales dans l'éducation. Ces conséquences sont les suivantes :

- *Conséquences financières*—l'utilisation de langues locales trop nombreuses peut fractionner les tirages des matériels éducatifs essentiels, ce qui augmente en retour les coûts de la fourniture éducative. Trop de langues avec pour résultat des inscriptions peu nombreuses et donc des petits tirages peut décourager les éditeurs à produire des matériels éducatifs dans les langues locales. De plus, les plus petits groupes linguistiques risquent d'être moins bien desservis que les plus grands. Le facteur d'inflation des coûts sera bien plus important s'il s'avère nécessaire de publier également des manuels dans des langues locales multiples pour d'autres matières du programme de l'enseignement primaire telles que les mathématiques, les sciences humaines, les sciences et l'agriculture. Toutefois, si les manuels en langues locales sont élaborés et imprimés en monochromie, il est possible d'obtenir des avantages en termes de coûts avec des tirages relativement faibles afin de soutenir l'édition en langue locale.

- *Conséquences en termes d'équipe et de formation*—l'instruction dans les langues locales exige également la formation des enseignants dans ces langues. Si les langues d'instruction sont trop nombreuses, les coûts et la complexité de la formation en langues locales des enseignants vont augmenter avec des conséquences en termes d'affectation, de sélection et de promotion du personnel enseignant entre différentes zones linguistiques.

- *Conséquences politiques*—le choix d'une langue locale comme langue d'instruction n'est pas seulement un enjeu pédagogique, mais il a également des implications culturelles et politiques, en particulier dans des districts où coexistent plusieurs langues différentes et parfois rivales.

Les langues locales ont des niveaux de développement variés. Certaines langues locales sont répandues et très développées, avec une orthographe établie ; une littérature de référence florissante sous la forme de journaux, de magazines, d'œuvres de fiction, de livres pour enfants, de poésie et de théâtre, des stations de radio et de télévision ; et un contexte de locuteurs, de lecteurs et d'enseignants formés dans la langue. D'autres langues peuvent n'être utilisées que par quelques villages, ne pas avoir d'orthographe établie, n'avoir que peu ou pas de littérature de référence (voire aucun texte imprimé) et pas d'enseignant formé dans la langue.

Il existe également une différence évidente entre les zones urbaines et rurales au niveau de l'exposition aux langues écrites pendant la petite enfance. Ainsi, dans les zones urbaines, les enfants sont constamment exposés à la langue écrite sous la forme d'enseignes et de panneaux de rues, d'emballages de produits, de publicités, de journaux, de magazines ; à la télévision, au cinéma, dans les librairies et les bibliothèques, etc. Dans beaucoup de zones rurales, rien de tout cela n'existe et il n'y a que peu (voire pas du tout) de conditionnement culturel et d'exposition à la langue écrite pour jouer le rôle de fondement du décodage basique de lettres et de mots en sons et significations. Beaucoup d'enfants des zones rurales entrant à l'école proviennent de milieux familiaux presque entièrement oraux et n'ont donc que peu ou pas de connaissance de l'écrit. Dans ce cas, l'absence de toute littérature de soutien pour une langue sélectionnée comme LdI peut avoir un impact négatif sur l'acquisition de la littératie.

Dans les circonstances décrites ci-dessus, est-il préférable d'utiliser une langue locale régionale à laquelle la communauté locale n'est pas favorable, mais qui dispose d'enseignants formés, d'une orthographe connue et de livres de lecture, de manuels et d'une littérature de référence en soutien ? Ou faut-il employer une langue locale minoritaire à laquelle la communauté est favorable, mais sans orthographe acceptée, enseignants formés, matériaux de lecture, littérature de référence, etc. ?

Monopole ou approvisionnement compétitif

Les options possibles sont les suivantes :

- *Manuels scolaires publiés par l'État en situation de monopole*—ces manuels se caractérisent par une durée indéterminée, souvent sans examen, révision ou mise à jour pendant des périodes prolongées.

- *Manuels scolaires publiés par le secteur privé en situation de monopole*—cette situation est généralement le résultat d'une invitation à soumissionner aux éditeurs privés de la part des pouvoirs publics ou des partenaires de développement (PD). Il s'agit d'un approvisionnement avec une source unique. Les offres sont soumises à des critères et une méthodologie d'évaluation, et les meilleurs manuels pour chaque matière et chaque niveau d'étude se voient accorder un statut de monopole. Dans certains cas, un contrat officiel spécifie les droits et obligations du statut approuvé à la fois pour l'éditeur et le ministère, et précise également la durée de ce statut. Dans d'autres cas, il n'y a ni contrat officiel stipulant les obligations réciproques ni durée de vie spécifiée pour le statut approuvé. À moins d'être supervisé de façon professionnelle, l'approvisionnement à source unique favorise la corruption, car de grosses sommes d'argent sont disponibles sur la base d'une décision nationale unique.

- *Liste limitée de manuels scolaires approuvés*—dans ce scénario, les pouvoirs publics ou les partenaires au développement lancent une invitation à présenter des soumissions qui seront ensuite évalués de façon "compétitive", et établissent ensuite une liste restreinte de manuels scolaires ayant reçu des notations acceptables. Dans certains pays, le nombre de manuels approuvés est limité à deux en raison de faibles populations et donc de petits tirages (par exemple en Arménie). Dans d'autres cas, le nombre de titres approuvés peut être de trois, quatre ou six (Kenya). Ces listes sont ensuite envoyées aux écoles, qui sont libres alors de choisir parmi les titres approuvés. Il est à noter que beaucoup d'éditeurs ne sont pas favorables à ces listes restreintes de manuels approuvés parce qu'ils craignent d'être exclus du marché s'ils ne sont pas retenus.

- *Listes illimitées de manuels approuvés*—celles-ci découlent d'une évaluation de "seuil" dans laquelle tous les titres qui satisfont des critères minimaux se voient attribuer automatiquement le statut approuvé (par exemple en Tanzanie). Le problème fondamental de ces listes est que souvent, il n'y a pas de durée déterminée pour le statut approuvé et donc aucun moyen de radier des livres de la liste une fois qu'ils y sont entrés. Ainsi, le nombre de manuels approuvés tend à croître d'année en année, à mesure que de nouveaux ouvrages sont présentés par les éditeurs. Finalement, le nombre de livres approuvés peut être si grand qu'il devient en réalité une source de confusion pour les écoles. Si les listes de manuels approuvés sans limitations sont souvent soutenues par les éditeurs, parce que tous ont une chance de participer au marché, elles ont tendance à fractionner les tirages, faire augmenter les prix unitaires et les coûts de la fourniture de manuels scolaires, et diminuer la rentabilité pour les éditeurs participants. De nombreux éditeurs soutiennent que les listes illimitées sont la base d'un système de marché libre "pur" pour l'approvisionnement des manuels. Malheureusement, l'approvisionnement et la compétition libres et sans restriction pour les manuels scolaires sont difficiles à soutenir dans des pays pauvres avec un pouvoir d'achat limité.

Tout compte fait, l'option d'un choix de manuels scolaires plutôt qu'un manuel unique monopolistique présente des avantages considérables, simplement parce qu'il est extrêmement improbable qu'un manuel unique puisse satisfaire les exigences d'environnements scolaires très divers dans un même pays. Un manuel adapté aux besoins d'une école urbaine bien financée, disposant de ressources suffisantes, bien équipée, avec des classes relativement petites, des enseignants qualifiés, des salles de classe de qualité et des meubles pouvant être aisément déplacés pour s'adapter au travail en groupe ou en binôme ne comblera pas facilement les besoins d'une classe rurale surpeuplée, sous-équipée, avec des enseignants peu qualifiés, dans laquelle beaucoup d'élèves sont assis par terre et où les pupitres et les bancs sont rares et ne sont pas facilement manipulables pour s'adapter à différentes configurations d'apprentissage. Un choix entre plusieurs manuels scolaires peut offrir une solution pour chacune de ces situations extrêmes, ce qui n'est pas possible lorsqu'il n'existe qu'un choix unique de manuels.

En outre, il apparaît que les écoles s'approprient mieux les manuels qu'elles choisissent elles-mêmes. Enfin, dans des situations à choix multiples, les pressions concurrentielles ont tendance à obliger les éditeurs à mettre leurs manuels à jour afin de se conformer aux normes établies par les publications rivales et de se livrer une concurrence active sur les prix.

Stratégies de réduction des coûts

Diverses stratégies classiques de réduction des coûts des manuels scolaires peuvent être envisagées pour rendre les coûts des manuels plus abordables pour les pouvoirs publics comme pour les parents. Ce sont les suivantes :

- Réduction du nombre de matières au programme et donc de manuels (cela exige une révision du programme d'enseignement, mais représente généralement la plus grande économie) ;
- Réduction du nombre de pages (révision des exigences relatives au contenu du programme d'enseignement ; de nombreux programmes étant surchargés, les manuels peuvent offrir trop de contenus qui, souvent, ne peuvent pas être étudiés dans le temps disponible) ;
- Transformation des manuels scolaires en ouvrages à contenu essentiel en transposant le matériel dans des guides pédagogiques (fournis à raison d'un livre par classe plutôt qu'un livre pour un, deux ou trois élèves) ou des livres de bibliothèque (fournis en petites quantités aux bibliothèques scolaires, plutôt qu'en série par classe). L'efficacité de cette stratégie dépendra d'un financement stable des bibliothèques, mais il est clair que de bonnes bibliothèques scolaires et des manuels limités à un contenu essentiel seront beaucoup plus économiques et efficaces en termes de résultats d'apprentissage que l'absence de bibliothèques scolaires ou une longueur excessive des manuels scolaires;
- Extension de la durée de vie des livres (révision des spécifications minimales de production physique) ;

- Partage des livres et donc réduction des ratios manuel scolaire/élève (RME) (par exemple, un manuel pour trois élèves plutôt qu'un chacun) ;
- Réduction de l'emploi de la quadrichromie ;
- Réduction du gaspillage au niveau de la fabrication, de l'entreposage, de la distribution, ainsi que de l'entreposage et de l'utilisation dans les écoles (ce gaspillage peut être très important ; des taux annuels de pertes et dommages de jusqu'à 50 % ont été enregistrés dans certains pays, et des taux de 20 % ne sont pas rares) ;
- Utilisation de systèmes de prêt ou de location de manuels ;
- Réduction des formats de page (les grands formats demandent plus de papier et sont souvent moins durables) ;
- Prêts aux élèves à court terme plutôt qu'à long terme afin de réduire les taux annuels de pertes et dommages (des prêts à court terme permettent un meilleur contrôle que les prêts à long terme, mais demandent plus de temps de gestion aux professeurs) ;
- Exonérations d'impôts pour les matières premières de la fabrication des livres (les livres finis sont généralement importés en franchise de droits en vertu de l'Accord de Florence sur la libre circulation des livres et des informations, mais les équipements d'impression et le papier sont souvent soumis à des taxes, ce qui rend les imprimeries locales plus chères que les étrangères) ;
- Renforcement du contrôle sur les coûts de production des éditeurs et des imprimeurs (examiner les mécanismes et conditions d'évaluation et d'approbation pour s'assurer que le coût est un facteur important dans la procédure d'évaluation et d'autorisation, et que le prix de vente est étroitement surveillé dans les cas d'achat par les parents) ;
- Renforcement de l'utilisation des guides pédagogiques.

Très peu de pays ont exploré toute la gamme (ou même une gamme limitée) des possibilités de réduction des coûts qui s'offrent à eux.

Comparaison entre pays

Le tableau 13.1 ci-dessous fournit des comparaisons entre dix pays sur cinq grandes questions relatives aux manuels scolaires. Les notes qui suivent offrent un aperçu des facteurs fondamentaux sur les cinq grandes questions couvertes.

Rédaction, publications et droits d'auteur

Tous les constats indiquent que la rédaction locale est aujourd'hui très répandue pour les manuels de l'enseignement primaire jusqu'au premier cycle du secondaire inclus. Dans certains cas, des auteurs ou des éditeurs étrangers expérimentés peuvent être rattachés à des équipes locales inexpérimentées de rédaction pour leur apporter soutien et conseils. En général, il s'agit d'une pratique positive qui suscite la naissance et la professionnalisation des capacités locales. Au niveau du deuxième cycle du secondaire, de nombreux pays africains anglophones et

Tableau 13.1 Comparaisons entre pays

Pays	Rédaction et publications	Passation des marchés	Impression	Financement	Distribution
Burundi	Le Burundi fonctionne encore avec un système d'édition publique. Les BEPEP et BEPES (bureaux d'études des programmes de l'enseignement primaire et secondaire respectivement) ont pour mandat de produire leurs propres programmes d'enseignement et matériels didactiques. La rédaction des manuscrits est locale. Aucun nouveau programme d'enseignement n'a été développé depuis les années 1980 et la plupart des manuels scolaires sont publiés en coédition BEPEP/Hachette. Il n'y a pas d'édition par le secteur privé, et il n'existe qu'une seule librairie, dotée d'un stock médiocre dans le pays. Le MdE conserve les droits d'auteurs et les droits de publication appartiennent à Hachette.	L'unité d'exécution de projet du PARSEB financé par la Banque mondiale et le Fonds de soutien à l'éducation (CTB-AFD) financent des soumissions pour l'impression normale et l'édition-impression (lorsqu'il est demandé à l'éditeur de produire un manuel scolaire à partir d'un manuscrit brut rédigé par le BEPEP/BEPES). Les délais d'exécution de la gestion des appels d'offres et des réponses pourraient être améliorés. Les titres réimprimés concernent des matières essentielles et reproduisent des manuels scolaires développés il y a vingt ou trente ans.	Au début des années 2000, l'AFD a financé la modernisation de l'ancienne imprimerie d'État, la RPP. Celle-ci a été privatisée depuis, mais n'est pas autorisée à prendre part aux appels d'offres de la Banque mondiale, à cause des subventions qu'elle continue à recevoir des pouvoirs publics. En conséquence, l'impression des manuels scolaires est réalisée dans des centres d'impression internationaux choisis par les éditeurs sollicités. Le MdE avait un différend de longue date avec un imprimeur indien qui n'a été résolu que récemment.	Des manuels sont fournis gratuitement aux élèves à tous les niveaux, mais pas nécessairement de façon équitable.	Cette distribution est effectuée par le MdE ou par le projet de la Banque mondiale. Il existe des problèmes de distribution, avec d'énormes disparités entre les différentes écoles. Cela peut être dû à des statistiques sur les inscriptions non fiables plus qu'à la logistique du système de distribution, même si de nombreux aspects du système de distribution peuvent être défectueux.
Djibouti	L'édition publique est une pratique courante via le CRIPEN, le centre national de développement du programme d'enseignement. Une importante aide financière des PD a été fournie depuis 2006 pour "professionnaliser" l'unité d'édition du CRIPEN. Les ouvrages ont été produits en interne par des auteurs locaux, souvent avec le soutien d'AT par un consultant à tous les niveaux jusqu'au secondaire, même si cela ne s'est pas toujours fait dans les temps. Le CRIPEN conserve les droits d'auteurs.	Les livres sont achetés par l'État au CRIPEN.	En raison de taxes à l'importation élevées, la fabrication dans le pays n'est adaptée que pour les petits tirages et les cahiers d'exercices. Le reste, y compris l'ensemble des manuels, est imprimé dans des centres d'impression régionaux/internationaux, principalement à Dubaï.	La fourniture de manuels scolaires est gratuite pour les élèves du primaire et du premier cycle du secondaire.	La distribution de manuels scolaires est effectuée par l'État et s'avère relativement efficace dans les zones rurales (petit pays, bonnes routes) mais plutôt inéquitable dans la ville de Djibouti (les écoles se rendent directement à l'entrepôt et retirent les livres sur le principe du " premier arrivé, premier servi ").

suite du tableau page suivante

Tableau 13.1 Comparaisons entre pays *(suite)*

Pays	Rédaction et publications	Passation des marchés	Impression	Financement	Distribution
Ghana	L'édition publique a été progressivement éliminée depuis qu'une nouvelle politique sur les manuels scolaires a été introduite en 2000. L'ensemble de l'édition de manuels scolaires est à présent effectué par des éditeurs du secteur public, en réponse à des procédures d'appel d'offres organisées par le MdE. L'édition de manuels scolaires au Ghana a été autochtonisée de sorte que tous les éditeurs de manuels locaux sont détenus en majorité par des éditeurs ghanéens, bien que beaucoup maintiennent des contacts étroits avec leurs propriétaires originaux. Les éditeurs sont chargés d'identifier et de recruter les auteurs, en majorité ghanéens. Les éditeurs commerciaux conservent les droits d'auteur. Certains manuels scolaires destinés à l'enseignement secondaire sont importés.	Les exigences en termes de manuels scolaires font partie des appels d'offres du MdE. Jusqu'à cinq éditeurs peuvent être approuvés suite à un processus d'appel d'offres, mais la sélection et les commandes ne sont pas faites par les écoles, car le MdE alloue différents titres à différents districts sur une base monopolistique dans chaque district. Certains aspects du processus d'appel d'offres nécessitent une réforme. Les procédures d'évaluation ne sont pas considérées comme transparentes, le prix n'est pas un critère d'évaluation et de sélection mais fait l'objet d'une négociation directe avec le gouvernement et l'allocation des districts peut être utilisée comme ur levier pour obtenir une baisse des prix. Le paiement des éditeurs est généralement sujet à de longs retards.	L'ensemble de l'impression de manuels scolaires doit être effectué au Ghana. En pratique, la majeure partie se fait à l'étranger, dans des centres d'impression internationaux, afin d'obtenir les meilleurs prix, une qualité acceptable, des dates de livraison fiables, etc.	Les manuels sont fournis gratuitement aux étudiants, même si les ratios manuel scolaire/élèves sont variables. Les coûts de la fourniture de manuels scolaires sont souvent financés par les bailleurs de fonds.	Les manuels scolaires de l'enseignement secondaire sont livrés directement par les éditeurs à chaque école secondaire, et cela semble fonctionner correctement. Au niveau primaire, les éditeurs effectuent leur livraison aux bureaux d'éducation, qui sont chargés de transmettre les ouvrages aux écoles. Des enquêtes récentes sur la distribution indiquent que jusqu'à 50 % des districts n'ont pas de système adapté de contrôle des stocks et ont des difficultés à comptabiliser les manuels scolaires qui leur sont livrés. Des cas de vente de stocks de manuels scolaires appartenant à l'État à des écoles privées ont été signalés.

suite du tableau page suivante

Tableau 13.1 Comparaisons entre pays *(suite)*

Pays	Rédaction et publications	Passation des marchés	Impression	Financement	Distribution
Kenya	Le programme d'enseignement est développé par l'Institut d'éducation du Kenya. Pour le primaire et le premier cycle du secondaire, les éditeurs (issus en majorité du secteur privé, mais comprenant deux éditeurs publics qui ne reçoivent ni subventions, ni traitement de faveur) sont chargés d'identifier des auteurs et de développer des manuels scolaires pour satisfaire les exigences du programme d'enseignement. Pour le primaire et le premier cycle du secondaire, la plupart des auteurs sont des ressortissants nationaux. Les éditeurs sont un mélange concurrentiel d'entreprises locales à 100 % et de filiales/succursales d'éditeurs régionaux et internationaux (y compris d'Ouganda). Pour le deuxième cycle du secondaire, certains manuels scolaires standards rédigés et publiés à l'étranger sont importés. Les éditeurs conservent les droits d'auteur.	Une soumission de titres est organisée périodiquement (tous les cinq ans) en vue de l'évaluation et de la sélection de cinq ou six titres au maximum par matière et par niveau. La documentation de soumission a été examinée et approuvée par la Banque mondiale et est conforme aux normes internationales. Le prix est un facteur critique de l'évaluation, mais d'autres critères sont pris en compte, notamment la conformité au programme d'enseignement, la pertinence et le niveau de langue, l'approche méthodologique, la pertinence et l'attractivité des illustrations, l'aide pédagogique, etc. Toutes les soumissions doivent respecter des standards minimums de production afin d'assurer des normes de durabilité communes (cinq ans).	La plupart des titres du primaire et du premier cycle du secondaire sont imprimés au Kenya. Les prix ne sont pas nécessairement inférieurs à ceux des sources internationales, mais la qualité s'est améliorée et les éditeurs trouvent pratique de traiter avec des imprimeurs locaux en personne. Pour les titres destinés au deuxième cycle du secondaire importés, les sources sont généralement internationales. Certains éditeurs n'emploient pas de contrôleurs de production formés et sont donc plus dépendants des imprimeurs.	Les écoles reçoivent des montants en espèces par élève déposés sur des comptes bancaires prévus à cet effet et utilisent ces fonds pour commander et payer les livres à des libraires. Malheureusement, on compte plus de 31 000 écoles primaires et secondaires, mais seuls 200 auditeurs de district, de sorte que le suivi et l'audit sont insuffisants. De récents scandales de corruption témoignent des problèmes rencontrés par le contrôle financier. De 2003 à 2005, quand un cabinet comptable international avait été retenu pour réaliser des contrôles aléatoires des écoles, le système avait bien fonctionné sans difficulté.	La distribution est effectuée par l'éditeur chez un libraire, puis par celui-ci à l'école. Les prix incluent donc les coûts de la livraison et les marges de profit du libraire. Cette approche n'est possible que parce que le Kenya a un réseau très bien développé de libraires en gros et au détail couvrant tous les districts du pays y compris les districts reculés. Les prix sont contrôlés afin que toutes les écoles obtiennent les manuels scolaires au même prix, où qu'elles se trouvent. La distribution est efficace, s'effectue directement auprès de l'école et sans frais pour celle-ci.

suite du tableau page suivante

Tableau 13.1 Comparaisons entre pays *(suite)*

Pays	Rédaction et publications	Passation des marchés	Impression	Financement	Distribution
Malawi	Le programme d'enseignement est élaboré par l'Institut de l'éducation du Malawi (MIE – *Malawi Institute of Education*). Les manuels du primaire et du premier cycle du secondaire sont en majorité rédigés par des auteurs malawites ; au niveau du deuxième cycle du secondaire, les manuels standards sont importés. Les manuels destinés au primaire sont monopolistiques et publiés par l'État. La fourniture des manuels des premier et deuxième cycles du secondaire est concurrentielle, à partir d'une liste limitée de manuels approuvés ; les éditeurs sont chargés d'identifier et de recruter les auteurs. Les éditeurs sont un mélange de sociétés locales et de bureaux locaux d'éditeurs internationaux. Les éditeurs/auteurs conservent les droits d'auteur pour les titres publiés commercialement. Le MIE détient les droits d'auteur pour les manuels destinés au primaire.	Les titres des premier et deuxième cycles du secondaire sont sélectionnés pour l'inscription à la liste approuvée au moyen de procédures d'appel d'offres respectant les normes internationales. La liste de manuels approuvés inclut également des livres de lecture et des matériels supplémentaires. Des standards minimums de production physique sont spécifiés afin d'atteindre une durabilité de quatre à cinq ans.	L'impression est essentiellement externe, par des sources d'impression internationales. L'impression des manuels scolaires primaires est souvent financée par les bailleurs de fonds.	Les manuels primaires sont fournis gratuitement. Les écoles secondaires perçoivent des frais de manuels scolaires approuvés par le MdE dans le cadre des frais scolaires ; ceux-ci sont utilisés pour commander et payer les manuels et les matériels supplémentaires. Les éditeurs et les libraires se plaignent que les écoles détournent une partie de ces frais destinés aux manuels pour d'autres fins. Certains parents plus riches paient les manuels scolaires de leurs enfants.	La distribution des manuels scolaires primaires s'effectue via des bureaux de province, de district et de zone. Les systèmes de transport et d'entreposage sont d'une qualité médiocre et la distribution est souvent lente et incomplète. La distribution de manuels scolaires pour le primaire et le premier cycle du secondaire est effectuée via le secteur commercial du livre, avec un mélange d'approvisionnement par les libraires et les éditeurs. Les prix de ces titres incluent les coûts de distribution et une provision des marges bénéficiaires des libraires.

suite du tableau page suivante

Tableau 13.1 Comparaisons entre pays *(suite)*

Pays	Rédaction et publications	Passation des marchés	Impression	Financement	Distribution
Mali	Le Mali est le seul pays francophone africain à être passé à un partenariat public-privé dans l'édition éducative. En conséquence, il possède une communauté nationale relativement importante consacrée à la publication et la rédaction. Mais les éditeurs français sont toujours très présents sur le marché des manuels scolaires et des outils pédagogiques.	Des appels d'offres pour les manuels sont régulièrement publiés par le MdE. Les accusations d'irrégularités et de corruption ont atteint un tel point qu'en avril 2011, le président a remplacé les directeurs des Finances de tous les ministères.	Donnya, l'un des principaux éditeurs maliens, est également le plus gros imprimeur du pays et réalise l'impression locale de manuels scolaires.	La fourniture de manuels scolaires est gratuite pour tous les élèves.	Les éditeurs doivent livrer directement aux écoles.
Namibie	Le programme d'enseignement est développé par l'Institut national pour le développement de l'éducation (NIED – *National Institute for Educational Development*), le centre d'élaboration des programmes d'enseignement du MdE. Les éditeurs du secteur privé sont chargés d'identifier des auteurs et de développer des manuels pour satisfaire les exigences du programme de cours. Pour le primaire et le premier cycle du secondaire, les auteurs sont des ressortissants nationaux ou sud-africains. La loi exige que tous les manuels primaires soient publiés dans chacune des 13 langues d'instruction officielles namibiennes, ce qui crée des problèmes dans un petit pays avec un bassin limité de traducteurs pour certaines langues minoritaires.	Jusqu'en 2011, le système d'évaluation et d'approbation des manuels scolaires (sans véritable processus de sélection à proprement parler) a eu pour résultat l'approbation de trop nombreux ouvrages dans le catalogue des manuels scolaires (la liste officielle de livres approuvés), avec une pression insuffisante en faveur de la réduction des prix. Le système était fondamentalement dominé par les éditeurs, et aucune soumission n'avait jamais été rejetée.	L'impression des manuels scolaires peut également être confiée aux centres d'impression internationaux. L'impression est essentiellement externe, via des sources d'impression régionales (île Maurice et Afrique du Sud) et internationales.	Les manuels primaires et secondaires sont fournis gratuitement. Les écoles reçoivent une subvention par élève qui peut être utilisée pour acheter des matériels supplémentaires, même si elle est généralement redirigée pour couvrir d'autres dépenses de l'école.	Traditionnellement, la distribution fait l'objet d'un appel d'offres national par le MdE pour une période de 3 ans. L'appel d'offres a toujours été gagné par EduMeds, un distributeur de fournitures scolaires appartenant au groupe Macmillan. Ce système fonctionne bien du point de vue logistique, mais la réception tardive des fonds du MdE et des commandes des écoles, avec la politique de risque zéro des éditeurs lorsqu'il s'agit de tirages, entraîne des retards au niveau des livraisons.

suite du tableau page suivante

Tableau 13.1 Comparaisons entre pays *(suite)*

Pays	Rédaction et publications	Passation des marchés	Impression	Financement	Distribution
	Le paysage éditorial est dominé par des filiales/succursales d'éditeurs internationaux, avec deux éditeurs nationaux actifs. Les éditeurs conservent la propriété des droits d'auteur à tous les niveaux.	À partir de 2012, la Namibie passera à un système compétitif de soumission, d'évaluation et d'approbation pour les manuels scolaires. Le contrôle et le déclenchement du système d'évaluation reviendront au MdE et non plus aux éditeurs. Le prix doit être introduit comme facteur significatif de l'évaluation afin d'obtenir un bon rapport coût/avantages. Le nombre de titres approuvés par matière et par niveau sera limité à trois dans l'ensemble du système ; une fois que les titres sont entrés au catalogue, la passation des marchés sera menée sur une base régionale via les nouvelles régies régionales d'appel d'offres dont les tâches concrètes restent à définir.			L'appel d'offres actuel devait expirer le 31 décembre 2011, mais a été prolongé jusqu'en mars 2012 pour donner le temps au MdE de réfléchir à sa politique en matière de distribution.

suite du tableau page suivante

Tableau 13.1 Comparaisons entre pays *(suite)*

Pays	Rédaction et publications	Passation des marchés	Impression	Financement	Distribution
Nigéria	Les différents États nigérians utilisent des systèmes distincts. Dans la plupart des États, les manuels scolaires sont publiés par des éditeurs commerciaux qui se chargent de l'identification et du recrutement des auteurs. Les éditeurs entrent en concurrence pour l'adoption par les États ou l'inclusion dans les listes de manuels approuvés par ceux-ci. Quelques États (Cross River et Rivers) utilisent encore des systèmes d'édition publique pour le primaire. Tous les manuels destinés au primaire et la majorité de ceux destinés au premier cycle du secondaire sont rédigés par des ressortissants nigérians. Quelques manuels du premier cycle du secondaire et davantage de ceux du deuxième cycle sont importés et leurs rédaction et publication sont internationales. L'édition locale de manuels scolaires est entre les mains d'entreprises nigérianes autochtonisées. Certaines de ces sociétés ont des participations minoritaires étrangères, mais d'autres ont à présent racheté les intérêts étrangers. Lorsque des manuels commerciaux sont employés, les éditeurs/auteurs conservent les droits d'auteur.	Différents États ont des systèmes de passation des marchés distincts, qui vont de la sélection d'un titre monopolistique par matière et par niveau à des listes de manuels scolaires approuvés. Les procédures de sélection varient également d'un État à l'autre.	Si l'impression au Nigéria est plutôt bien développée, on estime que 70 % de la production de manuels scolaires est effectuée à l'extérieur du pays par des centres d'impression internationaux, la plus grande part revenant probablement à l'Inde. Lorsque l'impression locale est employée, les matériaux bruts sont importés ; l'Indonésie et la Malaisie sont des sources habituelles de papier et de carton pour la couverture.	Un Enseignement fondamental universel (UBE – *Universal Basic Education*) est établi dans l'ensemble du pays ; les livres sont achetés grâce à des fonds de roulement et mis à disposition gratuitement. Les manuels du deuxième cycle du secondaire sont souvent vendus aux parents.	Les éditeurs effectuent les livraisons soit aux sièges des gouvernements locaux, soit aux entrepôts de l'UBE dans les capitales d'États. Les gouvernements des États sont chargés de la livraison aux écoles ; leur efficacité est variable.

suite du tableau page suivante

Tableau 13.1 Comparaisons entre pays *(suite)*

Pays	Rédaction et publications	Passation des marchés	Impression	Financement	Distribution
Rwanda	Le programme de cours est développé par le Département de curriculum et de production des matériels pédagogiques du Conseil de l'éducation du Rwanda (REB/CPMD – *Rwanda Education Board's Curriculum and Pedagogic Materials Department*) pour l'enseignement primaire et le premier cycle du secondaire, les éditeurs du secteur privé sont chargés d'identifier des auteurs et de développer des manuels pour satisfaire les exigences du programme de cours. Pour le primaire et le premier cycle du secondaire, la plupart des auteurs sont rwandais. Les éditeurs en concurrence comprennent des entreprises à 100 % rwandaises et des filiales/succursales d'éditeurs régionaux (kényans et ougandais) ainsi que des éditeurs internationaux. Pour le deuxième cycle du secondaire, des manuels scolaires standards rédigés et édités à l'étranger sont importés. Les éditeurs conservent la propriété des droits d'auteur à tous les niveaux.	Une soumission de titres est organisée périodiquement (tous les cinq ans) en vue de l'évaluation et de la sélection de jusqu'à quatre titres par matière et par niveau pour le primaire et trois titres pour le premier cycle du secondaire. La documentation de soumission a été examinée et approuvée par les bailleurs de fonds et est conforme aux normes internationales. Le prix est un facteur critique de l'évaluation, mais d'autres critères sont pris en compte, notamment la conformité au programme d'enseignement, la pertinence et le niveau de langue, l'approche méthodologique, la pertinence et l'attractivité des illustrations, l'aide pédagogique, etc. Les prix sont fixés pour la période correspondant au maintien du statut approuvé et ne peuvent être augmentés que pour le secteur dans son ensemble, lorsque les coûts de facteurs spécifiques ont été réévalués.	La capacité d'édition locale est limitée, et n'est pas considérée comme compétitive en termes de prix. Les éditeurs basés au Kenya ont tendance à imprimer au Kenya, tandis que d'autres éditeurs font appel à des sources d'impression internationales en Inde, en Extrême-Orient et dans les pays des Balkans.	Toutes les écoles reçoivent un budget par élève destiné aux manuels scolaires et il existe un budget par élève séparé pour les livres de lecture et autres matériels supplémentaires. Cependant, les écoles ne reçoivent pas les espèces, mais effectuent leurs commandes sur des formulaires spécialement conçus à cet effet, qui sont consolidés au niveau central afin que les éditeurs reçoivent des commandes groupées précises. Cette approche combine la sélection et la commande au niveau de l'école et les avantages en termes de coûts de l'achat en gros.	La distribution est réalisée par les éditeurs parce que la librairie locale n'existe qu'à Kigali et n'offre pas de couverture nationale. En 2010, 97,3 % des écoles rwandaises ont reçu des livraisons correctes, effectuées directement dans leurs locaux sans frais. Les prix des manuels scolaires incluent les coûts de la distribution.

suite du tableau page suivante

Tableau 13.1 Comparaisons entre pays *(suite)*

Pays	Rédaction et publications	Passation des marchés	Impression	Financement	Distribution
		Il existe des standards minimums de production physique que toutes les soumissions doivent respecter pour assurer des normes de durabilité communes. Ces standards font l'objet de test et des pénalités financières sont appliquées aux titres qui ne satisfont pas ces exigences.		Les bureaux de district saisissent les commandes sur une base de données nationale qui compare les commandes aux budgets par élève pour éviter une sous- ou sur-commande trop importante. La base de données nationale (particulièrement conçue à l'occasion des réformes sur les supports didactiques et pédagogiques) fournit des calendriers de distribution école par école à chaque éditeur, ainsi que des certificats de livraison complète qui doivent être signés et tamponnés par les écoles pour que les éditeurs reçoivent leur règlement. Les éditeurs reçoivent 20 % du montant de la commande à la signature du contrat d'approvisionnement annuel, 40 % à la fourniture des exemplaires anticipés et des documents de livraison et 40 % lorsque la livraison est achevée.	

suite du tableau page suivante

Tableau 13.1 Comparaisons entre pays *(suite)*

Pays	Rédaction et publications	Passation des marchés	Impression	Financement	Distribution
Sierra Leone	Tous les manuels scolaires sont publiés commercialement et les éditeurs sont chargés de l'identification et du recrutement des auteurs. Pour le primaire et le premier cycle du secondaire, la plupart des auteurs sont sierraléonais. Au niveau du deuxième cycle du secondaire, les titres sont largement importés et la rédaction est internationale. Les éditeurs conservent les droits d'auteur. Les éditeurs en concurrence sont basés au Royaume-Uni ou au Nigéria.	La fourniture de manuels scolaires est monopolistique et les titres sont sélectionnés via des procédures concurrentielles d'appel d'offres et de sélection qui ont été approuvées par la communauté des bailleurs de fonds et sont considérées comme conformes aux normes internationales. Tous les achats sont gérés au niveau central par le ministère de l'Éducation qui collabore avec le ministère de la Gouvernance locale.	L'ensemble de l'impression provient de centres d'impression internationaux.	Les manuels scolaires sont fournis gratuitement aux élèves.	Les éditeurs approvisionnent 19 Conseils de district chargés de la livraison aux écoles, avec une efficacité variable.

francophones continuent à importer des titres rédigés pour d'autres marchés nationaux ou internationaux. Le développement de la rédaction locale pour les manuels du deuxième cycle du secondaire est probablement étroitement lié à la croissance des inscriptions dans ce sous-secteur, en raison de la pression croissante sur les places dans le secondaire générée par les politiques d'enseignement primaire universel (EPU). L'augmentation du nombre d'inscriptions crée des marchés plus importants qui présentent plus d'intérêt pour les éditeurs, notamment pour les éditeurs africains locaux. À terme, l'augmentation des inscriptions devrait permettre l'extension de la rédaction locale à certaines matières du secondaire supérieur, bien qu'à ce niveau, un contenu local (sauf pour des matières telles que l'histoire, la biologie, la littérature et les langues locales) soit probablement moins important qu'aux niveaux d'éducation inférieurs. Quand le contenu local n'est pas un facteur important, les éditions internationales tendront toujours à avoir de plus gros tirages, donc des coûts de production plus bas que les éditions nationales et par conséquent, à offrir des prix potentiellement plus compétitifs.

Sur les dix pays représentés dans le tableau 13.1, huit s'approvisionnent maintenant en manuels scolaires auprès du secteur privé. Les trois pays dotés d'une édition publique sont le Burundi, Djibouti et le Malawi (pour les manuels destinés au primaire uniquement). La transition vers l'édition par le secteur privé résulte de l'insatisfaction croissante sur les performances de l'édition par le secteur public depuis les années 1980, mais elle est aussi liée à la montée en puissance de l'édition locale et régionale africaine. Celle-ci a réussi à lancer des campagnes de lobbyisme efficaces pour soutenir l'accès des entreprises locales aux marchés nationaux et financièrement rentables des manuels scolaires. Il est peut-être significatif que dans les pays anglophones, l'accès au secteur privé ait progressé davantage que dans les pays francophones ; les maisons d'édition locale spécialisée dans l'éducation ont en effet tendance à être mieux développées et plus viables financièrement dans les pays anglophones. Dans la plupart des pays d'Afrique subsaharienne (ASS), des maisons d'édition locales, régionales et internationales parviennent à cohabiter. Dans un appel d'offres récent au Rwanda, sur les 15 maisons d'édition qui avait présenté une soumission, 2 étaient rwandaises, 2 ougandaise, 5 kenyanes, 1 française et 5 Britanniques. Au Ghana et au Nigéria, la loi exige des maisons d'édition locale qu'elles fournissent des manuels scolaires, bien qu'elle ne soit pas strictement appliquée aux dernières années du primaire et au secondaire.

La montée en puissance du secteur privé dans la fourniture de manuels scolaires contribue à faire disparaître le problème de la propriété de leurs droits d'auteur. Lorsque des manuscrits sont commandés, payés puis publiés par le secteur privé, les exigences des pouvoirs publics sur la propriété des droits d'auteur ont tendance à disparaître.[1] Dans les pays où l'accès du secteur privé au marché national des manuels est bien établi, les ministères de l'Éducation (MdE) ne connaissent pas de difficultés particulières liées à la réserve des droits d'auteur par les auteurs ou éditeurs, notamment dans le contexte d'un approvisionnement des manuels fondés sur la concurrence et d'une sélection par les écoles. Les droits d'auteur deviennent en général une source de conflits dans deux cas, qui ont tendance à être plus fréquents dans les pays francophones que dans les anglophones. Ces deux situations sont les suivantes :

- Des éditeurs s'efforcent de s'assurer des droits de publication pour un manuscrit de manuel scolaire rédigé par un centre national d'élaboration des programmes d'enseignement ; et
- Des MdE essayent d'octroyer une licence pour les droits de réimpression pour des manuels émanant d'éditeurs commerciaux.

Les problèmes de droit d'auteur et d'octroi de licences sont généralement aggravés par une compréhension limitée du concept et de la pratique des droits d'auteur, des droits de publication et de la concession de droits, ayant pour résultat des contrats de qualité médiocre, qui offrent de nombreux risques de malentendus et de litiges. On compte parmi les problèmes courants (liste non exhaustive) :

- *Incertitude sur la propriété des droits d'auteur*—cela tend à se produire lorsque des MdE essaient de négocier non seulement des redevances institutionnelles, mais aussi des droits individuels de rédaction. Cette pratique peut conduire à des niveaux élevés de paiement de redevances par les éditeurs et donc à une hausse des coûts.
- *Absence de limites sur la concession de droits de publication*—les droits octroyés sont normalement limités dans le temps (par exemple, pour cinq ans à compter de la date du contrat), par le tirage (par exemple, jusqu'à 200 000 exemplaires) ou en cas d'inexécution (par exemple, les droits reviennent à leur titulaire si le titre est en rupture de stock pendant 12 mois ou si les droits de licence n'ont pas été réglés). Certains éditeurs ont essayé de prolonger de façon illimitée des licences octroyées parfois depuis 20 ans.
- *Utilisation d'une licence pour établir une situation de monopole sur la fourniture de manuels scolaires*—La non limitation des licences a parfois été utilisée pour bloquer des réformes du programme d'enseignement, au motif que celles-ci iraient à l'encontre d'une licence monopolistique.
- *Différends sur l'accès aux films ou disques d'impression numériques*—ce problème survient parce que le droit d'auteur sur le manuscrit est différent du droit d'auteur sur la présentation du manuscrit (conception des pages, composition, éléments artistiques, mise en page, etc.). Lorsque les droits de publication sont remis à un MdE, ce dernier peut supposer que les droits incluent automatiquement le travail de l'éditeur sur la présentation, et à moins que le contrat ne le précise clairement, des litiges sont probables.

La solution simple à ces problèmes consiste à employer des spécialistes pour élaborer les contrats entre les MdE et les éditeurs.

Passation des marchés

Six des dix pays ont des listes de manuels scolaires approuvés dans lesquelles les écoles peuvent choisir les manuels qu'elles souhaitent utiliser, dans le cadre de budgets décentralisés pour la passation de marchés. Les listes de manuels approuvés sont sélectionnées à partir d'appels d'offres internationaux, dans lesquels les éditeurs soumettent des titres pour évaluation ; l'objectif de l'appel d'offres n'est pas la passation des marchés et l'achat, mais l'approbation et donc l'accès au marché. Après l'approbation, les éditeurs peuvent commercialiser les livres directement auprès des écoles et approvisionner le marché via des commandes décentralisées. Dans ces situations, les éditeurs doivent travailler davantage et dépenser davantage dans le marketing compétitif, mais ils préfèrent en général ce système aux approches monopolistiques. Les écoles préfèrent certainement avoir la possibilité d'exercer leur choix, bien que certains MdE pensent que les écoles primaires en particulier n'ont pas la capacité de prendre des décisions rationnelles. Toutes les listes de manuels approuvés ne sont pas sélectionnées sur la même base. Certaines incluent le prix comme critère de sélection, d'autres non. Certains spécifient des spécifications minimales de production physique, et pas d'autres.

Impression

Les facteurs qui déterminent la fabrication des manuels scolaires sont :

- Le prix ;
- La qualité ;
- Les capacités ; et
- La fiabilité.

Dans de nombreux cas, il est difficile pour des imprimeries locales de rivaliser sur les prix avec des centres d'impression internationaux. Ceux-ci disposent de puissantes machines d'imprimerie modernes et travaillent avec trois équipes par jour ; ils peuvent offrir un large éventail de tailles de feuille et de formats de livres et obtenir les remises maximales avec des coûts des matières premières les plus bas grâce à la dimension de leur commande. L'impression internationale peut aussi généralement garantir une production de haute qualité (ou au moins de la qualité requise) et est généralement choisie par les éditeurs parce qu'elle est fiable sur les dates de livraison—un élément critique dans les marchés hautement saisonniers des manuels scolaires, où un retard dans la livraison de stock peut entraîner des sanctions financières ou une perte de position sur le marché. Enfin, l'impression locale à petite échelle est souvent incapable de fournir toute la capacité requise par le marché des manuels scolaires, et ce, dans les délais impartis. Les éditeurs peuvent utiliser leur budget plus efficacement en fabricant à plusieurs endroits en parallèle plutôt qu'en imprimant en séquence à un seul endroit, ce qui se traduit souvent par des impressions disponibles à l'avance et conservées en stock pendant de longues périodes avant la vente. Même dans les pays disposant d'une impression locale relativement bien développée (par exemple au Nigéria), une forte proportion de l'impression de manuels scolaires est confiée aux centres d'impression internationaux pour les raisons exposées ci-dessus.

En Afrique, le financement des imprimeries d'État n'a pratiquement jamais eu pour résultat des imprimeurs de haute qualité, compétitifs en termes de prix et de service. Les imprimeries d'État africaines financées dans les années 1960 et 1970 ne prennent plus une part active à la production de manuels scolaires. Bien qu'il y ait un besoin clair de développement d'opportunités de travail local, les éditeurs de manuels scolaires considèrent que le système éducatif ne doit pas être utilisé pour subventionner un secteur de l'impression local non compétitif.

Financement

Neuf des dix pays ont pour objectif de fournir des manuels scolaires gratuits à tous les élèves du primaire et du secondaire. Deux des onze pays fournissent gratuitement des manuels aux élèves du primaire, mais l'achat ou la contribution aux frais de scolarité sont sollicités pour prendre en charge la fourniture de manuels scolaires dans l'enseignement secondaire. Il est à noter que l'idée de fourniture gratuite n'implique pas que les manuels et guides pédagogiques sont fournis automatiquement et que tous les étudiants reçoivent les manuels dont ils ont besoin. Des variations annuelles dans la disponibilité de financements conduisent souvent à des variations importantes dans l'approvisionnement, et dans certains cas, une distribution inadéquate empêche que les manuels scolaires gratuits soient fournis équitablement aux écoles.

Distribution

Six des dix pays fournissent à présent les écoles en passant par le secteur commercial du livre—via les éditeurs ou les libraires si une couverture nationale de librairies est disponible. Trois pays continuent à fonctionner avec des systèmes d'édition publique, et deux pays avec des systèmes mixtes (Ghana et Malawi) ; dans les deux cas, les manuels scolaires du primaire sont distribués par le MdE et les manuels destinés au secondaire sont fournis via le secteur commercial du livre.

Peu de MdE sont suffisamment équipés pour se charger de la distribution parce qu'ils manquent d'installations d'entreposage, d'équipements, de systèmes, de personnel formé, de budget adéquat et de motivation. La distribution commerciale a tendance à mieux fonctionner, parce que le secteur privé n'est rémunéré que sur preuves de la livraison complète, ce qui s'avère une puissante motivation pour réaliser un approvisionnement rapide et précis.

Le Burundi et Djibouti utilisent un système de distribution public raisonnablement performant parce que ces pays sont de petite taille et disposent d'infrastructures de transport adéquates, mais des inégalités se produisent en raison de l'absence de systèmes de suivi efficaces. Dans la plupart des pays, la distribution tirerait avantage d'une informatisation efficace, mais sur les onze pays, seul le Rwanda a mis au point un système informatisé sophistiqué de gestion de la distribution pour les manuels et les autres supports didactiques et pédagogiques.

La conception de systèmes concernant les manuels est une activité spécialisée nécessitant des recherches efficaces et une appréciation des divers facteurs ayant une incidence sur l'accessibilité financière. La médiocrité de la distribution est peut-être l'un des principaux problèmes depuis les 50 dernières années, combinée aux défaillances au niveau de l'utilisation, la gestion et la conservation dans les écoles. Mais différents pays présentent différentes forces et faiblesses, et s'il est possible d'identifier des principes de base, il convient de traiter les problèmes et solutions pour un système particulier en tenant compte des circonstances et besoins de chaque pays.

Annexe 13A : Liste de contrôle du diagnostic sur les SDP

La liste de contrôle ci-dessous permettra aux ministères de l'Éducation (MdE) et aux partenaires au développement (PD) de déterminer l'état de la fourniture nationale de supports didactiques et pédagogiques (SDP). De plus, elle indique les mesures correctives qui doivent être prises avec les autres PD, les MdE et ministères des Finances (MdF).

Enjeu	*Indicateurs*	*Mesure recommandée*
1. La législation sur les droits d'auteur—est-elle adaptée ?	L'association locale des éditeurs doit être en mesure de fournir une synthèse et des informations pertinentes.	Si la législation n'est pas adaptée, intervenir auprès du gouvernement pour mettre les droits d'auteur aux normes internationales.
2. La piraterie—est-ce un problème qui affecte l'approvisionnement des écoles ?	Les associations locales des éditeurs et des libraires doivent être en mesure de fournir une synthèse et des informations pertinentes.	Si la piraterie est un problème, intervenir auprès du gouvernement pour améliorer la mise en application et augmenter les sanctions.
3. Le profil minimum de SDP requis pour mettre en œuvre le programme d'enseignement—est-il défini ?	Le MdE doit être en mesure d'apporter des informations.	S'il n'y a pas de plan clair de fourniture des SDP, travailler avec les PD et le MdE pour en créer un, qui serve de base pour projeter un financement futur des SDP.
		N. B. L'aide d'un spécialiste peut s'avérer nécessaire pour établir ce plan.
4. Les hypothèses relatives à l'approvisionnement en SDP—sont-elles précisées ?	Le MdE doit être en mesure d'apporter des informations.	Si ces hypothèses ne sont pas encore précisées, elles doivent figurer dans le profil minimum des SDP (voir chapitre 4).
		NB : Les hypothèses de base relatives à l'approvisionnement sont (a) l'objectif de ratios manuel scolaire/élèves ; (b) l'objectif de durée de vie dans les salles de classe ; (c) les taux annuels de pertes et dommages.
5. Les incidences en termes de coûts annuels des SDP— ont-elles été précisément calculées et projetées sur cinq ans au moins ?	Le MdF/MdE doit être en mesure d'apporter des informations.	Une feuille de calcul interactive d'établissement des coûts est disponible pour fournir rapidement et facilement un calcul des coûts et une projection précis.

suite du tableau page suivante

Enjeu	Indicateurs	Mesure recommandée
		Des systèmes plus sophistiqués de gestion de base de données peuvent être développés pour prendre en charge tous les aspects des systèmes d'approvisionnement décentralisés ; cela est recommandé.
6. Y a-t-il un financement suffisant pour satisfaire les besoins minimum convenus en termes de SDP ?	Comparer les projections de coûts du Profil minimum au financement effectivement débloqué pour les SDP au cours des cinq dernières années.	Rencontrer le MdE/d'autres PD pour discuter de l'établissement de niveaux de financement minimum et/ou de la nécessité d'appliquer des stratégies standard de réduction des coûts (voir chapitre 7).
7. Quel pourcentage du financement disponible est effectivement utilisé pour la passation des marchés des SDP ?	Des Enquêtes de suivi des dépenses publiques (ESDP) peuvent étudier cette question et fournir des données ; pour les systèmes décentralisés, des enquêtes auprès d'un petit échantillon d'écoles peuvent apporter des informations.	Il peut être nécessaire d'ajuster les dotations de fonds disponibles pour les SDP pour tenir compte du détournement et/ou de l'appropriation illicite de fonds.
8. Les dotations de fonds destinées aux SDP sont-elles régulièrement ajustées pour tenir compte de l'inflation et/ou de l'augmentation des inscriptions ?	Des données sur les dotations annuelles de fonds par élève en dollars EU doivent être établies. Ce type de données est généralement disponible auprès du MdF/MdE.	De nombreux systèmes scolaires n'ajustent pas les montants pour tenir compte de l'inflation et de la hausse des inscriptions aussi souvent qu'ils le devraient. Des accords avec le MdE/MdF sont nécessaires pour examiner et réviser les dotations chaque année.
9. L'approvisionnement en manuels scolaires est-il monopolistique ou concurrentiel ?	Ces informations sont normalement facilement disponibles et bien connues et font partie de la politique nationale du livre.	La réponse à ces questions peut rendre nécessaire un examen des politiques, *pour lequel il est recommandé de solliciter l'apport de professionnels expérimentés*. Cependant, si les systèmes concurrentiels, décentralisés et basés sur le secteur privé fonctionnent généralement mieux—s'ils sont correctement supervisés—il n'y a pas de remède miracle, et des solutions différentes sont nécessaires pour des situations différentes.
10. La sélection des manuels scolaires est-elle centralisée ou décentralisée ?		
11. Le secteur privé prend-il part à la publication, la vente et l'impression de SDP ?		

suite du tableau page suivante

Enjeu	Indicateurs	Mesure recommandée
12. La passation des marchés pour les SDP offre-t-elle un bon rapport qualité/coût ?	Ce n'est pas une question facile pour des non-spécialistes. Ainsi, par exemple, les coûts de manuels scolaires imprimés en monochromie dans des pays très peuplés ne peuvent être facilement comparés en termes de rapport qualité/coût aux coûts de l'approvisionnement concurrentiel dans un contexte de libre marché pour des manuels en quadrichromie dans des pays à faible population. Par ailleurs, les coûts unitaires indiqués des manuels scolaires comprennent souvent différentes combinaisons de composantes de coûts et peuvent s'avérer difficiles à comparer.	L'aide de professionnels spécialisés est toujours nécessaire pour répondre à cette question. Dans certains pays (par exemple, dans de nombreux pays du Moyen-Orient), des coûts plus élevés sont admis afin de protéger des industries d'impression locales à coût élevé. En termes d'optimisation des ressources, le coût pris en compte doit toujours être le coût récurrent moyen annuel et non pas le coût de production réel. En effet, des spécifications de production exigeantes sont plus onéreuses mais les ouvrages dureront habituellement plus longtemps, permettant ainsi d'amortir les coûts initiaux sur de plus longues périodes, ce qui représente généralement d'importantes économies de coûts.
13. Le système de distribution fonctionne-t-il ?	Des enquêtes sur la distribution peuvent être conçues et mises en place tous les trois ou quatre ans pour déterminer si les SDP atteignent toutes les écoles en temps voulu, en bon état et dans les quantités requises. Ces enquêtes évalueront par ailleurs si le système est équitable c'est-à-dire si toutes les écoles reçoivent les mêmes dotations ou si les écoles urbaines sont mieux servies que les écoles rurales et éloignées. Les coûts sont-ils les mêmes pour toutes les écoles ?	Si le système de distribution ne fonctionne pas correctement, l'assistance d'un spécialiste sera nécessaire pour examiner et modifier les systèmes existants ou proposer de nouvelles approches.
14. Existe-t-il des problèmes d'entreposage et de conservation au niveau des écoles ?	Des enquêtes cartographiques, des enquêtes sur des petits échantillons ou une observation directe au niveau des écoles fournissent des données pour répondre à cette question.	Il peut s'agir d'un problème extrêmement coûteux. L'avis de spécialistes est nécessaire pour apporter des solutions pratiques, réalisables et abordables.
15. Les SDP sont-ils utilisés dans les écoles ?	Des enquêtes par sondage auprès des écoles et des observations directes sont nécessaires.	La solution est la création de guides d'utilisation des SDP destinés aux inspecteurs, aux écoles et aux enseignants, ainsi que la formation continue des professeurs et des unités de module consacrés à cette question dans la formation préalable des enseignants. Des modules de formation interactifs sur le web peuvent fournir une couverture vidéo utile de méthodes pédagogiques avec des SDP.

suite du tableau page suivante

Enjeu	Indicateurs	Mesure recommandée
16. Disponibilité des SDP dans les écoles ?	Il est recommandé de réaliser une enquête nationale de disponibilité des SDP dans les écoles tous les quatre ou cinq ans.	Des hypothèses sont souvent avancées à partir des matériels fournis. Parfois, ces hypothèses ne tiennent pas compte des pertes et dommages et des défaillances de la distribution, de sorte que la disponibilité réelle peut être moins bonne (ou parfois meilleure) que prévu. Des enquêtes régulières tous les quatre ou cinq ans sur la disponibilité éventuellement complétées par des enquêtes par sondage à petite échelle dans l'intervalle permettront de s'assurer que le niveau de disponibilité des SDP soit toujours connu.
17. La qualité du contenu et de la présentation des SDP est-elle acceptable et adaptée à leur objectif ?	S'assurer que les systèmes de passation des marchés, d'évaluation et d'approbation des SDP sont bien conçus et correctement mis en œuvre par des évaluateurs indépendants, formés et bien encadrés.	De bons systèmes d'évaluation et d'approbation des SDP, notamment si l'évaluation est concurrentielle, assureront généralement que le contenu et la qualité de la présentation soient d'un niveau acceptable. S'il existe des doutes quant à l'efficacité du système en place, *l'assistance d'un spécialiste est nécessaire pour s'assurer que la documentation de la passation des marchés et les systèmes d'évaluation et d'approbation sont conformes aux normes internationales.*
18. Les spécifications de production physique assurent-elles la durabilité et une longue durée de vie dans les salles de classe ?	S'informer auprès du MdE s'il existe des spécifications minimales de production physique concernant le papier d'édition, le carton de la couverture, le style de reliure, la finition de la couverture, etc.	S'il n'y a pas de spécifications minimales, il est nécessaire d'en établir. La pertinence des spécifications existantes peut être vérifiée par un spécialiste de la production doté d'une expérience dans l'approvisionnement de manuels scolaires dans des conditions applicables localement.
19. Y a-t-il un approvisionnement suffisant en livres de lecture adaptés dans les classes primaires ?	Les dossiers de passation des marchés révéleront si des livres de lecture adaptés ont été fournis dans le passé. Des enquêtes par sondage dans les salles de classe seront également utiles pour établir la disponibilité actuelle de livres de lecture et leur utilisation.	Au niveau primaire, des livres de lecture doivent être disponibles dans les classes en vue d'une utilisation effective, mais cela implique le développement d'un entreposage sûr et résistant aux intempéries dans les salles de classe. Cela est possible à des coûts raisonnables *mais l'avis d'un spécialiste s'avère normalement nécessaire pour concevoir une approche.*
20. Les bibliothèques des écoles secondaires sont-elles bien garnies et utilisées ?	Des enquêtes par sondage auprès des écoles sont utiles pour analyser la situation actuelle des bibliothèques des écoles secondaires.	Le développement de bibliothèques dans l'enseignement secondaire est une tâche potentiellement importante, mais coûteuse. Cependant, de bonnes bibliothèques sont essentielles pour soutenir un apprentissage centré sur l'élève, le développement des compétences de recherche et l'apprentissage indépendant des étudiants.

suite du tableau page suivante

Enjeu	Indicateurs	Mesure recommandée
21. Existe-t-il une politique nationale sur les SDP ?	Le MdE fournira des détails.	S'il y en a une, il est nécessaire de l'examiner d'un œil critique ; dans le cas contraire, il faudra trouver un accord avec le MdE et les PD afin d'élaborer une politique nationale sur les SDP. Cela nécessitera le soutien d'un spécialiste.
22. Les SDP sont-ils utilisés efficacement en classe après livraison ?	Seule une série d'observations dans les salles de classe permet de répondre à cette question de façon satisfaisante.	Des guides simples sur l'utilisation des SDP en classe peuvent être efficaces, mais la plupart des enseignants gagneraient à observer de bons professeurs utiliser de façon optimale les SDP. Des modules de formation vidéo ou interactifs, basés sur le web ou sur disque peuvent s'avérer plus efficaces.

Annexe 13B : Enjeux critiques de l'amélioration de la fourniture des SDP en Afrique—arbre décisionnel pour les décideurs

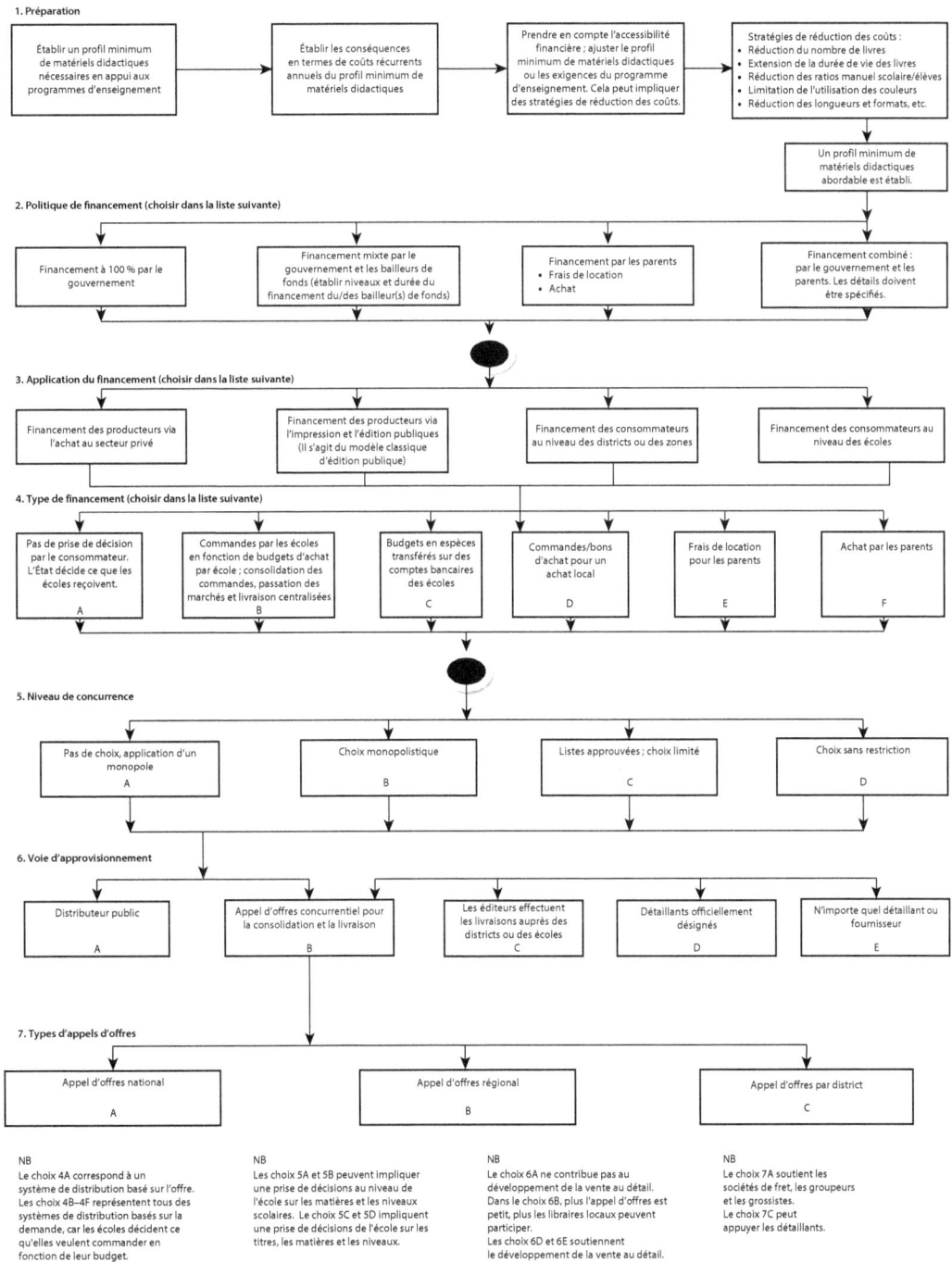

Note

1. Ce n'est pas universel. Des appels d'offres récents concernant des manuels scolaires en Éthiopie ont exigé que les éditeurs privés transfèrent leurs droits d'auteur au MdE afin que les éditeurs n'aient aucun intérêt financier dans les réimpressions.

APPENDICE A

Résumé statistique des enquêtes pays

Tableau A.1 Coût des manuels scolaires pour la première année

Pays	No de manuels requis	Coût unitaire moyen des manuels ($EU)	Coût de l'ensemble des manuels ($EU)	Durée présumée d'utilisation (ans)	Ratio manuel/élève visé	Coût amorti annuel d'en ensemble de manuels ($EU)
Bénin	6	2,70	16,20	n.d.	1:1	n.d.
Burundi	9	1,00	9,00	3	1:1	3,00
Côte d'Ivoire	3	3,00	9,00	1	1:1	9,00
Kenya	8	3,80	30,60	4	1:1	7,65
Madagascar	8	0,75	6,00	2	1:1	3,00
Mali	3	4,50	13,60	2–3	1:1	4,53
Namible	3	12,00	36,00	5	1:2	3,60
Rwanda	4	2,50	10,00	4	1:1	2,50
Tchad	2	5,00	10,00	1	1:1	10,00
Moyen	**5**	**5,36**	**19,93**	**2,86**	**1:1**	**5,90**

Remarque : n.d. = il n'existe pas de données disponibles.

Tableau A.2 Coût des manuels scolaires pour la sixième année

Pays	No de manuels requis	Coût unitaire moyen des manuels ($EU)	Coût de l'ensemble des manuels ($EU)	Durée présumée d'utilisation (ans)	Ratio manuel/élève visé	Coût amorti annuel d'en ensemble de manuels ($EU)
Bénin	6	2,60	15,60	n.d.	1:1	n.d.
Burundi	10	1,00	10,00	3	1:1	3,33
Côte d'Ivoire	7	4,00	28,00	2	1:1	14,00
Kenya	7	4,20	29,40	4	1:1	7,35
Madagascar	8	0,75	6,00	2	1:1	3,00
Mali	4	5,50	22,00	4	1:1	5,50
Namibie	7	25,00	175,00	5	1:2	17,50
Rwanda	5	3,50	17,50	5	1:1	3,50
Tchad	5	6,00	30,00	1	1:3	10,00
Moyen	**6,6**	**5,84**	**37,00**	**3,25**	**1:4**	**8,02**

Remarque : n.d. = il n'existe pas de données disponibles.

Tableau A.3 Coût des manuels scolaires pour la huitième année

Pays	No de manuels requis	Coût unitaire moyen des manuels ($EU)	Coût de l'ensemble des manuels ($EU)	Durée présumée d'utilisation (ans)	Ratio manuel/ élève visé	Coût amorti annuel d'en ensemble de manuels ($EU)
Bénin	7	5,9	41,30	n.d.	1:1	n.d.
Burundi	15	1,0	15,00	4	1:1	3,75
Côte d'Ivoire	8	9,50	76,00	3	1:3	8,40
Kenya	9	4,60	41,40	4	1:1	10,35
Madagascar	7	n.d.	n.d.	n.d.	n.d.	n.d.
Mali	9	10,00	90,00	5	n.d.	18,00
Namibie	8	20,00	160,00	5	1:2	16,00
Rwanda	8	6,00	48,00	5	1:1	9,60
Tchad	5	n.d.	n.d.	1	3:5[a]	n.d.
Moyen	**8,4**	**8,14**	**67,38**	**3,9**	**1:1,78**	**9,44**

Remarque : n.d. = il n'existe pas de donnés disponibles.
a. Le Tchad a un ratio de 1:1 pour la langue d'instruction, 1:3 pour les maths et 1:5 pour autres sujets.

Tableau A.4 Coût des manuels scolaires pour l'onzième année

Pays	No de manuels requis	Coût unitaire moyen des manuels ($EU)	Coût de l'ensemble des manuels ($EU)	Durée présumée d'utilisation (ans)	Ratio manuel/ élève visé	Coût amorti annuel d'en ensemble de manuels ($EU)
Bénin	8	4,30	34,40	n.d.	1:1	n.d.
Burundi	16	1,00	16,00	5	1:1	3,20
Côte d'Ivoire	6	13,95	83,70	5	1:5	3,00
Kenya	8	5,00	40,00	4	1:1	10,00
Madagascar	7	n.d.	n.d.	n.d.	n.d.	n.d.
Mali	10	11,50	115,00	5	n.d.	23,00
Namibie	8	20,00	160,00	5	1:2	16,00
Nigéria	n.d.	n.d.	n.d.	n.d.	n.d.	n.d.
Rwanda	15	15,00	225,00	5	1:1	45,00
Sierra Leone	n.d.	n.d.	n.d.	n.d.	n.d.	n.d.
Tchad	7	n.d.	n.d.	n.d.	n.d.[a]	n.d.
Moyen	**9,44**	**10,11**	**96,30**	**4,83**	**1:2,07**	**14,31**

Remarque : n.d. = il n'existe pas de donnés disponibles.
a. Le Tchad a un ratio de 1:1 pour la langue d'instruction, 1:3 pour les maths et 1:5 pour autres sujets.

Tableau A.5 Coût des dictionnaires pour la première année

Pays	No des dictionnaires requis	Coût unitaire moyen des dictionnaires ($EU)	Coût des dictionnaires ($EU)	Durée présumée d'utilisation (ans)	Ratio dictionnaire/ élève visé	Coût amorti annuel des dictionnaires ($EU)
Bénin	n.d.	n.d.	n.d.	n.d.	n.d.	n.d.
Burundi	n.d.	n.d.	n.d.	n.d.	n.d.	n.d.
Côte d'Ivoire	n.d.	n.d.	n.d.	n.d.	n.d.	n.d.
Kenya	n.d.	n.d.	n.d.	n.d.	n.d.	n.d.
Madagascar	n.d.	n.d.	n.d.	n.d.	n.d.	n.d.
Mali	**n.d.**	**n.d.**	**n.d.**	**n.d.**	**n.d.**	**n.d.**

suite du tableau page suivante

Tableau A.5 Coût des dictionnaires pour la première année *(suite)*

Pays	No des dictionnaires requis	Coût unitaire moyen des dictionnaires ($EU)	Coût des dictionnaires ($EU)	Durée présumée d'utilisation (ans)	Ratio dictionnaire/ élève visé	Coût amorti annuel des dictionnaires ($EU)
Namibie	n.d.	n.d.	n.d.	n.d.	n.d.	n.d.
Rwanda	2	6,50	13,00	5	1:10	0,26
Tchad	n.d.	n.d.	n.d.	n.d.	n.d.	n.d.
Moyen	**2**	**6,50**	**13,00**	**5**	**1:10**	**0,26**

Remarque : n.d. = il n'existe pas de données disponibles.

Tableau A.6 Coût des dictionnaires pour la sixième année

Pays	No des dictionnaires requis	Coût unitaire moyen des dictionnaires ($EU)	Coût des dictionnaires ($EU)	Durée présumée d'utilisation (ans)	Ratio dictionnaire/ élève visé	Coût amorti annuel des dictionnaires ($EU)
Bénin	n.d.	n.d.	n.d.	n.d.	n.d.	n.d.
Burundi	n.d.	n.d.	n.d.	n.d.	n.d.	n.d.
Côte d'Ivoire	n.d.	n.d.	n.d.	n.d.	n.d.	n.d.
Kenya	2	7,15	14,30	5	1:10	0,29
Madagascar	n.d.	n.d.	n.d.	n.d.	n.d.	n.d.
Mali	n.d.	n.d.	n.d.	n.d.	n.d.	n.d.
Namibie	1	10,00	10,00	5	1:10	0,20
Rwanda	2	10,00	20,00	5	1:10	0,40
Tchad	n.d.	n.d.	n.d.	n.d.	n.d.	n.d.
Moyen	**1,66**	**9,05**	**14,77**	**5**	**1:10**	**0,30**

Remarque : n.d. = il n'existe pas de données disponibles.

Tableau A.7 Coût des dictionnaires pour la huitième année

Pays	No des dictionnaires requis	Coût unitaire moyen des dictionnaires ($EU)	Coût des dictionnaires ($EU)	Durée présumée d'utilisation (ans)	Ratio dictionnaire/ élève visé	Coût amorti annuel des dictionnaires ($EU)
Bénin	n.d.	n.d.	n.d.	n.d.	n.d.	n.d.
Burundi	n.d.	n.d.	n.d.	n.d.	n.d.	n.d.
Côte d'Ivoire	n.d.	n.d.	n.d.	n.d.	n.d.	n.d.
Kenya	2	10,50	21,00	5	1:5	0,84
Madagascar	n.d.	n.d.	n.d.	n.d.	n.d.	n.d.
Mali	n.d.	n.d.	n.d.	n.d.	n.d.	n.d.
Namibie	1	10,00	10,00	5	n.d.	n.d.
Rwanda	1	12,50	12,50	5	1:5	0,50
Tchad	n.d.	n.d.	n.d.	n.d.	n.d.	n.d.
Moyen	**1,33**	**11,00**	**14,50**	**5**	**1:5**	**0,67**

Remarque : n.d. = il n'existe pas de données disponibles.

Tableau A.8 Coût des dictionnaires pour la onzième année

Pays	No des dictionnaires requis	Coût unitaire moyen des dictionnaires ($EU)	Coût des dictionnaires ($EU)	Durée présumée d'utilisation (ans)	Ratio dictionnaire/ élève visé	Coût amorti annuel des dictionnaires ($EU)
Bénin	n.d.	n.d.	n.d.	n.d.	n.d.	n.d.
Burundi	n.d.	n.d.	n.d.	n.d.	n.d.	n.d.
Côte d'Ivoire	n.d.	n.d.	n.d.	n.d.	n.d.	n.d.
Kenya	n.d.	n.d.	n.d.	n.d.	n.d.	n.d.
Madagascar	n.d.	n.d.	n.d.	n.d.	n.d.	n.d.
Mali	n.d.	n.d.	n.d.	n.d.	n.d.	n.d.
Namibie	1	10,00	10,00	5	1:1	2,00
Rwanda	1	15,00	15,00	5	1:5	0,60
Tchad	n.d.	n.d.	n.d.	n.d.	n.d.	n.d.
Moyen	**1**	**12,50**	**12,50**	**5**	**1:2,5**	**1,30**

Remarque : n.d. = il n'existe pas de donnés disponibles.

Tableau A.9 Coût des atlas pour la première année

Pays	Coût unitaire moyen des atlas ($EU)	Durée présumée d'utilisation (ans)	Ratio atlas/ élève visé	Coût amorti annuel des atlas ($EU)
Bénin	n.d.	n.d.	n.d.	n.d.
Burundi	n.d.	n.d.	n.d.	n.d.
Côte d'Ivoire	n.d.	n.d.	n.d.	n.d.
Kenya	n.d.	n.d.	n.d.	n.d.
Madagascar	n.d.	n.d.	n.d.	n.d.
Mali	n.d.	n.d.	n.d.	n.d.
Namibie	n.d.	n.d.	n.d.	n.d.
Rwanda	5,50	5	1:10	0,11
Tchad	n.d.	n.d.	n.d.	n.d.
Moyen	**5,50**	**5**	**1:10**	**0,11**

Remarque : n.d. = il n'existe pas de donnés disponibles.

Tableau A.10 Coût des atlas pour la sixième année

Pays	Coût unitaire moyen des atlas ($EU)	Durée présumée d'utilisation (ans)	Ratio atlas/élève visé	Coût amorti annuel des atlas ($EU)
Bénin	n.d.	n.d.	n.d.	n.d.
Burundi	n.d.	n.d.	n.d.	n.d.
Côte d'Ivoire	n.d.	n.d.	n.d.	n.d.
Kenya	5,00	5	1:5	0,20
Madagascar	n.d.	n.d.	n.d.	n.d.
Mali	n.d.	n.d.	n.d.	n.d.
Namibie	30,00	5	1:10	0,60
Rwanda	5,50	5	1:10	0,11
Tchad	n.d.	n.d.	n.d.	n.d.
Moyen	**13,50**	**5**	**1:8,33**	**0,30**

Remarque : n.d. = il n'existe pas de donnés disponibles.

Résumé statistique des enquêtes pays 271

Tableau A.11 Coût des atlas pour la huitième année

Pays	Coût unitaire moyen des atlas ($EU)	Durée présumée d'utilisation (ans)	Ratio atlas/ élève visé	Coût amorti annuel d'une série d'atlas ($EU)
Bénin	n.d.	n.d.	n.d.	n.d.
Burundi	n.d.	n.d.	n.d.	n.d.
Côte d'Ivoire	n.d.	n.d.	n.d.	n.d.
Kenya	8,30	5	1:1	1,66
Madagascar	n.d.	n.d.	n.d.	n.d.
Mali	n.d.	n.d.	n.d.	n.d.
Namibie	30,00	5	1:10	0,60
Rwanda	12,00	5	1:5	0,48
Tchad	n.d.	n.d.	n.d.	n.d.
Moyen	**16,77**	**5**	**1:5,33**	**0,91**

Remarque : n.d. = il n'existe pas de données disponibles.

Tableau A.12 Coût des atlas pour la onzième année

Pays	Coût unitaire moyen des atlas ($EU)	Durée présumée d'utilisation (ans)	Ratio atlas/ élève visé	Coût amorti annuel d'une série d'atlas ($EU)
Bénin	n.d.	n.d.	n.d.	n.d.
Burundi	n.d.	n.d.	n.d.	n.d.
Côte d'Ivoire	n.d.	n.d.	n.d.	n.d.
Kenya	12,00	5	1:1	2,40
Madagascar	n.d.	n.d.	n.d.	n.d.
Mali	n.d.	n.d.	n.d.	n.d.
Namibie	30,00	5	1:10	0,60
Rwanda	15,00	5	1:5	0,60
Tchad	n.d.	n.d.	n.d.	n.d.
Moyen	**19,00**	**5**	**5:33**	**1,20**

Remarque : n.d. = il n'existe pas de données disponibles.

Tableau A.13 Coût des livres de lecture (LdL) pour la première année

Pays	Coût unitaire moyen des LdL ($EU)	Durée présumée d'utilisation (ans)	Ratio LdL/ élève visé	Coût amorti annuel des LdL ($EU)
Bénin	2,60	n.d.	2:1	5,20
Burundi	n.d.	n.d.	n.d.	n.d.
Côte d'Ivoire	3,23	1	1:1	3,23
Kenya	2,00	5	2:1	0,80
Madagascar	n.d.	3	n.d.	n.d.
Mali	6,10	n.d.	1:1	6,10
Namibie	5,00	5	2:1	2,00
Rwanda	0,75	5	2:1	0,30
Tchad	5,40	n.d.	1:1	5,40
Moyen	**3,50**	**3,8**	**1:6**	**3,29**

Remarque : n.d. = il n'existe pas de données disponibles

Où sont passés tous les manuels scolaires ? • http://dx.doi.org/10.1596/978-1-4648-0716-9

Tableau A.14 Coût des livres de lecture (LdL) pour la sixième année

Pays	Coût unitaire moyen des LdL ($EU)	Durée présumée d'utilisation (ans)	Ratio LdL/élève visé	Coût amorti annuel des LdL ($EU)
Bénin	2,70	n.d.	2:1	5,40
Burundi	n.d.	n.d.	n.d.	n.d.
Côte d'Ivoire	4,16	3	1:1	1,39
Kenya	3,00	5	2:1	1,20
Madagascar	n.d.	3	n.d.	n.d.
Mali	6,10	n.d.	n.d.	n.d.
Namibie	8,00	5	2:1	3,20
Rwanda	2,00	5	2:1	0,80
Tchad	5,40	n.d.	1:1	5,40
Moyen	**4,48**	**4,2**	**1:66**	**2,90**

Remarque : n.d. = il n'existe pas de données disponibles.

Tableau A.15 Coût des livres de lecture (LdL) pour la huitième année

Pays	Coût unitaire moyen des LdL ($EU)	Durée présumée d'utilisation (ans)	Ratio LdL/élève visé	Coût amorti annuel des LdL ($EU)
Bénin	7,80	n.d.	1:1	7,80
Burundi	n.d.	n.d.	n.d.	n.d.
Côte d'Ivoire	8,32	3	1:3	0,92
Kenya	5,00	5	1:1	1,00
Madagascar	n.d.	n.d.	n.d.	n.d.
Mali	6,10	n.d.	n.d.	n.d.
Namibie	10,00	5	2:1	10,00
Rwanda	8,00	5	2:1	3,20
Tchad	12,50	n.d.	1:1	12,50
Moyen	**8,25**	**4,5**	**1:33**	**5,90**

Remarque : n.d. = il n'existe pas de données disponibles.

Tableau A.16 Coût des livres de lecture (LdL) pour la onzième année

Pays	Coût unitaire moyen des LdL ($EU)	Durée présumée d'utilisation (ans)	Ratio LdL/élève visé	Coût amorti annuel des LdL ($EU)
Bénin				
Burundi				
Côte d'Ivoire				
Kenya				
Madagascar				
Mali				
Namibie				
Rwanda				
Tchad				
Moyen				

Remarque : Toutes les cellules sont vides pour démontrer qu'aucun pays ne fournit les livres de lecture pour les élevés de onzième.

Résumé statistique des enquêtes pays

Tableau A.17 Résumé des coûts amortis annuels des SDP pour la première année

Pays	Manuels	Dictionnaires	Atlas	Livres de lecture	Total des coûts amortis annuels des SDP
Bénin	n.d.	n.d.	n.d.	5,20	n.d.
Burundi	3,00	n.d.	n.d.	n.d.	5,00
Côte d'Ivoire	9,00	n.d.	n.d.	3,23	12,23
Kenya	7,65	n.d.	n.d.	0,80	8,45
Madagascar	3,00	n.d.	n.d.	n.d.	3,00
Mali	4,53	n.d.	n.d.	6,10	20,63
Namibie	7,50	n.d.	n.d.	2,00	9,50
Rwanda	2,50	0,26	0,11	0,30	3,17
Tchad	1,00	n.d.	n.d.	5,40	15,4
Moyen	**5,90**	**0,26**	**0,11**	**3,29**	**9,56**

Remarque : n.d. = il n'existe pas de donnés disponibles ; SDP = Supports didactiques et pédagogiques.

Tableau A.18 Résumé des coûts amortis annuels des SDP pour la sixième année

Pays	Manuels	Dictionnaires	Atlas	Livres de lecture	Total des coûts amortis annuels des SDP
Bénin	n.d.	n.d.	n.d.	5,40	n.d.
Burundi	3,33	n.d.	n.d.	n.d.	3,33
Côte d'Ivoire	14,00	n.d.	n.d.	1,39	15,39
Kenya	7,35	0,29	0,20	1,20	9,04
Madagascar	3,00	n.d.	n.d.	n.d.	n.d.
Mali	5,50	n.d.	n.d.	n.d.	n.d.
Namibie	17,50	0,20	0,60	3,20	20,90
Rwanda	3,50	0,40	0,11	0,80	4,81
Tchad	10,00	n.d.	n.d.	5,40	15,40
Moyen	**8,02**	**0,30**	**0,30**	**2,90**	**11,52**

Remarque : n.d. = il n'existe pas de donnés disponibles ; SDP = Supports didactiques et pédagogiques.

Tableau A.19 Résumé des coûts amortis annuels des SDP pour la huitième année

Pays	Manuels	Dictionnaires	Atlas	Livres de lecture	Total des coûts amortis annuels des SDP
Bénin	n.d.	n.d.	n.d.	7,80	n.d.
Burundi	3,75	n.d.	n.d.	n.d.	3,75
Côte d'Ivoire	8,40			0,92	9,32
Kenya	10,35	0,84	1,66	1,00	13,85
Madagascar	n.d.	n.d.	n.d.	n.d.	n.d.
Mali	18,00	n.d.	n.d.	n.d.	10,00
Namibie	16,00	n.d.	0,60	10,00	26,60
Rwanda	9,60	0,50	0,48	3,20	13,78
Tchad	n.d.	n.d.	n.d.	12,50	n.d.
Moyen	**9,44**	**0,67**	**0,91**	**5,90**	**12,88**

Remarque : n.d. = il n'existe pas de donnés disponibles ; SDP = Supports didactiques et pédagogiques.

Tableau A.20 Résumé des coûts amortis annuels des SDP pour la onzième année

Pays	Manuels	Dictionnaires	Atlas	Livres de lecture	Total des coûts amortis annuels des SDP
Bénin	n.d.	n.d.	n.d.	n.d.	n.d.
Burundi	3,20	n.d.	n.d.	n.d.	3,20
Côte d'Ivoire	3,00	n.d.	n.d.	n.d.	3,00
Kenya	10,00	n.d.	2,40	n.d.	12,40
Madagascar	n.d.	n.d.	n.d.	n.d.	n.d.
Mali	23,00	n.d.	n.d.	n.d.	23,00
Namibie	16,00	2,00	0,60	n.d.	18,60
Rwanda	45,00	0,60	0,60	n.d.	46,20
Tchad	n.d.	n.d.	n.d.	n.d.	n.d.
Moyen	**14,31**	**1,30**	**1,20**	**n.d.**	**17,73**

Remarque : n.d. = il n'existe pas de donnés disponibles ; SDP = Supports didactiques et pédagogiques.

Tableau A.21 Résumé des coûts amortis annuels moyens des SDP par élève par niveau

Pays	Manuels	Dictionnaires	Atlas	Livres de lecture	Total
1ᵉ année	5,90	0,26	0,11	3,29	9,56
6ᵉ année	8,02	0,30	0,30	2,90	11,52
8ᵉ année	9,44	0,67	0,91	5,90	16,92
11ᵉ année	14,31	1,30	1,20	n.d.	16,81

Remarque : n.d. = il n'existe pas de donnés disponibles ; SDP = Supports didactiques et pédagogiques.

Tableau A.22 Méthodes de financement pour les manuels

Pays	1ʳᵉ année	6ᵉ année	8ᵉ année	11ᵉ année
Bénin	F	F	P	P
Burundi	F	F	F	F
Côte d'Ivoire	G	G	P	P
Kenya	E	E	E P	E P
Madagascar	G	G	P	P
Mali	G	G	G	G
Namibie	G	G	G	G
Rwanda	E	E	E	E
Tchad	G	G	P	P

Remarque : G = fourniture gratuite aux écoles par l'État ; E = achetés par les écoles avec un financement de l'État ; P = achat par les parents ; L = frais de location des manuels scolaires payés par les parents ; F = l'État offre des fournitures gratuites limitées dans le cadre de filets de sécurité sociale.

Tableau A.23 Méthodes de financement pour les atlas

Pays	1re année	6e année	8e année	11e année
Bénin	n.d.	n.d.	n.d.	n.d.
Burundi	n.d.	n.d.	n.d.	n.d.
Côte d'Ivoire	P	P	P	P
Kenya	E	E	E P	E P
Madagascar	n.d.	n.d.	n.d.	n.d.
Mali	G	G	G	G
Namibie	G	G	G	G
Rwanda	E	E	E	E
Tchad	n.d.	n.d.	n.d.	n.d.

Remarque : n.d. = il n'existe pas de donnés disponibles ; G = fourniture gratuite aux écoles par l'État ; E = achetés par les écoles avec un financement de l'État ; P = Acheté par les parents.

Tableau A.24 Méthodes de financement pour les dictionnaires

Pays	1re année	6e année	8e année	11e année
Bénin	n.d.	n.d.	P	P
Burundi	n.d.	n.d.	n.d.	n.d.
Côte d'Ivoire	P	P	P	P
Kenya	E	E	E P	E P
Madagascar	n.d.	n.d.	n.d.	n.d.
Mali	G	G	G	G
Namibie	G	G	G	G
Rwanda	E	E	E	E
Tchad	n.d.	n.d.	n.d.	n.d.

Remarque : n.d. = il n'existe pas de donnés disponibles ; G = fourniture gratuite aux écoles par l'État ; E = achetés par les écoles avec un financement de l'État ; P = Acheté par les parents.

Tableau A.25 Méthodes de financement pour les livres de lecture

Pays	1re année	6e année	8e année	11e année
Bénin	G	G	P	n.d.
Burundi	n.d.	n.d.	n.d.	n.d.
Côte d'Ivoire	G	G	P	n.d.
Kenya	E	E	E P	E P
Madagascar	G	n.d.	n.d.	n.d.
Mali	G	G	G	n.d.
Namibie	G	G	G	G
Rwanda	E	E	E	n.d.
Tchad	n.d.	n.d.	n.d.	n.d.

Remarque : n.d. = il n'existe pas de donnés disponibles ; G = fourniture gratuite aux écoles par l'État ; E = achetés par les écoles avec un financement de l'État ; P = Acheté par les parents.

Tableau A.26 Méthodes de fourniture des manuels

Pays	1re année	6e année	8e année	11e année
Bénin	M	M	CO	CO
Burundi	M	M	M	M
Côte d'Ivoire	CL	CL	CL	CL
Kenya	CL	CL	CL	CL
Madagascar	M	M	n.d.	n.d.
Mali	CO	CO	CO	CO
Namibie	M	M	M	M
Rwanda	CL	CL	CL	CL
Tchad	M	M	M	M

Remarque : n.d. = non disponible ; M = passation monopolistique des marchés de manuels scolaires ; CL = appel limité à la concurrence, généralement basé sur le choix de l'école au sein d'une liste de manuels approuvés par le MdE ; CO = concurrence ouverte où les écoles peuvent choisir n'importe quel manuel scolaire disponible.

Tableau A.27 Estimation du ratio manuel/élève au primaire dans les régions urbaines, rurales et éloignées

Pays	Urbain	Rural	Retiré
Bénin	1:10	1:10	1:10
Burundi	2:3	1:3	1:10
Côte d'Ivoire	1:1	1:1	n.d.
Kenya	1:2	1:3	1:5
Madagascar	n.d.	n.d.	n.d.
Mali	n.d.	n.d.	n.d.
Namibie	1:5	1:10	1:15
Rwanda	1:3	1:3	1:3
Tchad	n.d.	n.d.	n.d.

Remarque : n.d. : non disponible.

Tableau A.28 Méthodes de distribution des SDP

Pays	Primaire	Secondaire inférieur	Secondaire supérieur
Bénin	DEO	Libraire	Libraire
Burundi	DEO	DEO	DEO
Côte d'Ivoire	Société de fret	Libraire	Libraire
Kenya	Libraire	Libraire	Libraire
Madagascar	n.d.	n.d.	n.d.
Mali	Éditeur	Éditeur	Éditeur
Namibie	Libraire	Libraire	Libraire
Rwanda	Éditeur	Éditeur	Éditeur
Tchad	DEO	DEO	DEO

Remarque : DEO = Bureau de district pour l'éducation (*District education office*) ; n.d. : non disponible.

Tableau A.29 Performance de distribution

Pays	Primaire	Secondaire inférieur	Secondaire supérieur
Bénin	Satisfaisant	n.d.	n.d.
Burundi	Satisfaisant	Mauvais	Mauvais
Côte d'Ivoire	Mauvais	n.d.	n.d.
Kenya	Satisfaisant	Satisfaisant	Satisfaisant
Madagascar	Satisfaisant	n.d.	n.d.
Mali	Satisfaisant	Satisfaisant	Bonne
Namibie	Très mauvais	Très mauvais	Très mauvais
Rwanda	Satisfaisant	Satisfaisant	Satisfaisant
Tchad	Très mauvais	Très mauvais	Très mauvais

Remarque : n.d. : non disponible.

Tableau A.30 Caractéristiques de distribution

	Primaire		Secondaire inférieur		Secondaire supérieur	
Pays	Précision	À l'heure	Précision	À l'heure	Précision	À l'heure
Bénin	Imprécis	Souvent en retard	Imprécis	n.d.	Imprécis	n.d.
Burundi	Imprécis	Très tard	Imprécis	Très tard	Imprécis	Très tard
Côte d'Ivoire	n.d.	Souvent en retard	n.d.	n.d.	n.d.	n.d.
Kenya	Imprécis	Souvent en retard	Imprécis	Souvent en retard	Imprécis	Souvent en retard
Madagascar	Imprécis	Souvent en retard	Imprécis	Souvent en retard	Imprécis	n.d.
Mali	Imprécis	Parfois en retard	Imprécis	Parfois en retard	Imprécis	Parfois en retard
Namibie	Imprécis	Très tard	Imprécis	Très tard	Imprécis	Très tard
Rwanda	Imprécis	En retard	Imprécis	En retard	Imprécis	En retard
Tchad	Imprécis	Très tard	Imprécis	Très tard	Imprécis	Très tard

Remarque : n.d. : non disponible.

Tableau A.31 Sources de paternité, édition, production et de matières premières pour les 1ʳᵉ, 6ᵉ, 8ᵉ et 11ᵉ années

Pays	Paternité/édition			Production			Matières premières		
	Local	Régional	International	Local	Régional	International	Local	Régional	International
Bénin	n.d.	Secondaire	Secondaire	Toutes les années	Secondaire	Secondaire	n.d.	n.d.	Toutes les années
Burundi	Toutes les années	n.d.	Toutes les années	Toutes les années	n.d.	Toutes les années	n.d.	n.d.	Toutes les années
Côte d'Ivoire	Toutes les années	n.d.	Toutes les années	Primaire	n.d.	Toutes les années	n.d.	n.d.	Toutes les années
Kenya	Toutes les années	n.d.	Secondaire	Toutes les années	n.d.	n.d.	n.d.	n.d.	Toutes les années
Madagascar	Primaire et secondaire inférieur	Primaire supérieur et secondaire	Secondaire	Toutes les années	n.d.	Toutes les années	n.d.	n.d.	Toutes les années
Mali	Toutes les années	n.d.	n.d.	Toutes les années	n.d.	n.d.	n.d.	n.d.	Toutes les années
Namibie	Toutes les années	Primaire supérieur et secondaire	n.d.	Toutes les années	Primaire supérieur et secondaire	n.d.	n.d.	All grades	Toutes les années
Rwanda	Primaire et secondaire inférieur	Toutes les années	Toutes les années	Primaire	All grades	Toutes les années	n.d.	n.d.	Toutes les années
Tchad	Secondaire	n.d.	Toutes les années	n.d.	n.d.	Toutes les années	n.d.	n.d.	Toutes les années

Remarque : n.d. = non disponible.

Tableau A.32 Adéquation, régularité et prévisibilité des budgets gouvernementaux pour SDP

Pays	Manuels			Livres de lecture			Bibliothèque			Autres SDP		
	Acceptable	Régulier	Prévisible	Acceptable	Régulier	Prévisible	Acceptable	Régulier	Prévisible	Acceptable	Régulier	Prévisible
Bénin	Non	Oui	s.o.	Non	Oui	s.o.	Non	Non	Non	Non	Non	Non
Burundi	Non	Non	Non	Non	Non	Non	Non	Non	Non	Non	Non	Non
Côte d'Ivoire	Oui	Non	Non	Oui	Non	Non	Non	Non	Non	Non	Non	Non
Kenya	Non	Non	Non	Non	Non	Non	Non	Non	Non	Non	Non	Non
Madagascar	Non	Non	Non	Non	Non	Non	Non	Non	Non	Non	Non	Non
Mali	Non	Non	Yes	Non	Non	Oui	Non	Non	Oui	Non	Non	Oui
Namibie	Oui	Non	Non	Yes	Non	Non	Non	Non	Non	Non	Non	Non
Rwanda	Oui	Oui	Oui	Oui	Oui	Oui	Non	Non	Non	Non	Non	Non
Tchad	Non	Oui	Oui	Non	Oui	Oui	Non	Oui	Oui	Non	Oui	Oui

Remarque : n.d. = non disponible.

APPENDICE B

Résumé des questions relatives à l'utilisation des technologies de l'information et de la communication en milieu scolaire

Technologies de l'information et de la communication et réussite scolaire

Le lien entre l'utilisation des technologies de l'information et de la communication (TIC) dans les écoles et l'amélioration des résultats scolaires reste aléatoire dans tous les pays—tant dans les pays développés que dans ceux en développement. L'analyse des résultats de la recherche Infodev de 2005, sur les TIC et les résultats scolaires dans les pays en développement, résume les conclusions comme suit :

> L'incidence positive de l'utilisation des TIC n'a pas été démontrée. De manière générale, malgré des milliers d'études sur le sujet, l'impact des TIC sur les résultats scolaires reste difficile à mesurer et doit rester ouvert à des débats raisonnables. Il est plus probable que leur incidence soit positive lorsqu'elles sont associées à une dimension pédagogique. Il semble que les utilisations spécifiques des TIC peuvent avoir des effets positifs sur les résultats scolaires lorsqu'elles sont utilisées de façon à compléter la philosophie pédagogique existante des professeurs. On considère que l'enseignement assisté par ordinateur améliore légèrement les performances scolaires pour ce qui concerne les questions à choix multiple et les tests standardisés dans certains domaines. Il a été démontré que l'enseignement assisté par ordinateur (EAO), qui fait généralement référence à l'autoformation des étudiants ou aux didacticiels sur ordinateur, améliore sensiblement les notes aux tests relatifs à certaines compétences en lecture et en mathématiques. Même s'il reste discutable que de telles améliorations correspondent à de véritables progrès de l'apprentissage scolaire, les TIC seraient moins efficaces (voire inefficaces) lorsque leur utilisation n'a pas d'objectif précis. Même si cette constatation semble évidente, les objectifs spécifiques de l'utilisation des TIC dans l'éducation sont, en pratique, souvent définis de manière très globale ou vague. Il existe une tension importante entre les

pédagogies traditionnelles et les "nouvelles" pédagogies et les tests standardisés. Les pédagogies traditionnelles de transmission du savoir sont considérées comme plus efficaces pour préparer les tests standardisés, qui tendent à mesurer les résultats de ce type d'enseignement, que les styles pédagogiques plus "constructivistes". Dans de nombreuses études, il peut y avoir des disparités entre les méthodes utilisées pour mesurer les effets et la nature de l'enseignement promu par les utilisations spécifiques des TIC. Par exemple, certaines études se sont uniquement intéressées aux progrès en matière d'enseignement traditionnel, de processus d'apprentissage et de maîtrise du savoir plutôt qu'aux progrès relatifs aux nouveaux processus et aux nouvelles connaissances liés à l'utilisation des TIC. Il est possible que des analyses plus pertinentes sur l'incidence des TIC ne puissent pas voir le jour tant que les méthodes utilisées pour mesurer les réalisations et les résultats ne seront pas plus directement liées aux activités et processus d'apprentissage promus par leur utilisation. Les TIC sont utilisées différemment en fonction de la nature des matières enseignées. Il a été démontré que l'utilisation des TIC est efficace pour les simulations et la modélisation en sciences et en mathématiques, comme le sont les logiciels de traitement de textes et de communication (email) dans le développement des compétences linguistiques et de communication en milieu scolaire. La relation entre l'utilisation des ordinateurs en milieu scolaire, en dehors du milieu scolaire, et les résultats scolaires reste imprécise. Cependant, il apparaît dans certaines études que les étudiants des pays de l'OCDE, qui font état de l'utilisation de l'ordinateur la plus intensive, hors contexte scolaire, présenteraient des résultats plus bas que la moyenne (on présume que le temps important passé sur les ordinateurs hors contexte scolaire est consacré de manière disproportionnée à jouer en ligne). (Trucano 2005)

Les auteurs d'une analyse des études de recherche, conduite pour le Département pour le développement international du Royaume-Uni en 2014, sont arrivés à une conclusion presque identique (Power et coll. 2014).

Généralement, les études analysées n'offrent que peu de preuves concluantes de changements mesurables et relevés dans les pratiques d'enseignement et d'apprentissage dus à l'utilisation des TIC par les élèves.

Il semble qu'une priorité aux ordinateurs et au matériel de TIC plus forte que celle donnée aux matières du programme d'enseignement et à la pédagogie n'entraîne que très peu d'amélioration dans l'apprentissage actif des élèves. Lorsque les TIC sont mises en place sans information suffisante, cela peut renforcer les pratiques pédagogiques actuelles, centrées sur l'enseignant. De plus, si les enseignants ne sont pas encouragés à les utiliser, cela peut simplement ne contribuer aucunement à l'enseignement des disciplines. (EdQual 2011)

L'étude de recherche, fondée sur les résultats des tests et les données contextuelles de l'étude PISA de 2000, réalisée sur des dizaines de milliers d'élèves dans 31 pays, a identifié que l'utilisation intensive d'ordinateurs par les élèves pouvait être associée avec une performance en lecture et en mathématiques inférieure aux normes.

Les élèves qui travaillent beaucoup sur ordinateur à l'école obtiennent des résultats plus médiocres en mathématiques et en lecture. Ceux qui utilisent les ordinateurs plusieurs fois par semaine obtiennent des résultats sensiblement (tant en taille qu'au sens statistique) plus médiocres que ceux qui les utilisent moins souvent… La conviction d'un bénéfice sur le plan éducatif, et non pas uniquement de meilleures capacités de été soutenue par des investissements très importants en technologies de l'information et de la communication de la part des gouvernements et de nombreux parents… plus il y avait d'ordinateurs aux domiciles des élèves, meilleurs étaient les résultats aux tests… mais les familles les plus aisées et instruites étaient celles qui possédaient le plus d'ordinateurs… Une fois ceci pris en compte, plus il y avait d'ordinateurs au domicile, plus les résultats en mathématiques des élèves étaient mauvais. (Fuchs et Woessmann 2004)

Ces conclusions ont été remises en question, par exemple, par l'agence gouvernementale dédiée à l'intégration des TIC dans le système éducatif britannique (BECTA – *British Educational Communications and Technology Agency*). Néanmoins, une analyse de recherche plus récente sur l'incidence des TIC sur les résultats scolaires dans les écoles britanniques s'est avérée aussi ambivalente à l'égard de leurs avantages. Les conclusions de l'analyse, fondée sur plus de 350 études de recherche, sont les suivantes :

Actuellement, bien que les constats en matière de réussite scolaire diffèrent, il semble que, dans certains contextes, pour certains élèves et dans certaines matières, les résultats se soient améliorés. Une collection plus systématique d'éléments probants est nécessaire, même s'il apparaît déjà clairement que, lorsque les TIC sont intégrées avec succès dans les salles de classe, une incidence positive sur les résultats est plus probable. L'ensemble des constats sur l'incidence des TIC sur les résultats intermédiaires, tels que la motivation, l'engagement et l'indépendance dans l'apprentissage, est plus important et plus convaincant. Les avantages relevés dans la documentation incluent une amélioration de la collaboration, de l'engagement, de la persistance, de la concentration et de la compréhension conceptuelle. On comprend de mieux en mieux dans quelle mesure les TIC favorisent la créativité, y compris les aptitudes de réflexion et les capacités à la résolution de problèmes, malgré les contradictions entre certains constats. Dans les études rencontrées, les résultats positifs sont associés avec une gamme de technologies, en particulier celles incorporant de forts éléments visuels tels que la vidéo numérique, les logiciels orientés sur le théâtre et le multimédia… la plupart des éléments relatifs à l'incidence sur la réussite et sur un ensemble de résultats intermédiaires tels que la motivation et l'engagement proviennent d'études à petite échelle. Ces dernières sont souvent des aperçus réalisés au début de la mise en place d'une nouvelle technologie. La profusion des technologies disponibles et la vitesse à laquelle elles se développent offrent aux chercheurs un vaste champ de recherche, mais ont aussi contribué à une fragmentation et un manque de normalisation des données de base généralement utilisées pour l'évaluation de l'incidence des TIC…. on manque d'études à grande échelle, méthodiques et rigoureuses desquelles on pourrait tirer des généralités. Il est plus souvent facile d'observer précisément l'incidence des TIC quand les tâches ont des objectifs éducatifs précis, qu'elles sont conçues pour maximiser le potentiel des TIC utilisées, et perçues comme étant utiles par les élèves. (Condie et Munro 2007)

Le même rapport fait état d'impacts positifs ont été signalés dans le domaine des mathématiques, des langues étrangères modernes, des sciences, de l'histoire, de la géographie, de l'éducation physique et des arts créatifs. Néanmoins, la plupart de ces résultats positifs proviennent d'études à petite échelle, et il est nécessaire d'entreprendre d'autres études longitudinales rigoureuses pour déterminer dans quelle mesure les résultats positifs enregistrés pourraient se reproduire ailleurs, et quelle serait leur persistance dans le temps.

Le rapport mentionne aussi le développement conséquent au Royaume-Uni des ressources en ligne utilisées dans différentes disciplines des programmes. L'enseignement des langues étrangères bénéficie de la disponibilité accrue tant des ressources en ligne que des technologies telles que la vidéo et la photographie numériques, tandis que les animations et les simulations permettent aux élèves de saisir des concepts mathématiques ou scientifiques plus complexes. Ces dernières sont particulièrement efficaces pour faciliter la compréhension de concepts et de processus scientifiques abstraits ou microscopiques. Il a aussi été prouvé que la vidéo numérique et la photographie amélioraient les résultats en éducation physique, en sport et en art dramatique où les performances peuvent être enregistrées et visionnées et les progrès des capacités ciblés.

Une analyse plus récente des TIC et des connaissances en langue anglaise aboutit aux conclusions suivantes :

> Les livres numériques multimédias et les logiciels d'activité peuvent améliorer l'acquisition de compétences en lecture et écriture dans les écoles maternelles et primaires (Foundation et Key Stage 1), même si tous les systèmes ne présentent pas d'avantages. Les logiciels d'activité peuvent améliorer les capacités de synthèse à l'écrit des enfants et l'écriture thématique chez les enfants des écoles primaires. La performance en orthographe des enfants qui ont des difficultés à lire peut être renforcée par des programmes du type *Text-to-Speech* ou des associations multi sensorielles avec des lettres et des sons. Généralement, développer l'usage récréatif des abréviations de type SMS chez les enfants contribue à améliorer leur niveau en orthographe, même si équiper les enfants de téléphones n'apporte pas de bénéfice éducatif significatif en soi. Les jouets "d'écoute" interactifs permettent aux enfants d'améliorer leurs aptitudes à raconter des histoires, et facilitent la collaboration avec leurs pairs, dans les premières années. Les livres numériques multimédias peuvent aussi faciliter l'apprentissage collaboratif entre pairs et la compréhension des histoires. L'adoption d'un programme d'enseignement interdisciplinaire des TIC peut améliorer l'apprentissage de la langue anglaise de l'enfant dans les classes primaires (Key Stage 2). (BECTA 2010)

D'autres rapports d'études de recherche récents sur l'incidence des TIC en matière de résultats de l'apprentissage aboutissent à des éléments contradictoires. Dans leur étude, Banerjee et coll. (2007) concluent que le fait de dispenser deux heures par semaine d'enseignement des mathématiques par ordinateur aux enfants de "niveau 4" améliore l'apprentissage avec un écart-type de 0,4, mais ils constatent aussi que les ordinateurs des écoles témoins sont généralement inutilisés (un constat courant dans de nombreux pays de l'Afrique subsaharienne

(ASS) et dans d'autres pays en développement). Barrea et Linden (2009) ne font pas état de bénéfices identifiables en termes de développement cognitif des enfants lié à l'usage des TIC en Colombie. Malamud et Pop-Eleches (2008) signalent également un effet négatif de l'utilisation des TIC dans les écoles sur les résultats d'apprentissage, même si certaines améliorations sont à noter lorsque les parents effectuent un contrôle et un suivi.

En revanche, il semble y avoir peu de désaccords dans l'important éventail de rapports largement anecdotiques sur l'usage des TIC en milieu scolaire et leur incidence bénéfique sur le comportement des élèves, leur attitude, leur motivation et leur fréquentation.

Les éléments de preuve fournis ci-dessus sur les liens entre la fourniture des TIC et les résultats scolaires prennent largement leurs sources dans les expériences des pays développés, relativement riches, où le matériel et les logiciels des TIC sont bien financés et bien entretenus, où des logiciels appropriés sont disponibles par l'intermédiaire de liens Internet fiables, où les professeurs sont bien formés et généralement bien rémunérés et travaillent dans des environnements d'apprentissage bien organisés. Cependant

> malgré les programmes de formation des professeurs, l'augmentation des ressources en matière de TIC et les exigences des programmes nationaux, le lent développement des TIC dans les écoles reste décevant. (Cox, Preston et Cox 1999)

> Les données d'une enquête nationale réalisée au Chili montrent que les politiques nationales de formation aux TIC (projet pilote Enlaces) ont obtenu de très bons résultats en termes de participation (plus de 98 % de près de 11 000 écoles primaires et secondaires publiques participantes en 2009). Cependant il ressort de l'analyse que "les TIC n'étaient pas utilisées fréquemment dans les écoles". (Hinostroza et coll. 2011)

> La première étude à grande échelle des effets du projet OLPC [One Laptop per Child] (Un portable par enfant), conduite dans les écoles primaires au Pérou, a établi que, malgré un accès plus important aux ordinateurs par ordre de grandeur (passant de 0,12 à 1,18 ordinateur par élève), et une forte hausse de l'utilisation des ordinateurs au domicile et à l'école, il y a eu peu d'effet sur la motivation (comme l'ont montré les inscriptions et la fréquentation) sur le temps passé aux devoirs ou les habitudes de lecture des élèves. Les journaux d'exploitation indiquent que la plupart des activités n'avaient pas de liens avec l'apprentissage. (Cristia et coll. 2012)

Fullan (1991) a découvert que

> l'un des problèmes les plus fondamentaux de la réforme éducative est le fait que les personnes n'ont pas une notion précise et cohérente des raisons d'un changement éducatif, de ce qu'il représente et des manières de le gérer. Aussi il y a beaucoup d'engouement, de superficialité, de confusion, d'échecs des programmes de changement, de résistance injustifiée et à mauvais escient et de réformes mal comprises.

L'intégration des TIC dans les systèmes éducatifs de la plupart des pays en développement et des pays en transition tend à être entravée par l'ensemble des problèmes identifiés par Fullan (ci-dessus), des ratios insuffisants PC/élève (ordinateur personnel), de matériel mal entretenu et d'une non-utilisation répandue des équipements, d'une connectivité Internet largement indisponible, inefficace ou d'un prix inabordable, d'un manque d'accès facile à des logiciels adaptés, particulièrement dans les langues locales, de professeurs peu qualifiés, d'un manque fréquent de formation bien ciblée pour les professeurs, d'un financement de fonctionnement inadéquat pour appuyer l'usage effectif des TIC dans les salles de classe, et d'environnements scolaires généralement médiocres. Dans ces conditions, et avec un système éducatif déjà sérieusement sous-financé, il convient de tenir compte des conséquences financières de la fourniture des TIC dans les pays pauvres, en particulier dans les pays où les résultats positifs de l'usage des TIC pour l'amélioration de la performance des élèves sont difficiles à déterminer, mais aussi dans les pays développés et bien dotés en ressources. Dans ces situations, le rapport coût-efficacité et l'accessibilité économique deviennent des questions politiques d'un intérêt majeur.

> Dans tous les secteurs, le caractère abordable est essentiellement déterminé par le retour sur investissement—la valeur ajoutée—d'une expérience éducative. Dans certains secteurs, elle touche aussi au prix d'une expérience éducative qui ne dissuade pas les apprenants défavorisés de saisir une opportunité éducative qui relève de leurs droits de citoyenneté. Dans certains autres, elle se mesure par le retour sur investissement organisationnel, souvent lourdement dépendant des économies de coûts estimées et réalisées dans la mise en place et le développement de l'expérience éducative. Élaborer et dispenser un programme éducatif est coûteux. Aussi le fait de réduire les coûts ouvre de nouvelles possibilités d'accès. Habituellement, il y a également un avantage à l'accessibilité économique associée à des moyens d'accès plus faciles. (Abel et coll. 2007)

Investissement dans les TIC et coûts récurrents, coût total de possession

Trucano (2005) résume les questions relatives aux coûts liés à la fourniture des TIC dans les pays en développement de la manière suivante :

> Peu d'informations sont disponibles sur les coûts réels des TIC dans les systèmes éducatifs. Peu de bonnes études de coût rigoureuses sur les TIC dans l'éducation existent dans les PMA (tout comme dans les pays de l'OCDE, étonnamment). On en sait encore moins sur le rapport coût-efficacité, en particulier dans les PMA. Encore moins d'études ont été réalisées sur le rapport coût-efficacité des TIC dans les initiatives éducatives dans les PMA. Les coûts d'opportunité sont tout aussi insuffisamment étudiés. Il existe peu de recherches sur les coûts d'opportunité liés aux TIC dans les investissements en matière d'éducation—ceci est particulièrement pertinent et problématique, compte tenu de la pénurie de ressources qui définit de nombreux PMA qui s'efforcent d'atteindre l'OMD relatif à l'éducation. (Trucano 2005)

Un projet de recherche d'une durée de quatre ans (Read 2013) sur l'utilisation des TIC dans l'enseignement de base de six pays d'Asie centrale a comparé les résultats de cette recherche avec les analyses des TIC dans les politiques éducatives en vigueur dans d'autres pays en développement situés en ASS, en Amérique latine et au Moyen-Orient. Parmi les 26 pays pauvres où les politiques en matière de TIC dans l'éducation ont été analysées, un seul pays, l'Ouzbékistan, a tenté de conduire une analyse du coût total de possession (CTP), analyse qui a clairement indiqué l'échelle des coûts concernés et la nécessité de transférer des fonds affectés à d'autres lignes du budget de l'éducation vers les TIC.

> Les calculs préliminaires montrent que l'option "lourde", sur la base d'une fourniture "10+1" par école (postes de travail élèves et professeurs) avec un ratio PC/élèves de 1:50, nécessitera un investissement annuel en capital de 15,6 millions \$EU pendant cinq ans. Cette option aura pour conséquences un déficit annuel de ce budget de 7,1 millions \$EU et excédera l'option "légère" qui ne nécessiterait qu'un investissement de 11,7 millions \$EU et un budget annuel d'investissement en capital moins élevé de 3,2 millions \$EU. Cela signifie que le [gouvernement de l'Ouganda (GdO)] devra réaffecter un montant considérable provenant d'autres fonds éducatifs pour atteindre l'objectif du ratio PC/élève. En outre, pour atteindre la cible du ratio PC/élèves de 1:20 (option lourde), le GdO devra investir annuellement 31 millions \$EU en capital pendant les cinq prochaines années. (Read 2005)

Dans les pays de l'ASS, les investissements en TIC des écoles sont fortement orientés sur l'achat de matériel, même dans les pays où la faible utilisation ou la non-utilisation du matériel fourni sont courants. Cela signifie souvent que le financement est disponible pour l'achat de matériel informatique (ordinateurs et périphériques), mais que de nombreux autres aspects essentiels du financement de fonctionnement sont largement ignorés. Le financement est aussi typiquement caractérisé par le fait d'être hautement centralisé. Les décisions en matière d'équipement sont imposées et les écoles sont les bénéficiaires passifs de matériels dont les profils sont établis par le ministère central de l'Éducation (MdE). Souvent, il n'existe pas de ligne budgétaire ordinaire pour les TIC dans les écoles pour gérer le matériel fourni par le gouvernement ou les donateurs. Très peu de MdE en ASS ont des budgets de fonctionnement adéquats pour les écoles en ce qui concerne la maintenance des équipements, l'évolution et le remplacement du matériel, la connectivité, la fourniture d'énergie, les consommables, etc., même si certains donateurs et organisations non gouvernementales (ONG) apportent un soutien financier destiné à financer les coûts opérationnels à un nombre limité d'écoles, pendant une période limitée. Il n'est peut-être pas surprenant que les projets TIC financés par des donateurs ou des ONG tendent à présenter des niveaux plus élevés d'utilisation des équipements, une incidence plus importante sur les dynamiques de cours et une motivation plus forte des élèves et des professeurs que dans les projets pour lesquels les écoles équipées en matériel n'ont pas d'appui financier additionnel facilement disponible. De façon similaire, l'augmentation significative des coûts de systèmes provenant de l'introduction de TIC dans le système scolaire (conception du programme, formation des professeurs, soutien des professeurs, supervisions et inspections, estimation et évaluation, etc.) est largement absente des profils financiers des TIC dans la plupart des pays d'ASS. On constate une inadéquation systématique entre les investissements et les budgets de fonctionnement. Ainsi, et il s'agit presque d'une règle universelle, les investissements en matériel informatique ne génèrent pas automatiquement d'ajustements des budgets scolaires opérationnels. En pratique, ceci indique qu'une école équipée de 20 ordinateurs aura, en général, le même budget de fonctionnement par habitant qu'une école non équipée. Ceci en dépit du fait évident qu'une école possédant plusieurs équipements a besoin d'un financement additionnel conséquent pour utiliser ses ordinateurs efficacement. Les nombreuses mesures prises par les donateurs et les gouvernements pour passer du système budgétaire basé sur les normes en vigueur dans les écoles à un système par habitant n'ont pas traité la question réellement fondamentale. En résultat, les augmentations des investissements de matériel vont de pair avec des difficultés financières accrues pour les écoles pour exploiter l'équipement fourni. Pourtant, les équipements informatiques scolaires coûteux dépendent d'un financement de fonctionnement adapté pour conduire des opérations efficaces, ce qui est certainement le motif le plus rationnel pour leur acquisition.

Dans de nombreux pays de l'ASS, il existe une dépendance croissante (fréquemment reconnue, mais le plus souvent ignorée aux niveaux officiels) relative aux contributions des parents pour financer la plupart des coûts de fonctionnement scolaires nécessaires et qu'ainsi, l'utilisation efficace des TIC devienne une réalité. En conséquent, l'utilisation des TIC en milieu scolaire est souvent compromise par un manque de moyens financiers des parents. L'échec persistant des gouvernements à financer les coûts de fonctionnement scolaires conduit souvent à mettre l'accent sur la fracture numérique plutôt qu'à la combler. Les écoles pauvres en milieu rural sont en général moins à même d'obtenir le soutien des parents pour financer le budget de fonctionnement que les écoles des quartiers riches en milieu urbain et en tout état de cause, les coûts de connectivité, la maintenance et les consommables peuvent être plus élevés dans les zones rurales que dans les zones urbaines en raison des facteurs de distance et de difficulté d'accès. Certains éléments anecdotiques prouvent que, même, si les connexions Internet sont disponibles, elles sont largement sous-utilisées, en particulier en milieu rural, parce que les écoles n'ont pas les budgets de fonctionnement pour payer les coûts d'une connectivité permanente. Quand les coûts d'Internet sont financés par les ONG ou les donateurs, on constate un schéma typique de déclin ou de cessation de l'utilisation d'Internet lorsque le soutien financier des donateurs ou des ONG touche à sa fin.

Dans les cas où les écoles sont en grande partie responsables de la collecte de fonds destinés à financer leur propre informatisation (par exemple, au Ghana, au Kenya, en Ouganda et dans d'autres pays), elles font souvent preuve d'une méconnaissance des coûts nécessaires pour financer l'utilisation efficace des TIC dans leurs classes.

Les visites réalisées dans des écoles secondaires ont révélé que les coûts de fourniture et d'utilisation des TIC n'étaient pas clairement compris et souvent inabordables, aboutissant à une non-utilisation fréquente de matériel coûteux et à l'incapacité de financer les coûts de maintenance pour le garder en état de marche. (Read 2010)

Quand les écoles sont responsables du financement de leur propre développement en matière de TIC, elles ont souvent tendance à acheter du matériel reconditionné ou d'occasion à bas prix, qui présente fréquemment une espérance de vie limitée et exige également, inévitablement, des interventions plus régulières de maintenance et de dépannage. Cela accroît la pression sur les budgets de maintenance scolaires et mène tout droit à des pourcentages plus élevés de matériel informatique non opérationnel. On rencontre le même problème avec les dons de matériel d'occasion. Le directeur d'une école urbaine à Kigali expliquait que son école était engagée dans la recherche permanente, et coûteuse en temps, de dons et de financements auprès des gouvernements, des anciens élèves, des ONG, des partenaires au développement (PD) et d'autres financeurs, dans le but de remplacer le matériel donné défectueux. Le matériel reconditionné donné, souvent assez ancien, peut aussi ne pas être conforme aux systèmes d'exploitation des autres ordinateurs installés dans les écoles.

Obstacles à une utilisation efficace des TIC dans l'éducation

On observe une unanimité remarquable en matière de contraintes dans le développement des TIC de l'enseignement de base. Ces dernières sont identifiées dans les analyses de la fourniture de TIC dans les pays en développement. Les problèmes suivants ont été constatés dans la majorité des pays de l'ASS.

- Un fossé socioéconomique entre les riches et les pauvres et les zones urbaines et les zones rurales, générant des écarts importants dans la qualité de l'enseignement dispensé et spécifiquement des différences radicales dans l'application des TIC à l'éducation
- Une fourniture inadéquate d'équipement informatique, associée à des pourcentages élevés de matériel non opérationnel dans les écoles, le tout dû à des budgets de fonctionnement inadaptés
- Des télécommunications insuffisamment développées et, en particulier, le problème du "dernier kilomètre" et les écarts d'accès et de coûts à la fourniture d'Internet dans les zones rurales et urbaines
- Des problèmes permanents d'alimentation électrique—le fait qu'une école soit connectée au réseau national ne veut pas dire qu'elle est alimentée en électricité quand cela est nécessaire, c'est-à-dire, pendant les heures de classe (surtension, pannes, alimentation électrique non fiable et imprévisible, alimentation électrique ininterrompue (AEI) inadéquate avec les coûts additionnels des factures d'électricité gonflées sans modification en conséquence du budget de financement ; ces problèmes sont courants et s'ajoutent au simple manque d'accès à l'électricité)

- Un manque de services de maintenance des TIC dans les zones rurales reculées et des coûts de maintenance accrus dans les zones rurales
- Des environnements scolaires médiocres—manque de sécurité, d'imperméabilisation ou d'air conditionné, mobilier inadapté à l'ergonomie médiocre, aménagement sommaire de la salle informatique, installation rudimentaire des TIC, câblage obsolète (parfois dangereux), etc.
- Un financement inadéquat, en particulier pour les coûts de fonctionnement de l'école, pour l'électricité, la connectivité Internet, la maintenance et l'achat de consommables
- Un financement insuffisant pour la formation des enseignants, la supervision, les services de maintenance, etc.
- Un manque d'enseignants formés et des problèmes de résistance à l'utilisation des TIC de la part des enseignants
- Un manque de logiciels en langues locales (dans la plupart des pays, il existe un simple manque de logiciels destinés à l'usage scolaire dans les langues nationales, bien que, dans la plupart des pays d'ASS, le problème concerne plus les classes du primaire que celles du secondaire, ou les langues internationales sont généralement celles utilisées pour l'instruction
- Une confusion et un manque de clarté méthodologiques dans les programmes d'enseignement nationaux ou dans les documents relatifs aux programmes en ce qui concerne la meilleure manière d'utiliser les TIC en milieu scolaire et les résultats d'apprentissage attendus
- Des programmes d'enseignement, des cursus scolaires, des politiques et stratégies d'évaluation mal adaptés aux besoins et aux exigences actuels des TIC
- Un manque de contrôle de l'efficacité

Dans la plupart des pays d'ASS, les problèmes listés ci-dessus entravent sérieusement l'utilisation efficace des TIC dans les salles de classe, à l'exception des "bonnes" écoles (souvent privées) installées dans les capitales et autres centres urbains. Les profils par pays des TIC présentés ci-dessous couvrent un éventail de politiques communes et de questions opérationnelles en matière de TIC.

Ghana

La fourniture des TIC dans le secteur de l'éducation au Ghana est une priorité de la politique du ministère de l'Éducation, des Sciences et des Sports (MOESS – *Ministry of Education, Science and Sport*) inscrite dans le projet de la cinquième Politique du secteur de l'éducation. Au Ghana, l'introduction des TIC dans le système scolaire devrait remplir les trois rôles différents mais connexes suivants :

- Un outil de gestion et d'administration dans les établissements
- La formation et la familiarisation en matière d'utilisation des applications les plus courantes (par exemple, le traitement de texte, les tableurs, les bases de données, les présentations, la publication assistée, l'Internet, etc.
- Un outil d'enseignement et d'apprentissage pour tous les sujets du programme d'enseignement

En raison des répercussions sur les coûts de la fourniture des TIC dans le secteur de l'éducation, le consensus au sein du MOESS est de limiter actuellement la majeure partie de l'investissement du gouvernement en matière des TIC aux écoles secondaires du deuxième cycle. La Revue du secteur de l'éducation de 2009 a commenté sur l'efficacité des TIC dans le système éducatif du Ghana en ces termes :

> L'utilisation des TIC dans le secteur de l'éducation n'a pas été aussi efficace que prévue. Quarante-trois pour cent de tous les ordinateurs dans les écoles secondaires du deuxième cycle ne fonctionnent pas. La plupart étaient d'occasion, donnés ou achetés localement par les établissements. Cinquante-quatre pour cent des 501 établissements inscrits dans l'enquête avaient des ordinateurs ne répondant pas aux spécifications minimales du ministère. Le ratio moyen national élève/ordinateur est de 42 pour 1 et celui-ci varie de 50/1 dans la région du Nord à 33/1 dans la région de la Volta. Dans les établissements individuels, le ratio élèves/ordinateur varie de 3/1 à 650/1. 93,4 % des établissements utilisent des logiciels sans licence. Seuls 89 établissements, soit 17,7 % du nombre total de lycées, ont une connexion Internet et 80 sur les 89 se trouvent dans les zones urbaines ou semi-urbaines... seuls 8,3 % du nombre total d'ordinateurs sont connectés à Internet. Sur la majorité des laboratoires informatiques, 69,2 % sont fermés immédiatement après les heures de classe. Les élèves n'ont généralement pas accès aux compétences pratiques. Il existe un grand écart entre les frais de TIC collectés (auprès des parents) et les dépenses sur les TIC dans la plupart des lycées. (MOESS 2009)

La citation ci-dessus résume bon nombre des problèmes communs liés aux stratégies en matière de TIC et d'investissement dans les économies en développement et transitoires comme suit :

- Le développement des TIC pour l'éducation est axé sur le matériel informatique.
- Il est en grande partie non planifié et souvent incontrôlé.
- Une proportion significative du matériel dans les établissements n'est pas opérationnelle ou n'est pas utilisée.
- Une grande partie du matériel acquis (en particulier lorsque les établissements se chargent de leur propre approvisionnement) est de faible coût et de qualité inférieure à la norme, et souvent importé d'occasion ou "reconditionné".
- Le matériel donné, en particulier par des petits partenaires au développement et des ONG est également souvent d'occasion.
- Les PC d'occasion exigent beaucoup plus de maintenance que les nouveaux PC.
- Il n'y a aucune considération évidente pour toutes les implications de coûts pour les établissements et le MOESS.
- Les parents tendent à être l'origine des frais de fonctionnement TIC dans les écoles.
- Le fait que l'infrastructure des TIC est actuellement beaucoup plus développée dans les zones urbaines par rapport aux zones rurales permet de mettre

l'accent sur la fracture numérique nationale (FNN) plutôt que sur la réduction de la FNN, largement promise par les sociétés de matériel informatique et de logiciels.
- Il y a peu d'accès des élèves (ou des enseignants) au matériel après les heures de classe et donc aucune possibilité de pratique libre et de travail autonome.
- Les logiciels sont pour la plupart piratés et il y a une absence généralisée de logiciels antivirus.

L'utilisation efficace des TIC dans les systèmes scolaires dépend, entre autres facteurs, de budgets de fonctionnement suffisants pour maintenir l'équipement en parfait état de fonctionnement. Cela signifie que les coûts d'investissements et récurrents de fonctionnement doivent être clairement identifiés comme faisant partie du coût total de possession (CTP). Les coûts normaux récurrents sont l'électricité, les frais d'accès à Internet, la maintenance et l'entretien, les pièces de rechange, les consommables, les contenus numériques (documentation électronique), et les logiciels (y compris les logiciels antivirus). En outre, les coûts d'investissement et de remplacement doivent être liés à une vie scolaire ciblée. Dans les zones rurales, la connexion par ligne commutée peut être beaucoup plus coûteuse et beaucoup moins efficace qu'une connexion haut débit dans une grande ville. La maintenance et l'entretien sont beaucoup plus difficiles à effectuer dans les zones rurales que dans les zones urbaines et sont susceptibles d'être moins efficaces. Les coûts de la formation des enseignants ne devraient jamais être estimés sur la base d'une formation initiale de type "démarrage-arrêt" d'un ou deux jours. Pour pouvoir utiliser les TIC pour enseigner les applications courantes et comme un outil efficace dans l'enseignement et l'apprentissage d'une variété de sujets, les enseignants doivent être compétents et confiants dans leur utilisation des TIC. Pourtant, sur 17 953 enseignants au Ghana ayant répondu au questionnaire d'enquête, 44,1 % ont uniquement des compétences de base en TIC. 14,4 % ont affirmé avoir des compétences avancées (quelle qu'en soit la définition) mais seulement 3,9 % ont prétendu être capables de développer un contenu et seulement 3 % peuvent effectuer la mise en réseau. Afin de développer la confiance et les compétences nécessaires pour utiliser efficacement les TIC dans la salle de classe, les enseignants devraient avoir la possibilité de pratiquer. Peu d'enseignants d'Afrique subsaharienne atteignent cet objectif. L'autoformation et les cours en ligne sont généralement conçus pour fournir 40 à 60 heures d'expérience pratique afin d'atteindre une efficacité opérationnelle moyenne. Ainsi, les coûts potentiels de formation d'enseignants (y compris la formation initiale et continue) sont considérables si l'on souhaite que les investissements matériels et récurrents soient efficaces.

L'utilisation des TIC dans la salle de classe est une activité coûteuse dont les résultats en matière d'apprentissage ne sont pas aujourd'hui à la mesure de l'ampleur des investissements au Ghana. L'investissement dans les TIC a le potentiel de détourner l'investissement d'autres domaines importants de l'éducation, ce qui ne constitue pas un argument contre l'investissement dans les TIC, mais suggère plutôt qu'il y a un besoin urgent d'une stratégie d'investissement soigneusement planifiée et équilibrée, qui assure que les investissements de base et prioritaires en matière d'éducation soient financés parallèlement avec l'investissement dans les TIC.

Jordanie : Réforme de l'éducation pour l'économie du savoir

La Jordanie a l'un des projets les mieux financés en matière de réforme de l'éducation, en grande partie grâce à un financement de la Banque mondiale et de l'Agence américaine pour le développement international (USAID), ainsi qu'au soutien du secteur privé international du matériel et des logiciels informatiques.

La réforme des programmes d'enseignement faisait partie de la réforme de l'éducation dans le cadre du projet de réforme de l'enseignement en vue de l'économie de la connaissance (ERfKE). Des indications claires montrent que des efforts ont été faits pour inclure des possibilités de développer des compétences inter-programmes dans les programmes et les manuels scolaires classiques, bien que l'exigence de contenu de programme surchargé dans la plupart des matières et des niveaux scolaires rende très difficile de réaliser en cours les exercices et les activités proposés pour atteindre ces compétences. En outre, de nombreux enseignants ne possèdent pas les compétences requises, et parfois ne s'intéressent pas au développement de ces compétences.

En outre, le matériel en ligne pour l'enrichissement des connaissances produit par la *Jordan Education Initiative* (JEI) ne semble pas être bien intégré dans les manuels scolaires et les guides pédagogiques, alors que ces manuels ont généralement été utilisés comme point de départ pour la production du matériel en ligne. Un récent rapport de recherche issu par le *National Center for Human Resource Development* (NCHRD – Centre national pour la mise en valeur des ressources humaines) (Abuloum et Qablan 2008) indique que la mauvaise qualité du matériel en ligne est considérée par les enseignants des TIC comme le principal obstacle au développement de ces derniers comme outils d'enseignement et d'apprentissage pour l'ensemble du programme scolaire. Sur les 278 enseignants de TIC interrogés, 91,5 % ont déclaré que le principal obstacle à l'utilisation des TIC dans les établissements est lié au caractère non convivial et compliqué des logiciels éducatifs, 80,9 % ont mentionné le manque de ciblage des logiciels éducatifs, tandis que. 8,9 % ont évoqué la charge d'enseignement excessive qui empêche les enseignants d'utiliser les ressources des TIC. Les déclarations des enseignants inclues dans le rapport suggèrent que la majeure partie du matériel en ligne est une duplication du contenu des manuels au lieu d'être un complément ou une extension de ce contenu. Dans certains cas, les enseignants ont fait valoir que le matériel papier et le matériel en ligne représentaient deux approches parallèles (et concurrentes) des programmes des matières plutôt qu'une approche intégrée de la prestation des programmes. Le niveau réel de planification, de collaboration et de coordination entre les équipes de développement des manuels et du matériel en ligne varie d'une matière à l'autre, mais dans l'ensemble il a été jugé insuffisant. Il n'y a aucune preuve d'analyse des besoins détaillée et coordonnée, destinée à fournir une approche intégrée pour le développement et la mise à disposition des des supports didactiques et pédagogiques

(SDP) sous forme imprimée et électronique. Les deux groupes sont généralement trop occupés avec leur propre travail pour s'informer les activités de l'autre groupe. On constate une utilisation accrue de la phraséologie "d'apprentissage mixte", mais beaucoup moins de preuves tangibles que "l'apprentissage mixte" a effectivement eu lieu, ou même qu'il s'agissait d'un des objectifs des processus de développement des matériels imprimés et électroniques.

Les deux programmes parallèles, matériels imprimés et électroniques, sont essentiellement séquentiels. Bien que les matériels électroniques soient décrits comme "matériel d'enrichissement", il est clair qu'ils suivent fréquemment et étroitement la même séquence de programme que les manuels, et pourraient être interprétés comme une approche d'apprentissage alternative. Du reste, c'est là le point de vue de l'échantillon des enseignants cités par le rapport du NCHRD. Certains des spécialistes en numérisation ont indiqué qu'ils essayaient à présent d'intégrer rétrospectivement aux guides des utilisateurs des matériels électroniques, les renvois aux manuels scolaires. Dans plusieurs matières, les groupes de programmes imprimés proposent maintenant leurs propres matériels électroniques alternatifs en raison des problèmes observés avec les matériels de la JEI, la réticence des éditeurs de ces matériels à répondre aux suggestions de changement, et les difficultés liées à la distribution numérique. La Direction de la numérisation signale qu'elle a envoyé des commentaires et des suggestions à la JEI en vue de la révision des produits électroniques existants, mais aucun signe ne montre que ces révisions seront entreprises.

Dans les pays développés, la presque totalité des éditeurs commerciaux de supports pédagogiques de base perçoivent désormais les formats imprimés et électroniques comme complémentaires, nécessitant par conséquent une unification en termes de conceptualisation, de planification et de développement. En Jordanie, les deux approches sont perçues dans la réalité, sinon dans l'intention, comme distinctes en termes de développement. La concentration sur le développement de manuels en ligne complets suggère qu'en Jordanie, les développeurs perçoivent ces matériels comme un moyen de substitution, plutôt qu'un complément, des manuels et des stratégies d'enseignement et d'apprentissage existants que la majorité d'enseignants jordaniens connaît bien et emploie avec facilité. Cette vision caractérise les approches TIC dans l'éducation de nombreux pays en développement et en transition, approches qui se démarquent nettement des approches TIC dans l'éducation dans de nombreux pays développés. La concentration sur le développement des manuels en ligne tend à être symptomatique de cette approche.

> Même dans les établissements les plus avancés des pays de l'OCDE [Organisation de coopération et de développement économiques], les TIC ne sont généralement pas considérés comme essentiels dans le processus d'enseignement et d'apprentissage. Beaucoup d'initiatives liées aux TIC dans l'éducation dans les PED cherchent (au moins dans leur rhétorique) à placer les TIC au cœur de l'enseignement et de l'apprentissage. (Trucano 2005)

> Nous ne devrions pas être séduits par la promesse que la prochaine technologie émergente offrira les résultats scolaires escomptés. C'est seulement lorsque nous

combinons les capacités de la technologie avec les compétences remarquables propres aux enseignants que les TIC font vraiment la différence. (Lynch 1999)

Les deux citations ci-dessus impliquent que les TIC ne constituent pas une solution miracle susceptible d'améliorer immédiatement la qualité de l'enseignement et les performances des élèves. Elles impliquent également qu'une telle amélioration va nécessiter de combiner les nouvelles technologies avec les compétences pédagogiques existantes (ou résultant d'une formation) dans un contexte de programmes et de méthodes d'enseignement qui prévoient l'espace et le temps pour une utilisation avantageuse des TCI en salle de classe, ainsi qu'un système d'évaluation conçue pour mesurer des compétences spécifiques aux TCI, les objectifs de ces derniers et leurs résultats d'apprentissage.

La question des ordinateurs dans les établissements est associée avec les problèmes ci-dessus. Le rapport du NCHRD cité ci-dessus confirme que la Jordanie a un ratio moyen PC/élèves de 1:17, bien qu'il existe des variations considérables entre les établissements, certains fonctionnant à 1:40 ou même plus. Ces ordinateurs sont généralement fournis dans des laboratoires informatiques et les directeurs d'établissement rapportent l'existence de problèmes de planification majeurs lorsque la classe doit accéder aux laboratoires d'informatique à un moment précis. Les rapports disponibles donnent peu d'indications sur l'utilisation réelle des laboratoires informatiques, mais il est certain qu'il existe de grandes variations entre les établissements. Les données fournies par le rapport du NCHRD semblent suggérer que la majorité des établissements montrent une sous-utilisation grave des laboratoires informatiques. Lorsque le problème de planification est associé aux problèmes répandus de maintenance, il est clair qu'il existe un besoin d'examiner les voies et moyens pour améliorer l'infrastructure de base des TIC. Le coût de la formation des enseignants et le soutien aux enseignants pour l'utilisation des TIC dans le programme d'enseignement sont largement sous-estimés ; pourtant il s'agit d'un facteur crucial dans une intégration réussie des TIC dans le programme d'enseignement. En gardant à l'esprit le rôle prééminent du matériel en ligne et de l'utilisation des TIC dans les programmes d'enseignement et dans les réformes de l'éducation en Jordanie, il est surprenant qu'aucun CTP détaillé pour la fourniture des installations de TIC et l'utilisation des matériels électroniques dans l'éducation n'ait été entrepris jusqu'ici. Le rapport du NCHRD révèle que 89 % des enseignants de TIC estiment que l'incapacité de l'enseignant à utiliser le matériel en ligne constitue un obstacle majeur à l'utilisation des TIC dans les établissements, ce qui tend à souligner que la formation des enseignants dans l'utilisation des TIC dans le programme d'enseignement reste un problème.[1]

Kenya

En août 2008, une enquête sur les fournitures de TIC a été réalisée dans 20 écoles secondaires dans le cadre de la préparation du *Free Day Secondary School Project* (Read 2007) (projet d'enseignement secondaire gratuit au Kenya) financé par la Banque mondiale. Les écoles étudiées étaient situées dans 5 provinces et 11 districts, et 60% en milieu rural.

Parmi les écoles rurales étudiées, 33 % n'avaient pas d'ordinateurs du tout contre 12,5 seulement dans les écoles urbaines. Le ratio ordinateur/élèves était de 1:25, mais de 1:33 en ne prenant en compte que des PC opérationnels. Parmi les PC, 23 % n'étaient pas opérationnels. La majorité des PC étaient fournis par les écoles elles-mêmes ou loués auprès de sociétés commerciales de crédit-bail. Les écoles interrogées pour l'enquête n'avaient reçu que bien peu d'indications de la part du MOEST concernant le matériel qu'elles devaient se procurer et leur utilisation. Une proportion élevée de l'approvisionnement était du matériel d'occasion ou reconditionné. Seuls 26 % des PC dans les écoles étudiées étaient protégés par l'AIE contre les surtensions et les coupures d'électricité. Ces dernières peuvent non seulement endommager le matériel, mais aussi se solder par une perte de travail et par des dégâts aux logiciels. De nombreuses écoles secondaires, notamment les plus récentes et les plus petites, et celles situées en milieu rural, ne disposaient pas de raccordement au réseau électrique ni d'accès à l'électricité, ou alors avec de fortes restrictions. La plupart des écoles étaient équipées au moins d'une imprimante, mais 50 % des écoles seulement disposaient d'une photocopieuse opérationnelle et 10 % d'un projecteur en état de marche.

Les ordinateurs n'étaient utilisés que dans 60 % des écoles étudiées pour contribuer à l'administration et la gestion scolaire, principalement pour la gestion financière, les examens, la tenue des registres des élèves et du personnel et l'évaluation des élèves. Curieusement, 40 % des écoles seulement mettaient des PC à la disposition des enseignants pour préparer leurs leçons. 14 % des enseignants dans les écoles étudiées ont déclaré avoir accès à un ordinateur à la maison.

Parmi des écoles étudiées, 30 % donnaient aux élèves un accès totalement libre aux PC scolaires pendant les heures de cours. Les 70 % restant ne permettaient pas aux élèves d'introduire des périphériques de stockage externes dans la classe. Toutefois, rien ne prouve clairement que cette interdiction ait fait l'objet d'une surveillance ou d'une application active dans la plupart des écoles visitées. Quelques laboratoires informatiques visités accueillaient des élèves qui y travaillaient sans supervision. Quarante pour cent des écoles ont prétendu maintenir un antivirus légal. Seuls 10 % des écoles bénéficiaient d'une connexion Internet, mais une seule fournissait un accès Internet à ses élèves. Dans la plupart des cas, l'accès à Internet était réservé à l'usage du proviseur et de l'administration scolaire. Il a été généralement signalé que les coûts élevés de l'accès à Internet représentent la contrainte la plus importante en matière de développement de la connectivité.

Une sauvegarde régulière des données n'était pratiquée que par 30 % des écoles. Aucune parmi ces dernières ne sauvegardait de données à partir des PC des élèves. Aucune école n'avait testé la procédure de "restauration" pour vérifier la sauvegarde correcte des données. La réalisation régulière de sauvegarde n'est que la moitié de la procédure. Des tests réguliers de "restauration" doivent être effectués régulièrement pour assurer l'intégrité des données. Un système de sécurité de base très réduit (disponible par défaut sur les systèmes d'exploitation de Microsoft) était activé sur les ordinateurs. Les restrictions de base portant sur les ouvertures de session et les privilèges de connexion n'étaient pas appliquées, offrant ainsi aux élèves les mêmes privilèges qu'à l'administrateur scolaire des TIC. Cela permettait aux élèves, s'ils le souhaitaient, de faire tout ce qu'ils voulaient avec les ordinateurs scolaires, par exemple d'installer leurs propres applications, de modifier les paramètres ou de supprimer des fichiers et des programmes. Bien qu'aucune des écoles étudiées n'ait disposé de logiciel de surveillance d'Internet, une d'elles vérifiait systématiquement les historiques Internet et a découvert que certains élèves accédaient à des sites illicites. Ces élèves ont fait l'objet de mesures disciplinaires appropriées.

Malgré l'investissement des écoles en PC, seules 25 % des écoles étudiées avaient créé un réseau local (LAN : local area network) pour les élèves. Même sans connexion Internet, un réseau local permet aux élèves de partager des fichiers et de communiquer, et si l'école le souhaite, il est possible de développer un Intranet pour montrer aux élèves l'aspect et le fonctionnement d'Internet malgré les restrictions d'accès instaurées par la politique de l'école.

Les seules écoles avec des contrats d'assistance et de maintenance avec des sociétés de TIC étaient celles qui louaient du matériel à Computers for Schools Kenya (CfSK). Un certain nombre d'écoles ont signalé que lorsque leurs PC devaient être réparés, elles sous-traitaient à un agent local pour un coût d'environ 100 $EU par ordinateur. D'autres écoles ont déclaré ne pas avoir le budget nécessaire pour réparer les ordinateurs, qui étaient habituellement jetés lorsqu'ils cessaient de fonctionner. La figure B.1 illustre les problèmes déclarés par les écoles kenyanes : (a) absence de connexion Internet, (b) coût élevé de la connexion Internet, (c) connectivité insuffisante, (d) coût élevé des consommables, (e) budgets scolaires insuffisants pour la mise en œuvre des TIC, (f) formation insuffisante des enseignants à l'utilisation des TIC, (g) coût considérable des services de maintenance, et (h) manque d'accès aux services d'assistance.

Dans toutes les écoles étudiées, l'utilisation principale des TIC avait pour objectif d'enseigner des notions d'informatique aux élèves. Peu d'éléments indiquent que les TIC étaient utilisées en tant que support didactique et pédagogique pour les autres matières du programme d'enseignement. La plupart des écoles étudiées imposaient aux parents une contribution annuelle destinée à couvrir le coût et l'utilisation des TIC à l'école. La figure B.2 indique clairement que la plupart des écoles au Kenya sont responsable de la passation de marchés pour leurs propres ordinateurs, les fournitures financées par l'État restant minoritaires.

Ouganda

En décembre 2007, une enquête sur les TIC a été réalisée auprès de 11 écoles secondaires dans le cadre de la préparation du *Post Primary Education and Training Project* (Read 2007) (Appui à l'enseignement et à la formation post-primaire en Ouganda). Une enquête réalisée en 2002 avait indiqué une présence relativement

Figure B.1 Problèmes majeurs d'utilisation des TIC dans l'enseignement

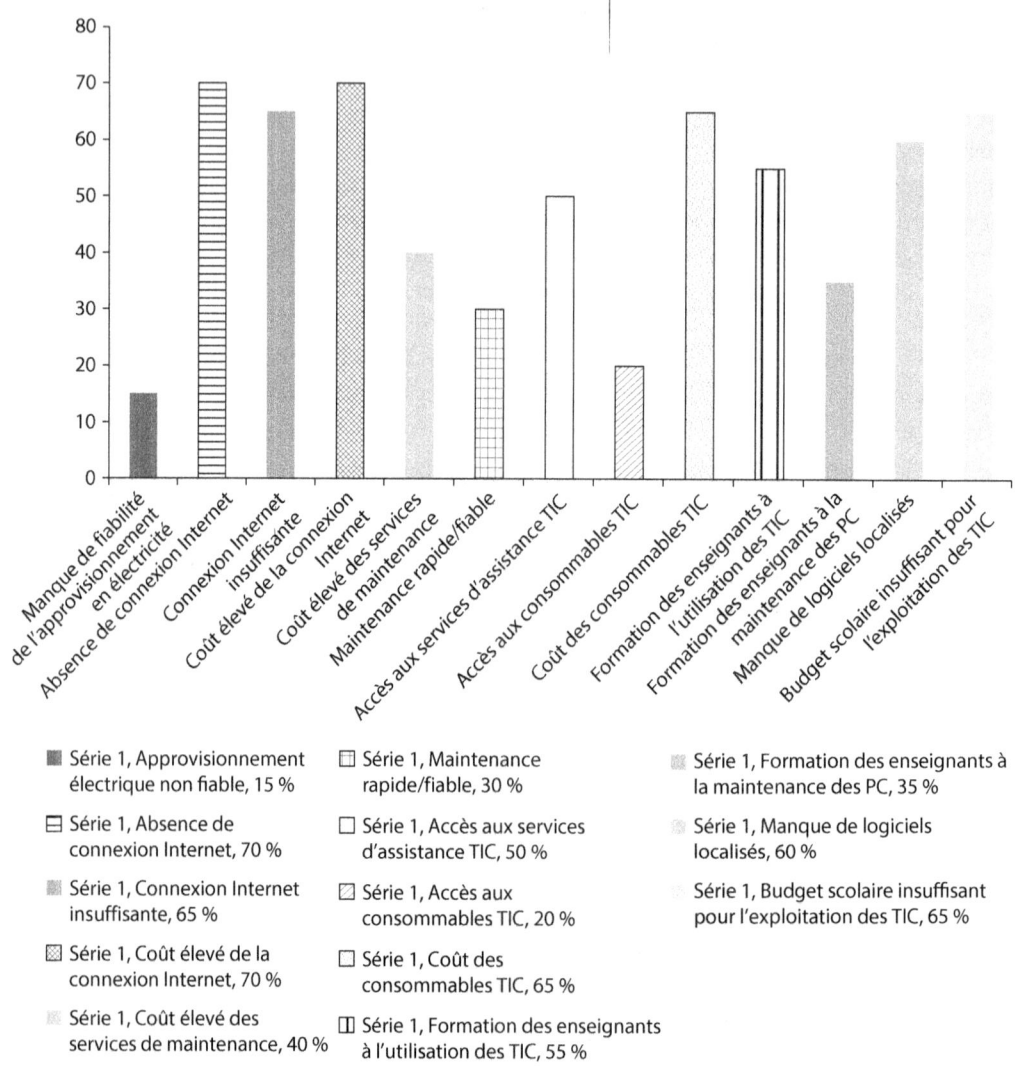

- Série 1, Approvisionnement électrique non fiable, 15 %
- Série 1, Absence de connexion Internet, 70 %
- Série 1, Connexion Internet insuffisante, 65 %
- Série 1, Coût élevé de la connexion Internet, 70 %
- Série 1, Coût élevé des services de maintenance, 40 %
- Série 1, Maintenance rapide/fiable, 30 %
- Série 1, Accès aux services d'assistance TIC, 50 %
- Série 1, Accès aux consommables TIC, 20 %
- Série 1, Coût des consommables TIC, 65 %
- Série 1, Formation des enseignants à l'utilisation des TIC, 55 %
- Série 1, Formation des enseignants à la maintenance des PC, 35 %
- Série 1, Manque de logiciels localisés, 60 %
- Série 1, Budget scolaire insuffisant pour l'exploitation des TIC, 65 %

Remarque : TIC = Technologies d'information et de communication.

minime des TIC dans les écoles secondaires, avec seulement 2 écoles sur les 35 étudiées qui donnaient accès aux PC à leurs élèves ; par contre 30 % des écoles utiliser les ordinateurs à des fins d'administration et de gestion. En 2007, la situation a radicalement changé. Toutes les 11 écoles couvertes par l'enquête avaient mis des PC à la disposition des élèves. Les nombres variaient entre 8 et 61 PC mis à la disposition des élèves. La moyenne était de 23 ordinateurs par école, représentant un rapport PC/élève de 1:40. Neuf des 11 écoles avaient une salle informatique, bien que toutes n'aient pas été correctement conçues ou conformes aux normes basiques relatives à la santé et la sécurité. Quatre-vingts pour cent des PC étaient des Pentium 3 ou mieux. Soixante-dix pour cent des ordinateurs étaient

Figure B.2 Modes d'approvisionnement des ordinateurs

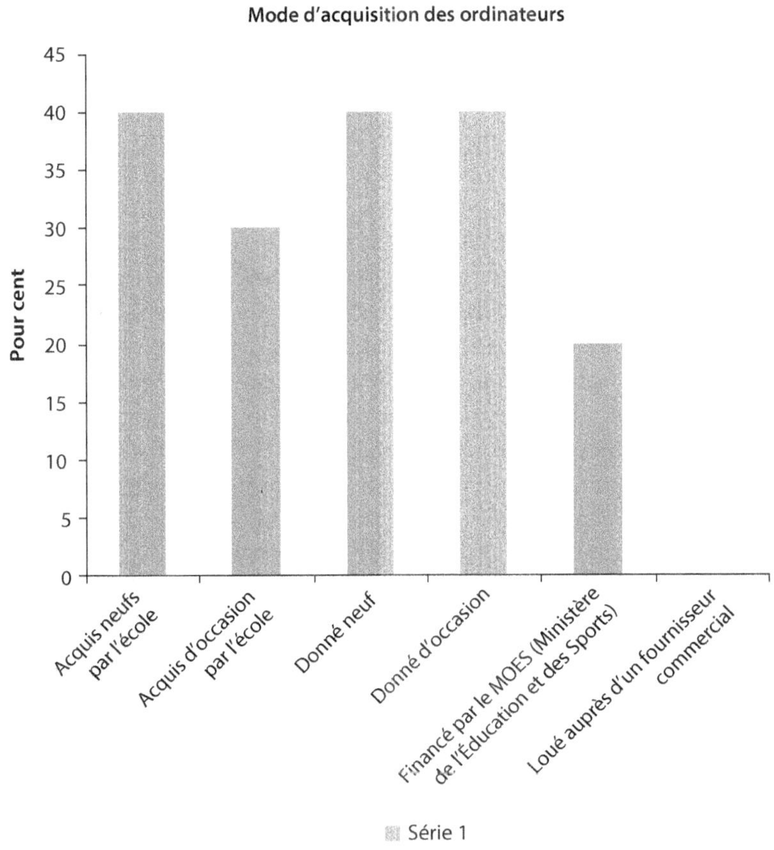

Mode d'acquisition des ordinateurs

[Bar chart showing percentages: Acquis neufs par l'école: 40%; Acquis d'occasion par l'école: 30%; Donné neuf: 40%; Donné d'occasion: 40%; Financé par le MOES (Ministère de l'Éducation et des Sports): 20%; Loué auprès d'un fournisseur commercial: 0%. Y-axis: Pour cent (0 à 45). Légende: Série 1]

Remarque : MOES = Ministère de l'Éducation et des Sports.

achetés neufs (40%) ou d'occasion par les écoles par le biais des budgets de fonctionnement ou les contributions des parents. Quarante pour cent des écoles avaient reçu des dons d'ordinateurs neufs, et 40 %, des dons d'ordinateurs d'occasion. 20% des écoles seulement (trois sur 11) avaient reçu des ordinateurs financés par le ministère de l'Éducation et des Sports (MOES). En 2007, aucun élément n'indiquait le recours à des locations commerciales d'ordinateurs en 2007, bien que le crédit-bail commercial ait été introduit depuis longtemps en Ouganda.

Sur les 7130 élèves concernés par l'enquête, 4364 suivaient des cours d'informatique (61 %). Dans 9 des 11 écoles, tous les élèves en S1 suivaient des cours obligatoires d'informatique. Deux écoles proposaient des cours obligatoires d'informatique aux niveaux S2 et S3. La plupart des écoles s'efforçaient de proposer une initiation générale à Microsoft Office à l'ensemble des élèves. Peu d'éléments indiquaient que les TIC étaient utilisées pour l'enseignement et l'apprentissage des matières autres que l'informatique. Microsoft Office était le logiciel le plus fréquemment proposé dans les écoles, qui se procuraient habituellement des copies piratées. Les logiciels antivirus n'étaient disponibles que dans deux écoles.

Une seule école (à Kampala) disposait d'un accès efficace à Internet par le biais d'une connexion VSAT offerte par un ancien élève. Deux autres écoles avaient une connexion par ligne commutée utilisant des lignes téléphoniques analogiques. Cet accès limité au courrier électronique n'était pas d'une grande utilité pour accéder à de gros volumes de données ou pour les télécharger. Les administrateurs scolaires estimaient que la connectivité était chère, mais sept écoles sur 11 ne s'étaient pas renseignées sur les prix auprès de fournisseurs d'accès.

Neuf écoles sur 11 étaient équipées d'imprimantes utilisables, et quatre écoles, de matériel d'alimentation électrique ininterrompue (une situation à risque étant donné que l'approvisionnement en électricité est susceptible de causer des surtensions et des pannes d'électricité inattendues). Une seule école sur 11 avait un projecteur ACL et quatre écoles, une salle informatique climatisée. Une seule école (à Kampala) avait un contrat de maintenance et de service en cours. Toutes les autres manquaient de services de maintenance locaux et dépendaient de membres du personnel intéressés et formés en informatique, d'anciens élèves ou de parents avec des compétences en informatique, ou qui se rendaient à Kampala avec le matériel en question pour obtenir une aide spécialisée. Cette dernière option était onéreuse et risquait d'endommager le matériel vu l'état des routes ougandaises. Un pourcentage élevé de PC non opérationnels découlait de ce manque de contrats d'entretien.

Toutes les écoles se plaignaient des surtensions et des pannes d'électricité, mais 30 % des écoles seulement avaient installé l'AEI, et tous les ordinateurs dans les écoles n'étaient pas protégés. Une seule école était équipée d'une génératrice de secours et une autre semblait ne pas avoir d'approvisionnement en électricité du tout ! Les coûts en électricité n'étaient budgétisés dans aucune école.

Le niveau de compétence des enseignants d'informatique s'est avéré très variable, avec une proportion considérable des enseignants d'informatique ne possédant pas de qualifications formelles en matière de TIC. La plupart des écoles souhaitaient davantage de formation en TIC pour leurs enseignants.

Aucune des écoles n'avait établi de politique claire en matière d'administration des données. Les enseignants n'avaient pas d'idée précise sur ce que les enseignants ou les élèves gardaient sur les ordinateurs. Aucune école n'appliquait de mesure sécuritaire aux systèmes d'exploitation Microsoft. Aucune école ne maintenait de maintenance effective des ordinateurs ni de médiathèque.

Résumé

Les quatre cas d'étude ci-dessus suggèrent l'existence de deux approches à l'intégration des TIC dans l'éducation. D'un côté, la Jordanie considère la fourniture des installations de TIC dans les écoles et le développement de stratégies et de politiques nationales des TIC comme une activité dirigée et financée par l'État et appuyée par les contributions de donateurs. De l'autre, les exemples africains cités considèrent l'intégration des TIC comme une activité essentiellement financée par les écoles et les parents, avec un appui plus ou moins important de la part de l'État et des donateurs.

Si les stratégies de financement du matériel TIC sont différentes, de nombreux problèmes restent les mêmes. Ainsi, les investissements concernent principalement le matériel, alors que le fonctionnement souffre d'un sous financement important. Les CTP nationaux et scolaires ne sont généralement pas calculés et les conséquences financières de l'approvisionnement en TIC ne sont pas prises en compte, que ce soit pour des écoles individuelles ou les systèmes budgétaires nationaux. Par conséquent, des risques réels pèsent sur la durabilité d'une utilisation efficace des TIC dans la plupart des pays. Le manque de maintenance et de services d'entretien ainsi que les coûts associés entraînent un niveau élevé de temps mort parmi le matériel dans l'ensemble des pays étudiés. La plupart du matériel est fourni dans le cadre de cours d'informatique, et reste pratiquement indisponible en dehors des heures de cours. Pour la plupart des écoles, le matériel se résume à quelques PC et une imprimante. La connectivité Internet se limite généralement aux écoles dans les zones urbaines et l'approvisionnement en électricité présente des problèmes constants dans les zones rurales. La gestion des TIC au niveau de l'école a tendance à être médiocre ou inexistante, et la majorité des écoles n'ont pas conscience des problèmes à gérer. Les réseaux au niveau scolaire sont relativement rares. Les installations TIC sont utilisées pour la gestion et l'administration scolaire ainsi que pour l'enseignement de notions d'informatique de base, mais rarement comme supports didactiques et pédagogiques pour les autres matières du programme d'enseignement. La formation des enseignants est généralement non planifiée est d'une durée insuffisante pour satisfaire aux objectifs ciblés par les MdE. Elle est souvent faible sur le plan théorique et ne permet nullement une utilisation efficace dans le cadre de l'apprentissage des matières. L'orientation offerte aux écoles est plutôt générale que spécifique.

Un Portable par enfant et le futur impact de l'approvisionnement en ordinateurs portables à coûts réduits sur l'ASS

L'intention de cette section n'est pas de juger les avantages ou inconvénients des investissements de *One Laptop Per Child* (Un Portable par Enfant) ou d'autres programmes[2] pilotes d'ordinateurs portables à coûts réduits destinés aux écoles des pays en développement. Le texte qui suit a pour but d'identifier les questions clés du débat en cours sur le concept de l'OLPC et l'utilisation des portables XO et autres portables à coûts réduits sur une base 1:1 dans les écoles afin de fournir aux PD et aux MdE des informations susceptibles d'éclairer leurs prises de décision futures. Le concept de l'OLPC/du portable à coûts réduits fait l'objet de débats intenses portant sur la soutenabilité des coûts, l'impact qu'il pourrait avoir sur l'éducation et et la possibilité de le mettre en pratique dans plusieurs pays et parmi les partenaires au développement. Le débat est d'autant plus intense que le concept de l'OLPC n'a pratiquement pas encore été testé sur le terrain sur une durée suffisante. En conséquence, les implications financières, les questions de mise en œuvre, et les conséquences sur la performance, le comportement, l'attitude, la motivation et la fréquentation des élèves restent largement une question de débat plutôt qu'un impact ayant fait l'objet de recherches objectives. Les implications financières de l'OLPC sont en effet potentiellement très importantes, notamment pour les pays pauvres, au point qu'elles pourraient avoir un impact considérable sur plusieurs autres domaines de l'éducation. Par conséquent, le ministre indien de l'Éducation a commenté en juillet 2006 :

> [L'OPLC] pourrait en fait nuire à la croissance des capacités créatives et analytiques de l'enfant.... Quand bien même cette idée serait acceptable, nous ne pouvons envisager d'aller au-delà de la phase pilote dans les décennies à suivre.... Nous avons urgemment besoin de salles de cours et d'enseignants, bien plus que d'outils sophistiqués.... Si la Commission de la planification a les fonds requis pour ce genre de projet, il serait plus approprié de les utiliser pour l'universalisation de l'éducation secondaire. (Banerjee 2006)

En effet, l'Inde a reconnu l'ampleur des incidences financières de l'OLPC à l'échelle nationale, et a préféré utiliser les investissements et les finances opérationnelles disponibles pour améliorer des éléments plus traditionnels de son système d'éducation. D'autres pays ont des points de vue différents sur les politiques en la matière.

En ce qui concerne les manuels de classe, les problèmes liés à l'utilisation de l'OLPC et les portables XO sont les suivants :

- La petite taille de l'écran ne favorise pas la conception et la mise en page de manuels modernes. L'appareil XO1a un écran minuscule, ce qui entraîne souvent des tailles d'écran inférieures à celles typiquement recommandées pour les manuels et les livres pour la même classe d'âge ciblée. L'affichage est généralement en noir sur gris afin d'économiser l'énergie. D'autres critiques courantes concernent la lenteur opérationnelle, le manque de fiabilité du curseur qui se bloque régulièrement et l'usure rapide des batteries.[3] On peut signaler que XO3, une fois disponible, aura des écrans bien plus grands (peut-être de 7.8 × 11 pouces) et une batterie longue durée.
- Le coût d'un portable par élève est important et correspond à celui d'une liseuse électronique (voir ci-dessous).
- L'on signale que l'installation de réseaux maillés est difficile à faire fonctionner de manière efficace et le téléchargement de manuels sur des appareils individuels serait problématique dans nombre de zones rurales où les vitesses de transmission de données sont en dessous des normes. La précharge serait probablement nécessaire.

Les CTP du concept de l'OLPC et les appareils XO machine font l'objet de nombreux débats, mais cela reste une question de conjectures, car il n'existe pas encore de preuves solides. Il n'existe pas non plus de consensus concernant les composantes des coûts à inclure dans les CTP, ni même sur le calcul de ces composantes.[4] Les partisans prétendent que cela coûterait aussi peu que 0,08 \$EU par appareil par heure. D'autres estiment que cela coûterait plutôt 1000 \$EU par XO sur cinq ans. Camfield (2007) rapporte ce qui suit:

Au terme de cinq ans de formation, d'Internet continu, et de maintenance, le coût véritable est de 972 $EU par portable, à peu près cinq fois les estimations libyennes, et dix fois le coût original du portable. Il est clair qu'un système informatique plus coûteux entraînerait une augmentation de ces estimations… Pour que le projet OLPC soit un succès, il faut admettre qu'elle comporte la vente d'un portable pour 100 $EU et celle d'un programme d'appui de 872 $EU. Il faudra donc identifier les pays susceptibles de payer ces montants.

L'Inde a récemment annoncé un ordinateur à 60 $EU avec un prix subventionné pour les élèves. Le prix des ordinateurs à coûts réduits baissera inévitablement, et l'accessibilité s'améliorera. Mais le CTP de la fourniture d'un portable haute-densité demeurera élevé par rapport aux budgets disponibles pour l'éducation des pays pauvres, et son poids se fera d'autant plus sentir que l'impact de l'OLPC sur le rendement des élèves n'a pas encore été démontré.

La plupart des évaluations de l'OLPC à ce jour ont été réalisées sur de très petits projets pilotes, et étant donné la courte durée de ces projets il est difficile, voire dangereux, d'extrapoler les conclusions de leurs rapports. Ceci est particulièrement vrai vu la nature expérimentale de la plupart des projets TIC à haut profil dans le domaine de l'éducation, avec des phases initiales, où l'enthousiasme et les déclarations sur les changements futurs du comportement, des perceptions et de l'impact l'emportent sur un manque de données solides et utiles recueillies avec rigueur. (Trucano 2009)

Aux États-Unis, les États du Maine et de la Californie ont tous deux mené des projets phares OLPC pour les écoles primaires. L'évaluation des résultats est la suivante :

Les résultats des tests dans le Maine sont restés les mêmes au long du programme des portables 1:1, et aucune preuve n'indique que les programmes de portables améliorent ou détériorent les compétences en lecture ou en écriture. Ceci peut être interprété de deux façons. Soit la technologie n'apporte rien à l'éducation, soit les tests standardisés ne sont pas adaptés pour mesurer pas les compétences acquises par l'utilisation de la technologie. (Camfield 2008)

Les conclusions énumérées ci-dessus vont dans le sens des études réalisées dans d'autres pays, à savoir que les TIC an matière d'éducation ont généralement plus d'impact dans les "bonnes" écoles dotées d'installations adéquates avec un financement opérationnel, et beaucoup moins d'impact dans les écoles "pauvres" souffrant d'installations inadéquates avec un financement non opérationnel. La distribution répandue de portables à coûts réduits dans les pays en développement soulèvera également des questions de hausse de coûts de maintenance et de traitement des déchets électroniques.

En raison de leurs profils actuels, il est peu probable que les programmes OLPC/portable à coûts réduits puissent fournir les manuels scolaires aux écoles et aux élèves avec les coûts et spécifications actuels et avec un bon rapport coût/efficacité.

Notes

1. Pour des exemples supplémentaires de sous-financement constant des formations des enseignants en TIC voir Read et Read 2008.
2. Il y a un consensus assez répandu qu'il existe des alternatives au matériel MIT XO qui sont tout aussi efficaces et moins chères. En résultat, certaines écoles primaires n'utilisent pas le XO.
3. Une manivelle permet de compléter la batterie, chaque minute d'actionnement de la manivelle correspondant à 10 minutes de temps de jeu, mais ceci est remis en question pour l'utilisation d'Internet ou le téléchargement de fichiers volumineux ou complexes, avec un temps de jeu moindre.
4. Par exemple, les coûts des formations des enseignants devraient-ils être basés sur une journée ou une semaine par enseignant ? Faut-il inclure dans les CTP la formation initiale des enseignants ou l'ensemble des formations approfondies sur l'année ? Quelle formation est requise pour permettre à l'OLPC (ou tout autre investissement en TIC pour l'éducation [ICT4E]) d'atteindre son potentiel, et combien d'enseignants doivent être formés pour les objectifs du CTP ?

Références

Abel, R., L. Humes, L. Mattson, M. McKell, K. Riley et C. Smythe. 2007. *Achieving Learning Impact: Annual Report from IMS Global Learning Consortium*. Lake Mary, FL : IMS.

Abuloum, A. et A. Qablan. 2008. *Evaluation of ICT Resources Provision, Access, and Utilization*. Amman : National Center for Human Resource Development.

Banerjee, S. 2006. "The Political Economy of Public Goods: Some Evidence from India." *Journal of Monetary Economics* 53 (5) : 1021–26.

Banerjee, A. V. S. Cole, E. Dufflo et L. Linden. 2007. "Remedying Education: Evidence from Two Randomized Experiments in India." *Journal of Economics* 122 (3) : 1235–64.

Barerra-Osorio, F. et L. Linden. 2009. "The Use and Misuse of Computers in Education: Evidence from a Randomized Experiment in Colombia." Papier de travail de recherche politique 4836, Banque mondiale, Washington, DC.

BECTA. 2010. The Impact of ICT on Children's Attainment in English: A Review of the Literature. Londres : BECTA pour Department for Education and Skills.

Camfield, J. 2007. *Edutech* (blog). http://www.joncamfield.com/blog/2006/12/the_true_cost_of_the_olpc.html.

———. 2008. "A Review of One-to-One Laptop Programs in the USA." *Edutech* (blog). http://joncamfield.com/blog/2008/01/a_review_of_one_to_one_laptop_.html.

Condie, R. et B. Munro. 2007. *The Impact of ICT in Schools: A Landscape Review*. Glasgow, Ecosse : Quality of Education Centre, Université de Strathclyde, pour BECTA/DfES.

Cox, M., C. Preston, et K. Cox. 1999. "What Factors Support or Prevent Teachers from Using ICT in Their Classrooms?" Paper presented at British Educational Research Association Annual Conference, BERA, London.

Cristia, J. P. P. Ibarran, S. Cueto, et A. Santiago. 2012. "Technology and Child Development: Evidence from the One Laptop per Child Program." Inter-American Development Bank, Washington, DC.

EdQual. 2011. *Implementing Educational Quality in Low Income Countries: Final Report*. United Kingdom: University of Bristol, http://r4d.dfid.gov.uk/PDF/Outputs/ImpQuality_RPC/EdqualFinalReport.pdf.

Fuchs T., et L. Woessmann. 2004. "Computers and Student Learning: Bivariate and Multivariate Evidence on the Availability and Use of Computers at Home and at School." CESifo Working Paper 1321, Munich, Germany.

Fullan J. 1991. *The New Meaning of Educational Change*. London Cassell Publishers.

Hinostroza, J. E, C. Labbe, M. Brun, et C. Matamala. 2011. "Teaching and Learning Activities in Chilean Classrooms: Is ICT Making a Difference?" *Computers and Education* 57 (1) : 1358–67. http://www.sciencedirect.com/science/article/pii/S0360131511000376.

Lynch, O. 1999. "BECTA Speech to Education Conference." London.

Malamud, O., et D. Pop-Eleches. 2008. "The Effect of Computer Use on Child School Outcomes." Harris School Working Paper 08.12, Harris School of Public Policy, Chicago, IL.

MOESS (Ministry of Education, Science, and Sport, Ghana). 2009. *ICT Report for the Education Sector Review*. Accra, Government of Ghana.

Power, T. , R. Gater, G. Grant, et N. Winters. 2014. *Educational Technology Topic Guide*. London: HEART for DfID.

Read, N. 2007. *Uganda Secondary School ICT Survey*. London: International Education Partners for WB.

———. 2008. *Kenya Secondary School ICT Survey*. London: International Education Partners for MOEST and World Bank.

Read, T. 2005. Uzbekistan ICT in Basic Education Project: Report and Recommendations to the President. Manila: Asian Development Bank.

———. 2010. Ghana Learning and Teaching Materials Policy Review. Accra: DFID for MOE.

———. 2013. *Ethiopia: The Textbook Component in GEQUIP 1 and GEQUIP 2*. A World Bank Study. Washington, DC: World Bank.

Read, T., et N. Read. 2008. *Regional Report on the Use of ICT in Basic Education in Six Central Asian Republics*. Nice, France: Linpico Sarl for the Asian Development Bank.

Trucano, M. 2005. "Knowledge Maps: ICT in Education." *Edutech* (blog), Washington DC. http://www.infodev.org/en/Publication.8.html.

———. 2009. "What Have We Learned from OLPC Pilots to Date?" *Edutech* (blog). http://blogs.worldbank.org/edutech/what-have-we-learned-from-olpc-pilots-to-date.

Déclaration sur les avantages environnementaux

Le Groupe de la Banque mondiale s'est engagé à réduire son empreinte environnementale. À l'appui de cet engagement, la Division des éditions et de la connaissance tire maintenant parti des options d'édition électronique et des possibilités d'impression à la demande, à partir de centres régionaux situés partout dans le monde. Ensemble, ces initiatives permettent une baisse des tirages et des distances de transport, ce qui favorise une réduction de la consommation de papier, de l'utilisation de produits chimiques, des émissions de gaz à effet de serre et des déchets.

La Division des éditions et de la connaissance suit les normes relatives à l'utilisation du papier recommandées par l'*Initiative Green Press* (Initiative pour une presse verte). Lorsque possible, les livres sont imprimés de 50 à 100% sur un papier postconsommation recyclé, et au moins 5 % de la fibre utilisée dans la version papier est soit écru ou blanchie à travers a procédé totalement sans chlore (*Totally Chlorine Free*, TCF), de traitement sans chlore (*Processed Chlorine Free*, PCF), ou élémentaire sans chlore amélioré (*Enhanced Elemental Chlorine Free*, EECF).

Davantage d'informations sur la philosophie environnementale de la Banque sont disponibles à l'adresse suivante : http://crinfo.worldbank.org/wbcrinfo/node/4.

www.ingramcontent.com/pod-product-compliance
Lightning Source LLC
Chambersburg PA
CBHW060310240426
43661CB00059B/2715